高等院校物流专业系列教材

现代物流学

王 转 主编

吴秀丽 张庆华 卢 山 副主编

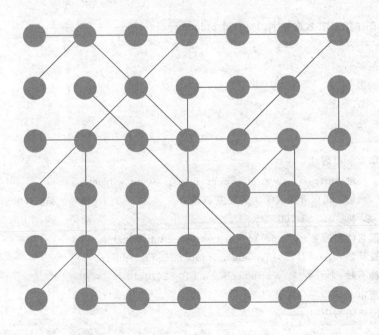

清华大学出版社

北京

内 容 简 介

本书是物流科学的入门教材,在借鉴和吸收国内外最新物流学理论与研究成果的基础上,结合我国物流发展现状和物流专业教学的实际需要,将理论性、技术性和应用性融为一体,与时俱进,反映了当今物流科学理论与实践的最新动态。

本书系统阐述了物流科学各要素、各功能子系统的理论、技术、方法和应用实践。全书分为物流基础知识、物流功能环节(包括包装、装卸搬运、流通加工、仓储与仓库、库存管理与控制、运输、物流信息)、企业物流、物流管理基础、国际物流、物流系统分析和现代物流发展动态七部分。

本书可作为高等院校物流管理与工程类专业本科生教材或教学参考书,也可供物流技术和物流管理人员参考。

图书在版编目(CIP)数据

现代物流学/王转主编. —北京:清华大学出版社,2020(2024.9重印)
高等院校物流专业系列教材
ISBN 978-7-302-54074-8

Ⅰ.①现⋯　Ⅱ.①王⋯　Ⅲ.①物流—高等学校—教材　Ⅳ.①F252

中国版本图书馆 CIP 数据核字(2019)第 242009 号

责任编辑:左卫霞
封面设计:常雪影
责任校对:袁　芳
责任印制:杨　艳

出版发行:清华大学出版社
　　　网　　　址:https://www.tup.com.cn,https://www.wqxuetang.com
　　　地　　　址:北京清华大学学研大厦 A 座　　　　　邮　　编:100084
　　　社 总 机:010-83470000　　　　　　　　　　　　邮　　购:010-62786544
　　　投稿与读者服务:010-62776969,c-service@tup.tsinghua.edu.cn
　　　质量反馈:010-62772015,zhiliang@tup.tsinghua.edu.cn
　　　课件下载:https://www.tup.com.cn,010-83470410
印 装 者:三河市铭诚印务有限公司
经　　销:全国新华书店
开　　本:185mm×260mm　　　　印　　张:18.25　　　　字　　数:441千字
版　　次:2020 年 6 月第 1 版　　　　　　　　　　　　印　　次:2024 年 9 月第 5 次印刷
定　　价:59.00 元

产品编号:085389-02

前　言

　　物流学是研究物料、商品或货品流的计划、调节和控制的科学，具有综合性、应用性、系统性的特点，有很强的拓展性。20 世纪 70 年代以来，物流学在世界范围内受到广泛重视并获得迅速发展。随着我国社会的进步和经济技术的发展，物流在国民经济中的作用越来越大，物流学也成为我国一个重要的学科。

　　本书在借鉴和吸收国内外物流学理论与最新研究成果的基础上，结合我国物流发展现状和物流专业教学的实际需要，从基本理论入手，融理论性和应用性为一体，系统探讨物流学的基本理论、方法以及在各领域的应用。

　　本书围绕六条主线展开：第一条主线为物流的基本理论、发展沿革和知识体系（第 1 章），是本书的基础知识；第二条主线为物流的各个功能环节和活动，包括包装、装卸搬运与流通加工（第 2 章），仓储与仓库（第 3 章），库存管理与控制（第 4 章），运输（第 5 章），物流信息（第 6 章）；第三条主线为物流管理基础知识，包括物流服务管理、物流质量管理、物流成本管理和物流标准化等（第 8 章）；第四条主线从物流学的两个重要研究领域展开，包括企业物流（第 7 章）和国际物流（第 9 章）；第五条主线为物流系统分析理论和方法，包括优化方法、仿真和物流系统评价（第 10 章）；第六条主线为现代物流的发展趋势和最新动态（第 11 章）。

　　本书注重实例及案例分析，在每章均配有思考题和案例分析。

　　全书共分 11 章，其中第 4 章由卢山编写，第 6 章由张庆华编写，第 8 章由吴秀丽编写，其余章节由王转编写，全书由王转进行统稿。另外，董竹青、张然、王成等参与了部分章节的资料整理和校对工作，在此表示感谢。

　　由于编者水平有限，书中不足之处在所难免，希望广大读者提出宝贵意见和建议。配送中心系统规划和设计理论与实践仍在不断发展之中，有待不断地充实与完善。

　　本书已列入北京科技大学校级规划教材，教材的编写与出版得到了北京科技大学教材建设经费的资助。

编　者

2020 年 1 月

目　录

第 1 章

物 流 概 论

物流科学自产生以来已显示出它的强大生命力,成为当代最活跃、最有影响力的新学科之一。物流科学是管理工程与技术工程相结合的综合学科,应用了系统工程的科学成果,提高了物流系统的效率,从而更好地实现了物流的时间效益和空间效益。物流科学的产生与应用给国民经济和企业的生产经营带来难以估量的经济效益,从而得到了迅速的发展和普及。

本章将系统介绍物流的基本概念、物流的分类、物流学的产生及发展历程、物流系统和物流技术等。

学习目标

- 理解物流与流通、生产的关系;掌握物流科学的定义与性质。
- 掌握物流科学的分类和范围;理解物流的产生与发展历程。
- 掌握物流系统的模式、设计要素与目标;理解物流系统的悖反关系。
- 理解物流技术的性质和分类;掌握现代物流技术及应用领域。

1.1 物流的基本概念

物流科学以物的动态流转过程为主要研究对象,揭示了物流活动(运输、储存、包装、装卸搬运、流通加工、物流信息等)之间存在相互关联、相互制约的内在联系,认定这些物流活动都是物流系统的组成部分,是物流系统的子系统。

在很长的历史时期中,虽然社会经济水平不断发展,但物流活动没有受到应有的重视,始终被看作是生产和流通的一个组成部分而不具有独立性质。直到 20 世纪五六十年代,由于社会产品空前丰富、流通成本快速上升,物流活动开始受到人们的关注,成为社会经济中的研究热点,物流系统也在现代物流科学诞生后结束了长期处于潜隐状态的历史。人们开始认识到物流是社会经济活动的基础,是当代经济的主要组成部分之一。

1.1.1 物流与流通

1. 流通在社会经济中的地位

流通是伴随着商品生产及商品交换的历史而产生和发展的。在商品经济的初级阶段,由于产品的品种、数量很少,生产者和消费者往往通过比较直接的渠道建立交换关系,流通的形态是初级的。随着生产水平的提高,专业化的工厂越来越多,规模也越来越大,产品的品种和数量都大大增加了。由于生产地点和消费地点逐渐分离,生产者想要直接和消费者见面销售自己的产品是很困难的,往往要通过市场这个环节,即流通领域的过渡,才能将产品转移到消费者手中。

流通是国民经济现代化的支柱。国民经济现代化的标志就是发展生产力,使产品极大地丰富,充分满足人民日益增长的、多样化的需求。社会产品数量的增长和品种的增多向流通领域提出了更高的要求。如果众多的产品不能及时送到用户手里,或生产厂家的原材料供应没有保障,提高生产率就难以实现。因此,国民经济现代化水平越高,对流通的要求也就越高。可以说,没有现代化的流通,就没有国民经济现代化。

2. 流通的内容

流通的内容如图 1-1 所示,包含商流、物流、资金流和信息流。其中,资金流是在所有权更迭的交易过程中发生的,可以认为资金流从属于商流;信息流则分别从属于商流和物流,属于物流的部分称为物流信息。所以流通实际上是由商流和物流组成的,它们分别解决两方面问题:一是产成品从生产者所有转变为用户所有,解决所有权的更迭问题;二是要解决对象物从生产地转移到使用地以实现其使用价值,也就是实现物的流转过程。

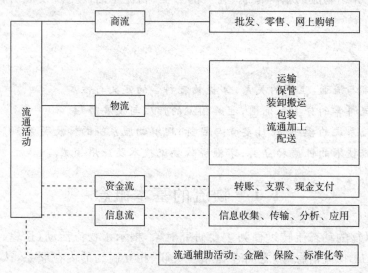

图 1-1　流通的内容

(1)商流。对象物所有权转移的活动称为商流。在商流中的物资也称为商品,商流活动一般称为贸易或交易。商品通过交易活动由供给方转让给需求方,这种转让是按价值规律进行的。商流的研究内容是商品交换的全过程,具体包括市场需求预测,计划分配与供应,货源组织、订货、采购调拨、销售等。其中,既包括贸易决策,也包括具体业务及财务的处理。

(2)物流。物流是指实物从供给方向需求方的转移,这种转移既要通过运输或搬运来解决空间位置的变化,又要通过储存保管来调节双方在时间节奏方面的差别。物流中"物"泛指一切物质资财,有物资、物体、物品的含义;而物流中的"流"泛指一切运动形态,有移动、运动、流动的含义,特别是把静止也作为一种形态。

物流系统中的"物"不改变其性质、尺寸、形状。也就是说,物流活动和加工活动不同,不创造"物"的形质效用,但是它克服了供方和需方在空间维度与时间维度方面的距离,创造了空间价值和时间价值,在社会经济活动中起着不可缺少的作用。

(3) 商流和物流的关系。商流和物流都是流通的组成部分,二者结合才能有效地实现商品由供方向需方的转移过程。商流和物流关系密切,相辅相成。

一般在商流发生之后,即所有权的转移达成交易之后,货物必然要根据新货主的需要进行转移,这就导致相应的物流活动出现。必须强调指出,只有在有物流需求的情况下,才能有发生商流的契机。也就是说,只有在有购物需求的情况下,才能发生交易行为。因此,物流是产生商流的物质基础,在交易实施的步骤上商流是物流的先导,二者相辅相成,密切配合,缺一不可。只有在流通的局部环节,在特殊情况下,商流和物流才可能独立发生。一般而言,从全局来看,商流和物流总是相伴发生的。

1.1.2　物流与生产

1. 生产系统的构成

任何生产系统都是为了适应社会对某种产品的需求而形成的。也就是说,向社会提供一定的产品是生产系统存在的目的。而生产系统为了制造产品,必须占据一定的生产空间,拥有一定数量的加工设备,这样才能有条件按照制造工序逐步将原材料加工成半成品,甚至是成品。

产品的制造过程也就是加工过程,每经过一道工序,被加工对象物的形状、尺寸或性质将发生一次变化。以机械制造厂为例,为了生产某种机械设备,要购进各种原材料,如钢板、圆钢等,经过锻压、切削加工、热处理等工序,将钢材加工成各种零件,经过装配工序组装成机器,作为成品出厂。完成这些工序的设备有锻压机、金属切削机床、热处理加热炉等,这些设备都是为了改变对象物的尺寸、形状或性质的,统称为加工设备。加工活动的直接目的就是制造产品,所以,它是生产系统中最主要的环节。

加工设备或加工单元(如车间)的位置一般是固定的,在工厂所占有的生产空间内呈孤岛状分布。为了保证加工活动的连续进行,被加工的物料必须依赖于运输车辆、起重机械、搬运机械或人力,才能运送到各个加工孤岛;加工以后的半成品也必须用同样方式送到下一个加工点。物料在加工点的运动就是物流活动。和流通领域中的物流活动一样,在物流系统中,"物"不改变本身的形状、尺寸和性质,只有时间或空间位置的状态变化。

由上述可知,加工活动和物流活动是生产系统的两个支柱。生产系统的构成如图 1-2 所示。通过物流活动把原材料运进生产系统,并使其依次在加工点之间流动,逐步形成半成品、成品直至出厂。没有加工,生产系统就失去存在的意义;没有物流,生产系统将会停顿,也就失去继续存在的必要条件。

2. 物流对生产系统的影响

物流为生产的连续性提供了保障。如前所述,原材料的供应、半成品在加工点之间的流转、成品的运出,只有依赖物流系统,才能不间断地进行,使生产活动得以继续下去。

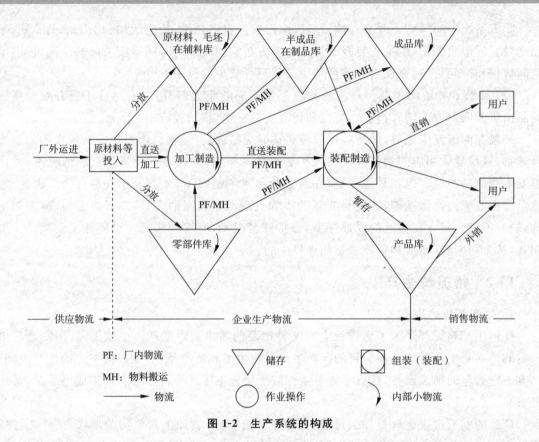

图 1-2　生产系统的构成

　　生产系统为了自身的存在,除产品要适应社会的需要之外,还应考虑从社会得到必要的回报,以作为生产过程所消耗费用的补偿,其盈余部分即是企业的利润。从社会得到补偿和利润是企业再生产与发展的必要条件。由于产品价格受到市场竞争机制的限制,从企业内部挖掘潜力、降低成本是企业面临的最重要的课题之一。物流费用在生产成本中往往占有很大比重,而物流合理化对许多企业来说还是未曾开发的研究领域,因此,通过物流系统的改善能带来难以预料的效益,物流也就被人们称为"企业的第三利润源泉""企业脚下的金矿"。这就表明,生产系统必须向物流要效益才能改善自身的发展条件。

　　物流状况对生产环境和生产秩序起着决定性的影响。在生产空间中,加工点处于固定位置,只要加工设备能正常运转,就不会对系统产生干扰,而物流在生产空间中始终处于运动的状态,物流路线纵横交叉,上下升降,形成了遍布生产空间的立体动态网络。物流路线不合理,运行节奏不协调,都会造成生产秩序的混乱。物流活动不正常,物流系统中物料堆放不规则,也将对生产环境造成影响。因此,有的企业家认为,一个企业的物料状况是体现其管理水平高低的标志。

3. 生产力水平的发展对物流的要求

　　在生产力水平很低的时代,产品数量少,生产节奏慢,物流量小,生产对物流系统没有严格要求,物流只是作为生产加工的附属活动而存在。但随着技术的发展,物流活动的水平也在逐步提高,各种物流机械,如起重机、运输车辆等,也在不断地改进和发展。

　　20 世纪 50 年代,我国进入大批量生产时代,加工设备专用化加强,普遍采用了自动化程度较高的流水生产线。由于产品数量急剧上升,生产规模越来越大,对物流系统也提出了更高的要求,现代物流科学在新的背景下诞生了,物流系统化、现代化被提上日程,物流技术也得到了进一步发展。

当代社会需求的特点是多样化、个性化,生产类型向多品种、小批量方向发展,生产加工设备也从专用加工设备的流水生产线,转向采用具有多功能的加工中心的柔性加工系统(FMS),以至于采用计算机集成制造系统(CIMS),只要调整控制系统的计算机软件,就可以达到更换产品品种的要求。生产中的物流系统为了适应这种变化也趋向柔性化和自动化,计算机控制软件的研究开发成了物流技术发展的新标志。

1.1.3 物流的定义

"物流"一词现在已被人们经常使用,但是作为具有现代物流科学含义的"物流"有着严格的定义。在不同时期,不同学者对物流的描述也不同。我们不必在文字方面作更多的探索,但应该注意到,完整的物流概念包含以下几点。

(1)物流是对贯穿流通领域和生产领域的一切物料流以及信息流进行科学规划、管理与控制,使其高效率、高效益地完成预定的服务目标。

(2)物流的作用是将物资由供给主体向需求主体转移(包含物资的废弃与还原),创造时间价值和空间价值,并且创造部分形质效果。

(3)物流由运输、仓储、装卸搬运、包装、流通加工以及物流信息等环节构成。

(4)物流作为供应链的组成部分,在供应链管理与整合中起着非常重要的作用。

随着经济的发展,很多物流活动纳入经济活动的范畴。现代物流活动的具体内容包括用户服务、需求预测、订单处理、配送、存货控制、运输、仓库管理、工厂和仓库的布局与选址、搬运装卸、采购、包装、情报信息。

1.2 物流的分类

按照不同的标准,物流有不同的分类。

1.2.1 按作用分类

按照物流系统的作用可以分为供应物流、生产物流、销售物流、回收物流和废弃物流。

(1)供应物流:生产企业、流通企业或消费者购入原材料、零部件或商品的物流过程称为供应物流,也就是物资生产者、持有者到需求者、使用者之间的物流。对于工厂而言,是指生产活动所需要的原材料、备品备件等物资的采购、供应活动所产生的物流;对于流通领域而言,是指交易活动中,从买方立场出发的交易行为中所发生的物流。

(2)生产物流:从工厂的原材料购进入库起,直到工厂成品库的成品发送为止,这一全过程的物流活动称为生产物流。生产物流是制造产品的工厂企业所特有的,它和生产流程同步。原材料、半成品等按照工艺流程在各个加工点之间不停顿的移动、流转形成了生产物流。生产物流均衡稳定,可以保证在制品的顺畅流转,缩短生产周期。

(3)销售物流:生产企业、流通企业售出产品或商品的物流过程称为销售物流,是指物资的生产者或持有者到用户或消费者之间的物流。对于工厂是指售出产品,而对于流通领

域是指交易活动中,从卖方角度出发的交易行为中的物流。通过销售物流,企业得以回收资金,并进行再生产的活动。

(4)回收物流:在生产及流通活动中有一些资材是要回收并加以利用的,如作为包装容器的纸箱、塑料筐、酒瓶等,建筑行业的脚手架也属于这类物资。还有可用杂物的回收分类和再加工,例如,旧报纸、书籍通过回收、分类可以再制成纸浆加以利用,特别是金属的废弃物,由于金属具有良好的再生性,可以回收并重新熔炼成有用的原材料。目前,我国冶金生产每年有 30Mt 废钢铁作为炼钢原料使用,也就是说,我国钢产量中有 30% 以上是由回收的废钢铁重熔冶炼而成的。

(5)废弃物流:生产和流通系统中所产生的无用的废弃物,如开采矿山时产生的土石,炼钢生产中的钢渣,工业废水,以及其他一些无机垃圾等。如果不妥善处理废弃物,不仅没有再利用价值,还会造成环境污染,就地堆放会占用生产用地以致妨碍生产。因此,对这类物资的处理过程产生了废弃物流。废弃物流没有经济效益,但是具有不可忽视的社会效益。为了减少资金消耗、提高效率,更好地保障生活和生产的正常秩序,对废弃物资综合利用的研究很有必要。

1.2.2　按空间范围分类

按照物流活动的空间范围可以分为地区物流、国内物流和国际物流。

1. 地区物流

地区物流是指在一定疆域内,根据行政区或地理位置划分的一定区域内的物流。地区物流可以按行政区域划分,如我国可以划分为东北、华北、西北、西南、华南、华东、华中等大区,还可以按省区来划分,共有 34 个省级行政区域。

地区物流的目的在于提高所在地区企业物流活动的效率,以及保障当地居民的生活环境。对地区物流的研究应根据所在地区的特点,从本地区的利益出发,组织好相应的物流活动,并充分考虑利弊两方面的问题,要与地区和城市的建设规划相统一并妥善安排。例如,某地区计划建设一个大型的物流中心,这将提高当地的物流效率、降低物流成本,但也应该考虑到会引起供应点集中所带来的一系列交通问题等。

2. 国内物流

国内物流是为了国家的整体利益,在国家自己的领土范围内开展的物流活动。国内物流系统的发展,必须发挥政府的行政作用。国内物流体系包括:物流基础设施,如公路、港口、机场、铁道以及大型物流基地等;各种物流政策法规;物流设施、设备和技术的标准化;物流新技术的开发引进,以及物流技术专门人才的培养等。

3. 国际物流

国际物流是指物品从一个国家(地区)的供应地向另一个国家(地区)的接收地的实体流动过程。国际物流主要是指:当生产和消费分别在两个或两个以上的国家(或地区)独立进行时,为了克服生产与消费之间的空间间隔和时间距离,对货物(商品)进行物流性移动的一项国际商品交流活动,从而完成国际商品交易的最终目的,即实现卖方交付单证、货物和收取货物。

国际物流的实质是根据国际分工的原则,依照国际惯例,利用国际化的物流网络、物流设施和物流技术,实现货物在国际的流动与交换,以促进区域经济的发展与世界资源的优化配置。国际物流的总目标是为国际贸易和跨国经营服务,即选择最佳的方式与路径,以最低的费用和最小的风险,保质、保量、适时地将货物从某国的供方运到另一国的需方。

1.2.3　按性质分类

按照物流系统性质可以分为社会物流、行业物流和企业物流。

1. 社会物流

社会物流是以全社会为范畴、面向广大用户的超越一家一户的物流。社会物流涉及在商品的流通领域所发生的所有物流活动,因此社会物流带有宏观性和广泛性,所以也称为大物流或宏观物流。伴随商业活动的发生、物流过程通过商品的转移,实现商品的所有权转移成为社会物流的标志。

就物流科学的整体而言,可以认为主要研究对象是社会物流。社会物资流通网络是国民经济的命脉,流通网络分布的合理性、渠道是否畅通至关重要。必须对其进行科学管理和有效控制,采用先进的技术手段,保证高效率、低成本运行,这样才能带来巨大的经济效益和社会效益。

2. 行业物流

行业物流是行业内部经济活动所发生的物流活动。同一行业中的企业是市场上的竞争对手,但是在物流领域中常常互相协作,共同促进行业物流系统的合理化。

在国内外许多行业都有自己的行业协会或学会,并对本行业的物流进行研究。在行业的物流活动中,有共同的运输系统和零部件仓库以实行统一的集体配送;有共同的新旧设备及零部件的流通中心;有共同的技术服务中心进行对本行业的维护人员的培训;有统一的机械设备规格,采用统一的商品规格、统一的法规政策和统一的报表等。行业物流系统化的结果使行业内的各个企业都得到相应的利益。

3. 企业物流

企业物流是指企业内部的物品实体流动,它从企业的角度研究与之有关的物流活动,是具体的、微观的物流活动的典型领域。企业物流又可分为企业供应物流、企业生产物流、企业销售物流、企业回收物流、企业废弃物流等。

企业物流是围绕企业经营的物流活动,是具体的、微观的物流活动。

1.2.4　按运营模式分类

按照物流的运营主体不同可以分为第三方物流和企业自营物流。

第三方物流(Third Party Logistics,3PL)是由第三方物流企业来承担企业物流活动的一种物流形态。3PL 既不属于供方(第一方),也不属于需方(第二方),而是通过与供方或需方的合作来提供其专业化的物流服务,它不拥有商品,不参与商品的买卖,而是为客户提供以合同为约束、以结盟为基础、系列化、个性化、信息化的物流代理服务。

企业自营物流是指企业自身经营物流业务,组建物流部门或子公司完成企业物流业务。

1.3 物流学的产生与发展

1.3.1 物流科学的产生

1. 物流科学的萌芽时期

物流活动具有悠久的历史,从人类社会开始有产品的交换行为时就存在物流活动,而物流科学的历史却很短,是一门新学科。物流学本来的意义可以从物流管理和物料搬运等学科方面去追溯它的历史渊源,但是以系统观点来研究物流活动是从第二次世界大战末期美国军方后勤部门的科学研究结果开始的。由于当时前方作战形势发展很快,战线经常变动,军需品供应方面产生很大困难,军需品的供应不足将影响战争的顺利进行,而供应到前线的军需品过量时又不能随部队转移,将造成巨大浪费。如何组织军需品的供给,即军需品的供应基地、中间基地、前线供应点合理配置,各级供应基地合理库存量的确定,由后方向各级供应基地运输的路线和运输工具(飞机、轮船)的合理使用,这些形成了综合性的研究课题。美国军事部门运用运筹学与当时刚刚问世的计算机技术进行科学规划,较好地完成了研究任务。以系统的观念来解决军事后勤保障问题是物流科学的萌芽阶段。

2. 物流科学的产生

20世纪50年代,由于生产机械化的发展,产品数量急剧上升,生产成本相对下降,从而刺激了消费,使得市场繁荣、商品丰富,在流通领域出现了超级市场、商业街等大规模的物资集散场所。在这种背景下,出现的问题是流通成本相对于生产成本而言有上升的趋势。也就是说,流通费用在商品总销售价格中的比重逐渐增加,影响了商品的竞争能力。因而,人们不得不对各种物流活动的规律进行认真的研究,试图找出降低流通费用的途径。由于着眼点是流通费用的整体而不是其局部,这就必须确定考察对象的范围,并且对其结构作出分析。流通费用是在运输、保管、装卸搬运、包装等物流活动中产生的,这些活动具有共同的本质,都是为了实现物资的空间效果或时间效果,与"加工活动"是改变"物"的形状与性质的功能有根本的区别,而且各个物流活动之间存在着相互联系、相互制约的关系,可以看成是一个大系统的子系统,这个大系统就是物流系统。在理论上可以用时间维度和空间维度的物态变化来揭示这个系统的本质。物流系统的界定使其原来在社会经济活动处于潜隐的状态显现出来,结束了各种物流活动处于孤立、分散、从属地位的历史,形成了现代物流科学,并且日臻完善。

3. 物流科学的后进性

物流活动作为客观存在的实体具有久远的历史,在人类社会的生产活动和交易行为形成的同期就有物流活动的发生,但是物流科学的形成却只有几十年的历史。物流技术的发展落后于生产技术,物流科学的产生也比加工科学历史短暂。物流学家把这种现象称为物流的后进性,究其原因主要有两方面。

首先,运输、仓储、搬运等是在生产活动和社会经济活动中产生的,它们被作为辅助环节来完成特定的功能,彼此没有发生联系,它们只相互孤立地处于从属地位。在漫长的历史时期中,随着生产水平的提高和科学技术的发展,物流技术也在不断地提高,逐步地走向现代化,如运输技术由人力和畜力的运载工具演变成汽车、火车等,但上述的从属地位并没有发生根本的改变,这就在很大程度上限制了物流技术的发展和经济潜力的发挥。只有到了生产高度发展、产品较为丰富的 20 世纪 50 年代,流通成本相对上升的矛盾突出以后,物资流通科学的重要性才被人们所认识,从而促进了物流科学的研究和产生。也就是说,物流科学是在生产发展到一定水平之后,适应社会经济的需要才产生的,这是形成物流后进性的根本原因。

其次,物流科学是在融合了许多相邻学科的成果以后逐渐形成的,如运筹学、技术经济学、系统工程等都是物流科学形成的重要基础。现代物流科学对实践的指导作用,对社会经济和生产发展的价值体现,也必须依赖于计算机技术才能得以实现。因此,物流科学只能在这些科学与技术之后得以诞生和发展。了解这一点,人们就不会由于物流科学的新颖性望而却步,也不致使人们因为物流科学所研究的对象是久已熟悉的客观事物而不予重视。

1.3.2 物流科学的发展

1. 以 P.D 命名物流科学的时代

P.D 是 Physical Distribution 的简称。物流的概念是在发展中形成的。如前所述,物流科学是在世界经济进入大量生产、大量销售时期后,为了解决流通成本上升,在第二次世界大战后期军事后勤保障研究的基础上形成的一门学科。新学科成立的标志是提出了物流系统概念,界定了物流系统范围,认为运输、仓储、装卸搬运等物流活动具有共同的特性,即是为了改变物资的空间状态和时间状态,它们都是同属于一个大系统的子系统,存在相互制约、相互关联的关系。降低物流成本可以看作是系统优化目标。要在降低成本方面取得最佳效果,必须从整体出发,引进系统工程科学的理论、方法进行系统优化。

由于新学科是在流通领域面世的,当时就以概念相近的 P.D 为新学科的名称。美国物流管理协会(NCPDM)1960 年对 P.D 的定义是:"P.D 是把完成品从生产线的终点有效地移动到消费者手里的广范围的活动,有时也包括从原材料的供给源到生产线的始点的移动。"这个定义清晰地表明,现在所说的"生产物流"是不包含在当时所定义的物流系统之内的。

物流科学的研究成果很快在经济领域取得显赫成就,物流科学被认为是最有生命力的新学科之一。

20 世纪 60 年代,P.D 的概念被引进日本并被译为"物的流通",日本著名学者平原直提出用"物流"一词代替"物的流通",它更为简捷并且能更深刻地表达其内涵。在此之后,"物流"一词迅速地被广泛使用,平原直也因此在日本被称为"物流之父"。

日本当时对物流的定义有多种说法,以林周二的描述最具有代表性:"物流是包含物质资材的废弃与还原,连接供给主体与需要主体,克服空间与时间距离,并且创造一部分形质效果的物理性经济活动。具体包括运输、保管、包装、装卸搬运、流通加工等活动以及有关的信息活动。"

我国在 1980 年前后从日本引进了物流概念并翻译了一些物流著作。因为日文"物流"非常符合中国汉语的直观性描述习惯,所以被直接引用为中国词语。因此,中国前期物流著作和文献中的"物流"都是按 P.D 的概念来阐述的。

应该指出,Physical Distribution 作为物流科学的代名词是有时间性的。在此之前 Physical Distribution 词语已经存在并且有自己的含义。1935 年,美国市场营销协会阐述了

Physical Distribution(分销或实物分配)的概念:"P. D 是销售活动中所伴随的物质资料从产地到消费地的种种经济活动,包括服务过程。"因此,P. D 是专指销售领域的物流。

2. 以 Logistics 命名物流科学的时代

20 世纪 80 年代以后,物流科学逐步发展,企业通过加大物流投入和注重物流管理,不但节省了成本,增加了利润,而且保证了服务质量,增强了企业竞争力,还发现物流在企业经营中的重要作用,必须将其作为企业经营战略的重要组成部分。物流系统研究的覆盖面应该从流通领域扩展到供应、生产和流通的全过程,才能取得更大的战略效果。

此外,由于经济发展到个性化消费时代,产品趋向于小批量、多品种,对物流服务的要求越来越高。物流系统优化目标既要考虑降低成本,也要考虑提高服务水平,而且后者的比重有增大的趋势。

因此,用流通领域的词汇 P. D 来表述物流无论是范围和内容都已不能适应时代的发展。从 20 世纪 80 年代中期开始,Logistics 逐渐取代 P. D 成为物流科学的代名词。Logistics 是军队的后勤保障系统用语,其含义是对军需物资的采购、运输、仓储、分发进行统筹安排和全面管理。

Logistics 取代 P. D 成为物流科学的代名词,这是物流科学走向成熟的标志。

美国物流管理协会对 Logistics 的定义是:"Logistics 是对货物及相关信息从起源地到消费地的有效率、有效益的流动和储存进行计划、执行和控制,以满足顾客要求的过程。该过程包括进向、去向、内部和外部的移动以及以环境保护为目的的物料回收。"

德国的 R. 尤尼曼给出的定义是:"物流(Logistics)是研究对系统(企业、地区、国家、国际)的物料流(material flow)及有关的信息流(information flow)进行规划与管理的科学理论。"

1985 年前后,各国物流行业团体为了适应时代的变化也纷纷更名。美国物流管理协会(NCPDM)、英国物流管理协会(IPDM)都将自己名称中的 P. D 改为 Logistics,其简称分别改为 CLM 和 ILDM。

在日本,由于有汉字"物流"的词汇存在,情况较为复杂。由于"物流"已等同于 P. D,因此 Logistics 以音译外来语(片假名)表示。但是部分学者在著述中也开始用 Logistics 的内涵来描述"物流"的概念。

中国物流界的处理方法和日本有所不同,开始也有人将 Logistics 译为"后勤"或"后勤学"以和物流(P. D)区别。但是 1989 年第八届国际 Logistics 大会在北京举行时,经专家讨论,会议名称定为"第八届国际物流大会"。此后,物流对应的英文单词是 Logistics,已普遍为物流界所接受。2000 年,我国国家标准《物流术语》又明确地规定"物流"对应的英文单词是 Logistics。

3. 供应链管理时代

互联网技术为供应链管理取得成功提供了有力的支持。物流和资金流、信息流一起构成供应链的组成部分,但在供应链整合中,物流部分经常起着主导作用。人们进一步认识到,物流(Logistics)的作用在新经济环境中还应该继续发展扩大,要把物流与供应链联系在一起。物流系统的覆盖面不但贯穿一个企业的供应、生产和销售全过程,而且要覆盖供应链的上下游企业之间。

为了反映物流内涵的新变化,1998 年美国物流管理协会又一次修改了 Logistics 定义: "Logistics 是供应链流程的一部分,是为了满足客户需求而对商品、服务及相关信息从原产地到消费地的高效率、高效益的正向和反向流动及储存进行的计划、实施与控制过程。"

加拿大的物流行业组织——物流管理协会的名称一直追踪物流科学的发展变化,该协会从 1967 年起名称中一直使用 P.D,1992 年更名,把 P.D 改为 Logistics,2000 年又进而改为"加拿大供应链与物流管理协会"。

4. 物流科学诞生、发展及命名过程简表

由于物流的概念是随着时代的发展而变化的,物流的英语对应词又由 P.D 改为 Logistics,这成为物流概念描述产生混乱的原因。将 P.D、Logistics 以及物流与物流科学发展时期的关系列出简表,如表 1-1 所示。

表 1-1 物流发展沿革

物流科学发展时期	P.D	Logistics	物 流
物流科学产生以前	1935 年有作为分销的定义,未明确提及物流活动,未涉及物流作为独立的系统概念	该单词已有很长历史,用于表述军事后勤活动,有兵站含义	未出现"物流"词汇,但是作为物流活动的运输、仓储、搬运等是存在的
物流科学萌芽期		第二次世界大战后期,解决美军后勤问题。应用运筹学、预测科学、计算技术,系统地研究	
物流科学形成期	大批量生产,物流成本相对上升,形成物流系统概念,物流科学诞生。因主要解决流通领域问题,以 P.D 作为新学科的代名词,和 P.D 原意已不相同		日本引进 P.D 概念,译为"物的流通",后来又简称为"物流"。1979 年"物流"(P.D)用语及概念被中国引进
物流科学发展期	根据本来意义,P.D 译为"分销",和物流有所区别	进入个性化消费时代。物流系统范围不限于流通领域,包含生产和供应的全物流系统,重视服务水平。用 Logistics 代替 P.D 作为物流科学的代名词	日本"物流"对应 P.D 概念不变,Logistics 另用音译的外来语表达。中国于 1989 年决定将"物流"和 Logistics 对应
供应链管理时代		Logistics 新定义引进供应链概念,指出"物流是供应链的一部分"	中国在物流名词术语标准中,根据国情对"物流"进行了定义

1.3.3 物流科学的性质

1. 物流学是综合性的交叉学科

研究物流的目的是要有效地管理控制物流的全过程,在保证服务质量的前提下,使其消耗的总费用最小,因此,经济指标是衡量物流系统的基本尺度。研究物流必然涉及经济学的有关内容,特别是近代兴起的技术经济学和数量经济学都与物流研究有密切关系。

在对作为物流要素的对象物的研究中,以及对对象物产生时间维度和空间维度物理性

变化的方法、手段的研究中,又涉及工程技术科学的许多领域。在运输技术、仓储技术、搬运技术和包装技术中融合了机械、电气自动化等学科的成果。

对物流系统进行定性和定量的分析,必须以数学特别是应用数学、运筹学等为基础,也要以计算机作为手段来实现分析和控制的目的。

互联网技术的出现使得物流科学进入了一个全新的阶段。当前物流现代化最突出的成果大多是互联网技术在物流领域中应用的结果。

综上所述,物流科学可以说是社会科学和自然科学之间的交叉学科,或是管理科学和工程技术科学之间的交叉学科。它的研究范围极为广泛,必须运用多学科的成果,综合性地解决实际问题。

2．物流具有系统科学的特征

系统性是物流科学的最基本特性。物流系统符合一般系统的模式,包括输入、输出及其转化机制。物流系统的构成如图1-3所示。在运输、保管等物流环节的转化活动中,输入劳力、资金、能源、材料、设备等资源,最终按预定要求实现对象物在时间维度和空间维度的状态变化,即作为系统输出的物流服务。

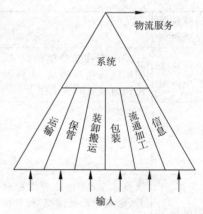

图1-3　物流系统的构成

通常对系统进行评价,是以系统的投入与产出之比为主要指标。对于物流系统中劳动消耗与劳动占用(即投入),可以在物流成本的范围内加以分析和研究;而作为产出的物流服务的衡量指标体系也是物流学研究的一个重要方面。输入水平和输出水平又是相互制约的,它们应在整体效益最佳的原则下统一起来。物流科学和系统科学的融合,使其很快形成了完整的研究体系,是物流科学能在短期内迅速壮大走向成熟的重要因素。

3．物流属于应用科学的范畴

物流研究丰富多彩,但就其性质而言,绝大多数是属于相关学科的成果在物流领域中的应用,如物流系统计算机模拟技术、运输规划、库存控制理论等。当代许多学科,如系统工程、管理科学、信息技术、电子技术、自动控制技术、机械技术和材料技术等都在物流领域得到了发展和应用。

物流科学的强大生命力在于它的实践性。只有从实践中提出问题,密切结合具体研究范围内的自然资源、经济基础、社会条件和技术水平,提出正确的方法和结论,有效地改善物流系统,取得应有的经济效益和社会效益,物流科学的价值才能为人们所承认、所重视。物流正是以它实际应用所体现的巨大经济意义而受到人们的瞩目。

1.3.4　商物分离

1．商物分离的概念

所谓商物分离,是指流通中的两个组成部分——商流和实物流各自按照自己的规律与渠道独立运动。第二次世界大战以后,流通过程中上述两种不同形式出现了更明显的分离,从不同形式逐渐变成了两个有一定独立运动能力的不同运动过程,这就是所称的"商物分离"。

尽管商流和物流的关系非常密切,但是它们各自具有不同的活动内容和规律。在现实经济生活中,进行商品交易活动的地点,往往不是商品实物流通的最佳路线必经之处。如果商品的交易过程和实物的运动过程路线完全一致,往往会发生实物流路线的迂回、倒流、重复等不合理现象,造成资源和运力的浪费。商流一般要经过一定的经营环节来进行业务活动;而物流则不受经营环节的限制,它可以根据商品的种类、数量、交货要求、运输条件等,使商品尽可能由产地通过最少环节,以最短的物流路线,按时保质地送到用户手中,以达到降低物流费用、提高经济效益的目的。

2．商物分离的特点

商物分离的特点主要体现在以下几个方面。

(1) 保管。取消总公司仓库和营业仓库分散保管方式而代之以配送中心集中保管。

(2) 输送。原先是产品从工厂仓库送至总公司仓库,再到批发站仓库,最后到零售店,是商物一致的三段输送。而在商物分离模式中,产品是由工厂仓库送至配送中心,然后直接送至零售店的两段输送。

(3) 配送。原来是分别向各零售店送货,现在改为巡回配送。

(4) 信息系统。不再由总公司、批发站和工厂分头处理,而是以信息中心集中处理方式,用现代化通信系统进行各环节的集中控制。

3．商物分离的意义

商物分离是指商流和实物流在时间、空间上的分离,商贸企业可以不再有实际的存货,不再有真实的仓库,仅仅拥有商品的所有权,存货可以由工厂保管,也可以由市郊的物流中心保管,销售时,商贸企业完成的仅仅是所有权的转移,而具体的物流则交给工厂或物流中心处理。这样可有效降低仓储、运输、装卸、管理成本,缓解相关区域的交通压力。

因此,在流通活动中实行商物分离的原则是提高社会、经济效益的客观需要,也是企业现代化发展的需要。

1.3.5　物流学说与观点

在物流科学的发展过程中,随着对物流科学研究的深入,出现了一些关于物流的观点和学说,主要有黑大陆、物流冰山、第三利润源、效益背反、成本中心、利润中心、服务中心以及战略说等。

黑大陆说:黑大陆学说是在 1962 年由美国著名管理学权威彼得·F.德鲁克提出的。他在《财富》杂志上撰文指出,流通是经济领域里的黑暗大陆,而企业在流通领域中的物流活动的模糊性尤为突出,物流活动中包括物流成本等在内的未知事物还有很多。黑大陆主要是指当前经济状况下物流管理未能得到应有的重视,物流成本管理是挖掘企业潜在盈利能力的重要渠道。

物流冰山说:物流冰山说是日本早稻田大学西泽修教授提出来的,他发现现行的财务会计制度和会计核算方法都不可能掌握物流费用的实际情况,因而人们对物流费用的了解一片空白,甚至有很大的虚假性,他把这种情况比作"物流冰山"。物流就像一座冰山,其中沉在水面以下的是看不到的黑色区域,而看到的不过是物流成本的一部分,人们过去之所以轻视物流,正是因为只看见了冰山一角,而没有看见冰山全貌的缘故。

第三利润源说:"第三利润源"的说法主要出自日本。从历史发展来看,人类历史上曾经有过两个大量提供利润的领域:第一个是资源领域;第二个是人力领域。在前两个利润源潜力越来越小,利润开拓越来越困难的情况下,物流领域的潜力渐渐为人们所重视,按时间序列排为"第三利润源"。

效益背反说:它既是物流领域中很经常、很普遍的现象,又是这一领域中内部矛盾的反映和表现。例如,包装问题,包装方面每少花一分钱,这一分钱就必然转到收益上来,包装越省,利润则越高。但是,一旦商品进入流通之后,如果简单的包装降低了产品的防护效果,就会造成储存、装卸、运输功能要素的工作低劣化和效益大减,反而造成了大量损失。

成本中心说:物流在整个企业战略中,只对企业营销活动的成本产生影响,它是企业成本的重要产生点。因而,解决物流的问题,不仅仅是为了合理化、现代化,也不仅仅在于支持保障其他活动,而主要是能通过物流管理和物流的一系列活动降低成本。所以,成本中心既是指主要成本产生点,又是指降低成本的关注点。物流是"降低成本的宝库"等说法正是这种认知的形象表述。

利润中心说:物流可以为企业提供大量直接和间接的利润,是形成企业经营利润的主要活动。非但如此,对国民经济而言,物流也是国民经济中创利的主要活动。物流的这一作用,被表述为"第三利润源"。

服务中心说:服务中心说代表了美国和欧洲等一些国家或地区的学者对物流持有的论点。这种认知认为,物流活动最大的作用并不在于为企业降低了消耗,降低了成本或增加了利润,而是在于提高了企业对用户的服务水平,进而提高了企业的竞争能力。因此,他们在使用描述物流的词汇上选择了"后勤"一词,特别强调其服务保障的职能。通过物流的服务保障功能,企业以其整体能力来压缩成本,增加利润。

战略说:战略说是当前非常盛行的说法。实际上,学术界和产业界越来越多的人已逐渐认识到,物流更具有战略性,它是企业发展的战略,而不是一项具体操作性任务。应该说这个看法把物流放到了很高的位置。企业战略是什么呢?它是生存和发展。物流会影响企业总体的生存和发展,而不只是在某个环节搞得合理一些,省几个钱而已。

1.4　物　流　系　统

1.4.1　物流系统模式

物流系统是指由两个或两个以上的物流功能单元构成,以完成物流服务为目的的有机集合体。物流系统基本模式和一般系统一样,具有输入、转换及输出三大功能,通过输入和输出使系统与社会环境进行交换,使系统和环境相依而存,而转换则是这个系统特有的功能。

物流系统是由运输、仓储、包装、装卸搬运、配送、流通加工、物流信息等各环节所组成,这些环节也称为物流的子系统。系统的输入是各个环节(输送、储存、搬运、装卸、包装、物流情报、流通加工等)所消耗的劳务、设备、材料等资源,经过处理转换,变成全系统的输出,即物流服务。一般来讲,物流系统的输入是指物流成本,而物流系统的输出是由企业效益、竞争优势以及客户服务三部分组成。

物流系统的输入、输出、处理(转换)、限制(制约)、反馈等功能,根据物流系统的性质,具体内容有所不同,如图 1-4 所示。

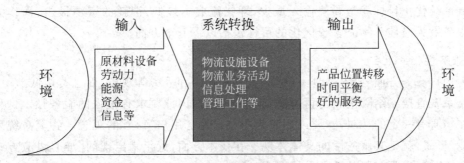

图 1-4 物流系统模式

其中,物流系统功能简述如下。

输入:也就是通过提供资源、能源、设备、劳动力等手段对某一系统发生作用,统称为外部环境对物流系统的输入,包括原材料、设备、劳动力、能源等。

处理(转换):指物流本身的转化过程。从输入到输出之间所进行的生产、供应、销售、服务等活动中的物流业务活动称为物流系统的处理或转换。具体内容有:物流设施设备的建设;物流业务活动,如运输、仓储、装卸搬运、包装、流通加工;信息处理;管理工作等。

输出:物流系统与其本身所具有的各种手段和功能,对环境的输入进行各种处理后所提供的物流服务称为系统的输出。具体内容有:产品位置与场所的转移;各种劳务,如合同的履行及其他服务等。

限制或制约:外部环境对物流系统施加一定的约束称为外部环境对物流系统的限制和干扰。具体内容有:资源条件,能源限制,资金与生产能力的限制;价格影响,需求变化;仓库容量;装卸与运输的能力;政策的变化等。

反馈:物流系统在把输入转化为输出的过程中,由于受系统各种因素的限制,不能按原计划实现,需要把输出结果返回给输入,进行调整,即使按原计划实现,也要把信息返回,以对工作作出评价,这称为信息反馈。具体内容有:各种物流活动分析报告;各种统计报告数据;典型调查;国内外市场信息与有关动态等。

1.4.2 物流系统设计要素

在进行研究中需要以下几方面的基本数据。

(1) 所研究商品(product,P)的种类、品目等。

(2) 商品的数量(quantity,Q)多少,年度目标的规模、价格。

(3) 商品的流向(route,R),生产厂配送中心、消费者等。

(4) 服务(service,S)水平,速达性、商品质量的保持等。

(5) 时间(time,T)即不同的季度、月、周、日、时业务量的波动、特点。

(6) 物流成本(cost,C)。

以上 P、Q、R、S、T、C 称为物流系统设计有关基本数据的六个要素,是系统设计中必须具备的。

1.4.3 物流系统优化目标

物流系统优化目标就是要使输入最少,即物流成本最低,消耗的资源最少,而作为输出的物流服务效果最佳。物流系统优化的目标包括以下五个方面。

1. 服务性(service)

在为用户服务方面,要求做到无缺货、无货物损伤和丢失等现象,而且费用低。

物流系统直接联结着生产与再生产、生产与消费,因此要求有很强的服务性。这种服务性表现在本身有一定的从属性,要以用户为中心,树立"用户第一"的观念。物流系统采取送货、配送等形式,就是其服务性的具体体现。在技术方面,近年来出现的"准时供应方式""柔性供货方式"等,也是其服务性的具体表现。

2. 快捷性(speed)

快捷性要求把货物按照用户指定的地点和时间迅速送到,为此可以把物流设施建在供给地区附近,或利用有效的运输工具和合理的配送计划等手段。

及时性是服务性的延伸,是用户的要求,也是社会发展进步的要求。整个社会再生产的循环,取决于每一个环节,社会再生产不断循环才会推动社会的进步。马克思从资本角度论述了流通的这一目标,指出流通的时间越短,速度越快,"资本的职能就越大",并要求"力求用时间去消灭空间","把商品从一个地方转移到另一个地方所花费的时间缩短到最低限度"。快速、及时既是一个传统目标,更是一个现代目标,其原因是随着社会大生产的发展,这一要求就更加强烈了。在物流领域采取的诸如直达物流、联合一贯运输、高速公路、时间表系统等管理和技术,就是这一目标的体现。

3. 有效地利用面积和空间(space saving)

节约是经济领域的重要规律,在物流领域中,除了流通时间的节约外,由于流通过程消耗大而又基本上不增加或不提高商品的使用价值,所以依靠节约面积和空间来降低投入,是提高相对产出的重要手段。物流过程作为"第三利润源",这一利润的挖掘主要是依靠节约。虽然我国土地费用比较低,但也在不断上涨,特别是对城市市区土地面积的有效利用必须加以充分考虑。因此,应逐步发展立体化设施和有关物流机械,求得空间的有效利用。在物流领域推行集约化方式,提高物流的能力,采取各种节约、省力、降耗措施,也是节约这一目标的体现。

4. 规模适当化(scale optimization)

以物流规模作为物流系统的目标,并以此来追求"规模效益"。生产领域的规模生产是早已为社会所承认的,但在流通领域,似乎不那么明显了。实际上,规模效益问题在流通领域也异常突出,只是由于物流系统比生产系统的稳定性差,因而难以形成标准的规模化模式。在物流领域以分散或集中等不同方式建立物流系统,研究物流集约化的程度、机械化与自动化的程度以及信息系统的利用等,都是规模适当化这一目标的体现。

5. 库存控制(stock control)

库存调节性是及时性的延伸,也是物流系统本身的要求,涉及物流系统的效益。物流系统是通过本身的库存,起到对千百家生产企业和消费者的需求保证作用,从而创造一个良好的社会外部环境。库存过多则需要更多的保管场所,而且会产生库存资金积压,造成浪费。因此,必须按照生产与流通的需求变化对库存进行控制。在物流领域中正确确定库存方式、库存数量、库存结构、库存分布就是这一目标的体现。

上述物流系统化的目标简称为"5S"。要发挥以上物流系统化的效果,就要进行研究,把从生产到消费过程的货物量作为一贯流动的物流量看待,依靠缩短物流路线,使物流作业合理化、现代化,从而降低其总成本。

1.4.4　物流系统中的悖反关系

物流系统的各个环节、各个子系统存在着效益悖反关系,主要体现在以下几个方面。

(1) 物流服务和物流成本之间的制约关系。要提高物流系统的服务水平,物流成本往往也要增加。例如,采用小批量即时运货制就要增加费用;要提高供货率(即降低缺货率),必须增加库存(即增加保管费)。服务与成本之间的相互制约关系如图 1-5 所示。

(2) 构成物流服务子系统功能之间的约束关系。各子系统的能力如果不均衡,物流系统的整体能力将会受到影响。如搬运装卸能力很强,但运输力量不足,会产生设备和人力的浪费;反之,如搬运装卸环节薄弱,车、船到达车站、港口后不能及时卸货,也会带来巨大的经济损失。

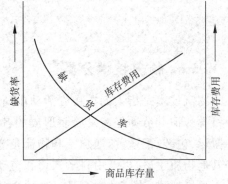

图 1-5　服务与成本之间的相互制约关系

(3) 构成物流成本的各个环节费用之间的关系。如为了减少仓储费用、降低库存而采取小批量订货策略,这将导致运输次数增加。也就是说,运输费用将上升,因此运输费和保管费之间存在相互制约关系。

(4) 各子系统的功能和所耗费用之间的关系。任何子系统功能的增加和完善必须投入资金。如信息系统功能的增加,必须购置硬件和开发计算机软件。增加仓库的容量和提高进出库速度,就要建设更大的库房并实现机械化、自动化。在改善物流系统功能的项目中,投资额一定时,对各个子系统要进行合理分配。

如上所述的制约关系不胜枚举,这种制约关系也称为二律悖反原理。因此,在物流合理化过程中必须有系统观念,对这些相互制约的关系给予足够的重视。

1.4.5　物流系统化进程

所谓物流系统化,是指把物流的各个环节(子系统)联系起来看成一个物流大系统进行整体设计和管理,以最佳的结构、最好的配合,充分发挥其系统功能、效率,实现整体物流合理化。当人们将物流作为一个系统进行整体研究、规划和管理时,物流科学才作为一门学科出现。

物流系统化又称为物流一体化。早在 20 世纪 80 年代,随着市场竞争的不断深化和加剧,西方发达国家,如美国、法国和德国等国就提出了物流一体化的现代理论,并应用和指导其物流管理,取得了明显的效果。

随着市场环境的变化,物流系统化的内涵也在不断深化。根据物流系统范围将物流一体化分为三个层次,即企业物流一体化、供应链物流一体化和社会物流一体化。

企业物流一体化是指企业将其物流提高到战略地位,统筹考虑采购供应物流、生产物流和销售物流等各个子系统,整合物流资源,统筹规划和管理,达到整个系统的协同运作,提高物流系统的效率和服务水平。

供应链物流一体化的目标是整个供应链效率的最大化和物流成本的最小化;通过对物流要素和各主体进行体系化、规范化的管理,对整个供应链物流实行全过程控制,保证物流渠道的稳定和畅通,提高供应链的效率和竞争能力。

社会物流一体化使整个社会的物流要素(如运输、仓储和配送等)成为一个相互联系、协同运作的整体,即通过消除个人或企业之间的利益冲突来达到整个社会物流的最佳状态,提升整个社会的流通效率和效益。

1.5　物　流　技　术

1.5.1　物流技术分类

物流技术是指人们在物流活动中所使用的各种工具、设备、设施和其他物质手段,以及由科学知识和劳动经验发展而形成的各种方法、技能和作业程序等。包括在运输、仓储、装卸搬运、包装、配送、流通加工和物流信息处理等物流活动中所使用的各种工具、设备、设施和其他物质手段,以及由科学知识和劳动经验发展而形成的各种方法、技能和作业程序等。

严格地讲,物流技术不是一种独立的新技术,它是某些新技术以及某些老技术在新的领域的综合利用。随着科学的综合化趋势的出现,技术体系自身也向综合化方向发展。各个领域的技术思想以综合形式获得创造性成果,正是当代技术发展的主要特点。物流技术的形成,正是这种趋势的具体体现。物流技术不是其他技术的简单相加或直接应用,而是综合的结果。因而它具有新的性质。例如,机械技术、动力技术和电子技术,在物流活动中的综合利用,便产生了运输技术、装卸技术、高层货架技术、包装技术和自动分拣技术等,所产生的这些物流技术具有新的性质和内容。

按技术形态分类,物流技术可以分为物流硬技术和物流软技术。

所谓物流硬技术,是指物流过程所使用的各种工具、设备、设施等,例如,各种运输车辆、各种装卸设备、搬运设备,各种仓库建筑、车站、港口、货场建筑,各种包装设备、自动识别和分拣设备,以及服务于物流活动的计算机、通信设备等。所谓物流软技术,是指物流活动中所使用的各种方法、技能和作业程序等。这里所说的方法主要是指物流规划、物流预测、物流设计、物流作业调度、物流信息处理中所使用的运筹学方法、系统工程方法和其他现代管理方法,它是以提高物流系统整体效益为中心的技术方法。随着物流技术的发展,人们不但注意硬设备的研制,而且重视已经发展到较高水平的硬技术的优化组合、搭配和衔接,以充分发挥设备的能力,获得更好的技术经济效果。主导物流现代化的技术已经由硬技术转移到软技术。

按技术思想来源或科学原理分类,物流技术可以分为物流机械技术、物流信息技术、物流电子技术、物流自控技术、物流数学方法和计算机技术等。

按应用范围分类,物流技术可以分为运输技术、仓储技术、保管技术、装卸搬运技术、包装技术、集装技术、分拣技术、流通加工技术、计量技术,以及各物流系统规划和管理技术等。

1.5.2　物流系统规划技术

物流系统规划技术主要包括系统优化与评价技术、系统仿真技术和系统布置与设备配置技术等。

物流系统优化常采用的方法包括线性规划、非线性规划、动态规划等数学规划方法、网络计划方法和启发式方法等。物流系统优化技术已经被广泛应用于物流网络结构优化、物流网址的选择、物流系统调度和决策等各种场合。系统评价技术是对物流系统的主要运营指标进行分析和评定的技术。物流系统的评价方法有很多,最常用的方法为综合评价法。评价的目的是发现系统存在的问题和薄弱环节,从而对系统进行改进和完善。

系统仿真技术是一种现代系统分析方法,首先针对真实系统建立模型,然后在模型上进行试验,用模型代替真实系统,从而研究系统性能。系统仿真技术不仅可以对新设计的物流系统的性能进行评估论证,还可用于一些现行物流系统的改造和改进,以及一些管理调度决策的技术支持。通过计算机模拟系统运营后的性能和效果,从而在系统建设之前或改造之前就能发现系统存在的问题,从而避免由于设计失误或考虑不完善而造成的浪费。系统仿真在许多领域都已得到广泛的应用。在现代物流系统中,系统仿真技术被广泛应用于物流系统的规划设计、运输调度和物流控制等领域。

系统布置与设备配置技术包括系统布置技术(SLP)和设备选择配置技术等。系统布置技术是对物流系统进行平面布置的方法,基本原理是通过对构成物流系统的各种设施进行流程相关性和活动相关性分析,将相关性高的设施紧密布置,而相关性低的可疏离布置,从而得到最优的系统布局。该方法最早起源于工厂的设计,目前已经被广泛地应用在物流设施的布局与规划中,如一些大型配送中心、仓库、集装箱站场、机场以及车站等的布置规划都可以采用这一科学的规划方法。设备配置技术是对物流设备进行科学选择和配置的技术,通过物流设备的合理选配,可有效消除系统瓶颈,提升系统整体效率。

1.5.3　现代物流管理技术

现代化的物流系统需要现代化的物流管理技术,现代物流管理的目标是供应链物流一体化,站在整个供应链最优的角度,进行物流系统的管理和控制。供应链物流的管理方法和技术包括准时化(JIT)采购与配送、有效客户信息反应(ECR)、供应链库存控制技术、协同计划等。

(1) 准时化(JIT)采购与配送是一种先进的采购供应模式。它的基本思想是:在恰当的时间、恰当的地点,以恰当的数量、恰当的质量提供恰当的物品。它是从准时生产发展而来的,是为了消除库存和不必要的浪费而进行的持续性改进。要进行准时化生产,必须有准时的供应,因此准时化采购是准时化生产管理模式的必然要求。它和传统的采购方法在质量控制、供需关系、供应商的数目、交货期的管理等方面有许多不同,其中关于供应商的选择(数量与关系)、质量控制是其核心内容。准时化采购包括供应商的支持与合作以及制造过程、货物运输系统等一系列的内容。准时化采购不仅可以减少库存,还可以加快库存周转、缩短提前期、提高购物的质量、获得满意交货等效果。

(2) 有效客户信息反应(ECR)即建立一个有效反映客户需求的系统,客户需要什么就生产什么,而不是生产出东西等顾客来买。ECR 的核心是要求供应商和零售商共同关注消费者的需求,把精力转移到了解消费者的需求上,并为之作出努力,使消费者少付出金钱、时间、精力和风险,而更加方便地获得更多信息,并得到更好的品质、更新的创意、更新鲜的商品。ECR 力求将消费者、供应商和零售商联结为一个利益共同体,供应商和零售商双方通过合作达到双赢。例如,以沃尔玛为代表的连锁零售商,率先接受了 ECR 思想,并获得很好的效果。

(3) 供应链库存控制技术主要包括供应商管理库存(VMI)和共同管理库存(JMI)。VMI 是一种供应链物流管理与控制的技术,它把用户的库存决策权交给供应商代理,由供应商代理分销商或批发商行使库存决策的权力。VMI 是应用供应商的能力管理库存,供应商能够及时得到零售商仓库的出货数据和 POS(point of sale,销售点)数据,并利用这些信息优化整个供应链的库存配置。JMI 是一种风险分担的供应链库存管理模式。共同管理库存和供应商管理库存不同,它强调双方同时参与,共同制订库存计划,使供应链过程中的每个库存管理者(供应商、制造商、分销商)都从相互之间的协调性考虑,保持供应链相邻节点之间库存的一致性。任何相邻节点需求的确定都是供需双方协调的结果,库存管理不再是各自为政的独立运作过程,而是供需连接的纽带和协调中心。这两种供应链库存控制技术在欧美等西方国家和地区得到了普遍的重视与广泛的应用,我国的一些大型制造和分销企业也在进行这方面的尝试。

以上一些管理技术都是基于供应链一体化的现代物流管理技术,这些现代化的管理技术在欧美、日本等国家和地区已经得到普遍的应用。如 Dell 的直销模式、惠普的供应链物流整合策略、COMPAQ 的营销战略,都体现了各种供应链的管理思想,应用了各种管理技术。在我国,随着企业现代化程度的提高,企业已经普遍认识到供应链管理对于提高企业竞争力的重要作用,因此,一些大型制造和分销企业都将供应链管理提高到企业战略高度,积极进行供应链整合,并开始引进和应用一些基于供应链一体化的现代物流管理技术,改进和优化其供应链。如海尔集团,建设了现代化的配送中心,为生产线提供 JIT 供应与配送,同时在全国构建分销物流网络,为其产品的分销提供高效快捷的一体化服务。

1.5.4　物流信息化技术

信息化是现代物流的基础,没有物流的信息化,任何先进的物流理念和技术都不可能应用于物流领域,信息技术及计算机技术在物流中的应用将会彻底改变世界物流的面貌。物流信息化技术主要包括物流标识技术、电子数据交换(EDI)技术、射频(RF)技术、地理信息系统(GIS)、全球定位系统(GPS)以及信息系统化技术等。

物流标识技术是对物流过程中的物品标识进行识别的技术,一般采用条形码技术。物流标识技术主要由物流编码技术、物流条形码符号技术以及符号印制与自动识读技术等构成。物流标识技术是物流系统现代化的关键技术,可以广泛应用于配送中心的自动分拣和运输以及仓储保管等各种物流场合。

电子数据交换(EDI)技术是指按照统一规定的一套通用标准格式,将标准的经济信息,通过通信网络传输,在贸易伙伴的计算机系统之间进行数据交换和自动处理,俗称“无纸贸易”。构成 EDI 系统的要素包括 EDI 软件、硬件、通信网络以及数据标准化。EDI 是一种信息管理或处理的有效手段,它是对供应链上的信息流进行运作的有效方法。EDI

的目的是充分利用现有计算机及通信网络资源,提高贸易伙伴之间通信的效益,降低成本。

射频(RF)技术是利用无线数据终端(RFDC)、中继器等装置组建成配送中心内部无线数据采集与传输系统,可以将信息系统与操作者最大限度地融合在一起,通过信息引导操作,实现物流作业的灵活、快捷、准确、高效和无障碍化。

地理信息系统(GIS)是以地理空间数据为基础,采用地理模型分析方法,适时地提供多种空间和动态的地理信息,是一种为地理研究和地理决策服务的计算机技术系统。GIS应用于物流分析,主要是指利用GIS强大的地理数据功能来完善物流分析技术。国外公司已经开发出利用GIS为物流分析提供专门分析的工具软件。完整的GIS物流分析软件集成了车辆路线模型、最短路径模型、网络物流模型、分配集合模型和设施定位模型等。

全球定位系统(GPS)是一种在海、陆、空进行全方位实时三维导航与定位的系统。目前,我国已有数十家公司正在开发和销售车载导航系统。GPS在物流领域,主要用于货物运输系统中车辆的定位、跟踪和调度。我国的很多运输企业已经安装了GPS定位系统。

信息系统化技术包括电子订货系统(EOS)、仓储管理系统(WMS)、运输管理系统(TMS)、分销需求计划(DRP)、企业资源计划(ERP)、物流需求计划(LRP)、供应链物流资源计划系统等。这些系统化技术已经为我国企业所接收和采纳,并广泛应用于各类制造、分销、零售和物流企业。

1.5.5　物流自动化技术

随着我国经济的发展,自动化技术越来越广泛地在物流领域得到应用。主要包括自动分货系统、电子标签拣货系统、自动仓储系统和无人搬运系统等。

自动分货系统是一种全自动的自动分货设备。自动分拣机的分拣效率极高,通常每小时可分拣商品6 000～12 000箱;自动分拣机在日本、欧洲等国家和地区普遍使用。特别是在日本的连锁商业(如西友、日生协、高岛屋等)和宅急便中(如大和、西浓、佐川等),自动分拣机的应用更是普遍。我国在邮政部门已采用了一些先进的自动分货系统,随着物流环境的逐步改善,自动分货系统在我国物流领域的应用将会越来越广泛。

电子标签拣货系统是一种无纸化的拣货系统。一般传统拣货是拣选人员根据拣货单逐一进行拣货,工人劳动强度大,容易造成错拣或漏拣现象。拣货系统省略了打印拣货单的过程,而在货架上加装一组LED显示器及线路,客户的订单资料直接由计算机传输到货架上的显示器,拣货人员根据显示器上的数字进行拣货,拣货完成之后按一下确认键即可。采用这种方式,可大大提高拣选效率,降低工人的劳动强度,而且使差错率大幅度下降。

自动仓储系统中的典型应用是自动化立体仓库,它是物流技术进步的标志,不但彻底改变了仓储行业劳动密集、效率低下的落后面貌,而且大大拓展了仓库功能,使之从单纯的保管型向综合的流通型方向发展。自动化立体仓库具有普通仓库无可比拟的优越性,具有节约空间和劳动力,提高仓库管理水平,减少货损,优化、降低库存,缩短周转期,节约资金的作用。近年来,自动化立体仓库在我国得到快速发展,据不完全统计,我国已经建成的自动化立体仓库超过500座,主要分布在电子、烟草、医药、化工、机电、印刷等行业,近年来,作为物流中心或配送中心的集中储存区域,逐渐应用于一些流通领域。

无人搬运系统(AGVS)是自动导引车系统,它由若干辆沿导引路径行驶、独立运行的

AGV 组成。AGVS 在计算机的交通管制下有条不紊地运行,并通过物流系统软件而集成于整个工厂的生产监控和管理系统中。该项自动化技术被广泛应用于自动化工厂和配送中心内,实现物料搬运的高度自动化和智能化。目前在我国烟厂的自动化物流系统中多采用AGVS 系统。如红河烟厂、青岛烟厂和海尔配送中心内,均采用了无人搬运系统。

综上所述,现代物流技术具有广泛的内涵,物流水平的提高有赖于现代物流技术的深入研究和广泛应用,现代物流技术对物流业的发展将起到巨大的推动作用。

小　结

物流是社会经济的基础活动,物流与流通和生产有着密切关系。在流通领域,物流是流通的重要组成部分;在生产领域,物流是构成生产过程的主要活动。物流的研究对象是贯穿流通领域和生产领域的一切物料流以及有关的信息流,研究目的是对其进行科学规划、管理与控制,使其高效率、高效益地完成预定的服务目标。物流的作用是将物资由供给主体向需求主体转移(包含物资的废弃与还原),创造时间价值和空间价值,并且创造部分形质效果。物流活动包括运输、仓储、装卸搬运、包装、流通加工、配送以及有关的信息活动等。物流作为供应链的一个组成部分,在供应链管理与整合中起着非常重要的作用。

按照物流系统的作用可以分为供应物流、生产物流、销售物流、回收物流和废弃物流;按照物流活动的空间范围可以分为地区物流、国内物流和国际物流;按照物流系统的性质可以分为社会物流、行业物流和企业物流。

物流科学产生于 20 世纪 50 年代,由于生产机械化的发展,产品数量急剧上升,生产成本相对下降,流通成本相对上升,使人们关注到物流的系统特性和重要作用,从而出现物流科学;物流学是一门发展中的学科,经历了以 P.D 命名物流科学的时代、以 Logistics 命名物流科学的时代、供应链管理时代三个阶段。

物流学属于一门系统科学,物流系统是由运输、仓储、包装、装卸搬运、配送、流通加工,物流信息等各环节所组成的,具有输入、输出、处理(转换)、限制(制约)、反馈等功能。物流系统设计要素包括 P、Q、R、S、T、C 六个要素。物流系统化的目标包括服务性、快捷性、有效地利用面积和空间、规模适当化和库存控制五个方面。

物流技术是指人们在物流活动中所使用的各种工具、设备、设施和其他物质手段,以及由科学知识和劳动经验发展而形成的各种方法、技能和作业程序等。按技术形态分类,物流技术可以分为物流硬技术和物流软技术。现代物流技术主要包括物流系统规划与优化技术、现代物流管理技术、物流信息化技术、物流自动化技术等。

思考题

1. 分析物流与流通的关系。

2. 分析物流和生产的关系,并说明不同生产模式下物流的特点。

3. 什么是物流? 物流概念包含哪几方面的含义?

4. 分析物流学产生的背景和原因,并说明为什么物流学具有后进性的特征。

5. 分析商流和物流的关系,并举例说明商物分离的意义。

6. 结合实例说明物流系统的设计要素和设计目标。

7. 分析物流系统中存在的制约关系,说明物流系统优化的目标和意义。

8. 物流系统规划技术主要有哪些? 并举例说明其应用。

案例分析

京东物流服务体系

京东物流隶属于京东集团,以打造客户体验最优的物流履约平台为使命,通过开放、智能的战略举措促进消费方式转变和社会供应链效率的提升,将物流、商流、资金流和信息流有机结合,实现与客户的互信共赢。京东物流通过布局全国的自建仓配物流网络,为商家提供一体化的物流解决方案,实现库存共享及订单集成处理,可提供仓配一体、快递、冷链、大件、物流云等多种服务。

1. 京东的物流服务

京东物流以降低社会化物流成本为使命,致力于成为社会供应链的基础设施。基于短链供应,打造高效、精准、敏捷的物流服务;通过技术创新,实现全面智慧化的物流体系;与合作伙伴、行业、社会协同发展,构建共生物流生态。通过智能化布局的仓配物流网络,京东物流为商家提供仓储、运输、配送、客服、售后的正逆向一体化供应链解决方案,快递、快运、大件、冷链、跨境、客服、售后等全方位的物流产品和服务,以及物流云、物流科技、物流数据、云仓等物流科技产品。京东是拥有中小件、大件、冷链、B2B、跨境和众包(达达)六大物流网络的企业。

2. 京东的物流网络

截至 2019 年 5 月,京东物流在全国范围内运营超过 550 个大型仓库,运营了 23 个大型智能化物流中心"亚洲一号",物流基础设施面积超过 1 200 万平方米。京东物流大件和中小件网络已实现行政区县 100%覆盖,自营配送服务覆盖了全国 99%的人口,90%以上的自营订单可以在 24h 内送达。通过 10 余年的努力,京东物流成功将物流成本(对比社会化物流)降低了 50%以上,流通效率(对比社会化流通)提升了 70%以上。

3. 京东物流的配送服务模式

1) FBP 模式

FBP 模式是一种全托管式的物流配送服务模式。工作流程见图 1-6。商家与京东商城确定合作后,商家在京东商城上传店铺信息和标价并进行备货,京东商城在消费者提交订单后从仓库进行调货、打印发票,同时进行货物的配送,京东结束交易后与商家进行结算。京东商城根据消费者订单进行货物配送和开具发票,商家查看库存信息及时进行补货,从而在配送过程中减少货物运输的成本,减少物流配送成本。由于商家提前进行备货,京东商城能够第一时间进行货物配送,缩短配送时间,做到京东提出的"211 限时达"服务。

图 1-6　FBP 模式

2) LBP 模式

LBP 模式是一种无须提前备货的物流配送服务模式。工作流程见图 1-7。商家与京东商城确定合作后,商家无须备货,只需在 12h 内对订单进行包装和发货,36h 内到达京东分拣中心,由京东进行货物的配送和发票的开具。京东商城与商家合作时,只提供配送和客服两项服务,减轻京东库存压力。运用 LBP 模式的优势在于,产生订单后,商家能够第一时间进行配货,发货相对方便。但是货物在配送时需经过京东仓库,所以运输速度有所下降,配送周期有所增加。同时,加大商家的配送运输成本,降低京东的配送效率。

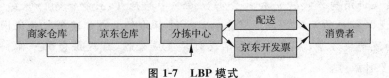

图 1-7　LBP 模式

3) SOPL 模式

SOPL 模式与 LBP 模式相似,在配送过程中无须提前备货,直接从商家库房发货。工作流程见图 1-8。商家与京东商城确定合作后,商家无须备货,只需在 12h 内对订单进行包装和发货,36h 内到达京东分拣中心,由京东进行货物的配送。与 LBP 模式不同的是,SOPL 模式的发票开具环节是由商家完成的,京东在整个物流过程中只发挥仅有的配送服务,其他工作都由商家自己完成。SOPL 模式的运用,在一定程度上减轻了京东仓储的压力,减少物流配货过程中的配货成本。与 LBP 模式相同,订单的生成和发货从商家开始,会影响货物的发货速度和运输时间,降低配送效率,导致客户满意度下降。

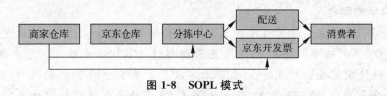

图 1-8　SOPL 模式

4) SOP 模式

SOP 模式是一种直接由商家发货的物流配送服务模式,京东在物流过程中不起任何作用。工作流程见图 1-9。商家与京东商城合作,京东商城只提供可操作的后台,物流配送的工作以及后期服务全部由商家自己完成。京东商城只要求商家在订单产生 12h 内进行配货发送。SOP 模式的整个物流配送过程都由商家独自完成,大大降低京东商城的物流配送压力,减少配送支出成本和运输成本,减轻京东的库存压力。SOP 模式的优势在于商家已有成型的团队同时操作京东平台。

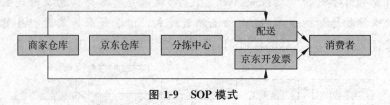

图 1-9　SOP 模式

4. 京东物流的特点与发展方向

(1) 制定合理的物流发展规划。京东商城需要对其整体运营、物流运作做一个总体规划,并以此为蓝图开展业务,避免发生运营业务与物流的冲突。因此有必要对京东商城的中长期物流配送提前规划,站在战略的高度设计一个完整、科学的物流配送方案。

(2)提高配送效率和服务质量。京东商城需要加强对配送人员的素质培训,改善物流配送环节的服务质量,充分调动配送人员的工作热情,重视用户需求。

(3)专注于自建物流。京东商城在物流配送过程中会结合实际与第三方物流商合作,但是物流配送成效低。因此,京东商城应该专注于自建物流的推广和扩大,在配送过程中,充分利用自建物流,从而舍弃其余的物流配送模式。

(4)降低物流成本。在配送过程中,京东自建物流配送可以学习其他物流配送方的配送方式,减少跑空现象的出现,从而降低物流成本,提升配送利润。

案例思考

1. 京东物流提供哪些物流服务?

2. 京东物流服务的四种模式分别是什么? 各有什么特点?

第 2 章

包装、装卸搬运与流通加工

包装是流通领域物流的起点,也是生产物流的终点,物流包装也是物流过程中的最小搬运单元。装卸搬运作业虽然不直接创造价值,但却是保证其他职能(如仓储、运输、流通加工)高效运作的关键,是物流系统中的瓶颈环节。集装单元是由多个包装集成的便于搬运的搬运单元,通过包装和集装单元的整合、优化,可大大提高物流系统的效率。物流系统各个环节或同一环节的不同活动之间,都必须进行装卸搬运作业。流通加工是物流系统创造增值服务的核心,通过合理设置流通加工环节,可显著提高物流系统服务水平。

本章将系统介绍包装与包装技术、装卸搬运分类与方法、集装单元化及集装单元器具以及流通加工方式等。

学习目标

- 掌握包装的功能作用和类别;熟悉包装标志;了解常用的包装技术。
- 掌握集装单元化的含义及作用;熟悉常用的集装单元结构及特点。
- 理解装卸搬运的特点;掌握常用的装卸搬运方法和搬运活性的含义。
- 熟悉流通加工的类别、主要形式和合理化方法。

2.1 包 装

2.1.1 包装的概念

包装是在流通过程中保护产品,方便储运,促进销售,按一定技术方法而采用的容器、材料和辅助物的总体名称。也指为了达到上述目的而采用容器、材料和辅助物的过程中施加一定技术方法等的操作活动。简而言之,包装是包装物及包装操作的总称。

产品包装有以下几个方面的功能。

1. 保护功能

保护物品在流通过程中不受损害,是包装的首要功能,是确定包装方式和包装形态时必须抓住的主要矛盾。其作用体现在以下几个方面。

(1) 防止物品破损。要求做到物品在运输、装卸、保管过程中能够防止因受冲击、振动等机械外力而损伤,包装应具有足够的强度防护和抵抗外力的破坏。

（2）防止商品发生化学变化。即防止在流通过程中受潮、被光照和气体腐蚀等引起商品发霉、变质、锈蚀等变化。要求包装起到阻隔水分、潮气、光照以及各种有害气体的侵蚀作用,避免外界的不良因素影响。

（3）防止商品受鼠咬、虫蛀。要求包装具有阻隔虫、鼠侵入的作用。

（4）防止异物混入和污物污染,防止散失和丢失。

2．方便流通功能

合理的产品包装能为流通过程中的装卸、运输、储存和销售带来很大方便。因此,包装单元的尺寸、重量、形态必须为装卸、运输、储存提供方便,以减轻人们的劳动强度,改善劳动条件,提高装卸、搬运效率。另外,要容易区分不同的商品并进行计量,包装及拆装要简便、快速,拆装的包装材料要容易处理。

3．促进销售功能

良好的包装,起到美化产品、促进销售的作用。因此,销售包装必须通过装潢艺术吸引消费者,唤起消费者的购买欲望,达到促进产品销售的目的。

2.1.2 包装的分类

需要包装的产品品种繁多,性能和用途千差万别,因而对包装的要求也各不相同。包装可按以下方法进行分类。

1．按包装在流通中的作用分类

按包装在流通中的作用主要分为销售包装和运输包装。

销售包装的目的是促进商品的销售,这种包装的特点是外形美观,选用的材料、结构形态、外表装潢应具有美学功能,起到保护、美化、宣传产品,促进销售的效果。销售包装分为单个包装、内包装、中包装。

运输包装是以运输储存为主要目的的包装。它具有保障产品的安全,方便储运装卸,加速交接,点检等作用。因此,运输包装必须有足够的防护性能,以防止运输中一切外力的危害,运输包装的形状、尺寸必须便于装卸、运输作业。

运输包装的方式主要有单件运输包装和集合运输包装。

单件运输包装是根据商品的形态或特性,把一件或数件商品装入一个较小容器的包装方式。单件运输包装的种类很多,常用的有包、箱、桶、袋等。

集合运输包装是将一定数量的单件商品组合成一件大的包装或装入一个大的包装容器内。集合运输包装的种类有集装箱、集装袋、包、托盘等。

2．按包装保护功能的顺序分类

按包装保护功能的顺序分为单个包装、内包装和外包装。

单个包装即第一次包装,是直接保护商品的包装,一般为商品的最小销售单位的包装形式,它连同商品一起到达消费者手中。

内包装即单个包装商品再次集合包装,成为较大的销售单位包装形式,如果商品体积较小,几个内包装还可以进行中包装,以方便流通运输、保管。

外包装一般是运输包装。主要目的是为了方便储存、运输。

3．按包装容器分类

按包装容器的抗变形能力分为硬包装和软包装两类。硬包装的包装体有固定形状和一定强度;软包装又称柔性包装,包装体柔软,有一定程度的变形。

按包装容器形状分为包装袋、包装箱、包装盒、包装瓶、包装罐等。

按包装容器结构形式分为固定式包装和可拆卸折叠式包装两类。固定式包装尺寸、外形固定不变。可拆卸折叠式包装,不使用时可拆卸折叠存放,以减小体积,方便保管和返运。

4．按包装制品的材料分类

按包装制品的材料分为纸制品包装、塑料制品包装、竹木器包装、金属包装、玻璃容器包装和复合材料包装等。

5．按包装技术方法分类

按包装技术方法分为防潮包装、防锈包装、防腐包装、防虫包装、防震包装、危险品包装等。

2.1.3　包装标志

包装标志是为了便于货物交接、防止错发错运,便于识别,便于运输、仓储和海关等有关部门进行查验等工作,也便于收货人提取货物,在进出口货物的外包装上标明的记号。

(1) 运输标志,即唛头。这是贸易合同、发货单据中有关标志事项的基本部分。它一般由一个简单的几何图形以及字母、数字等组成。唛头的内容包括目的地名称或代号,收货人或发货人的代用简字或代号、件号(即每件标明该批货物的总件数),体积(长×宽×高),重量(毛重、净重、皮重)以及生产国家或地区等。

(2) 指示性标志。按商品的特点,对于易碎、需防潮湿、防颠倒等商品,在包装上用醒目图形或文字,标明"小心轻放""防潮湿""此端向上"等。表 2-1 为我国国家标准《包装储运图示标志》(GB/T 191—2008)规定。

指示性标志用来指示运输、装卸、保管人员在作业时需要注意的事项,以保证物资的安全。这种标志主要表示物资的性质,物资堆放、开启、吊运等的方法。

在国际物流中则要求在包装上正确绘制货物的运输标志和必要的指示标志。标志至少应包括下列内容:①目的地,收货人的最终地址、中转地点、订货单号;②装卸货指示标志,特别是对于易碎商品,更应在包装上标记出装卸操作的方向,以防商品损坏。

(3) 警告性标志。对于危险物品,如易燃品、有毒品或易爆炸物品等,在外包装上必须醒目标明,以示警告。

(4) 危险品标志。危险品标志是用来表示危险品的物理、化学性质,以及危险程度的标志,它可提醒人们在运输、储存、保管、搬运等活动中引起注意。

表 2-1　《包装储运图示标志》(GB/T 191—2008)规定

序号	标志名称	标志图形	序号	标志名称	标志图形
1	易碎物品		10	禁用叉车	
2	禁用手钩		11	由此夹起	
3	向上		12	此处不能卡夹	
4	怕晒		13	堆码重量极限	
5	怕辐射		14	堆码层数极限	
6	怕雨		15	禁止堆码	
7	重心		16	由此吊起	
8	禁止翻滚		17	温度极限	
9	此面禁用手推车				

2.1.4　包装技术

包装技术分为一般包装技术、防护包装技术、集合包装技术等。

1. 一般包装技术

一般包装技术包括充填、装箱、裹包、封口和捆扎等技术。

（1）充填技术。将产品按要求的数量装入包装容器的操作称为充填。充填是包装过程的中间工序,在此之前是容器准备工序(如容器的成型加工、清洗消毒、按序排列等),在此之后是封口、贴标、打印等辅助工序。在充填过程中,精密地计量内装物是很重要的。

充填技术主要用于销售包装,但运输包装中也有应用,如用专用运输工具运输散装的水泥、石油等。

（2）装箱技术。箱常用于运输包装。箱的种类和形式较多,如按材质分为木板箱、胶合板箱、纤维板箱、硬纸板箱、瓦楞纸箱、钙塑瓦楞纸箱和塑料周转箱等,其中尤以瓦楞纸箱最常见。

装箱可采用手工操作、半自动或全自动机械操作等方式,其方法有装入式装箱法、套入式装箱法和裹包式装箱法等。装入式装箱法是将内装物沿铅直方向或水平方向装入箱内的方法,所用设备为立式或卧式装箱机。图 2-1 为水平装箱过程示意图。

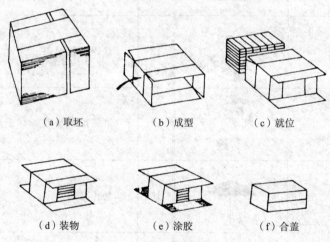

（a）取坯　　　　　（b）成型　　　　　（c）就位

（d）装物　　　　　（e）涂胶　　　　　（f）合盖

图 2-1　水平装箱过程示意图

瓦楞纸箱是运输包装容器,主要功能是保护内装物。选用瓦楞纸箱时要根据内装物的性质、重量、流通环境等因素来考虑。在保证纸箱质量的前提下,要尽量节省材料和包装费用,而且要考虑纸箱容积、运输工具的利用率以及堆垛的稳定性等。

（3）裹包技术。裹包是用一层或多层柔性材料包覆产品或包装件的操作。它主要用于销售包装,有时也用于运输包装,如用收缩或拉伸薄膜将托盘与货物裹包在一起。

（4）封口技术。封口是指将产品装入包装容器后,封上容器开口部分的操作。用于袋包装件的封闭物主要是夹子、带环的套、按钮带和扣紧条等。用于纸盒纸箱的封闭物,除用胶带黏合外,还有的用卡钉钉合,其形式有手动式和自动式等。

（5）捆扎技术。捆扎是将产品或包装件用适当的材料扎紧、固定或增强的操作。常用的捆扎材料有钢带、聚酯带、聚丙烯带、尼龙带和麻绳等。选用时要根据被捆扎物的要求以及包装材料的成本、供应情况综合考虑。用于包装捆扎的工具与设备有手动捆扎工具、半自动捆扎机和全自动捆扎机等。还有用于托盘包装、大宗货物捆扎、压缩捆扎和水平捆扎的特殊用途捆扎机。选用时可根据包装件的要求、尺寸、重量以及被包装物的性质进行综合考虑。

2. 防护包装技术

防护包装技术主要有防震包装、防水包装、防潮包装、防锈包装及防霉包装等。

防震包装是为了减缓内装物受到的冲击和震动,保护其免受损坏采取一定防护措施的包装。如用发泡聚苯乙烯、海绵、木丝、棉纸等缓冲材料填充箱内物品,或将内装物用弹簧悬吊在包装容器里等。

防水包装是防止因水浸入包装件而影响内装物品质的一种包装方法。如用防水材料衬垫包装容器内侧,或在包装容器外部涂刷防水材料等。防水包装材料应具有良好的耐水性能。常用防水包装材料有聚乙烯低发泡防水阻隔薄膜、复合薄膜、塑料薄膜、油纸等。辅助材料有防水胶带、防水黏结剂等。用于最外部的防水包装材料除要求有一定的强度和耐水性外,还应具有防老化、防污染、防虫咬、防疫病等性能。

防潮包装是为防止因潮气侵入包装件而影响内装物品质的一种包装方法。如用防潮包装材料密封产品或在包装容器内加入适量干燥剂以吸收残存潮气,也可将密封容器抽真空等。

防锈包装是为防止金属制品表面在流通过程中发生化学变化引起锈蚀而采取一定防护措施的包装方法。如在产品表面涂刷防锈油(脂),用气相防锈塑料薄膜或气相防锈纸包封产品等。

防霉包装是为了防止内装物长霉影响质量而采取一定防护措施的包装方法。如对内装物进行防霉包装,降低包装容器内的相对湿度,对内装物和包装材料进行防霉处理等。

3. 集合包装技术

集合包装是将一定数量的包装件或产品,装入具有一定规格、强度和长期周转使用的更大包装容器内,形成一个合适的搬运单元的一种包装技术。集装容器有集装箱、集装袋、托盘、滑片、集装框等。

2.1.5　包装合理化

所谓包装合理化,是指在包装过程中使用适当的材料和适当的技术,制成与物品相适应的容器,节约包装费用,降低包装成本,既满足包装保护商品、方便储运、有利销售的要求,又能提高包装的经济效益的包装综合管理活动。

1. 包装合理化的基本要求

包装合理化,一方面包括包装总体的合理化,这种合理化往往用整体物流效益与微观包装效益的统一来衡量;另一方面也包括包装材料、包装技术、包装方式的合理组合及运用。从多个角度来考察,合理包装应满足五个方面的要求。

(1) 包装应妥善保护内装的商品,使其质量不受损伤。

(2) 包装的容量要适当,包装的标识要清楚,以便于装卸和搬运。

(3) 科学包装、减少浪费。

(4) 采用无包装的物流形态:对需要大量输送的商品(如水泥、煤炭、粮食等)来说,包装所消耗的人力、物力、资金、材料是非常大的,若采用专门的散装设备,则可获得较高的技术经济效果。散装并不是不要包装,它是一种变革了的包装,即由单件小包装向集合大包装的转变。

（5）包装要考虑人格因素。

2．产品外包装方式的选择

包装方式的选择对产品保护甚为重要，只有对产品性能及流通条件作全面了解，制订几种方案，进行经济评估，才能找到合适的包装方式。

产品外包装方式的选择主要包括包装方法的选择与包装材料的选择两个方面。

（1）包装方法的选择。根据对产品保护强度的要求，使用方便，便于机械装卸和运输等来选择适当的包装工艺与包装方法。

（2）包装材料的选择。根据产品性能选择与之相适应的包装材料来制作包装容器，同时选择合适的附属包装材料来包装产品。

3．包装选择的影响因素

从物流总体角度出发，用科学方法确定最优包装。

（1）包装的第一个影响因素是装卸。不同装卸方法决定着不同的包装。目前，我国铁路运输，特别是汽车运输，还大多采用手工装卸，因此，一方面，包装的外形和尺寸要适合于人工操作。另一方面，装卸人员素质低，作业不规范也易直接引发商品损失。

广州某快运公司的总经理曾谈起这样一个案例：从香港报关进口的一件大木箱，内装精密设备，要求运输途中不能倾斜。当木箱运至客户手中时，货主肯定货物已经倾斜了，因为木箱外包装上有一个标识变成了红色——原来该货物倾斜45°时，外包装上的标识就会变色。因此，引进装卸技术，提高装卸人员素质，规范装卸作业标准等都会相应地促进包装、物流的合理化。

（2）包装的第二个影响因素是保管。在确定包装时，应根据不同的保管条件和方式，采用与之相适应的包装。

（3）包装的第三个影响因素是运输。运送工具类型、输送距离长短、道路情况等对包装都有影响。我国现阶段，特别是广州地区，存在很多不同类型的运输方式，如航空的直航与中转，铁路快运集装箱、包裹快件、行包专列等，汽车的篷布车、密封厢车。以上不同的运送方式对包装都有着不同的要求和影响。

4．包装合理化原则

包装合理化原则包括包装的轻薄化、单纯化、标准化、机械化与自动化和绿色化五个方面。

（1）包装的轻薄化。由于包装只是起保护作用，对产品使用价值没有任何意义，因此在强度、寿命、成本相同的条件下，更轻、更薄、更短、更小的包装，可以提高装卸搬运的效率，更节约了运输空间和成本。

（2）包装的单纯化。为了提高包装作业的效率，包装材料及规格应力求单纯化，包装规格还应标准化，包装形状和种类也应单纯化。

（3）包装的标准化。包装的规格与托盘、集装箱关系密切，包装应满足集装单元化和标准化的要求。同时还应考虑到与运输车辆、搬运机械的匹配，从系统的观点确定包装的尺寸标准。

（4）包装的机械化与自动化。为了提高作业效率和包装现代化水平，各种包装机械的开发和应用是很重要的。

（5）包装的绿色化。包装是产生大量废弃物的环节，处理不好可能造成环境污染。包装最好可反复多次使用（如周转箱）并能回收再次利用；在包装材料的选择上，还要考虑对人体健康不产生影响，对环境不造成污染，即所谓的"绿色包装"。

2.2 装 卸 搬 运

2.2.1 装卸搬运的作用及特点

装卸搬运是指在同一地域范围内进行的，以改变物料的存放（支撑）状态和空间位置为主要目的的活动。一般来说，在强调物料存放状态的改变时，使用"装卸"这个词；在强调物料空间位置的改变时，使用"搬运"这个词。

装卸搬运与运输、储存不同，运输是解决物料空间距离的，储存是解决时间距离的，而装卸搬运没有改变物料的时间价值或空间价值，因而人们往往不重视。可是一旦忽略了装卸搬运，生产和流通领域轻则发生混乱，重则造成生产活动停顿。

1. 装卸搬运的作用

装卸搬运活动的作业量大，方式复杂，作业不均衡，对安全性要求高。但它是物流活动中不可缺少的环节，对物流发展和增加效益意义重大。

装卸搬运在物流活动中起着承上启下的作用。物流的各环节和同一环节不同阶段之间，都必须进行装卸搬运作业，正是装卸活动把物流各个阶段连接起来，使之成为连续的流动的过程。在生产企业物流中，装卸搬运成为各生产工序之间连接的纽带，它是从原材料、设备等装卸搬运开始到产品装卸搬运为止的连续作业过程。

装卸搬运在物流成本中占有重要地位。在物流活动中，装卸活动是不断出现和反复进行的，它出现的频率高于其他物流活动，而且每次装卸活动都要浪费很长时间，所以往往成为决定物流速度的关键，装卸活动所消耗的人力活动也很多，所以装卸费用在物流成本中所占的比重也较高。

以我国为例，铁路运输的始发和到达的装卸作业费占运费的 20% 左右，水运占 40% 左右。我国对生产物流的统计显示，机械加工企业每生产 1t 成品，需要进行 252t 次的装卸搬运，其成本为加工成本的 15.5% 左右。因此降低物流费用，装卸是个重要环节。

此外，装卸搬运过程是物流过程中造成货物破损、散失、损耗、混合等损失的主要环节。例如，袋装水泥纸袋破损和水泥散失主要发生在装卸过程中，玻璃、机械、器皿、煤炭等产品在装卸时最容易造成损失。

据我国统计，火车货运以 500km 为分界点，运距超过 500km，运输在途时间多于起止的装卸时间；运距低于 500km，装卸时间则超过实际运输时间。美国与日本之间的远洋船运，一个往返需 25d，其中运输时间 13d，装卸时间 12d。由此可见，装卸活动是影响物流效率、决定物流技术经济效益的重要环节。

2. 装卸搬运的特点

装卸搬运具有以下特点。

（1）具有"伴生"（伴随产生）和"起讫"性的特点。装卸搬运的目的总是与物流的其他环节密不可分（在加工业中甚至被视为其他环节的组成部分），不是为了装卸而装卸，因此与其他环节相比,它具有"伴生"性的特点。又如运输、储存、包装等环节,一般都以装卸搬运为起始点和终结点,因此它又有"起讫"性的特点。

(2) 具有提供"保障"和"服务"性的特点。装卸搬运保障了生产和流通中其他环节活动的顺利进行,具有保障性质。装卸搬运会影响其他物流活动的质量和速度,例如,装车不当,会引起运输过程中的损失;卸放不当,会引起货物转换成下一步物流活动的困难。许多物流活动在有效的装卸搬运支持下,才能实现高水平的物流服务。

(3) 具有"闸门"和"咽喉"性的作用。装卸搬运制约着生产与流通领域其他环节的业务活动,若这个环节处理不好,整个物流系统将处于瘫痪状态。在任何其他物流活动互相过渡时,都是以装卸搬运来衔接,是物流各环节之间能否形成有机联系和紧密衔接的关键,是整个物流的"瓶颈"。因此建立一个有效的物流系统,高效的装卸搬运是非常重要的。

2.2.2　装卸搬运的分类及作业方法

1. 装卸搬运的分类

装卸搬运的分类方法有很多种,可按作业场所、操作特点等进行分类。

(1) 按作业场所,装卸搬运可分为铁路装卸、港口装卸和场库装卸。

① 铁路装卸。指在铁路车站进行的装卸搬运活动。除装卸火车车厢货物外,还包括汽车货物的装卸、堆码、拆取、分拣配货、中转等作业。

② 港口装卸。指在港口进行的各种装卸活动。如装船、卸船作业,搬运作业等。

③ 场库装卸。指在仓库、堆场、物流中心等处的装卸搬运活动。

(2) 按操作特点,装卸搬运可分为堆码取拆作业、分拣配货作业和挪动移位作业。

① 堆码取拆作业。包括在车厢内、船舱内、仓库内的码摆和拆垛作业。

② 分拣配货作业。指按品类、到站、去向、货主等不同特征进行分拣货物作业。

③ 挪动移位作业。即单纯地改变货物的支撑状态的作业(例如,从汽车上将货物卸到站台上等)和显著(距离稍远)改变空间位置的作业。

2. 装卸搬运的作业方法

装卸搬运作业的基本方法,可按作业方式、作业对象、作业手段、设备作业原理等进行分类。

(1) 按作业方式,装卸搬运作业可分为吊装吊卸法(垂直装卸法)和滚装滚卸法(水平装卸法)。

① 吊装吊卸法(垂直装卸法)。主要是以使用各种起重机械来改变货物的铅垂方向的位置为主要特征的方法。这种方法历史最悠久、应用面最广。

② 滚装滚卸法(水平装卸法)。指以改变货物的水平方向位置为主要特征的方法。如各种轮式、履带式车辆通过站台、渡板开上或开下装卸货物,用叉车、平移机来装卸集装箱、托盘等。

(2) 按作业对象,装卸搬运作业可分为单件作业法、集装作业法和散装作业法。

单件作业法是人力作业阶段的主导方法。目前对长大笨重的货物,或集装会增加危险的货物等,仍采取这种传统的单件作业法。

集装作业法是先将货物集零为整,再进行装卸搬运的方法。包括集装箱作业法、托盘作业法、货捆作业法、滑板作业法、网装作业法以及挂车作业法等。

散装作业法是指对煤炭、矿石、粮食、化肥等块、粒、粉状物资,采用重力法(通过筒仓、溜槽、隧洞等方法)、倾翻法(铁路的翻车机)、机械法(抓、舀等)、气力输送(用风机在管道内形成气流,应用动能、压差来输送)等方法进行装卸。

另外,按作业是否连续,装卸搬运作业可分为间歇作业(如起重机等)和连续作业(如连续输送机等)方法;按作业手段和组织水平,装卸搬运可分为人工作业法、机械作业法、综合机械化作业法。

2.2.3　搬运活性

1. 搬运活性的概念

装卸搬运作业已有悠久的历史,而对装卸搬运作业的管理进行研究,则还是一门新的学科。在装卸搬运作业中,装货、移动、卸货三种作业在多数情况下是以一个整体出现的,由此看出,装和卸次数之和与移动次数是 2∶1 的关系。往往装卸的劳动强度大,通常花费的时间也多,因此在改善装卸搬运系统的过程中,应更重视次数多、劳动强度大、耗时多的装卸环节。重视装卸是现代装卸搬运管理的基本论点,如使用叉车、机器人就是要减轻装卸的劳动强度。所谓"良好的搬运状态",首先应是装卸花费时间少的状态,"良好的搬运"就是装卸次数少的搬运。

由于装卸搬运作业对象的多样性和作业形式的复杂性,对装卸搬运作业进行定量评价是很困难的。为此,一些学者提出一种活性理论,可以在一定程度上解决上述问题。

物料或货物平时存放的状态是各式各样的,可以是散放在地上,也可以是装箱放在地上,或放在托盘上等。由于存放的状态不同,物料的搬运难易程度也不一样。人们把物料和货物的存放状态对装卸搬运作业的方便(难易)程度称为搬运活性。将那些装卸较方便、费工时少的货物堆放法称为搬运活性高。从经济上看,这种搬运活性高的搬运方法是一种好方法。

2. 搬运活性指数

搬运活性指数是用来表示各种状态下的物品的搬运活性的。在整个装卸搬运过程中,往往需要进行几次物品的搬运,下一步比上一步的搬运活性指数高,因而下一步比上一步更便于作业时,称为"活化"。而装卸搬运系统的各道工序应设计得使物料或货物的搬运活性指数逐步提高(至少不降低),称作步步活化。图 2-2 是搬运活性指数的组成关系。

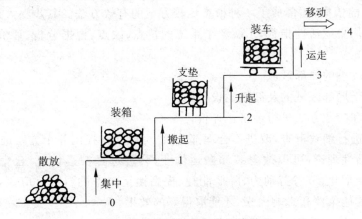

图 2-2　搬运活性指数的组成关系

从图 2-2 可以看出,散放在地的物品要运走,需要经过集中、搬起、升起、运走四次作业,作业次数最多,最不方便,也就是说它的搬运活性水平最低;而集装在箱中的物品,只要进行后面三次作业就可以运走,物料搬运作业较为方便,搬运活性水平高一等级;运动着的物品不需要再进行其他作业就可以运走,搬运活性水平最高。

运用搬运活性指数的概念来表示搬运活性水平的高低。如散放在地的物品,要经过集中(装箱) → 搬起(支垫) → 升起(装车) → 运走(移动)四次作业才能运走,其搬运活性指数最低,定为 0,然后,对此状态每增加一次必要的操作后,就会使物料装卸方便一些,其搬运活性指数加上 1,而处于运行状态的物品,因为不需要再进行其他作业就能运走,其搬运活性指数最高,定为 4。物品处于不同状态的活性的区分和搬运活性指数的关系如表 2-2 所示。

表 2-2　活性的区分和搬运活性指数

物品状态	作业说明	作业种类				还需要作业的数目	已不需要作业的数目	搬运活性指数
		集中	搬起	升起	运走			
散放在地上	集中、搬起、升起、运走	要	要	要	要	4	0	0
箱中	搬起、升起、运走(已集中)	否	要	要	要	3	1	1
托盘上	升起、运走(已搬起)	否	否	要	要	2	2	2
车中	运走(不用升起)	否	否	否	要	1	3	3
运动着的输送机	不要(保持运动)	否	否	否	否	0	4	4
运动着的物体	不要(保持运动)	否	否	否	否	0	4	4

从表 2-2 可以看出,要运走物品,最多需要进行四项作业,假如其中有几项作业不需要进行,就可省去这些项的作业,此时物品的存放状态就有利于搬运,其搬运活性指数就高。由此得出,搬运活性指数的定义:搬运某种状态下的物品所需要进行的四项作业中"已经不需要进行的作业数目"。

3. 应用活性理论改善搬运作业

在设计装卸搬运方案时,主要根据物料的分类、布置和移动的路线,选择合适的搬运设备、设备之间的组合方式及使用方法。搬运的活性理论能改善装卸搬运作业,使方案设计、设备选择有定量的依据,还形成了一种检查比较方案的有效方法。其步骤大致如下。

(1) 测定平均搬运活性指数,了解整个系统的特点、缺点,根据分析、评价确定整体改进方案。

(2) 确定需改进的局部区域。

(3) 选定用于局部区域的装卸搬运设备。

(4) 对设备和搬运方式进行经济性评价。

(5) 对方案进行细致审查,改进不合理部分,也可以同时提出几个方案进行比较研究。

总之,应用活性理论,可以改善装卸搬运作业,合理选择搬运设备,合理设计工步和工序,以达到作业合理化、节省劳动力、降低能耗、提高搬运效率的目的。应该指出,应用活性理论,还要考虑其他条件和影响因素,才能取得好的效果。

2.2.4　装卸搬运设备

装卸搬运设备是指用来搬移、升降、装卸和短距离输送物料或货物的机械。装卸搬运设备是实现装卸搬运作业机械化的基础,是物流设备中重要的机械设备。它不仅可用于完成船舶与车辆货物的装卸,还可用于完成库场货物的堆码、拆垛、运输以及舱内、车内、库内货物的起重输送和搬运。

1. 装卸搬运设备的分类

(1) 按作业性质不同可分为装卸机械、搬运机械及装卸搬运机械三类。

单一装卸功能的机械种类不多,手动葫芦最为典型,固定式吊车(如卡车吊、悬臂吊等吊车)虽然有一定的移动半径,也有一些搬运效果,但基本上还是被看成单一功能的装卸机具。

单一装卸功能的搬运机械种类较多,如各种搬运车、手推车及斗式输送机、刮板式输送机之外的各种输送机等。

在物流领域很注重装卸、搬运两种功能兼具的机械,这种机械可将两种作业合二为一,因而有较好的系统效果。属于这类机械的最主要的是叉车、港口中用的跨运车、车站用的龙门吊以及气力装卸输送设备等。

(2) 按工作原理可分为叉车类、吊车类、输送机类、作业车类和管道输送设备类。

① 叉车类,包括各种通用和专用叉车。

② 吊车类,包括门式、桥式、履带式、汽车式、岸壁式、巷道式等各种吊车。

③ 输送机类,包括辊式、轮式、皮带式、链式、悬挂式等各种输送机。

④ 作业车类,包括手车、手推车、搬运车、无人搬运车、台车等各种作业车辆。

⑤ 管道输送设备类,包括液体、粉体的装卸搬运一体化的油泵、管道为主体的一类设备。

(3) 按有无动力可分为重力式、动力式和人力式三类搬运设备。

① 重力式装卸输送机,辊式、滚轮式等输送机属于此类。

② 动力式装卸搬运机械,分为内燃式及电动式两种,大多数装卸搬运机械属于此类。

③ 人力式装卸搬运机械,用人力操作作业,主要是小型机械和手动叉车、手车、手推车、手动升降平台等。

2. 装卸搬运设备选择原则

根据作业性质和作业场合进行配置、选择。装卸搬运作业性质和作业场合不同,需配备不同的装卸搬运设备。根据作业是单纯的装卸或单纯的搬运,还是装卸、搬运兼顾,从而可选择更合适的装卸搬运设备;作业场合不同,也需配备不同的装卸搬运设备。

根据作业运动形式进行配置、选择。装卸搬运作业运动形式不同,需配备不同的装卸搬运设备:水平运动,可配备选用卡车、牵引车、小推车等装卸搬运设备;垂直运动,可配备选用提升机、起重机等装卸搬运设备;倾斜运动,可配备选用连续运输机、提升机等装卸搬运设备;垂直及水平运动,可配备选用叉车、起重机、升降机等装卸搬运设备;多平面式运动,可配备选用旋转起重机等装卸搬运设备。

根据作业量进行配置、选择。装卸搬运作业量大小关系到设备应具有的作业能力,从而影响到所需配备的设备类型和数量。作业量大时,应配备作业能力较强的大型专用设备;作业量小时,最好采用构造简单、造价低廉而又能保持相当生产能力的中小型通用设备。

根据货物种类、性质进行配置、选择。货物的物理性质、化学性质以及外部形状和包装千差万别,有大小、轻重之分,有固体、液体之分,有散装、成件之不同,所以对装卸搬运设备的要求也不尽相同。

根据搬运距离进行配置、选择。长距离搬运一般选用牵引车和挂车等装卸搬运设备,较短距离搬运可选用叉车、跨运车等装卸搬运设备,短距离搬运可选用手推车等装卸搬运设备。为了提高设备的利用率,应当结合设备种类和特点,使行车、货运、装卸、搬运等工作密切配合。

根据装卸搬运设备的配套进行配置选择。成套地配备装卸搬运设备,使前后作业相互衔接、相互协调,是保证装卸搬运工作持续进行的重要条件。因此,需要对装卸搬运设备在生产作业区、数量吨位、作业时间、场地条件、周边辅助设备上作适当协调。

2.2.5　装卸搬运合理化

装卸搬运合理化是指以尽可能少的人力和物力消耗,高质量、高效率地完成仓库的装卸搬运任务,保证供应任务的完成。装卸搬运合理化的原则主要包括以下七个方面。

(1) 省力化原则。所谓省力,就是节省动力和人力。由于货品装卸转移不能发生价值变化,作业的次数越多,货品破损和发作事端的频率越大,费用越高,因此首先要考虑尽量不装卸转移或尽量削减装卸转移次数。集装化装卸、集装箱化运输、多式联运、托盘一贯制物流等都是有效的做法;使用货品自身的分量和落差原理,如滑槽、滑板等物品的使用;削减从下往上的转移,多采用斜坡式,以减轻负重;水平装卸转移,如库房的作业站台与货车车厢处于同一高度,手推车直接进出;货车后面带尾板升降机,仓库站台设装卸升降设备等。省力化装卸转移原则是能往下则不往上、能用机械则不用人力、能直行则不拐弯、能水平则不要上斜、能接连则不间断、能滑动则不冲突、能集装则不涣散。

(2) 活性化原则。这里所说的活性化是指设计的物料搬运系统应该尽量提高货物存放状态的活性,以最大限度地提高装卸搬运效率。此外,尽量采用灵活化的装卸搬运设备,如叉车、铲车、桥式起重机、旋转起重机和移动起重机等。

(3) 短距化原则。短距化,即以最短的动作间隔完成装卸转移作业,最显著的是出产流水线作业。它把各道工序连接在传送带上,经过传送带的主动运转,使各道工序的作业人员以最短的动作间隔完成作业,大大节省了时间,削减了人的臂力耗费,大幅度提高了作业效率;滚动式吊车、挖掘机也是短距离装卸转移机械;短距化在日常生活中也能找出实例,如转盘式餐桌,各种美味佳肴放在转盘上,人不用站起来就能夹到菜。缩短装卸转移间隔,不仅能省力、省能,还能使作业快速、高效。

(4) 顺利化原则。货品装卸转移的顺利化是保证作业安全、提高作业功率的重要方面。所谓顺利化,就是作业场所无妨碍,作业不间断、作业通道畅通。例如,叉车在库房中作业,应留有安全作业空间,转弯、后退等动作不该受面积和空间约束;人工进行货品转移,要有合理的通道,脚下不能有妨碍物,头顶留有空间;用手推车转移货品,地上不能坑坑洼洼,不应有电线及其他杂物影响小车行走;人工操作电葫芦吊车,地上防滑、行走通道两边的妨碍等问题均与作业顺利与否相关。机械化、主动化作业途中停电、线路问题、作业事端的避免等都是保证装卸转移作业顺利和安全的要素。

（5）连续化原则。连续化装卸搬运的例子有很多，如输油、输气管道，气力输送设备，皮带输送机，辊道输送机，旋转货架等都是连续化装卸搬运的有力证明。

（6）单元化原则。单元化装卸搬运是提高装卸搬运效率的有效方法，如集装箱、托盘等单元化设备的利用等都是单元化的例证。

（7）人格化原则。装卸搬运是重体力劳动，很容易超过人的承受限度。如果不考虑人的因素或不尊重他人，容易发生野蛮装卸、乱扔乱摔现象。搬运的物品在包装和捆包时，应考虑人的正常能力和抓拿的方便性，也要注重安全性和防污染性等。

以上装卸搬运合理化的七大原则，是保证装卸搬运系统高效运作的前提。

2.3　集装单元化技术

2.3.1　集装单元化

1．集装单元化的概念

应用不同的方法和器具，把有包装或无包装的物品，整齐地汇集成一个扩大了的、便于装卸搬运的并在整个物流过程中保持不变形状的作业单元的技术，称为集装单元化技术，简称集装技术。

集装既是一种包装方式，又是一种新的运输方式。它一方面能更好地满足产品装卸、运输和储存等流通环节的需要；另一方面能对传统的包装运输方式产生根本性的影响。

集装不但要求运输、装卸的高度机械化，而且要有一套完整的、科学的管理方法。它在现代物流过程中越来越显示出其优越性，并发挥着越来越大的作用。

2．集装单元化的意义

在物流过程中，物品要经过包装、运输、装卸和储存等基本作业环节，并伴随着质量检验、数量检查等许多附加作业。在这个复杂的物流过程中，如果采用每次处理少量物品的方法，那么既麻烦费时，又不能提高工作效率。如何实现物流过程的合理化，这就需要先进的科学技术和科学的管理方法。

集装技术的出发点是把数件物品汇集为具有一定重量或容积单位的整体，并使货物的外形定型化，以实现机械化高效率作业，提高运输器具的装载效率，并带来一系列其他好处。集装技术是物流规划和设计中不能忽略的重要因素。集装单元化的优势有以下几点。

（1）有利于实现产品装卸、运输的机械化作业。大大减轻装卸作业的劳动强度，节省劳动力，提高装卸作业效率。

（2）有利于加快流通各环节的作业速度，从而加快产品的全流通过程的速度，加快产品流通。

（3）有利于产品运输的安全。减少货物流通过程中破损，防止被盗和丢失。

（4）节约包装费用，降低运输成本。集装箱、托盘等集装容器可以反复周转使用。另外，实行集装运输后，多数产品的外包装可以降低用料标准，还可以减少包装操作程序，减轻劳动强度，从而降低包装费用。集装可以简化运输手续，实行联运，提高运输工具的运载率，从而降低运输费用。集装有些可以露天堆放，节省仓库容积，从而减少了仓库储存费用。

（5）促进包装规格标准化。集装的规格尺寸实行了标准化，为充分利用集装器具，不致造成浪费,要求产品的包装尺寸必须与集装箱或托盘等集装器具的尺寸相匹配,这样就促进了产品包装的标准化、规格化。

3. 集装单元化的原则

通常集装单元化应考虑的基本原则包括通用化、标准化、系统化和配套化。

(1) 通用化。集装技术要与物流全过程的设备及其工艺相适应,不同形式的集装技术之间、同一种集装技术而不同规格的集装器具之间要协调,以便在"门到门"的运输过程中畅通无阻。例如,集装箱的宽度一般为 2 438mm,如果按火车和船舶运输考虑,可以将集装箱的尺寸加宽加长,但是绝大多数国家规定汽车宽度不应超过 2 500mm,为与公路运输设备相适应,2 438mm 宽的集装箱为国际标准化组织和几乎所有的国家所采用。

(2) 标准化。由于在全社会流通和交换,集装器具必须标准化,这样可避免不同地区或不同环节进行换装,最大限度地减少重复搬运,提高流通效率。从术语的使用,集装器具的外形和重量,集装器具的刚度、强度和耐久性试验方法,装卸搬运加固规则一直到编号和标志,都必须标准化,即必须按国家标准或国际标准执行,并要有效地监督检查。这些标准器具都经过精心设计,反复试验,可节约材料,保证使用性能,便于大批量生产,有利于维修和管理。

(3) 系统化。集装技术的概念不是单纯的集装器具,而是包括集装器具在内的成套物流设备、设施、工艺和管理的总和。它是把物资的包装、储存、搬运、装卸、运输等环节作为一个整体,既是一个物流系统,又是一个联结生产与生产、生产与消费的动态系统。我们所要研究的是综合地规划和改善各个环节的物流功能,也就是把这几个环节联系起来按整个系统来考虑,使之达到最好的经济效果。

(4) 配套化。集装技术运输的一个突出特点是要实行机械化装卸搬运。因为把货物集装在单元器具里或集装成一个单元是要有一定的重量和体积的,人力一般很难胜任。因此,要实现搬运机械化,必须有成套设备和相应的配套设施。实现物流系统的集装技术,也即货物从生产线的终点或从仓库装入集装箱起,到另一个新的生产线的起点、储存点或需要点掏出集装货物止,中间不经任何掏箱、装箱的换装作业。这需要一整套设备,包括一定数量的集装箱、装掏箱设备、拴绑加固设备。如集装箱火车、集装箱船、集装箱拖挂车、集装箱堆场设备、集装箱搬运设备、场地以及集装箱维修、清洗设备等成套设备。此外,还需要相应的其他配套设施,包括集装箱装卸线、泊位、站台、作业场、堆放场、换装场、停车场、清洗场以及维修车间等与之相适应。成套性和适应性决定了集装技术的效率与效益。

2.3.2　集装单元器具

把物料集装成为一个完整、统一的体积单元并在结构上使其便于机械搬运和储存的器具称为集装单元器具。在集装技术中,使货物能组成单元,是离不开集装单元器具的。

集装单元器具可以归纳成四类:集装箱、托盘、集装袋、其他包装容器。前两种国内外都制定了标准,集装单元器具可以直接装到运输器具上。后两种没有统一的标准,可根据货物的要求和具体情况确定采用什么样的集装形式,并根据集装箱、托盘等标准运输器具的标准,确定后两种集装单元器具的尺寸。

1. 集装箱

集装箱是最主要的集装单元器具,它能为铁路、公路和水路运输所通用,一次装入若干个运输包装件、销售包装件或散装货物。集装箱既是一种包装方式,又是一种运输器具。

集装箱是具有一定规格和强度进行周转用的大型货箱(也称货柜箱),根据货物特性和运输需要,集装箱可以用钢、玻璃钢、铝等材料制成,适于铁路、水路、公路、航空等多种运输方式的现代化集装单元器具。

1) 集装箱结构

集装箱不同于公路和铁路货车的车厢,也不同于反复使用的大型包装箱,它的主要特点是有八个角件。依靠这八个结构简单、定位精确的角件,可以方便地完成集装箱的装卸、拴固、堆码、支撑等作业。集装箱的外形及组成如图 2-3 所示。

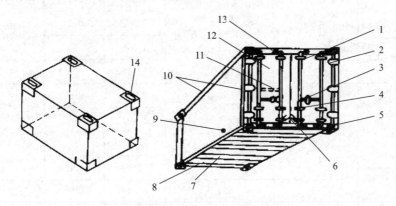

图 2-3　集装箱的外形及组成

1—端门;2—门铰链;3—锁把门;4—门锁杆;5—门栏;6—门钩;7—底横梁;8—箱底;
9—箱门挂钩;10—侧框架;11—箱门横构件;12—门板;13—门楣;14—角件

2) 集装箱规格标准

集装箱标准化经历了一个发展过程。国际标准化组织 ISO/TC104 技术委员会自 1961 年成立以来,对集装箱国际标准作过多次补充、增减和修改,现行的国际标准为第 1 系列共13 种,其宽度均一样(2 438mm)、长度有四种(2 991mm、6 058mm、9 125mm、12 192mm)、高度有三种(2 438mm、2 591mm、2 896mm)。

我国现行国家标准《系列 1 集装箱 分类、尺寸和额定质量》(GB/T 1413—2008)规定了我国系列 1 集装箱的尺寸和额定质量。我国现行集装箱的外部尺寸及额定质量如表 2-3 所示。

3) 标准集装箱内尺寸

三种常用的干货集装箱的外部尺寸和内部容积如下。

20 英尺集装箱:外部尺寸为 6.1m×2.44m×2.59m(20ft×8ft×8ft 6in);内部容积为5.69m×2.13m×2.18m。这种集装箱一般配装重货,配货毛重一般不允许超过 17.5t,能容纳货物体积为 24~26m³。

40 英尺集装箱:外部尺寸为 12.2m×2.44m×2.59m(40ft×8ft×8ft 6in);内部容积为11.8m×2.13m×2.18m。这种集装箱一般配装轻泡货,配货毛重一般不允许超过 22t,能容纳货物体积约为 54m³。

40 英尺加高集装箱:外部尺寸为 12.2m×2.44m×2.9m(40ft×8ft×9ft 6in);内部容积为 11.8m×2.13m×2.72m。这种集装箱也配装轻泡货,配货毛重同样不允许超过 22t,

能容纳货物体积约为 68m³。

表 2-3　我国现行集装箱的外部尺寸及额定质量

集装箱型号	长度(L)		宽度(W)		高度(H)		额定质量(总质量)	
	mm	ft　in	mm	ft　in	mm	ft　in	kg	lb
1EEE	13 716	45′	2 438	8′	2 896	9′6″	30 480	67 200
1EE					2 591	8′6″		
1AAA	12 192	40′	2 438	8′	2 896	9′6″	30 480	67 200
1AA					2 591	8′6″		
1A					2 438	8′		
1AX					<2 438	<8′		
1BBB	9 125	29′11″　1/4	2 438	8′	2 896	9′6″	30 480	67 200
1BB					2 591	8′6″		
1B					2 438	8′		
1BX					<2 438	<8′		
1CC	6 058	19′10″　1/2	2 438	8′	2 591	8′6″	30 480	67 200
1C					2 438	8′		
1CX					<2 438	—		
1D	2 991	9′9″　3/4	2 438	8′	2 438	8′	10 160	22 400
1DX					<2 438	<8′		

4）计算单位

集装箱计算单位简称 TEU，是英文 Twenty Equivalent Unit 的缩写，又称为 20 英尺换算单位，是计算集装箱箱数的换算单位，也称为国际标准箱单位。通常用来表示船舶装载集装箱的能力，也是集装箱和港口吞吐量的重要统计、换算单位。

各国大部分集装箱运输，都采用 20 英尺和 40 英尺长两种集装箱。为使集装箱箱数计算统一化，把 20 英尺集装箱作为一个计算单位，40 英尺集装箱作为两个计算单位，以利于统一计算集装箱的营运量。

在统计集装箱数量时有一个术语——自然箱，也称"实物箱"。自然箱是不进行换算的实物箱，即不论是 40 英尺集装箱、30 英尺集装箱、20 英尺集装箱或 10 英尺集装箱均作为一个集装箱统计。

5）集装箱的分类

（1）按材料分类，集装箱可分为钢质集装箱、铝合金集装箱、玻璃钢集装箱等。

钢质集装箱的全部材料是由钢或不锈钢焊接而成，具有强度大、结构牢固、密封性能好的优点。其缺点是造价较高，普通碳钢集装箱耐腐蚀性差。

铝合金集装箱表面部件是用铝合金铆接而成，具有重量轻、美观和能在大气中形成氧化膜而耐腐蚀的优点。

玻璃钢集装箱是由玻璃纤维和树脂混合,加适当的强塑剂后,胶附于胶合板两面而制成的集装箱,它具有强度高、刚性好、耐腐蚀和防止箱内结露等优点。其缺点是易老化。

(2) 按结构分类,集装箱可分为内柱式集装箱和外柱式集装箱,折叠式集装箱和固定式集装箱,预制骨架式集装箱和薄壳式集装箱三大类。

侧柱和端柱设在箱壁内的为内柱式集装箱,反之为外柱式集装箱。两者各有优缺点。内柱式集装箱外表平滑,受斜向外力不易损伤。涂刷标志比较方便,同时由于外壁和内衬板之间有空隙,起隔热的作用。外柱式集装箱外力可由柱来承受,外板不易损伤,还有不需内衬板等优点。

预制骨架式集装箱,其主要载荷由铝或钢制的骨架来承受,外板用铆接或焊接方法连接在骨架上。

薄壳式集装箱类似于飞机结构,它是把所有部件组成一个钢体。优点是可以减轻重量,在承受较大的扭力时,整体结构不易变形。

(3) 按用途分类,集装箱可分为通用集装箱和专用集装箱两大类。

通用集装箱适宜于装载对运输条件无特殊要求的各种不同规格的干杂货,可以进行成件的集装运输。这类集装箱箱体一般有密封防水装置。开门形式有一端开门、两端开门、一端或两端开门再加一侧或两侧开门、部分开门或活顶等多种。其规格尺寸、自重与载重、容积,一般均采用国际标准或国家标准。

专用集装箱包括通风集装箱、保温集装箱、框架集装箱和散料集装箱等。

2. 托盘

托盘是一种便于机械化装卸、搬运和堆存货物的集装单元器具。20 世纪 30 年代叉车在市场上出现以后,托盘首先在工业部门得到推广,成为一种与叉车配套使用的附属装卸搬运器具,可实现装卸搬运作业机械化。托盘是物流系统中的一个重要集装器具。

1) 托盘的分类

按结构不同托盘分为双向进叉平托盘、四向进叉平托盘、立柱式托盘、箱式托盘等。托盘的基本结构如图 2-4 所示。

按用途托盘分为一次性使用托盘、重复使用托盘、专用托盘和互换托盘等。

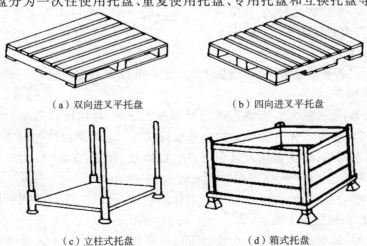

(a) 双向进叉平托盘　　　　　　(b) 四向进叉平托盘

(c) 立柱式托盘　　　　　　(d) 箱式托盘

图 2-4　托盘的基本结构

　　按材质托盘分为木制托盘、金属托盘、塑料托盘、复合材料托盘等。除此之外,还有以下材质的托盘。

　　蜂窝纸免熏蒸托盘:托盘质轻,特别适合空运货物。属于绿色产品,符合环保要求。

　　层压板托盘:托盘是用废纸、草浆等杂物水解后,压制而成,属于再生环保材料。其抗压性、承重性接近木板,适合电子产品等高档产品的运输。

　　高密度合成板托盘:托盘是用各类废弃物经高温高压压制而成。避免了传统木托盘的木结、虫蛀、色差、耐湿性能差等缺点,具有高抗压、重承载、低成本的优点。适合各类货物的运输,尤其是重货的成批运输,是替代木制托盘的最佳选择。

　　木屑板托盘:价廉实用,适合出口欧美的产品,无虫蛀、无结疤、无色差,也是木制托盘的最佳替代品。

　　2) 托盘标准

　　国际标准化组织制定的托盘基本尺寸有 800mm×1 000mm、800mm×1 200mm 和 1 000mm×1 200mm 三种,此外还有 1 200mm×1 600mm、1 200mm×1 800mm 的大型托盘。《联运通用平托盘主要尺寸及公差》(GB/T 2934—2007)规定的联运通用平托盘尺寸为 1 000mm×1 200mm。

　　托盘货物单元体积一般为 1m³ 以上。其高度为 1 100～2 200mm,质量为 500～2 000kg。

　　3) 物流托盘化

　　物流托盘化是把托载商品和货物的托盘准备好,把托盘的尺寸标准化,形成同样的大小。物流托盘化是实现物品装卸、储存等作业机械化、连贯化的基本和必要的前提。托盘经营方式合理与否是提高托盘流通性的关键因素。

　　物流托盘化包括托盘尺寸规格标准化,托盘制造材料标准化,各种材质托盘质量的标准化,托盘检测方法及鉴定技术标准化,托盘作业标准化,托盘集装单元化和托盘作业一贯化,托盘国内、国际共用化,托盘与物流设施、设备、运输车辆、集装箱等尺寸协调合理化等内容。

　　托盘标准化是物流托盘化的核心,是物流托盘化的前提和基础,没有托盘标准化,就不可能实现物流托盘化,也就没有快速、高效、低成本的现代物流。

3. 集装袋

　　集装袋是一种柔性货运器具,是集装单元器具的一种。配以叉车或吊车以及其他运输器具,就可以实现集装运输。

　　1) 集装袋的特点

　　集装袋是由可折叠的涂胶布、树脂加工布、交织布、塑料或化纤及其他柔性材料制成的。集装袋具有以下特点。

　　(1) 结构简单,装载量大。袋装容器缝合和加工方便,结构比较简单。装载量较大,一般可容纳 0.5～2t,最高可达 3t 货物。如一条质量仅 2.3kg 的聚丙烯编织袋能装 1t 货物。

　　(2) 便于包装粉状、粒状货物及其包装件。如粮食、食盐、食糖、粉状或粒状化工原料、饲料、化肥和水泥等。

　　(3) 使用方便,便于周转和回收复用。柔性集装袋,可以洗涤,有利于周转使用和回收复用,周转次数最高可达数十次。

　　(4) 节省费用,降低成本。应用集装袋可以节省包装材料,减少运输装卸损耗,节省运输费用。与其他包装技术相比,一般可降低 45% 的包装费用。

（5）便于内装物的堆放和储存。集装袋内加涂层，可增加内装物的保护性和包装的互换性，便于粉状、粒状内装物的堆放和储存。

2）集装袋的分类

集装袋种类较多，分类方法有以下几种。

按制作材料可分为涂胶布袋、树脂布袋、化纤编织袋、复合材料集装袋等。如用化纤纺织成织物，再涂以塑料层或胶层，以增强拉伸强度和保护内装物的性能，是化纤编织袋的主要特点，它是一种杂货运输的柔性集装袋。用牛皮纸/尼龙（网结）、牛皮纸/聚乙烯、牛皮纸/聚丙烯等多层复合，可制成复合材料包装袋。

按袋形可分为圆形集装袋和方形集装袋等。其中以圆形集装袋占多数，方形集装袋较少。方形集装袋的袋底为 890mm×890mm，有柔性卸料口，能控制粉状、粒状内装物的卸出量。

按吊装位置可分为顶部吊装袋、底部吊装袋、侧面吊装袋和无吊带集装袋等。顶部吊装袋与底部吊装袋的区别在于，前者的袋口处只有一根吊带，后者却有四根吊带。无吊带集装袋只有底带，装卸时完全靠叉车的货叉或夹具进行装卸作业。

按制作方法可分为使用黏合剂粘制的集装袋和使用工业缝纫机缝制的集装袋等。

按卸料口可分为无卸料口集装袋和有卸料口集装袋等。

按使用次数可分为一次性使用集装袋（如气味较重或腐蚀性较强的化学肥料、纯碱、某些化工原料袋）、反复使用集装袋等。

3）集装袋的规格

集装袋大都是由用户按需求向生产厂家定制的，所以其容积规格、品种繁多。日本技术标准（JIS）规定只有八种容积：500L、640L、840L、1 000L、1 200L、1 500L、1 700L 和 2 000L。装料量一般分为四种：0.5t、1t、1.5t 和 2t。

集装袋的容量以 1m³（1 000L）为多，其载质量为 0.5～1t，80%用于装粉状、粒状物品。

2.3.3　托盘单元化方法

将货物堆码到托盘上，就形成一个托盘单元。托盘单元是物流系统中最常见的集装单元。

托盘单元尺寸的选择，必须与各种车辆内部尺寸和叉车的装卸性能相适应，既要充分利用车辆的内容积，又要便于装卸和运输。码盘的高度既要适应车辆内部的高度和叉车最大起升高度，又要考虑作业间隙、货物重量和产品原包装的规格。

1. 托盘单元的集装方式

托盘单元的集装方式有重叠式码垛、纵横交错式码垛、旋转交错式码垛和正反交错式码垛等，如图 2-5 所示。

重叠式码垛如图 2-5（a）所示。其特点是货箱的四个角上下对应，承载力大。但货箱之间没有交叉，容易倒塌。

纵横交错式码垛如图 2-5（b）所示。它与重叠式码垛的形式和作用相同，适合码成正方形垛，特别适用于自动码垛机。

旋转交错式码垛如图 2-5（c）所示。每两层之间有交叉，不易倒塌，而且便于码成正方形垛。但中央形成空芯，降低了托盘利用率。

正反交错式码垛如图 2-5（d）所示。上、下、左、右各货箱均有联系，码垛后不易倒塌。但上下两箱的四个角不对应，削弱了承载能力。

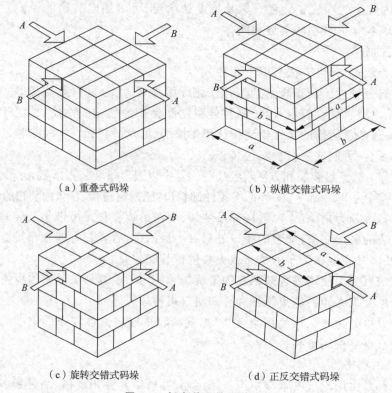

（a）重叠式码垛 　　　　　（b）纵横交错式码垛

（c）旋转交错式码垛 　　　　　（d）正反交错式码垛

图 2-5　托盘单元的集装方式

2. 托盘单元紧固方法

将货物与托盘紧固在一起的方法有以下几种。

（1）捆扎。捆扎可用于多种货物的托盘集装。它是在托盘货物的周围用打包带或绳索进行紧固，有水平、垂直和对角等捆扎形式。捆扎打结的方式有方结扎、黏合、热融、加卡箍等。图 2-6 所示为柔性钢丝绕线架或卷轴等卷起来的货物托盘集装方法。顶部加了框式盖板，宽度方向捆两道，长度方向捆三道，都是铅垂方向。

（2）黏合。黏合有两种方式：一是在下一层货箱上涂胶使上下货箱黏合，涂胶量根据货箱的大小和轻重而定，如图 2-7 所示。二是采用胶带将上下货箱黏合。

（3）加框架紧固。加框架紧固是将墙板式的框架，加在托盘货物相对的两面或四面以及顶部，用以增加托盘货物刚性的方法。框架的材料以木板、胶合板、瓦楞纸板、金属板等为主。加固方法有固定式和组装式两种。采用组装式时需要用打包带紧固，使托盘和货物结合成一体。

（4）加网罩紧固。加网罩紧固主要用于装有同类货物托盘的紧固。多见于航空运输，将航空专用托盘与网罩结合起来，就可以达到紧固的目的。网罩一般由三片（即顶部和两个侧面的网片）组成。将网罩套在托盘

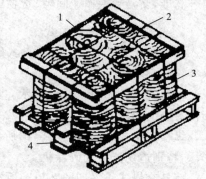

图 2-6　柔性成卷货物托盘集装方法

1—成卷货物；2—框式盖板；3—捆扎带；

4—木制托盘

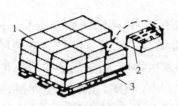

（a）涂胶黏合

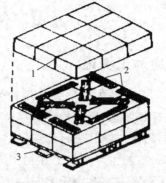

（b）胶带黏合

图 2-7 货物黏合集装方法

1—货物；2—黏合物；3—托盘

货物上,再将网罩下端的金属配件挂在托盘周围固定的金属片上(或将绳网下部缚牢在托盘的边沿上),以防形状不整齐,导致货物发生倒塌。为了防水,可在网罩下用防水层加以覆盖,网罩一般采用棉绳、布绳和其他纤维绳等材料制成,绳的粗细视托盘货物的重量而定。

（5）金属卡具固定。花格木箱或塑料周转箱在托盘上集装时,它的上下各层之间,可用铆合固定。为了防止箱子左右方向发生散落,可以用金属卡具将其最上层的邻接部位卡住。

（6）层间夹纸板。这种方法是将具有防滑性能的纸板夹在各层器具之间,以增加摩擦力,防止水平移动(滑动),或防止冲击时托盘货物各层之间的移位。防滑片除采用纸板外,还有软质聚氨酯泡沫塑料等片状物。此外,在包装容器表面涂二氧化硅防滑剂也可获得较好的防滑效果。

（7）收缩薄膜包装。这种方法是用热收缩塑料薄膜制成一定尺寸的套,套于货物堆积的垛上,然后进行热收缩。经热收缩后的包装件,货物本身与托盘紧固成一体。这种形式属五面封,托盘下部不封。

（8）拉伸薄膜包装。这种方法是用拉伸塑料薄膜将货物和托盘一起缠绕裹包形成集装件。顶部不加塑料薄膜时,形成四面封;顶部加塑料薄膜时,形成五面封。拉伸包装不能完成六面封,因此不能防潮。此外,拉伸薄膜比收缩薄膜(厚度为 $20\sim30\,\mu m$)捆缚力差,只能用于轻量物品的集装,如图 2-8 所示。

图 2-8 拉伸薄膜包装

2.4　流　通　加　工

2.4.1　流通加工概述

流通加工是物品在从生产地到使用地的过程中,根据需要施加包装、分割、计量、分拣、组装、价格贴付、标签贴付、商品检验等简单作业的总称。其目的是促进销售、维护产品质量和提高物流效率,通过对物品进行加工,使物品发生物理、化学或形状的变化。

流通加工和一般的生产型加工在加工方法、加工组织、生产管理方面并无显著区别,但在加工对象、加工程度方面差别较大,其主要差别点如下。

(1)流通加工的对象是进入流通过程的商品,具有商品的属性,以此来区别多环节生产加工中的一环。流通加工的对象是商品,生产加工对象不是最终产品,而是原材料、零配件、半成品。

(2)流通加工程度大多是简单加工,而不是复杂加工。一般来讲,如果必须进行复杂加工才能形成人们所需的商品,那么,这种复杂加工应专设生产加工过程,生产加工过程理应完成大部分加工活动,流通加工对生产加工则是一种辅助及补充。特别需要指出的是,流通加工绝不是对生产加工的取消或代替。

(3)从价值观点看,生产加工的目的在于创造价值及使用价值,而流通加工则在于完善其使用价值。

(4)流通加工的组织者是从事流通工作的人,能密切结合流通的需要进行这种加工活动,从加工单位来看,流通加工由商业或物资流通企业完成,而生产加工则由生产企业完成。

(5)商品是为交换或消费而生产的,流通加工的一个重要目的,是为消费(或再生产)所进行的加工,这一点与商品生产有共同之处。但是流通加工有时候也是以自身流通为目的,纯粹是为流通创造条件,这种为流通所进行的加工与直接为消费进行的加工从目的来讲是有区别的,这是流通加工不同于一般生产的特殊之处。

流通加工具有以下几个方面的作用。

(1)提高原材料利用率。利用流通加工环节进行集中下料,是将生产厂直接运来的简单规格产品,按使用部门的要求进行下料。例如,将钢板进行剪板、切裁;将钢筋或圆钢裁制成毛坯;将木材加工成各种长度及大小的板、方等。集中下料可以优材优用、小材大用、合理套裁,有很好的技术经济效果。

(2)进行初级加工,方便用户。用量小或临时需要的使用单位,缺乏进行高效率初级加工的能力,依靠流通加工可使使用单位省去进行初级加工的投资、设备及人力,从而搞活供应,方便用户。

目前,发展较快的初级加工有将水泥加工成生混凝土,将原木或板材方材加工成门窗、冷拉钢筋及冲制异型零件,钢板预处理、整型、打孔等。

(3)提高加工效率及设备利用率。由于建立集中加工点,可以采用效率高、技术先进、加工量大的专门机械和设备。这样做的好处:一是提高了加工质量;二是提高了设备利用率;三是提高了加工效率。其结果是降低了加工费用及原材料成本。例如,一般的使用部门在对钢板下料时,采用气割的方法留出较大的加工余量,不但出材率低,而且由于热加工容易改变钢的组织,加工质量也不好。集中加工后,可选择高效率的剪切设备,在一定程度上克服了上述缺点。

(4) 充分发挥各种输送方式的效率。考虑到流通加工环节各设备设置的距离,将实物的流通分成两个阶段。一般来说,从生产厂到流通加工属于第一阶段,输送距离长;而从流通加工到消费环节的这一阶段属于第二阶段,输送距离短。第一阶段是在数量有限的生产厂与流通加工点之间进行定点、直达、大批量的远距离输送,因此,可以采用船舶、火车等能够进行大批量输送的机具;第二阶段则是利用汽车和其他小型车辆来输送经过流通加工后的多规格、小批量、多用户的产品。这样可以充分发挥各种输送方式的效率,加快输送速度,节省运力和运费。

(5) 改变功能,提高收益。在流通过程中进行改变产品某些功能的简单加工,其目的除上述几点外,还在于提高产品销售的经济效益。例如,我国沿海地区许多制成品(如洋娃娃玩具、时装、轻工纺织产品、工艺美术品等)在深圳进行简单的流通加工再发往国外,改变了产品的外观和功能,仅此一项就可使产品售价提高 20% 以上。

因此在物流领域中,流通加工可以成为高附加价值的活动。这种高附加价值的形成,主要着眼于满足用户的需要,提高服务功能而取得的,既是贯彻物流战略思想的表现,也是一种低投入、高产出的加工形式。

2.4.2 流通加工的类型

根据流通加工的应用环境,流通加工可分为以下几种类型。

1. 为弥补生产领域加工不足的深加工

许多产品在生产领域的加工只能到一定程度,这是由于存在许多限制因素限制了生产领域不能完全实现终极的加工。例如,钢铁厂的大规模生产只能按标准规定的规格生产,以使产品有较强的通用性,使生产能有较高的效率和效益;木材如果在产地由成材制成木制品,就会造成运输的极大困难,所以原生产领域只能加工到圆木、板材、方材这个程度。进一步的下料、切裁、处理等加工则由流通加工完成。这种流通加工实际是生产的延续,是生产加工的深化,对弥补生产领域加工不足有重要意义。

2. 为满足需求多样化进行的服务性加工

从需求角度看,需求存在着多样化和变化两个特点,为满足这种要求,用户往往自己设置加工环节。例如,生产消费型用户的再生产往往从原材料初级处理开始。

就用户来讲,现代生产的要求是生产型用户尽量减少流程,集中力量从事较复杂的技术性较强的劳动,而不愿意将大量初级加工包揽下来。这种初级加工带有服务性,由流通加工来完成,生产型用户便可以缩短自己的生产流程,使生产技术密集程度提高。

对一般消费者而言,则可省去烦琐的预处置工作,而集中精力从事较高级且能直接满足需求的劳动。

3. 为保护产品所进行的加工

在物流过程中,直到用户投入使用前都存在着对产品的保护问题,防止产品在运输、储存、装卸、搬运、包装等过程中遭到损失,使其使用价值能顺利实现。和前两种加工不同,这种加工并不改变进入流通领域的"物"的外形及性质,而且这种加工主要采取稳固、改装、冷

冻、涂油等方式。

4. 为提高物流效率，方便物流的加工

还有一些产品，由于其本身的形态，使之难以进行物流操作。例如，鲜鱼的装卸、储存操作困难；过大设备搬运困难；气体运输困难等。进行流通加工，可以使物流环节易于操作，如将鲜鱼冷冻、过大设备解体、气体液化等。这种加工往往改变"物"的状态，但并不改变其化学特性，并最终仍能恢复原物理状态。

5. 为促进销售的流通加工

流通加工可以从若干方面起到促进销售的作用。例如，将过大包装或散装物（这是提高物流效率所要求的）分装成适合一次销售的小包装的分装加工；将原来以保护产品为主的运输包装改成以促进销售为主的装潢性包装，便于吸引消费者，指导消费；将零配件组装成用具、车辆，便于直接销售；将蔬菜、肉类洗净切块，以满足消费者的需求等。这种流通加工可能是不改变"物"的本体，只进行简单改装的加工，也有许多是组装、分块等深加工。

6. 为提高加工效率的流通加工

许多生产企业的初级加工，由于数量有限，其加工效率不高，也难以投入先进的技术。流通加工以集中加工的形式，解决了单个企业加工效率不高的弊病。以一家流通加工企业代替了若干生产企业初级加工工序，促使生产水平进一步发展。

7. 为提高原材料利用率的流通加工

流通加工利用其综合性、用户多的特点，可以实行合理规划、合理套裁、集中下料的办法，这就能有效提高原材料利用率、减少损失浪费。

8. 衔接不同运输方式，使物流合理化的流通加工

在干线运输及支线运输的节点，设置流通加工环节，可以有效解决大批量、低成本、长距离干线运输以及多品种、小批量、多批次末端运输和集货运输之间的衔接问题，在流通加工点与大生产企业之间形成大批量、定点运输的渠道，又以流通加工中心为核心，组织对多用户的配送。也可在流通加工点将运输包装转换为销售包装，从而有效衔接不同目的的运输方式。

9. 以提高经济效益、追求企业利润为目的的流通加工

流通加工的一系列优点，可以形成一种"利润中心"的经营形态，这种类型的流通加工是经营的一环，在满足生产和消费要求的基础上取得利润，同时在市场和利润的引导下使流通加工在各种领域中都能有效地发展。

10. 生产—流通一体化的流通加工

依靠生产企业与流通企业的联合，或生产企业涉足流通，或流通企业涉足生产，形成的对生产与流通加工进行合理分工、合理规划、合理组织，统筹进行生产与流通加工的安排，这就是生产—流通一体化的流通加工形式。这种形式可以促成产品结构及产业结构的调整，充分发挥企业集团的经济技术优势，是目前流通加工领域的新形式。

2.4.3 流通加工的主要形式

我国常用的流通加工形式，包括剪板加工、集中开木下料、配煤加工、生鲜食品的流通加

工、组装加工、加工定制等。

1．剪板加工

热连轧钢板和钢带、热轧厚钢板等板材最大交货长度常可达 7～12m,有的是成卷交货。对于使用钢板的用户来说,大中型企业由于消耗批量大,可设专门的剪板及下料加工设备,按生产需要进行剪板、下料加工。但是,对于使用量不大的企业和多数中小型企业来讲,单独设置剪板、下料的设备有设备闲置时间长、人工费用高、不容易采用先进方法的缺点,钢板的剪板及下料加工可以有效地解决上述弊病。

剪板加工是在固定地点设置剪板机进行下料加工或设置切割设备将大规格钢板裁小,或切裁成毛坯,降低销售起点,便利用户。

钢板剪板及下料的流通加工有以下优点。

(1) 由于可以选择加工方式,加工后钢板的晶相组织较少发生变化,可保证原来的交货状态,因而有利于进行高质量加工。

(2) 加工精度高,可减少废料、边角料,也可减少再进行机加工的切削量,既可提高再加工效率,又有利于减少消耗。

(3) 由于集中加工可保证批量及生产的连续性,可以专门研究此项技术并采用先进设备,从而大幅度提高效率和降低成本。

(4) 使用户能简化生产环节,提高生产水平。

2．集中开木下料

在流通加工点,将原木裁成各种锯材,同时将碎木、碎屑集中加工成各种规格板材,甚至还可进行打眼、凿孔等初级加工。

过去用户直接使用原木不但加工复杂、加工场地大、加工设备多,更严重的是资源浪费大,木材平均利用率不到 50%,平均出材率不到 40%。实行集中开木下料按用户要求供应规格料,可以使原木利用率提高到 95%,出材率提高到 72% 左右,有相当大的经济效果。

3．配煤加工

在使用地区设置集中加工点,将各种煤及一些其他发热物质,按不同配方进行掺配,生产出各种不同发热量的燃料,称为配煤加工。

这种加工方式可以按需要发热量生产和供应燃料,防止热能浪费、"大材小用"的情况,也防止发热量过小,不能满足使用要求的情况出现。工业用煤经过配煤加工,还可以起到便于计量控制、稳定生产过程的作用,在经济及技术上都有价值。

4．生鲜食品的流通加工

生鲜食品的流通加工主要有以下几种情况。

(1) 冷冻加工。为解决鲜肉、鲜鱼在流通中保鲜及搬运装卸的问题,采取低温冻结方式的加工。这种方式也用于某些流体商品、药品等。

(2) 分选加工。农副产品规格、质量离散情况较普遍,为获得一定规格的产品,采取人工或机械分选的方式称为分选加工,广泛用于果类、瓜类、谷物、棉毛原材料等。

(3) 精制加工。农、牧、副、渔等产品精制加工是在产地或销售地设置加工点,去除无用部分,甚至可以进行切分、洗净、分装等加工。这种加工不但大大方便了购买者,而且还可以对加工的淘汰物进行综合利用。例如,鱼类的精制加工所剔除的内脏可以制成某些药物或饲料,鱼鳞可以制成高级黏合剂,鱼头尾可以制成鱼粉等;蔬菜的加工剩余物可以制成饲料、肥料等。

(4) 分装加工。许多生鲜食品零售起点较小,而为保证高效输送出厂,包装则较大,也有一些是采用集装运输方式运达销售地区。这样为了便于销售,在销售地区按所要求的零售起点进行新的包装,即大包装改为小包装、散包装改为小包装、运输包装改为销售包装。这种方式称为分装加工。

5. 组装加工

多年来,自行车及机电设备储运困难,主要原因是不易进行包装,如进行防护包装,则包装成本过大,并且运输装载困难,装载效率低,流通损失严重。但是,这些货物有一个共同特点,即装配较简单,装配技术要求不高,主要功能已在生产中形成,装配后无须进行复杂检测及调试。所以,为解决储运问题,降低储运费用,采用半成品(部件)高容量包装出厂,在消费地拆箱组装的方式。组装一般由流通部门在所设置的流通加工点进行,组装之后随即进行销售,这种流通加工方式近年来已在我国广泛采用。

6. 加工定制

企业委托外厂进行加工和改制,是弥补企业加工能力不足或商店不经营的一项措施,如非标准设备、工具、配料、半成品等,可分为带料加工和不带料加工,前者由使用单位供料,加工厂负责加工,后者由加工厂包工包料。

2.4.4　流通加工合理化

流通加工合理化组织的含义是实现流通加工的最优配置,不但做到避免各种不合理,使流通加工有存在的价值,而且做到最优的选择。

为避免各种不合理现象,对是否设置流通加工环节,在什么地点设置,选择什么类型的加工,采用什么样的技术装置等,需要做出正确抉择。目前,国内在进行这方面合理化的考虑中已积累了一些经验,取得了一定的成果。

实现流通加工合理化组织主要考虑以下几方面。

(1) 加工和配送相结合。这是将流通加工设置在配送点中,一方面按配送的需要进行加工;另一方面加工又是配送业务流程中分货、拣货、配货的一环,加工后的产品直接投入配货作业,这就无须单独设置一个加工的中间环节,使流通加工有别于独立的生产,而使流通加工与中转流通巧妙地结合在一起。同时,由于配送之前有加工,可使配送服务水平大大提高。这是当前对流通加工合理选择的重要形式,在煤炭、水泥等产品的流通中已表现出较大的优势。

(2) 加工和配套相结合。在对配套要求较高的流通中,配套的主体来自各个生产单位,但是,完全配套有时无法全部依靠现有的生产单位,进行适当流通加工,可以有效促成配套,大大提高流通的桥梁与纽带的作用。

(3) 加工和合理运输相结合。流通加工能有效衔接干线运输与支线运输,以促进两种运输形式的合理化。利用流通加工,在干线运输转支线运输这本来就必须停顿的环节,按干线运输或支线运输合理的要求进行适当加工,可大大提高运输及运输转载水平。

(4) 加工和合理商流相结合。通过加工有效促进销售,使商流合理化,也是流通加工合理化的考虑方向之一。加工和配送的结合,通过加工,提高了配送水平,强化了销售,是加工和合理商流相结合的一个成功的例证。

此外,通过简单地改变包装加工,形成方便的购买量,通过组装加工解除用户使用前进行组装、调试的难处,都是有效促进商流的例子。

(5) 加工和节约相结合。节约能源、节约设备、节约人力、节约耗费是流通加工合理化重要的考虑因素,也是目前我国设置流通加工,考虑其合理化的较普遍形式。

对于流通加工合理化的最终判断,是看其是否能实现社会的和企业本身的两个效益,而且是否取得了最优效益。对流通加工企业而言,与一般生产企业的重要不同之处是,流通加工企业更应树立社会效益为第一的观念,只有在补充完善为己任的前提下,才有生存的价值。如果只是追求企业的微观效益,不适当地进行加工,甚至与生产企业争利,这就有违于流通加工的初衷,或其本身已不属于流通加工范畴了。

小　结

包装是包装物及包装操作的总称,既是销售物流的起点,也是生产物流的终点。包装具有保护商品、方便流通和促进销售的功能。根据在流通中的作用,包装可以分为销售包装和工业包装;包装合理化的原则为包装的轻薄化、单纯化、标准化、自动化和绿色化。

应用不同的方法和器具,把有包装或无包装的物品,整齐地汇集成一个扩大了的、便于装卸搬运的并在整个物流过程中保持一定形状的作业单元的技术,称为集合单元化技术。常用的集装单元包括集装箱、托盘和集装袋。

装卸搬运是指在同一地域范围内进行的,以改变物料的存放(支撑)状态和空间位置为主要目的的活动。装卸搬运是物流系统的瓶颈工位,应根据货物的特点和上下游作业的要求,选择合理的搬运方法和设备,提高物流系统的搬运活性。

流通加工是物品在从生产地到使用地的过程中,根据需要施加包装、分割、计量、分拣、组装、价格贴付、标签贴付、商品检验等简单作业的总称。常用的流通加工形式包括剪板加工、集中开木下料、配煤加工、生鲜食品的流通加工、组装加工、加工定制等。科学合理的流通加工可创造物流的增值效果。

思考题

1. 产品包装的功能有哪些? 简述销售包装与工业包装的区别和联系。
2. 包装标识有哪几类? 分别说明其内容及应用场合。
3. 包装选择的影响因素有哪些? 并说明包装合理化的基本原则。
4. 什么叫集装单元化? 请说明集装单元化的基本原则。
5. 常用的集装单元有哪些? 分析托盘共用系统对集装单元物流的作用。
6. 托盘单元的堆码方式有哪些? 请分析各种堆码方式的优缺点。
7. 根据搬运对象不同,装卸搬运作业分为哪几种作业方式? 请说明各自的特点。
8. 什么叫搬运活性? 如何利用搬运活性提高物流效率?
9. 分析流通加工在物流系统中的作用,举例说明 3～5 种常用的流通加工形式。

案例分析

某食品生产企业的包装管理之道

某民营企业收购一家生产酱醋调味食品的乡镇集体企业后,组织了对经营性亏损原因的排查,其结果显示,包装管理列在市场营销管理之后,成为亏损的第二大原因。表现为:一是包装成本高。原企业酱醋年产量200万瓶,包装成本高达318万元,平均每瓶包装成本达1.59元,企业全年包装成本约占总销售的45%。二是包装价值低。由于包装装潢设计效果差,包装材质差,导致高质量产品只能低价销售且缺乏竞争力。三是缺乏包装管理。企业没有专人负责包装,把采购包装看成肥缺,轮流坐庄,导致包装采购成本高,在使用包装时没有负责任和责任制度,包装损坏现象普遍。

经营者在深入分析后,认为包装管理已成为制约企业发展的"瓶颈",无论从市场促销角度,还是从企业内部管理角度,都非常明显地反映出包装管理存在一定的问题,同时这也是加强内部管理,提高企业经济效益的重要突破口。经营者下决心狠抓企业包装管理,采取了三项主要措施。

(1) 建立专门组织体系,统一企业包装管理。设立包装管理小组,由厂长亲自任组长,小组成员包括财务、采购、生产和销售部门的人员,这些人员是企业生产经营各个环节的包装管理者。

(2) 制订明确规范的包装管理制度。让每个包装管理者和使用者都有明确的目标与责任,并通过合理的奖励方法,调动企业员工做好包装管理的积极性。

(3) 进行包装装潢的招标设计,企业先后两次公开进行包装的招标设计,提升产品包装价值。第一次包装设计主要是对瓶贴和包装箱的设计,改变了产品销售中的包装形象,提高了产品销售价格,有力地促进了销售;第二次包装设计主要是对瓶形、瓶盖和瓶胶套的设计,提高了包装使用的便利程度,强化了企业特色产品形象,进一步促进了产品销售。在包装设计之前,产品销售均价只能达到3.50元/瓶,且销售不畅;而重新设计后,产品销售均价达到4.00元/瓶,高档品达到8.00元/瓶,且销售顺畅。

案例思考

1. 该企业亏损的主要原因是什么?

2. 企业采取了哪些措施提高包装管理水平?

第 3 章

仓储与仓库

储存在物流系统中起着缓冲、调节和平衡的作用,是物流系统的核心功能,能够创造物流的时间效益。而实现储存的主要场所为仓库,货物如何在仓库内实现收进、整理、储存、保管和分发等工作,仓库设施、设备如何合理布局和配置,直接影响到仓储作业效率。自动化立体仓库是一种储存密度大、能充分利用空间、自动出入库作业的现代化仓储系统,在现代物流系统中被广泛应用,可大幅度提升仓储效率、作业效率和管理水平。

本章将阐述储存与仓库的概念、仓储作业管理、仓储技术与设备、自动化仓库结构与应用。

学习目标

- 掌握储存的概念和作用;熟悉仓储作业流程。
- 理解仓库的功能和类别;了解仓库的设施设备;理解仓储合理化的方法。
- 掌握自动化立体仓库的类别和结构特点;了解自动化立体仓库的作业流程和优点。

3.1 仓储概述

3.1.1 储存

储存是对货品进行保存及对其数量、质量进行管理控制的活动,它是物流系统的一个核心功能,在物流系统中起着缓冲、调节和平衡的作用。储存的目的是克服产品生产与消费在时间上的差异,使物资产生时间效果,实现其使用价值。

产品从生产领域进入消费领域之前,往往要在流通领域停留一定时间,这就形成了商品储存。在生产过程中,原材料、燃料、备品备件和半成品也需要在相应的生产环节之间有一定的储备,作为生产环节之间的缓冲,以保证生产的连续进行。例如,水稻一年收获一两次,必须用仓库储存大米,保证平时需要。又如,水果或鱼虾等产品在丰收时需要在冷藏库进行保管,以保证市场的正常需要和防止价格大幅度起落。所以,通过储存,可使商品在最有效的时间内发挥作用,创造商品的“时间价值”和“使用价值”。利用仓储这种“蓄水池”和“调节阀”的作用,还能对生产和消费的失衡进行调节,消除过剩生产和消费不足之间的矛盾。

1）按储存的位置不同，储存可分为仓库储存、车间储存和站场港储存

（1）仓库储存。储存的位置在各种类型的仓库、库棚、料场之中。仓库储存是一种正式储存形态，为进行这种储存，需要有一套基础设施，还需要有入库、出库等正式手续。

（2）车间储存。它是生产过程中暂存的形态。仓库储存是正式储存形态，是整个生产计划的一部分，车间储存则是一种非正式储存形态。由于是暂存，所以无须有存取等正式手续，也不进行核算。

（3）站场港储存。它是在物流过程中衔接点的储存。这种储存目的在于为发运和提货做准备。其性质是一种暂存，也是一种服务性的、附属性的储存。因此，这种储存不像生产储存那样有很强的计划性。

2）按储存的集散程度，储存可分为集中储存、分散储存和零库存

（1）集中储存。储存以一定的数量集中于一个场所之中，称为集中储存。集中储存是一种大规模储存方式，可以利用"规模效益"，有利于储存时采用机械化、自动化设施，有利于先进技术的实行。集中储存从储存的调节作用来看，有比较强的调节能力及对需求更大的保证能力，集中储存的单位储存费用较低，经济效果较好。

（2）分散储存。储存在地点上形成较广区域的分布，每个储存点的储存数量相对较低。分散储存是较小规模的储存方式，往往和生产企业、消费者、流通企业相结合，不是面向社会而是面向某一企业的储存，因此，储存量取决于企业生产要求及经营规模。

分散储存的主要特点是容易和需求直接密切结合，储存位置离需求很近，但是由于库存数量有限，保证供应的能力一般较小。同样的供应保证能力，集中储存总量远低于分散储存总量之和，周转速度也高于分散储存，资金占用总量也低于分散储存占用量。

（3）零库存。是现代物流中的重要概念，指某一领域不再保有库存，以无库存（或很低库存）作为生产或供应保障的一种系统方式。

企业的库存是集中储存还是分散储存是企业库存管理的一项重要内容。由于企业的规模不同，有时这一决策变得相对简单，有时却异常复杂。只有单一市场的中小规模企业通常只需一个仓库，而产品市场遍及全国各地的大规模企业要经过仔细分析和慎重考虑才能做出正确选择。例如，在全国范围内制造或分销一种竞争激烈、可替代性强的产品的企业，就需要高度分散化的仓储来为市场提供快速服务。因此，某种需求和供应条件会使企业更偏向于某一种选择，但这一决策仍然要基于成本的对比分析。

3.1.2　仓库

1. 仓库的概念

仓库一般是指以库房、货场及其他设施为基础，对商品、货物、物资进行收进、整理、储存、保管和分发等工作的场所。在工业中则是指储存各种生产需用的原材料、零部件、设备、机具和半成品、产品的场所。

在我国，仓库是古语"仓"和"库"两个概念的合成词。古代农业社会需要储存粮食，出现了"仓"及"仓廪"的概念，兴兵征战又出现了放置兵器的"库"的概念，以后，相同储存功能的两个概念逐渐弥合，成为今日的"仓库"。

从物流角度来看，仓库在物流系统中是主要分担物流的保管功能的场所，也是物流网络

中一种以储存为主要功能的节点。从现代物流观点来看,大型的、功能较多的仓库是物流中心的一种,物流中心是以储存、调节为主的储调中心。在局部范围内起作用的仓库,是位于支线上的节点,起物流网点的作用。

2．仓库的功能

自从人类社会生产有剩余产品以来,就有储存活动,而储存物品的建筑物或场所,一般称为仓库。随着社会生产力水平的提高,大生产方式的出现,产品空前丰富,商品经济占有重要地位,出现了为商品流通服务的仓库。社会化的大生产又需要有保证生产需要的原材料和零部件仓库。仓库成为生产领域和消费领域中物资集散的中心环节,其功能也不单纯是保管、储存,从现代物流系统观点来看,仓库应具有以下功能。

(1) 储存和保管的功能。这是仓库的最基本的传统功能,因此,仓库应具有必要的空间用于容纳物品。库容量是仓库的基本参数之一。保管过程中应保证物品不丢失、不损坏、不变质。要有完善的保管制度,合理使用搬运机具,有正确的操作方法,在搬运和堆放时,不能碰坏或压坏物品。

根据所储存货物的特性,仓库应配有相应的设备,以保持储存物品的完好性。例如,对水果、鱼肉类仓库,要控制其温度,使之成为冷藏仓库及冷冻仓库;储存精密仪器的仓库应防潮防尘,保持温度恒定,需要空气调节及恒温设备;一些储存挥发性溶剂的仓库必须有通风设备,以防止空气中挥发性物质含量过高而引起爆炸。

(2) 调节供需的功能。由生产和消费两方面来看,其连续性的规律都是因产品不同而异的。因此,生产节奏和消费节奏不可能完全一致。有的产品生产是均衡的,而消费不是均衡的,如电风扇等季节性商品;相反,有的产品生产节奏有间隔而消费是连续的,如粮食。这两种情况都产生了供需不平衡,这就要有仓库的储存作为均衡环节加以调节,使生产和消费协调起来,这也体现出物流系统创造物资的时间效用的基本职能。

(3) 调节货物运输能力的功能。各种运输工具的运量相差很大,船舶的运量大,海运船一般是万吨以上,内河船也以百吨或千吨计。火车的运量较小,每节车皮能装 30～60t,一列火车的运量多达数千吨。汽车的运量最小,一般每车只能装 4～10t。它们之间进行转运,运输能力是很不匹配的,这种运力的差异也是通过仓库或货场进行调节和衔接的。

(4) 配送和流通加工的功能。现代仓库除以保管储存为主要任务之外,还向流通仓库的方向发展,仓库形成流通、销售、零部件供应的中心,其中一部分在所属物流系统中起着货物供应的组织协调作用,被称为物流中心。这一类仓库不但具备储存保管货物的设施,而且增加了分拣、配送、捆包,流通加工,信息处理等设置,这样既扩大了仓库的经营范围,提高了物资综合利用率,又促进了物流合理化,方便了消费者,提高了服务质量。

3．仓库的分类

1) 按使用对象及权限分类

自备仓库:附属于企业、机关、团体,专门为这些单位储存自用物资的仓库。

营业仓库:社会化的一种仓库,面向社会,以经营为手段、营利为目的的仓库。

公共仓库:为公用事业配套服务的仓库,如火车站库、港口库等本身不单纯进行经营,而是其他事业的一环或附属。

2）按所属的职能分类

生产仓库：为企业生产或经营储存原材料、燃料及产成品的仓库。

流通仓库：专门从事中转、代存等流通业的仓库，这种仓库主要以物流中转为主要职能。在运输网点中，也以转运、换载为主要职能。

储备仓库：专门长期存放物资，以完成各种储备保证任务的仓库。

3）按结构和构造分类

平房仓库：单层的，有效高度一般不超过 5～6m 的仓库。

楼房仓库（楼库）：二层以上的楼房仓库。楼房各层间依靠垂直运输机械联系，也有的楼层间以坡道相连，称为坡道仓库。

高层货架仓库：建筑结构是单层的，但内部设置层数很多，总高度较高的货架，使这种单层的建筑结构总高度甚至高于一般楼库，它是仓库中一种自动化程度较高、存货能力较强的仓库。

罐式仓库：以各种罐体为储存库的大型容器型仓库。如球罐库、柱罐库等。

4）按技术处理方式及保管方式分类

普通仓库：常温保管、自然通风、无特殊功能的仓库。

冷藏仓库：有制冷设备并有良好的保温隔热性能以保持较低温度的仓库，专门用来储存冷冻物资。

恒温仓库：能调节温度并能保持恒定温度的仓库。

露天仓库：自然条件下保管，无建筑物，直接对货堆防护的仓库。

水上仓库：利用水面或水下在高湿度条件下储存物品的仓库。

危险品仓库：保管危险品并能对危险品起一定防护作用的仓库。

散装仓库：专门保管散粒状、粉状物资的容器式仓库。

地下仓库：利用地下洞穴或地下建筑物储存物资的仓库。

5）特种仓库

移动仓库：不固定在一定位置，而利用本身可移动的性能，能移动至所需地点完成储存任务的仓库。

保税仓库：根据有关法律和进出口贸易的规定，专门保管外国进口货物，暂未纳进口税的仓库。

3.1.3 仓储系统评价指标

消费者在购买商品之前，通常要对销售者保质保量提供商品的能力进行调查，只有在充分相信这种能力以后才进行购买。相应地，销售者要巩固老客户，吸引新客户，就必须对库存进行良好的管理。仓储管理的好坏主要有以下几个评价指标。

1. 客户满意度

客户满意度是指客户对于销售者现在的服务水平的满意程度。这个指标涉及客户忠诚度、取消订货的频率、不能按时供货的次数、与销售渠道中经销商的密切关系等内容。

2. 交货期

如果一个企业经常延期交货，不得不使用加班生产、加急运输的方法来弥补库存的不足,那么可以说,这个企业的仓储管理系统运行效率很低。它的库存水平和再订货点不能保证供应,紧急生产和运输的成本很高,远远超过了正常成本。但并不是要求企业一定不能延期交货,如果降低库存水平引起的延期交货成本低于节约的库存成本,那么这种方案是可取的,它可以实现企业总成本最低的目标。

3. 库存周转次数

计算整个生产线、单个产品、某系列产品的周转次数可以反映企业的仓储管理水平。通过对各个时期、销售渠道中各个环节的库存周转次数进行比较,看看库存周转次数的发展趋势是上升还是下降,周转的"瓶颈"是在销售渠道的哪个环节。

库存周转次数在不同行业的企业中变化幅度很大,即使同一行业的不同规模企业,也有很大差异。总体来说,库存周转次数越多,表明企业的库存控制越有效,但有时客户订货后却不能马上得到货物,这就降低了客户服务水平。企业要想增大库存周转次数并维持原有的客户服务水平,就必须使用快速、可靠的运输方式,优化订单处理程序,从而降低保险库存,达到增大库存周转次数的目的。对企业各环节、各种产品的库存周转次数进行分析评价,就可以发现企业物流系统的问题所在。

3.2　仓储作业管理

仓储作业包括商品从入库到出库之间的装卸、搬运、仓库内部布局、储存养护和流通加工等一切与商品实务操作、设备、人力资源相关的作业。仓储作业流程主要包括入库作业、出库作业和在库管理三大环节。

3.2.1　入库作业

仓库入库分为铁路专用线到货,车站、码头到货,供货商送货,仓库提货等方式。入库作业包括入库信息录入、接货入库、仓库验货、入库上架四个步骤。

(1) 入库信息录入。当货主需要将购进的商品放入仓库时,首先需要创建入库任务,内容包括需要入库的商品明细及数量,以及预计入库的时间。入库任务创建成功后,提交给仓库,等待仓库安排入库。

(2) 接货入库。仓库在接受入库任务后,按照以下流程运作:仓库制订入库任务计划,并将运输任务通知相应司机;司机到指定地点装车,并在规定时间内将商品运输到仓库;到达仓库后,司机需将送货单交给仓库收货员,收货员将送货单与收货单进行核对,以确认收货任务正确,然后检查车辆是否符合要求,检查商品外包装有无破损、型号是否与装箱清单一致,防止不合格商品进入仓库;确认无误后,开始卸货、收货,PDA扫描到货通知单单号,进入收货任务。PDA通常有两种收货方式,即普通收货和容器收货,普通收货直接扫描商品条码输入商品数量完成收货;容器收货需扫描容器编码和商品条码,将容器和商品关联,将商品集中到容器中完成收货。

(3) 仓库验货。卸货前只对商品外包装进行检查,若包装有破损、污损的,则需开箱验收,包装完好的按有关法规进行抽检。收货员依据到货通知单对货品清点数量,并将点收实际件数标注清楚,同时核实商品质量问题(破损、受潮、短装),通过验收的商品被码放暂存区等待上架。验货结束后,收货员将入库通知单反馈给货主和司机。

（4）入库上架。入库的最后一个环节是上架。仓库工作人员提前给拟入库的商品分配库位，然后由上架员将商品上架到指定库位。对应上面所述的两种收货方式，商品有两种上架方式，分别是普通上架和容器上架。普通上架与容器上架的区别简单地说就是商品的单件上架和批量上架。完成上架后，商品的入库流程完成。

3.2.2 出库作业

出库作业是根据出货指令组织相关人员和工具，完成货品拣选、贴标、贴条形码、分类、包装、暂存、装车及配载等工作。

商品出库流程比较复杂，通常有拣货、分播、复核、包装、分拣、揽收、交接等环节，这个过程对于仓库工作人员来说，不仅仅是体力劳动，任何一步操作都要小心谨慎，否则就会造成仓库、货主或买方的损失。尤其是在高峰时段，仓库工作人员更是要提高警惕避免出错。商品出库作业的基本流程如图 3-1 所示。

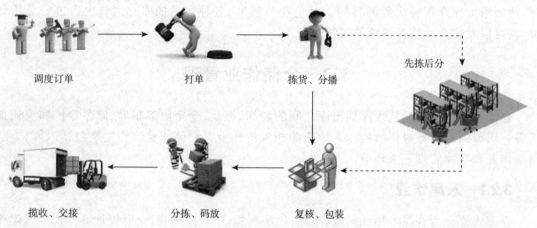

图 3-1　商品出库作业的基本流程

1. 调度订单

WMS 系统通常需要先对订单进行调度，简单地说，就是按照一定的规则对订单进行分类处理。实际业务中影响订单分类的因素有很多，因此调度看似简单，其实背后的逻辑很复杂，调度订单的功能目的主要有以下几点。

（1）为订单匹配最合适的仓库。例如，一个货主通常会有多个仓库，选择距收货人最近的仓库发货无疑最快且最省成本。在实际调度中，仓库的选择不仅仅依靠距离信息，还需要综合考虑库存信息、货品信息、承运商信息等。

（2）为订单匹配最合适的承运商。当货主有指定的承运商时，为订单分配该承运商；当货主未指定承运商时，综合考虑仓库到收货人的距离信息、运费信息、库存信息、货品信息等，按照一定的规则为订单匹配最合适的承运商。

（3）为仓库制订生产计划。仓库系统每天会收到很多订单，因此必须提前规划好仓库每天的生产计划，以便仓库能够有条不紊地处理完所有订单，尽量避免订单高峰期出现意外情况。另外，在大批量的订单中，常常有很多订单的货品是相同或相近的，因此将这些订单集中生产拣货，将省去很多时间。

（4）为拣货员规划拣货路线。仓库里存储的商品成千上万，虽然每个商品都有对应的库位，可以按照库位查找商品，但是仓库面积大、库位分布广，而拣货任务中的商品并不是集中在某一库位，如果拣货路线规划不合理，需要拣货员到不同的库区来回寻找，造成拣货效率低等问题。调度能够根据订单商品信息查询商品库存位置，然后根据库存位置规划出最短拣货路线，大大提高拣货效率。

2. 打单

调度结束后，订单流转到相应的仓库系统，在 WMS 系统中选择订单生成拣货任务并打印任务面单。面单上有订单基本信息，商品的外包装需要贴上面单，以方便配送员及收货人根据面单信息进行配送和识别包裹。有些仓库在包装台上打印面单，这样可以即打即用，避免了面单在拣货过程中的丢失和混乱。

3. 拣货、分播

拣货任务生成后分派给拣货员，拣货员用 PDA 下载拣货任务，根据 PDA 的指示到指定库位拣取正确数量的商品放入拣货车。拣货有先拣后分和边拣边分两种操作方式。

先拣后分是将拣货与分货分开执行。先将任务订单里的所有货品集中拣入拣货车，再在播种区进行分货。播种墙是具有很多单元格的推车，每个单元格对应一个订单，播种就是将拣货车中的商品按照订单归类到每个单元格中。

边拣边分是在拣货的时候，拣货员推着具有多个单元格的拣货车，每个单元格绑定一个订单，拣货时，用 PDA 扫描商品条码，会自动提示该商品应放入哪个单元格，从而实现边拣边分。

边拣边分虽然可以一步到位完成拣货，但是实际场景中应用先拣后分更多，因为播种墙相较于拣货车体积大，在库区中移动不方便，不利于拣货员作业。

4. 复核、包装

商品在播种墙中被归置好后，接下来要到包装台进行复核、包装。

包装人员通过计算机扫描面单编码和商品编码进行复核，一方面核对商品数量与种类，防止商品的错发、漏发；另一方面检查商品的质量，防止残次品出库。复核完毕后，包装人员包装商品并在外包装贴上相应面单，然后将包裹放在传送带上进入下一环节。

5. 分拣、码放

在传送带上，分拣机器人通过扫描包裹的面单信息，自动将包裹按照不同快递进行分拣，在传送带的末端，分拣人员将不同快递的包裹码放在指定区域等待揽收。

6. 揽收、交接

发货任务的货品全部分拣完毕后，仓库通知配送人员在规定时间上门揽收，同时打印交接清单。配送人员到达仓库后，按照仓库提供的交接清单核对揽收货品，并使用 PDA 扫描货品面单进行收货。收货完成确认无误后，快递员在交接清单上签字完成交接，最后装车出库。

以上就是货品入库出库的基本作业流程，由于不同商家的需求不同，作业流程中会有差异。

3.2.3　在库管理

货物在库管理主要包括储区规划、储存定位、堆垛与苫垫、货品保管和盘点等工作。

影响货物储存和保管的因素有很多,主要有货物自身的理化性质,储存的自然环境和储存期长短。货物自身的理化性质是货物发生质变和数量损耗的根本原因,它在很大程度上决定了货物的保管条件和方法。同时货物自身的理化性质还是决定仓库平面布局、库内设置、保管环境和码垛方式的重要因素。

根据货物受环境影响的程度和保管条件不同可将其分别放置。储区位置应考虑的问题:根据货物特性选择储区;体积和重量大的货物储存于地面或坚固的货架及接近出库区,较轻的货物储存于上层货架;相同和相近的货物尽可能靠近储存,相容性低的货物不能放在一起储存,以免损害品质,如烟、肥皂和茶叶不能放在一起;对于寿命周期短的商品,如感光纸、胶卷、食品和药品一定要遵守先入库货物先出库的原则。货物标记面应面对通道,以方便识别;易燃易爆物储存于有防火防爆设备的空间,贵重物品储存于单独加密的储存空间,易腐物储存于冷藏储区;周转率低的货物储存于远离进货区、发货区及仓库的较高层,周转率高的货物储存于接近发货区的储位。为了提高仓库空间利用率,能用托盘堆高的货物尽量用托盘储存。

良好的储存策略可以减少出入库移动距离,缩短作业时间,提高空间利用率,降低运行费用。常见的储存方法有定位储存,即有特殊要求的货物存放在固定的储位;随机储存,即每种货物的储位是随机的,这样能有效地利用货架空间;分类储存,即按产品的相关性、流动性、尺寸和重量及产品特性进行分类储存;分类随机储存,即每一类货物有固定的存放储区,但每种货物的储位是随机的;共同储存,即若确切知道各种货物的进出库时间,则不同货物可共用相同的储位。

在仓库的储存过程中,货物不断地进库和出库。有些货物因长期存放而品质下降或成为废品,不能满足用户需要,造成理论库存数与实际库存数可能不相符。为了有效地掌握货品的数量和质量,必须定期或不定期地进行盘点。不定期盘点是依据物品种类轮流抽盘。应对已经超过使用期限的物品进行处理,对即将到期的物品进行分类标识或处理;配合需求变动和品相变化及时调整仓储区域与储位分配。

物品养护是对储运物品实施的保养和维护的技术管理工作。其目的和任务是通过研究各类物品在不同储运环境条件下的质量变化规律及其内外部因素,采取有效的技术措施和科学管理方法,创造优良的储运环境条件,从而保护物品质量,避免受到损失。

物品养护的基本措施包括:①安排合理的储存场所;②堆垛和苫垫合理化;③加强仓库温湿度管理;④检查仓库;⑤开展科学试验。

3.3　仓储技术与设备

3.3.1　货物的存放和堆码形式

货物在仓库内的存放和堆码方式一般有自身堆码、托盘堆码和货架存放三种方式。

1. 自身堆码

自身堆码是将同一种货物,按其形状、重量、数量和性能等特点,码垛成一个个货堆。在货堆与货堆之间留有供人员或搬运设备出入的通道。常见的自身堆码方法有重叠式堆码(板材)、纵横交错式堆码、压缝式堆码、仰俯相间式堆码、通风式堆码和栽柱式堆码等,如

图 3-2 所示。一般根据货物的形状和性能等确定具体的堆放形式。

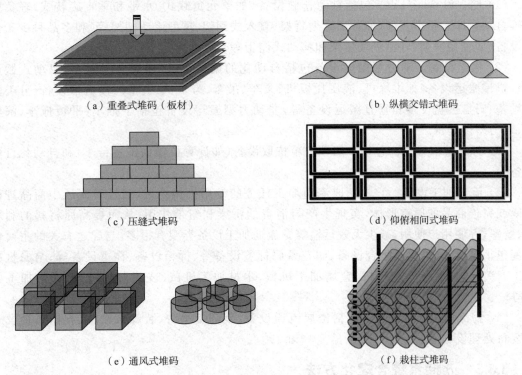

（a）重叠式堆码（板材）

（b）纵横交错式堆码

（c）压缝式堆码

（d）仰俯相间式堆码

（e）通风式堆码

（f）栽柱式堆码

图 3-2　常见的自身堆码方式

采用自身堆码时,货堆的高度受货物强度的制约,一般以最底层的货物不被压坏为前提。另外,货堆的高度还受堆垛设备(如叉车)提升高度的限制,故货堆的高度一般小于 4m。这种堆码方式是一种最简单、最原始的堆码方式。如果货物的包装比较规整,而且有足够的强度时,则可采用无托盘的自身堆码方式,也可在叉车上装一些工具,如纸箱夹、推拉器等进行作业。

2. 托盘堆码

托盘堆码,即将货物码在托盘上,然后用叉车将托盘货一层层堆码起来。对于一些怕压或形状不规则的货物,可将货物装在货箱内或带立柱的托盘上。由于货箱堆码时,是由货箱或托盘立柱承受货垛的重量,故这种托盘应具有较高的强度和刚度。

采用托盘堆码时,其堆码和出入库作业常采用叉车或其他堆垛机械完成。采用桥式堆垛机时,堆垛高度可达 8m 以上,故其仓库容积利用率和机械化程度比自身堆码有较大的提高。

3. 货架存放

在仓库内设置货架,将货物或托盘货放在货架上。采用货架存放的最大优点是货物的重量由货架支撑,互相之间不会产生挤压,可实现有选择地取货或实现先入先出的出库原则。总之,货架存放形式为仓库的机械化作业和计算机管理提供了必要的条件。

3.3.2　仓储设备

现代仓库的主要设备包括储存设备(容器)、搬运设备、订单拣取设备、流通加工设备和物流周边配给设备等。常用的物流设备与设施如下。

（1）储存设备（容器）。包括自动仓储设备（如单元负载式、水平和垂直旋转式、轻负载式等自动仓库）、重型货架（如普通重型货架、直入式钢架、重型流动棚架等）和多品种少量储存设备（如轻型货架、轻型流动货架和移动式储柜等）。

（2）搬运设备。动力型搬运设备包括自动化的搬运设备（如无人搬运车、驱动式搬运车）、机械搬运设备（如堆垛机、液压托板机、叉车、吊车、跨车、牵引车）、输送带设备、分类输送设备、码盘拆盘设备和垂直搬运设备等；非动力型搬运设备包括手推车、平板拖车、滚轮车、重力型传送带。

（3）订单拣取设备。包括一般性订单拣取设备（如计算机辅助拣货台车）和自动化订单设备等。

（4）流通加工设备。它是完成流通加工任务的专用机械设备，通过对流通中商品进行改变或完善商品的原有形体，实现生产与消费的桥梁和纽带作用，从而提高原材料的利用率、效率，方便用户使用，减少无效运输等。流通加工设备类型有很多，与配送有关的主要包括裹包集包设备、外包装配合设备、印花条码标签设备等、拆箱设备、称重设备等；与原材料加工有关的，如混凝土搅拌机、金属加工机械、木材加工机械、玻璃切割机械、煤炭加工机械等。

（5）物流周边配合设备。包括楼层流通设备、装卸货平台、装卸载设施、容器暂存设施和废料处理设施等。

3.3.3　仓储系统合理化方法

1. 提高储存密度和仓容利用率

主要目的是减少储存设施的投资，提高单位存储面积的利用率，以降低成本、减少土地占用，一般有三类方法。

（1）采取高堆垛的方法，增加储存的高度。具体方法有采用高层货架仓库、集装箱等，都比一般堆存方法大大增加储存高度。

（2）缩小库内通道宽度，增加储存有效面积。具体方法有采用窄巷道式通道，配以轨道式装卸车辆，以减少车辆运行宽度要求。采用侧向叉车、推拉式叉车，以减少叉车转弯所需的宽度。

（3）减少库内通道数量，增加储存有效面积。具体方法有采用密集型货架，可进车的可卸式货架、各种贯通式货架，采用不依靠通道的桥式吊车装卸技术等。

2. 采用有效的储存定位系统

储存定位的含义是储存货物位置的确定。如果定位系统有效，能大大节约寻找、存放、取出的时间，节约不少物化劳动及活劳动，而且能防止差错，便于清点及实行订货点等的管理方式。储存定位系统可采取先进的计算机管理，也可采取一般人工管理。

计算机定位系统是利用计算机储存容量大、检索迅速的优势，在入库时，将存放货位输入计算机，出库时向计算机发出指令，并按计算机的指示人工寻址或自动寻址，找到存放货、拣选取货的方式。一般采取自由货位方式，计算机指示入库货物存放在就近易于存取之处，或根据入库货物的存放时间和特点，指示合适的货位，取货时也可就近就便。这种方式可以充分利用每一个货位，而不需要专位待货，有利于提高仓库的储存能力，当吞吐量相同时，可比一般仓库减少建筑面积。

3．采用有效的监测清点方式

对储存物资数量和质量的监测,不但是掌握基本情况之必需,而且是科学库存控制之必需。在实际工作中稍有差错,就会账物不符,所以,必须及时且准确地掌握实际储存情况,经常与账卡核对,无论是人工管理还是计算机管理都是必不可少的。此外,经常的监测也是掌握储存货物质量状况的重要工作。监测清点的有效方式主要有以下几种。

(1)“五五化”堆码。这是我国手工管理中采用的一种科学方法。储存物堆垛时,以“五”为基本计数单位,堆成总量为“五”的倍数的垛形,如梅花五、重叠五等,堆码后,有经验者可过目成数,大大加快了人工点数的速度,且差错少。

(2)光电识别系统。在货位上设置光电识别装置,该装置对被储存物进行扫描,并将准确数目自动显示出来。这种方式不需人工清点,就能准确掌握库存的实有数量。

(3)计算机监控系统。用计算机指示存取,可以防止人工存取所易于出现的差错,如果在被存物上采用条形码识别技术,使识别计数和计算机联结,每存取一件物品时,识别装置自动识别条形码并将其输入计算机,计算机会自动做出存取记录。这样只需向计算机查询,就可了解所存物品的准确情况,而无须再建立一套对实有数的监测系统。

4．采用现代储存保养技术

采用以下现代储存保养技术是储存合理化的重要方式。

(1)气幕隔潮。在潮湿地区或雨季,室外湿度高且持续时间长,仓库内若想保持较低的湿度,就必须防止室内外空气的频繁交换。一般仓库打开库门作业时,便自然形成了空气交换的通道,由于作业的频繁,室外的潮湿空气会很快进入库内,因此一般库门、门帘等设施隔绝潮湿空气效果不理想。

在库门上方安装鼓风设施,使之在门口处形成一道气流,由于这道气流有较高压力和流速,在门口便形成了一道气墙,可有效阻止库内外空气交换,防止湿气浸入,而不能阻止人和设备出入。气墙还可起到保持室内温度的隔热作用。

(2)气调储存。调节和改变环境空气成分,可以抑制储存货物的化学变化,抑制害虫生存及微生物活动,从而达到保持储存货物质量的目的。

调节和改变环境空气成分有许多方法,可以在密封环境中更换配制好的气体,也可以充入某种成分的气体,还可以除去或降低某种成分的气体等。气调储存对于需要新陈代谢的水果、蔬菜、粮食等物品的长期保质、保鲜储存很有效,例如,粮食可长期储存,苹果可储存三个月。气调储存对防止生产资料在储存期产生有害化学反应也很有效。

(3)塑料薄膜封闭。塑料薄膜虽不完全隔绝气体,但能隔水隔潮,用塑料薄膜封垛、封袋、封箱,可有效地造就封闭小环境,阻缓内外空气交换,完全隔绝水分。在封闭环境内,如对水果置入杀虫剂、缓蚀剂,注入某种气体,则其内部可以长期保持该种物质的浓度,形成一个稳定的小环境。

所以,采用这个方法进行气调储存,具有简便易行且成本较低的优点,也可以用这个办法对水泥、化工产品、钢材等做防水封装,以防其变质和锈蚀。

5．采用集装箱、集装袋、托盘等运储装备一体化的方式

集装箱等集装设施的出现,也给储存带来了新的观念。采用集装箱后,本身便是一栋仓

库,不再需要传统意义的库房,在物流过程中,也就省去了入库、验收、清点、堆垛、保管、出库等一系列储存作业,因而对改变传统储存作业有很重要的意义,是储存合理化的一种有效方式。

3.4　自动化立体仓库

3.4.1　立体仓库的发展概况

立体仓库一般是指采用几层、十几层乃至几十层高的货架储存货物,并且用专门的仓储作业设备进行货物出库或入库作业的仓库。由于这类仓库多为自动化作业,所以也称为自动化或高架仓库。

立体仓库的出现和发展是第二次世界大战以后生产发展的必然结果。第二次世界大战以后,随着经济的恢复和生产的发展,原材料、配套件、制成品的数量不断增加,对于物料搬运和储存提出了越来越高的要求。传统的仓储方式日益不能适应生产和流通的要求。土地稀缺、地价上涨,促进仓储作业向空间发展,即由简易仓库向高架仓库发展。

早在 20 世纪 50 年代,美国就出现了使用桥式堆垛机的仓库,使货架间的通道尺寸大幅度减小,单位面积的储存量平均提高 52%。此后,立体仓库在美国和西欧国家和地区(包括德国、英国、瑞士、意大利)得到迅速发展。1963 年,美国某公司首先在仓库业务中采用计算机控制,建立了第一个计算机控制的立体仓库。20 世纪 60 年代中期以后,日本开始兴建立体仓库,而且发展速度越来越快,近年来,无论在质与量方面,均赶上并超过了西欧。据《产业机工》统计,截至 1982 年,日本已拥有各种立体仓库 3 257 座,几乎相当于欧美国家拥有量的总和。

我国对立体仓库及其专用设备的研究开始得并不晚,早在 1963 年北京起重运输机械研究所设计了第一台 1.25t 桥式堆垛机,由大连起重机厂完成试制。20 世纪 70 年代中期,郑州纺织机械厂首次利用仓储技术,改建了一座立体仓库。这座仓库是利用原有锯齿形厂房改建而成的,用于存放模具。1977 年北京起重运输机械研究所等单位研究制造出北京汽车制造厂自动化仓库。该仓库属于整体式结构,采用计算机进行控制和数据处理。从此以后,立体仓库在我国得到迅速发展。到目前为止,我国已建成立体仓库 1 000 多座,这些仓库在机器制造业、电器制造业、化工企业、商业和储运业、军需部门等行业得到了广泛使用。由于立体仓库是现代物流技术的核心,随着我国生产和经济的不断发展,对立体仓库数量和质量的需求将会越来越大。

3.4.2　立体仓库的基本组成

立体仓库的结构和种类有很多,它一般由建筑物、货架、理货区、管理区、堆垛机械和配套机械等部分组成(见图 3-3)。

(1) 建筑物。如果是低层立体仓库,则多为一般建筑物。如果是中高层立体仓库,则需要设计和建造新的专用建筑物。

(2) 货架。货架的作用是存放货物,它是立体仓库的中心部分。

(3) 理货区。指整理或倒货区域,和高层货架区相衔接。在中高层立体仓库中是和高层货架区域相邻的 1~2 层建筑物,由分货场、暂存站台和出入卡车停车场构成。

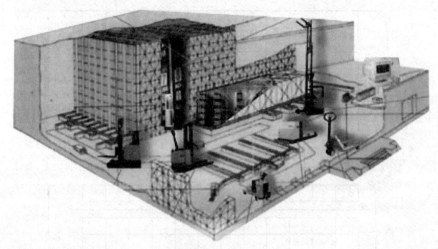

图 3-3　立体仓库

（4）管理区。这是出入库管理及库存管理区域。对于计算机管理的自动化立体仓库，管理区域也就是计算机控制管理室。

（5）堆垛机械。低层立体仓库一般使用叉车等；中高层立体仓库一般使用有轨巷道堆垛机、无轨巷道堆垛机或桥式堆垛机等。

（6）配套机械。指货架外的出入库搬运作业、理货作业以及卡车装卸作业所使用的主要机械，如出入库台车、托盘装载装置、叉车、输送机等。为了防止出入库时货物散垛，也有的仓库备有压缩包装机。分拣仓库，还备有自动分拣、配货装置。

3.4.3　立体仓库的分类

立体仓库的种类是随着生产的不断发展和进步而变化的。物流系统的多样性，决定了立体仓库的多样性。立体仓库通常有以下几种分类方法。

1. 按货架结构分类

按库内货架结构不同，立体仓库可分为单元货格式立体仓库、贯通式立体仓库、旋转式立体仓库和移动式立体仓库。

单元货格式立体仓库是应用最为广泛的一种仓库。这种仓库的特点是，货架沿仓库的宽度方向分为若干排，每两排货架为一组，其间有一条巷道，供堆垛机或其他仓储机械作业。单元货格式立体仓库如图 3-4 所示，每排货架沿仓库长度方向（L 向）分为若干列，沿垂直方向（H 向）分为若干层，从而形成大量货格，用以储存货物。货物是以集装单元的形式储存在立体仓库中的。在我国建成的所有立体仓库中，单元货格式立体仓库约占 90% 以上。

通常，对于单元货格式立体仓库，有以下一些概念及术语。

货格：货架内储存货物的单元空间。

货位：货格内存放一个单元货物的位置。

排：宽度方向（B 向）上货位数的单位。

列：长度方向（L 向）上货位数的单位。

层：高度方向（H 向）上货位数的单位。

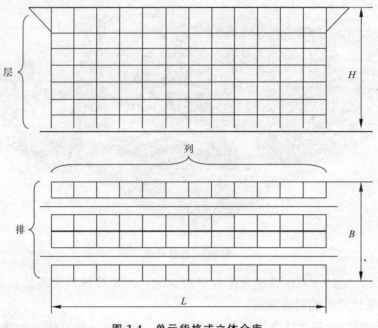

图 3-4　单元货格式立体仓库

2．按建筑形式分类

按建筑形式,立体仓库可分为整体式立体仓库和分离式立体仓库两种：整体式立体仓库的货架与仓库建筑物构成一个不可分割的整体,货架不仅要承受货物载荷,还要承受建筑物屋顶和墙侧壁的载荷。这种仓库结构重量轻,整体性好,对抗震也特别有利。分离式立体仓库的货架和建筑物是独立的,适用于利用原有建筑物作库房,或在厂房和仓库内单建一个高货架的场合。由于这种仓库可以先建库房后立货架,所以施工安装比较灵活方便。

3．按仓库的作业方式分类

按仓库的作业方式,立体仓库可分为单元式立体仓库和拣选式立体仓库。

单元式立体仓库的出入库作业都是以货物单元(托盘或货箱)为单位,中途不拆散,所用设备为叉车或巷道堆垛机等。

拣选式立体仓库的出库是根据提货单的要求从货物单元(或货格)中拣选一部分出库。拣选方式可分为两种：一种方式是拣选人员乘坐拣选式堆垛机到货格前,从货格中拣选所需数量的货物出库。这种方式叫"人到货前拣选"。另一种方式是将存有所需货物的托盘或货箱由堆垛机搬运至拣选区,拣选人员按出库提货单的要求拣出所需的货物,然后再将剩余的货物送回原址。这种方式叫"货到人处拣选"。对整个仓库来讲,当只有拣选作业,而不需要整单元出库时,一般采用"人到货前拣选"作业方式;当仓库作业中仍有相当一部分货物需要整单元出库,或拣选出来的各种货物还需要按用户的要求进行组合选配时,一般采用"货到人处拣选"作业方式。

3.4.4　自动化立体仓库作业流程

自动化立体仓库的基本作业流程,主要分为入库、出库和拣选三项。

1．入库作业流程

货物单元入库时，由输送系统运输到入库台，货物使用条码识别系统进行扫描识读，条码标签携带的信息被读入，传递给中央服务器，控制系统根据中央服务器返回的信息来判断是否入库以及货位坐标，当能够确定入库时，发送包含货位坐标的入库指令给执行系统，堆垛机通过自动寻址，将货物存放到指定货格。在完成入库作业后，堆垛机向控制系统返回作业完成信息，并等待接收下一个作业命令。控制系统同时把作业完成信息返回给中央服务器数据库进行入库管理。

2．出库作业流程

管理员在收到生产或客户的货物需求信息后，根据要求将货物信息输入上位管理机的出库单，中央服务器将自动进行库存查询，并按照先进先出、均匀出库、就近出库等原则生成出库作业，传输到终端控制系统中，控制系统根据当前出库作业及堆垛机状态，安排堆垛机的作业序列，将安排好的作业命令逐条发送给相应的堆垛机。堆垛机到指定货位将货物取出放置到巷道出库台上，并向控制系统返回作业完成信息，等待进行下一个作业。监控系统向中央服务器系统反馈该货物出库完成信息，管理系统更新库存数据库中的货物信息和货位占用情况，完成出库管理。如果某一货位上的货物已全部出库，则从货位占用表中清除此货物记录，并清除该货位占用标记。

3．拣选作业流程

货物单元拣选出库时，堆垛机到指定地址将货物取出放置到拣选工作台，由工作人员或自动分拣设备按照出库单进行分拣，分拣完成后的托盘再由输送系统输送回巷道入库口，由堆垛机将货物重新入库。

3.4.5　立体仓库的优点

立体仓库的优点主要表现在以下几方面。

（1）立体仓库能大幅度地增加仓库高度，充分利用仓库面积与空间，减少占地面积。立体仓库目前最高的已经超过 40m。它的单位面积储存量要比普通的仓库高得多。例如，一座货架 15m 高的立体仓库，储存机电零件和外协件，单位面积储存量可达 $2\sim5t/m^2$，是普通货架仓库的 4～7 倍。

（2）立体仓库便于实现仓库的机械化、自动化作业，从而提高出入库效率，能方便地纳入整个企业的物流系统，使企业物流更为合理化。

（3）立体仓库能够提高仓库管理水平。借助于计算机管理能有效地利用仓库储存能力，便于清点盘货，合理减少库存，节约流动资金。例如，某汽车厂的仓库，在采用自动化立体仓库后，库存物资的金额比过去降低了 50%，节约资金数百万元。

（4）由于采用货架储存，并结合计算机管理，可以容易地实现先入先出的出入库原则，防止货物自然老化、变质、生锈。立体仓库也便于防止货物的丢失，减少货损。

（5）采用自动化技术后，立体仓库能适应黑暗、有毒、低温等特殊场合的需要，如储存胶片卷轴的自动化立体仓库，以及各类冷藏、恒温、恒湿立体仓库等。

总之，立体仓库的出现，使传统的仓储观念发生了根本性的变化。原来那种固定货位，人工搬运和码放、人工管理、以储存为主的仓储作业已改变为自由选择货位，按需要实现先入先出的机械化、自动化仓储作业。在储存的同时,可以对货物进行必要的拣选、组配,并根据整个企业生产的需要,有计划地将库存货物按指定的数量和时间要求送到合适的地点,满足均衡生产的需要。可以说,立体仓库的出现使"静态仓库"变成了"动态仓库"。

小　结

储存是对货品进行保存及对其数量、质量进行管理控制的活动。它是物流系统的一个核心功能,在物流系统中起着缓冲、调节和平衡的作用。

仓储作业主要包括入库作业、在库作业和出库作业管理三个方面。入库作业包括入库信息录入、接货入库、仓库验收、上架等;在库作业包括货位调整、搬运、库存数量清点、库存跟踪和货物维护等功能;出库作业是根据出货指令组织相关人员和工具,完成货品拣选、贴标、贴条形码、分类、包装、暂存、装车及配载等工作。

仓库是储存物品的建筑物或场所,具有储存和保管、调节供需、调节运输能力、配送和流通加工的功能等。现代仓库的主要设备包括储存容器、储存设备、搬运设备、订货拣取设备、流通加工设备和物流周边设备等。

立体仓库一般是指采用几层、十几层乃至几十层高的货架储存货物,并且用专门的仓储作业设备进行货物出库作业或入库作业的仓库。立体仓库一般由建筑物、货架、理货区、管理区、堆垛机械和配套机械等几部分组成。立体仓库是一项系统工程,在建设前必须明确企业建设立体仓库的必要性和可能性,并对建库的背景条件进行详细的分析,然后进行总体规划。

思考题

1. 储存在物流系统中的作用是什么?
2. 储存按其集散程度可以分为哪几类? 结合企业实例说明如何进行储存决策。
3. 仓储作业主要分为哪几个方面? 在库管理主要包括哪些内容?
4. 仓储系统评价指标主要有哪些?
5. 仓库的主要功能有哪些?
6. 仓储系统合理化的方法有哪些?
7. 什么叫自动化立体仓库? 自动化立体仓库一般由哪几部分构成?
8. 根据货架结构不同,立体仓库分为哪几类?
9. 自动化立体仓库与传统仓库的区别有哪些?

案例分析

神威药业现代物流中心

神威药业集团有限公司(以下简称神威药业)是一家以现代中药为主业的大型综合性企业,主营业务涵盖了中药材种植、中成药科研、提取、生产、营销等全产业链,销售网络覆盖全国,产品还批量出口。

为迎接近年来整个医药产业链变革所带来的机遇与挑战,神威药业在"做大做强以现代中药为核心的工业板块"的基础上,不断发展大药房零售板块,结合集团的资金优势、品牌优势、产品优势,提升总体经营规模和核心竞争力,全面布局大健康产业。在此背景下,2015 年神威药业决定在集团总部石家庄现有物流中心南边新建一座现代化的医药物流中心,以支撑未来预期 100 亿元的业务规模,满足集团未来多种业务发展的需要。

1. 物流中心概况

神威药业医药物流中心由楼库和立体库两部分构成,总建筑面积约 22 000m²。该项目的突出特点在于:同时满足三方物流、连锁药店、电商等多项业务的物流作业要求,解决品种多、存储量大、零拣量大、流程复杂、多环节作业等问题。物流中心集成了自动化立体仓库、RGV(轨道穿梭车)、智能拣选小车以及 WMS 系统等现代化物流设备和技术,如自动化立体仓库在线拣选、移动收货台车入库、智能小车零货拣选、输送机整箱出库 PDA 支援拣选与补货、内复核分拣机复核拼箱、出库分拣机集货复核装车、条码仓库管理系统等,确保了物流作业的高效性、及时性和准确性。

2. 物流中心布局

神威药业医药物流中心由楼库、立体库及自动化输送连廊三部分构成。

楼库主要用于满足神威连锁药店的物流配送作业要求,共 5 层,使用面积约 12 000m²,包括收发货月台、出入库暂存区、退货库、冷库、拆零存储分拣区、内复核作业包装区、整件存储分拣区、中药饮片库、器械库和异型品区等功能区。

其中,位于二层的拆零区采用阁楼货架,增加了拣选货位,大大提高了仓储空间的利用率。立体库主要用于满足批量成品的存储要求。自动化立体库占地面积约 5 400m²,高22.5m,共有 13 条巷道,14 586 个货位,可以存储 36 万件货品。

此外,立体库的存储部分还可实现向楼库的拆零区进行补货、C 类货品整件直接在线拣选及整箱出库。

3. 难点及对策

神威药业医药物流中心定位的特殊性无疑给其规划设计与实施带来挑战。

首先,物流系统开发面临挑战。因为物流中心要同时满足成品的出入库及储存、第三方、连锁药店、电商等业务板块的物流需求,而且每类业务分别有各自的流程、标准和信息系统,系统接口的开发测试以及所有功能的完善工作量巨大,可以说是"点多面广",难度极大。

其次,各业务板块有不同的物流作业难点。例如,成品的箱号、生产日期、有效期等信息都需人工采集,工作量大,对入出库效率影响较大,且手工操作容易造成信息偏差,导致作业失误及人力浪费;连锁药店仓零货拣货量大,仓储管理方式粗放,信息化程度较低,对熟练工依赖程度高;电商仓采用原始的纸单拣选作业方式,拣货路径长,效率低。

为此,物流中心规划方案采用了以下方案和对策。

(1) 合理分配拣选模式和仓库动线。

(2) 实现精细化布局与管理,采用多种自动化设备及信息系统对物流作业进行改善,简化流程,规范作业模式。

(3) 运用条码管理系统,将传统的人工经验判断变为依靠精确的数据进行分析管理,从事后管理转变为事中管理、实时管理,提升供应链响应速度。九州通达研发的仓储管理系统WMS 集成了条码仓库管理,条码管理的使用在入库管理(收货、质检、上架)、出库管理(拣货、复核、分拣)、库内管理(移库、货位调整、盘点)等过程管理中,均可使用实现手持终端对条码信息进行采集,由人工找货转变为向导性定位取货,使仓储作业从传统的结果导向转变为过程导向,实现了过程精确可控,结果准确无误。

由于该项目的复杂性高,为确保系统上线后的平稳运行,九州通达团队在物流中心完成搬迁、盘点、对账后,与神威药业进行充分沟通,先处理小批量的订单,再结合模拟系统压力测试结果推进系统逐步应用,最终确保物流运营的平稳过渡。

4. 项目亮点及实施效果

(1) 多功能。神威药业医药物流中心既有立体库,又有楼库,采用两套作业流程与管控标准,既符合 GMP 要求,又符合 GSP 要求,同时还支持第三方物流和满足现代物流企业标准,从而成为石家庄市医药现代物流示范项目。

(2) 高集成。神威药业医药物流中心应用了自动化立体仓库、移动收货台车、智能拣选小车、RGV(轨道穿梭车),以及九州通达自主研发的 LMIS 系统等现代物流技术,这些装备发挥了出色作用。例如,RGV 既保证了自动化立体仓库的入出库效率,又保证了快速补货;无线收货台车、智能拣选小车、无线手持终端的引入,实现了各个物流环节的无缝衔接。

神威药业医药物流中心项目上线以来,系统运行整体情况良好,操作人员的劳动强度大大减轻,作业效率显著提升。以拆零作业为例,目前最高处理能力可达每人每小时 160 个订单行,日出库量约 1.6 万个订单行,及时准确地满足了门店补货需求。

案例思考

1. 神威药业医药物流中心采用哪些现代物流设备及技术?
2. 神威药业医药物流中心的难点及对策是什么?

第 4 章

库存管理与控制

　　库存管理是指在物流过程中对商品数量的管理。良好的库存管理能够加快资金的周转速度,提高资金的使用率,增加投资的效益。库存是物流系统中的核心功能,起着缓冲、调节和平衡的作用,实现储存功能就必须以一定的库存为前提,而如何控制和管理库存,使之处于一个合理的水平,既能满足生产规模化的需要,又能保证物流的高效性,是物流管理和控制的关键。

　　本章将系统介绍库存管理的概念、库存分类管理法、库存控制方法以及现代库存管理系统。

学习目标

- 了解库存的作用和分类;掌握库存合理化的方法和途径。
- 熟悉库存分类管理的方法和原理;掌握 ABC 类货品的库存管理原则。
- 理解经济订购批量模型;掌握定量和定期订货系统的库存控制参数确定方法。
- 了解现代库存控制系统的特点及其与传统库存控制方法的异同。

4.1　库 存 管 理

4.1.1　库存的分类

　　库存(inventory)是指处于储存状态的商品,即某段时间内持有的存货或是作为今后按预定的目的使用而处于闲置或非生产状态的物料。在生产制造企业,库存包括原材料、产成品、备件、低值易耗品以及在制品;在商业流通企业,库存一般包括用于销售的商品以及用于管理的低值易耗品。

　　库存是仓储的基本功能。它除进行商品的储存和保管外,还具有整合需求与供给,保持物流系统中各项活动顺利进行的功能。企业为了能够及时满足内部生产及客户的进货需求,必须经常保持一定数量的原材料库存和商品库存。配送中心为了满足客户的配送要求,也必须预先储存一定数量的商品。若存货不足,不能及时满足供货需求,则会造成企业生产供应中断,或向客户供货不及时,以及由此带来的供应链断裂、丧失市场占有率和失去客户等损失。而任何库存都需要一定数量的维持保管费用,同时还存在由于商品积压和损坏而带来的库存风险。因此,在库存管理中,既要保持合理的库存数量,防止缺货和库存不足而给企业带来损失,又要避免库存水平过高,发生不必要的库存费用,而给企业带来仓储成本的上升。

按照不同的分类标准,库存可分为以下几种。

1. 按生产过程分类

(1) 原材料库存。指企业已经购买,但尚未投入生产过程的存货。

(2) 在制品库存。指经过部分加工,但尚未完成的半成品存货。

(3) 产成品库存。指已经制造完成,并正等待装运发出的存货。

2. 按库存所处状态分类

(1) 在库库存。指存储在企业仓库中的库存,它是存货的主要形式。

(2) 在途库存。指生产地和储存地之间的库存,这些物资或正在运载工具上,处于运输状态,或在中途临时储存地,暂时处于待运状态。如果运输距离长,运输速度慢,在途库存甚至可能超过在库库存。

3. 按存货目的分类

(1) 经常库存。也称为周转库存,是为了满足两次进货期间市场的平均需求或生产经营的需要而储存的货物。存货量受市场平均需求、生产批量、运输中的经济批量、资金和仓储空间、订货周期、货物特征等多种因素的影响。

(2) 安全库存。指为防止需求波动或订货周期的不确定而储存的货物。安全库存与市场需求特性、订货周期的稳定性密切相关。市场需求波动越小或需求预测准确,订货周期确定,所需的安全库存越少。如果企业能对市场做出完全准确的预测,订货周期固定,就可以不必保有这部分库存。

(3) 促销库存。在企业促销活动期间,一般销售量会出现一定幅度的增长,为满足这类预期需求而建立的库存,称为促销库存。

(4) 投机性库存。指以投机为目的而储存的物资。对一些原材料,如铜、黄金等,企业购买并储存的目的常常不是为了经营,而是为了作价格投机。

(5) 季节性库存。指为满足具有季节性特征的需要而建立的库存,如水果等农产品、空调、冬季取暖用煤、夏季防汛产品等。

4.1.2　库存管理方式

库存管理是指在物流过程中对商品数量的管理。良好的库存管理能够加快资金的周转速度,提高资金的使用率,增加投资的效益。

广义的库存管理包括仓库管理和库存控制两个部分。仓库管理的内容是指库存物料的科学保管,以减少损耗,方便存取;库存控制则是要求控制合理的库存水平,即用最少的投资和最少的库存管理费用,维持合理的库存,以满足使用部门的需求和减少缺货损失。库存管理的内容包括物料的出入库,物料的移动管理,库存盘点,库存物料信息分析。

狭义的库存管理就是库存控制,是对制造业或服务业生产、经营全过程的各种物品、产成品以及其他资源进行管理和控制,使其储备保持在经济合理的水平上。

1. 库存管理与仓库管理的区别

仓库管理主要针对仓库或库房的布置,物料运输和搬运以及存储自动化等的管理;库存管理的对象是库存项目,即企业中的所有物料,包括原材料、零部件、在制品、半成品及产成品,以及辅助物料。库存管理的主要功能是在供需之间建立缓冲区,达到缓和用户需求与企业生产能力之间,最终装配需求与零配件之间,零件加工工序之间、生产厂家需求与原材料供应商之间的矛盾。

2．库存管理方式

（1）供应商管理库存（vendor managed inventory，VMI）。供应商管理库存是供应商等上游企业基于其下游客户的生产销售与库存信息,对下游客户库存进行的管理与控制。通常上游企业判断客户库存是否需要补充,当需要补充时,自动向本企业物流中心下达发货指令,补充客户库存。这种库存管理方式在商品分销系统中使用越来越广泛,这种库存管理方式是未来发展的趋势,甚至会导致整个配送管理系统的革命。通过集中管理库存和各个零售商的销售信息,生产商或分销商补货系统就能建立在真实的销售市场变化基础上,能够提高零售商预测销售的准确性、缩短生产商和分销商的生产与订货提前期,在链接供应和消费的基础上优化补货频率和批量。

（2）客户管理库存（customer managed inventory，CMI）。客户管理库存是一种和 VMI 相对的库存控制方式,很多人认为,按照和消费市场的接近程度,零售商在配送系统中由于最接近消费者,在了解消费者的消费习惯方面最有发言权,因此应该是最重要的一环,库存自然应归零售商管理。持这种观点的人认为,配送系统中离消费市场越远的成员,就越不能准确地预测消费者的需求变化。

（3）联合管理库存（jointly managed inventory，JMI）。联合管理库存是介于供应商管理库存和客户管理库存之间的一种库存管理方式,顾名思义,是由供应商与客户共同管理库存,进行库存决策。它结合了对产品的制造更为熟悉的生产或供应商以及掌握消费市场信息能对消费者消费习惯做出更快、更准反映的零售商各组的优点,因此能更准确地对供应和销售做出判断。在配送系统的上游,通过销售点提供的信息和零售商提供的库存状况,供应商能够更加灵敏地掌握消费市场变化,销售点汇总信息使整个系统都能灵活应对市场趋势;在系统另一端,销售点通过整个系统的可视性可以更加准确地控制资金的投入和库存水平。通过在配送系统成员中减少系统库存从而增加系统的灵敏度。由于减少了需求的不确定性和应对突发事件所产生的高成本,整个系统都可以从中获益。在 JMI 环境下,零售商可以从供应商那里得到最新的商品信息,以及相关库存控制各种参数的指导或建议,但是由于是独立的组织,零售商同样需要制定自己的库存决策。

4.1.3　储存合理化

1．储存合理化的含义

合理储存是指以保证商品流通和生产需要为限度的储存,是包括合理储存量、合理储存结构、合理储存时间和合理储存网络的有机统一。

（1）合理储存量。合理储存量是指在新的商品（或生产资料）到来之前,能保证在这个期间商品（或生产资料）正常供应的数量。合理储存必须以保证商品流通正常进行为前提。影响合理储存量的因素有以下几种。

第一,社会需求量。储存量与市场需求有直接关系,为了满足消费的需要,要求有相应数量的商品,随时可投放市场。在其他条件不变的情况下,储存量与社会需求量成正比。

第二,商品再生产时间。储存量必须与再生产时间相适应。在其他条件不变的情况下,储存量的大小与再生产周期的长短成正比。

第三,交通运输条件。商品从生产领域进入消费领域,需要运输工具和运输时间,交通运输发达的地区和不发达地区,其在途中的时间是不同的。

第四,管理水平和设备条件。储存量的大小受企业本身条件的限制,如仓库设备、进货渠道、中间环节、进货时间等,都会影响商品储存量。

(2) 合理储存结构。合理储存结构是指商品的不同品种、规格之间储存量的比例关系。社会对商品的需要既要求供应总量得到满足,又要有品种、规格可供选择,而且要求的结构也在不断变化。所以,确定合理储存量的同时,还必须考虑不同商品的品种、规格在储存中的合理比例关系,以及市场变化情况,以便确定合理的商品储存结构。

(3) 合理储存时间。第一,储存时间受商品销售时间的影响。商品销得快,储存时间就短;商品销得慢,储存时间就长,甚至积压在库。所以,物流部门要随时了解生产、销售情况,促进生产、扩大销售,加速周转。第二,储存时间还受物品的物理、化学、生物性能的影响。超过物品本身自然属性所允许的储存时限,物品会逐渐失去其使用价值。因此,储存时间还必须以保证物品安全,减少损失、损耗为前提。

(4) 合理储存网络。仓库网点的合理布局,也是合理储存的一个重要条件。就流通领域而言,在商品流通过程中,商业批发企业和零售企业为了完成销售任务,都要分别储存一定数量的商品。由于批发与零售企业的经营特点和供应范围不同,对批发环节和零售环节的储存要求也有所不同。批发企业,一般担负着经济区的供应任务,它要依靠一定的储存来调剂市场,起"蓄水池"的作用。所以,在批发环节,储存量要大,要合理设置储存网点。零售企业处于流通渠道末端,网点分散,销售量小,因而,在零售环节,一般附设小型仓库,储存量小,应勤进快销,加速周转。就生产领域而言,物资主要是分散储存在各工厂的仓库里,储存应适量,不宜过多,以免原材料大量积压。

2. 储存合理化的途径

储存合理化的途径包括实行 ABC 管理、合理应用预测技术和科学的库存管理控制三个方面。

(1) 实行 ABC 管理。由于在仓库中储存的物资品种非常多,在管理过程中必须根据具体情况实行重点管理,才能取得满意效果,一般采用 ABC 管理可以达到预期要求。

(2) 合理应用预测技术。销售额和出库量的估计需要正确的预测,这是库存管理的关键。由于库存量和缺货率是相互制约的因素,所以要在预测的基础上,制定正确的库存方针,使库存量和缺货率协调,取得最好的效果。

(3) 科学的库存管理控制。库存控制主要是对库存量进行控制的问题。众所周知,库存量过多将会招致许多问题。例如,占压过多的流动资金,并为此付出相应的利息;存货过多则仓库的各种费用,如仓储费、保险金、劳务费也随之增加。此外,还会导致物资变质、过时、失效等损失。但是,为了避免以上问题,降低库存又会出现缺货率上升的风险,因此,库存控制应综合考虑各种因素,满足以下三方面要求:首先,降低采购费和购入价等综合成本;其次,减少流动资金,降低盘点资产;最后,提高服务水平,防止缺货。

4.2　库存分类管理法

20 世纪初,意大利经济学家和统计学家巴雷特(Pareto)在研究人口与财富占有之间的关系规律时,提出了"关键的少数和次要的多数"这一普遍存在的经济规律。在物资管理领域,物资消耗的分布在某些方面也服从这一规律。

库存分类管理法就是基于这一规律对库存品进行主次区分,从而分别进行管理。常用的分类方法包括 ABC 分类法和 CVA 管理法。

4.2.1　ABC 分类法

1. ABC 库存分类原理

ABC 库存分类管理法是指将库存物品按品种和占用资金的多少,分为特别重要的库存(A 类)、一般重要的库存(B 类)和不重要的库存(C 类)三个等级,然后针对不同等级分别进行管理与控制。这样的分类管理法可以实现压缩库存总量、释放占压资金、库存合理化与节约管理投入等作用。

ABC 分类管理法一般是根据物资各品种年消耗金额的多少,将其依次分为 A、B、C 三类。通常以某品种物资的年消耗量乘以单价,作为分类的依据,值偏高的为 A 类,低的为 C 类,其余为 B 类,一般可按各类物资在总消耗金额中所占的比重来划分。ABC 分类法如表 4-1 所示。

表 4-1　ABC 分类法　　　　　　　　　　　　单位:%

类　　别	品种累计百分比	年消耗金额累计百分比
A	10～20	60～80
B	20～30	15～25
C	50～70	5～15

由表 4-1 可见,A 类品种虽少,占年消耗金额比例却非常高;C 类恰恰相反。因此,只要管理好少量的 A 类物资,就可较好地控制住大部分流动资金。如用累计百分比曲线表示,可以清楚地看出 A、B、C 三类物资的品种数与消耗金额之间的比例关系,如图 4-1 所示。

由图 4-1 可见,C 类物资品种较多,但所占年消耗金额累计百分比极小,曲线十分平缓,最后有相当比例的品种几乎无消耗,曲线近乎水平。

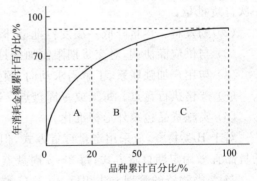

图 4-1　ABC 分类累计百分比

2. 库存分类依据

仅仅按照年消耗金额进行管理,往往不能全面体现常耗物资品种的库存金额占用情况,而对于一些单价较高的物资品种,由于消耗量极少或无消耗量更是归入 C 类。因此,有必要对现行的库存分类方法进行补充,按库存金额分类,以便加强对消耗金额较少,而库存金额较多的物资品种的管理,这在管理信息系统中是可以方便实现的。

如某大型企业的物资分别按年消耗金额和库存金额进行 ABC 分类的结果如表 4-2 和表 4-3 所示,可以看出它们之间具有一定的差异,因此,在实施 ABC 分类管理时应进行综合分析,根据库存控制目标确定分类依据,必要时可以采用交叉分类进行更精细化的管理。

表 4-2　按年消耗金额进行 ABC 分类的结果

类别	品种数	品种数百分比/%	年消耗金额/万元	年消耗金额百分比/%
A	57	2.7	241.31	74.7
B	77	3.6	49.34	15.3
C	2 008	93.7	32.42	10.0

表 4-3　按库存金额进行 ABC 分类的结果

类别	品种数	品种数百分比/%	库存金额/万元	库存金额百分比/%
A	154	7.2	565.98	80.0
B	174	8.1	91.89	13.0
C	1 814	84.7	49.80	7.0

除按年消耗金额和库存金额分类外,还可以根据销售难易程度、缺货产生的后果(重要性)等因素进行 ABC 分类,或综合几种因素进行分类。总之,要符合仓库管理的目标和仓库本身的具体情况。

4.2.2　库存分类管理原则

对于 A 类物资,物资管理部门除配合企业千方百计降低消耗,开展价值工程研究,寻求合理替代品外,还应在保障供给的条件下,尽量降低库存,从而降低流动资金占用,提高资金周转率。一般应从以下几方面加强对 A 类物资进行管理。

(1) 勤进货。采用定期订货的方式,对其存货必须做定期的检查。原则上可尽量降低一次订货批量。

(2) 勤发料。尽量降低一次发料批量,降低下一级仓库的库存量,防止以领代耗。

(3) 与供应商协调,对交货期限需加强控制,尽可能缩短前置时间。

(4) 与用户加强联系,了解需求动向,预知一些集中需求用料的时间。

(5) 严格执行盘点。每天或每周盘点一次,以提高库存精确度。

(6) 实施货品包装外形标准化。

对于 B 类物资,应采用定量订货方式,但对前置时间较长,或需求量有季节性变动趋势的货品宜采用定期订货方式;每 2～3 周盘点一次;中等批量采购。

与 A 类物资的管理方法相反,由于 C 类物资品种多,占用金额少,可多储存一些,但不应投入过多管理精力。C 类物资管理原则包括:

(1) 采用双堆制或定量订货方式,以求节省手续。

(2) 大量采购,以利于在价格上获得优惠。

(3) 简化库存管理手段。

(4) 安全存量需较大,以免发生存货短缺。

(5) 每月盘点一次即可。

对于多年未发生消耗的物资,原则上已不属于 C 类,应归类于积压(呆滞)品种,除因某些具特殊作用必须保留的物资外,应及时调剂处理。

4.2.3　CVA 管理法

ABC 分类法也有不足之处,通常表现为 C 类物资得不到应有的重视,而 C 类物资管理不当往往也会导致整个装配线停工。因此,有些企业在仓储管理中引入了关键因素分析法(critical value analysis,CVA)。

CVA 管理法的基本思想是把存货按照关键性分成 3~5 类。

最高优先级:经营的关键性物资,不允许缺货。

较高优先级:经营活动中的基础性物资,但允许偶尔缺货。

中等优先级:多属于比较重要的物资,允许合理范围内的缺货。

较低优先级:经营中需用这些物资,但可替代性高,允许缺货。

比起 ABC 分类法,CVA 管理法有着更强的目的性。在使用中要注意,人们往往倾向于制定高的优先级,结果高优先级的物资种类很多,最终哪种物资也得不到应有的重视。CVA 管理法和 ABC 分类法结合使用,可以达到分清主次、抓住关键环节的目的。在对成千上万种物资进行优先级分类时,也不得不借用 ABC 分类法进行归类。

4.3　库存控制方法

库存控制的目的就是在保证企业生产、经营需求的前提下,使库存量经常保持在合理的水平上;掌握库存量动态,适时、适量提出订货,避免超储或缺货;减少库存空间占用,降低库存总费用;控制库存资金占用,加速资金周转。

库存控制是一个庞大的系统,一般可以分成 20 个模型。但总体可以归结为两大系统:一个是定量订货系统;另一个是定期订货系统。因此,定量订货法和定期订货法是库存控制最基本的方法,它们可以适用于随机型库存,也可以适用于确定型库存。

4.3.1　库存成本的构成

库存成本一般由以下几部分构成。

1. 库存维持费

库存维持费包括仓库租用、货物保管、占用流动资金的利息和相应的费用。必须指出,这一费用中只计入与库存量成正比的部分,因此,随着库存量增加,库存维持费也增加。通常用单位时间内(每天、每周、每月、每年等)单位物资存储费来表示。单位库存维持费的单位为元/(件·年)或元/(件·月),用 C_H 表示。

2. 订货费或生产准备费

订货费或生产准备费包括手续费、邮电费、交通费和检验费等固定费用,对于批量生产过程,是指加工设备一次性的机械调整改装费。这一费用中,凡是与订货量(或加工批量)成正比的部分都不应计入,即订货费或生产准备费可视为常数。从减少订货费或生产准备费的角度,订货批量(或加工批量)越大越好。订货费的单位为元/次,用 C_S 表示。

3. 缺货损失费

缺货损失费是指当储存量供不应求时所造成的经济损失。例如,失去销售机会、停工待料的损失以及不能履行合同而遭罚款等。单位缺货损失费的单位为元/(件·年),用 C_{SH} 表示。在不允许缺货的库存控制系统中,缺货损失费为零。

4.3.2 经济订购批量(EOQ)模型

此模型的前提条件为不允许缺货,瞬间进货,需求连续。为了简化条件,这里作了一些假设:当储存量低于订购点 R_p 时,发出补货请求;当储存量为零时,补充订货全部到达,即瞬间到货;需求是连续均匀的,即需求速率为常数 r(件/d),则 t 时间内的需求量为 rt;每次订购费相同,订购量相同。库存量的状态变化如图 4-2 所示。

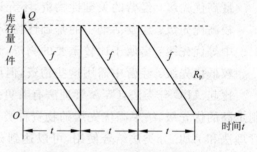

图 4-2　库存量的状态变化

由图 4-2 可知,在 t 时间内补充一次订货,订货量为 Q,需求量为 rt,因此 $Q=rt$。而每年的订货次数为 D/Q(D 为年需求量),订货费为 C_s(元/次),每年的订货费为 $C_s D/Q$。从图 4-2 还可看出,库存量从订货后的最高值 Q 随时间推移下降至最低值零,因此,平均库存量为 $Q/2$。存储费为 C_H[元/(件·年)],则一年的存储费为 $C_H Q/2$。

从而与 Q 有关的年总费用为

$$T_C = 订货费 + 库存维持费$$

$$T_C = C_s \frac{D}{Q} + C_H \frac{Q}{2}$$

用求极值的方法,令 $\dfrac{dT_C}{dQ} = -C_s \dfrac{D}{Q^2} + \dfrac{C_H}{2} = 0$,得最佳订货批量为

$$Q^* = \sqrt{\frac{2C_s D}{C_H}} \qquad (4\text{-}1)$$

同时得到订货间隔期为

$$t^* = \frac{Q^*}{r}$$

设订货提前期为 LT,则订购点 $R_p = r \cdot LT$。

式(4-1)即为经济订购批量(economic ordering quantity)公式,简称为 EOQ 公式,它是研究各类确定型模型的基础。

若将费用函数用曲线表示,同样可得到与上述相同的结果,如图 4-3 所示。

由图 4-3 可见,存储费与订货费曲线交点处为年总费用 T_C 的最低点,其所对应的横坐标即为最佳订货批量 Q^*。

【例 4-1】　某企业每年需某种原料 1 800t,不得缺货。每吨每月的保管费为 60 元,每次订购费为 200 元,求最佳订购批量。

　解　已知 $C_s=200$ 元/次,$D=1\,800$t/年,$C_H=60\times12=720$ 元/(t·年)。

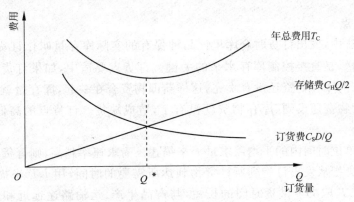

图 4-3　费用函数曲线

需求速率 $r = D \div 365 = 1\ 800 \div 365 = 4.93(\text{t/d})$

根据上述模型可算出最佳订购批量为

$$Q^* = \sqrt{\frac{2C_S D}{C_H}} = \sqrt{\frac{2 \times 200 \times 1\ 800}{720}} \approx 31.6(\text{t})$$

若订货提前期为 3d,则

$$订购点\ R_p = r \cdot LT = (1800 \div 12) \times (3 \div 30) = 15(\text{t})$$

$$订货间隔期\ t^* = Q^* \div r = 31.6 \div 4.93 = 6.4(\text{天})$$

4.3.3　定量订货系统

定量订货法是预先确定一个订货点和订货批量,随时检查库存,当库存下降到订货点时就发出订货。该策略适用于需求量大、缺货费用较高、需求波动性很大的情形。

定量订货法的库存控制系统模型如图 4-4 所示。其基本思想是:对库存进行连续性检查,当库存降低到订购点水平 R_p 时,即发出一个订货,每次的订货量保持不变,都为固定值 Q。在整个系统运作过程中,订货点和订货批量都是固定的。订货点和订货批量的确定取决于库存物资的成本和需求特性,以及相关的存货持有成本和再订购成本,订货批量一般取经济订货批量。

库存控制的关键是确定订货点、订货批量和订货实施方法。

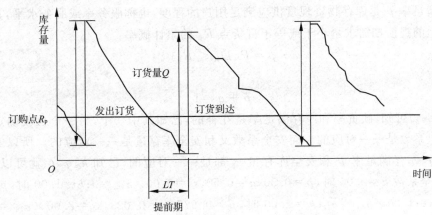

图 4-4　定量订货法的库存控制系统模型

1. 确定订货点

在定量订货法中,发出订货时仓库里该品种保有的实际库存量叫作订货点(R_p)。订货点是一个决策变量,是直接控制库存水平的关键。订货点要适中,如果订货点太高,则订货物资到库了,原有的库存物资还没有卖完,这样新旧物资合在一起,库存量就太高了;如果订货点太低,则订货物资还没到,库存物资就没有了,造成缺货。订货点的高低取决于需求速率和订货提前期。

需求速率用单位时间内的平均需求量 r 来描述。需求速率越高,则订货点应该越高。

订货提前期是指从发出订货到所订货物到达所需要的时间,用 LT 来描述。LT 越长,订货点就越高。LT 取决于供货时间的长短,与产品生产、运输路途远近和运输速度相关。在订货提前期内,按照需求速率将有一定的需求量,这个量简称为订货提前期需求量,用 D_L 表示:

$$D_L = rLT$$

合适的订货点应当与提前期需求量相同。如果用 R_p 来表示订货点,则有:

$$R_p = D_L = rLT$$

如果单位时间需求量 r、提前期 LT 都是随机变量,且符合正态分布,则有:

$$R_p = \overline{D}_L + ss$$
$$= \overline{D}_L + k\sigma_{DL}$$
$$= \overline{r}\,\overline{LT} + k\sqrt{\overline{LT}\sigma_r^2 + \overline{r}^2\sigma_L^2} \tag{4-2}$$

式中,k 为安全系数;$\overline{r}$ 为单位时间需求量;σ_r 为单位时间需求量的标准差;$\overline{LT}$ 为订货提前期的平均值;σ_L 为订货提前期的标准差;$\overline{D}_L$ 为订货提前期内的平均需求量;σ_{DL} 为订货提前期内需求量的标准差;ss 为安全库存量,且有 $ss = k\sigma_{DL}$。

当提前期 LT 为确定值时,$\sigma_{DL} = \sqrt{LT}\sigma_r$;当需求量 r 为固定值时,$\sigma_{DL} = r\sigma_L$。

安全库存量是在平均提前期需求量之外考虑的一个保险裕量,安全系数 k 越大,则安全库存量 ss 也越大,安全系数由缺货率 q 或库存满足率 p 来确定。缺货率就是缺货水平,也就是实际发生的提前期需求量 D_L 超过订货点 R_p 的累计概率,用 q 表示:

$$q = P\{D_L > R_p\} \tag{4-3}$$

库存满足率 p 是库存物资现货供应满足用户的程度,也称服务率或服务水平,其数值等于实际发生的提前期需求量小于或等于订货点 R_p 的累计概率:

$$p = P\{D_L \leqslant R_p\}$$

而且有:

$$p + q = 1 \tag{4-4}$$

由式(4-4)可知,缺货率和库存满足率是互补的,已知其中一个,另一个也就确定了。它们又和安全系数是一一对应的。而安全系数又和安全库存量是一一对应的。所以安全系数 k、缺货率 q、库存满足率 p 和安全库存量 ss 都是一一对应的,已知 k、q、p 就可以求得 ss。例如,当安全系数 $k=0.00$ 时,$p=0.50$,$q=0.50$,$ss=0.00 \times \sigma_{DL}=0$;$k=1.00$ 时,$p=0.84$,$q=0.16$,$ss=1.00 \times \sigma_{DL}=\sigma_D$;$k=2.00$ 时,$p=0.977$,$q=0.023$,$ss=2.00 \times \sigma_{DL}=2\sigma_D$ 等。人们把这种对应关系整理成安全系数表,如表4-4所示。

表 4-4　主要安全系数表

k	0.00	0.13	0.26	0.39	0.54
p	0.50	0.55	0.60	0.65	0.70
q	0.50	0.45	0.40	0.35	0.30
k	0.68	0.84	1.00	1.04	1.28
p	0.75	0.80	0.84	0.85	0.90
q	0.25	0.20	0.16	0.15	0.10
k	1.65	1.75	1.88	2.00	2.05
p	0.95	0.96	0.97	0.977	0.98
q	0.05	0.04	0.03	0.023	0.02
k	2.33	2.40	3.00	3.08	3.09
p	0.99	0.992	0.998 7	0.999 9	1.000 0
q	0.01	0.008	0.001 3	0.000 1	0.000 0

如果已知 q 或 p，可以由安全系数表查出 k，根据安全系数 k 标准偏差，就可以由式(4-2)求出相应的安全库存量 ss。

式(4-2)的订货点可以简单地理解为由两部分构成：一部分是平均的提前期需求量；另一部分是安全库存量。安全库存量也可以简单地用日平均需求量乘以安全天数来计算。

2. 确定订货批量

订货批量就是一次订货的数量，直接影响库存量的高低，同时也直接影响物资供应的满足程度。订货批量过大，虽然可以较充分满足用户需要，但库存成本较高；订货批量过小，减少了库存量及其相关成本，但不一定能保证满足用户需要。确定订货批量时，要考虑需求速率和经营费用。一般情况下，需求速率越高，说明用户的需要量大，订货批量就越大。经营费用的高低对订货批量有影响，在确定订货批量时，需要综合考虑经营过程中的各种费用，根据总费用最省的原则来确定经济订货批量 Q^*（EOQ）。

3. 确定订货实施方法

实施定量订货法首先应确定订货点和订货批量，库存管理人员或销售人员每天检查库存，当库存量下降到订货点时发出订货，订货量取经济订货批量。

应用定量订货法时，要注意它的运用环境条件。定量订货法应用的前提条件：

（1）它只适用于订货不受限制的情况，即随时随地都能订到货，这样市场必须具备物资资源供应充足和自由流通的条件。

（2）它的直接运用只适用于单一品种的情况。如果要实行几个品种联合订购，就要对公式进行灵活处理才能运用。

（3）它既适用于确定型需求也适用于随机型需求。对于不同的需求类型，应用原理都是相同的，根据具体情况可以导出各种运用形式。

（4）它一般多用于 C 类物资。品种多而价值低廉，实行固定批量订货。

【例 4-2】　某金属公司销售钢材，过去 12 周，每周销售的钢材分别是 162、173、167、180、

181、172、170、168、167、174、170 和 168(t)。如果它们服从正态分布,订货进货提前期为 1 周,一次订货费用 200 元,1t 钢材保管 1 周需要保管费 10 元。要求库存满足率达到 90%。 如果实行定量订货法控制,应该怎样进行操作?

解 该题的需求速率是一个随机变量,订货提前期是一个常量。为了计算订货点,先要 对 r 和 LT 进行处理。

r 的平均值为

$$\bar{r} = \frac{\sum_{i=1}^{12} r_i}{12} = 171$$

r 的标准偏差为

$$\sigma_r = \sqrt{\frac{\sum_{i=1}^{12} (r_i - \bar{r})^2}{12}} = 5.23$$

所以 r 服从以 171 为平均值、5.23 为标准偏差的正态分布:$r \sim N(171, 5.23)$。

又因为订货提前期 $LT = 1$,由库存满足率 $P = 0.9$,查安全系数表(见表 4-4)得 $k = 1.28$。所以订货点:

$$R_p = \bar{D}_L + k\sigma_D = LT\bar{R} + k\sqrt{LT}\sigma_r$$
$$= 1 \times 171 + 1.28 \times \sqrt{1} \times 5.23 = 177.7(t)$$

订货批量:

$$Q^* = \sqrt{\frac{2C_s\bar{r}}{C_H}} = \sqrt{\frac{2 \times 200 \times 171}{10}} = 82.7(t)$$

实施定量订货法就是随时检查库存,当库存量下降到 177.7t 时,发出订货,其订货批量 取 82.7t。在实际工作中,此数字可以根据实际情况作一些必要的调整。

【例 4-3】 某商场以前各个月的电视机销售量是随机变化的,大概服从正态分布,平均 值为 50 台,变化范围为 ±10 台。电视机订货进货提前期服从正态分布,平均值为 5d,变化 范围为 ±1d,商场希望库存满足率达到 95%,则商场实施定量订货法的订货点应取多少 合适?

解 这个例子给出的情况是 r 和 LT 都是随机变量,而且都服从正态分布。r 的平均值 为 50 台/月,标准偏差为 10 台/月,LT 的平均值为 5d,标准偏差为 1d。即 $r \sim N(50, 10)$ (台/月),$LT \sim N(5, 1)$d。r 和 LT 的时间单位不一致,要转换成为一致,将 r 换算为以 d 为 单位。注意换算时,标准偏差不是除以 30,而是除以 $\sqrt{30}$。

$$r \sim N\left(\frac{50}{30}, \frac{10}{\sqrt{30}}\right) = N(1.67, 1.8)(台/d)$$

由于库存满足率要求大于 95%,由安全系数表(见表 4-4)可以查出 $k = 1.65$,然后根据 式(4-2)即可求出定量订货法的订货点 R_p。

$$R_p = \bar{r}\overline{LT} + k\sqrt{\overline{LT}\sigma_r^2 + \bar{r}^2\sigma_L^2}$$
$$= 5 \times 1.67 + 1.65 \times \sqrt{5 \times 1.8^2 + 1.67^2 \times 1^2}$$
$$= 12.71(t)$$

【例 4-4】　某公司为了制定定量订货法订货策略,特意统计了某种物资的订货提前期的销售量。发现它服从正态分布,平均值为100t,标准偏差为 20t。订货提前期的长度平均为10d。如果一次订货费为 100 元,每吨物资保管 1d 需要 1 元。如果要保证库存满足率不小于 84%,则其定量订货法应当如何操作?

解　该公司这种物资的订货提前期需求量服从正态分布,即

$$D_L \sim N(100,20)(t/期)$$

库存满足率要达到84%,也就是其安全系数 $\alpha = 1$。
所以订货点 R_p:

$$\begin{aligned} R_p &= \overline{D}_L + k\sigma_D \\ &= 100 + 1 \times 20 \\ &= 120(t) \end{aligned}$$

其订货提前期平均长度为 10d,而平均提前期需求量为 100t,即平均每天需求 10t。又因为平均每吨物资每天的保管费为 1 元,一次订货费为 100 元。所以其订货批量:

$$Q^* = \sqrt{\frac{2C_S \overline{r}}{C_H}} = \sqrt{\frac{2 \times 100 \times 10}{1}} = 44.7(t)$$

定量订货法操作策略:随时检查库存,当库存量下降到 120t 时,发出订货,其订货批量为 44.7t。在实际工作中,此数字可以根据实际情况作一些必要的调整。

4.3.4　定期订货系统

定期订货法的原理是每隔一定时期检查一次库存,并发出一次订货,把现有库存补充到最大库存水平 S,如果检查时库存量为 I,则订货量为 $Q = S - I$。如此周期性检查库存,不断补给(见图 4-5)。该策略不设订货点,只设固定检查周期和最大库存量。

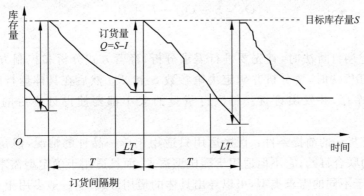

图 4-5　定期订货系统库存模型

实施定期订货法要解决以下四个问题。

1. 确定订货周期

订货周期即订货间隔期,它与定量订货法的订货间隔期不同,定量订货法的订货间隔期可能互不相等,定期订货法的订货间隔期都相等。订货间隔期的长短直接决定了最高库存量、库存水平的高低,因而也就决定了库存费用。订货周期偏长会使库存水平过高,订货周期过短则会使订货批次增多,从而增加订货费用。

一般情况下,可以用经济订货周期作为定期订货法的订货周期,也可以根据具体情况进

行调整。例如,根据自然日历习惯,以月、季、年等为订货周期,也可根据企业的生产周期或供应周期等确定。

2. 确定最高库存量

定期订货法的最高库存量应该以满足 $T+LT$ 期间的需求量为依据。因此最高库存量应该等于 $T+LT$ 期间的总需求量。如果用 D_{T+LT} 来描述 $T+LT$ 期间的需求量,则有

$$S = D_{T+LT}$$

D_{T+LT} 一般是随机变量,存在一个分布问题。和定量订货法中的 D_L 一样,如果服从正态分布,最高库存量等于 $T+LT$ 期间的平均需求量与安全库存量 ss 之和。

$$S = \overline{D}_{T+LT} + ss = \overline{D}_{T+LT} + k\sigma_D \tag{4-5}$$

式(4-5)用 D_{T+LT} 和 ss 来描述最高库存量 S。如果 r 和 $T+LT$ 均为独立的正态分布,最高库存量 S 也可以表述为

$$S = \overline{r}(T + \overline{LT}) + k\sqrt{(T + \overline{LT})\sigma_r^2 + \overline{r}^2\sigma_{T+LT}^2} \tag{4-6}$$

对于 $T+LT$ 期间的需求量 D_{T+LT},其累计概率等于或大于给定的库存满足率,则

$$S = D_{T+LT} \mid P\{D_{T+LT} \leqslant S\} = p \tag{4-7}$$

根据给定的库存满足率 p,就可以得出 S。

3. 确定订货量

定期订货法的订货量不是固定的,每个周期的订货量为最高库存量与当时的实际库存量的差值。更精确地描述是指检查库存时仓库实际存有的能够用于销售的全部物资数量,包括当时存于仓库中的库存量 Q_K、已订购尚未到货的货量 I 和已经售出但尚未发货的货量 B。Q_K、I、B 都是由订货时检查库存得到的实际数据,每次检查库存的实际数据可能不一样,因此每次订货量也不一样。第 i 次检查库存发出订货的数量 Q_i 可以表示为

$$Q_i = S - Q_{ki} - I_i + B_i \tag{4-8}$$

4. 实施

具体实施定期订货法时,首先要进行需求分析、经营方式分析和控制方法分析等。在确定采用定期订货法时,要分析并确定决策参数 S 和 T。然后在具体运行时,每隔一个订货周期 T 检查库存,并发出订货。每次订货量的大小都要使得订货后的名义库存量达到 S。

应用定期订货法的前提条件:直接运用只适用于单一品种的情况,但是稍加处理可以用于几个品种的联合订购;它不但适用于随机型需求,而且适用于确定型需求。由于应用原理都是相同,对于不同的需求类型,可以导出具体的运用形式;它一般多用于 A 类物资,品种少而价值高,是比较重要的物资。

【例 4-5】 某公司为实施定期订货法策略,对某商品的销售量进行了分析研究,发现用户需求服从正态分布。过去 9 个月的销售量分别是 11、13、12、15、14、16、18、17、19(t/月),如果组织资源进货,则订货提前期为 1 个月,一次订货费为 30 元,1t 物资 1 个月的保管费为1 元。如果要求库存满足率达到 90%,根据这些情况,应当如何制定定期订货法策略?在实施定期订货法策略后,第一次订货检查时,发现现有库存量为 21t,已订未到物资 5t,已经售出但尚未提货的物资 3t,问第一次订货时应该订多少?

解　由题目可以得到以下信息:$r \sim N(\overline{r}, \sigma_r)$,$LT = 1$ 月,$C_S = 30$ 元,$C_H = 1$ 元/(t ·

月），$p=0.9$。第一次检查结果：$Q_{ki}=21\text{t}$、$I_i=5\text{t}$、$B_i=3\text{t}(i=1)$。求定期订货法策略和第一次订货量。

先求出需求速率的平均值和标准偏差为

$$\bar{r}=\frac{\sum r_i}{9}=15(\text{t}/\text{月})$$

$$\sigma_r=\sqrt{\frac{\sum\limits_i(r_i-\bar{r})}{9}}=1.8$$

再求订货周期 T 为

$$T=\sqrt{\frac{2C_s}{C_H r}}=\sqrt{\frac{2\times30}{1\times15}}=2(\text{月})$$

由于 $p=0.9$ 时，$k=1.28$，则

$$S=\bar{r}(T+\overline{LT})+k\sqrt{(T+\overline{LT})}\sigma_r$$
$$=15\times(2+1)+1.28\times\sqrt{(2+1)}\times1.8$$
$$=49(\text{t})$$

由上面的分析和计算可得出具体的定期订货法策略，即设置订货周期 T 为 2 个月，最高库存量 S 为 49t。周期性地检查库存，发出订货。订货量的大小使得订货以后的名义库存量达到 S。

第一次检查库存发出订货量为

$$Q_i=S-Q_{ki}-I_i+B_i=49-21-5+3=26(\text{t})$$

4.4　现代库存管理系统

管理和控制库存是每个企业所面临的问题。由于库存的成本在总成本中占有相当大的比例，因此，库存的管理与控制是企业物流领域所面临的一个关键问题，对于企业物流整体功能的发挥起着非常重要的作用。

传统的库存控制方法包括确定条件和不确定条件下的定量订货、定期订货法等数学模型方法。在今天的经济环境中，企业的生产目标、生产组织结构、生产方式和方法都发生了巨大的变化，同时也对传统的库存管理方法提出了挑战。随着计算机技术的发展，创新性的现代库存管理方法得到普及和推广。这些方法包括物料需求计划（MRP）、制造资源计划（MRPⅡ）、分销资源计划（DRP）和准时制（JIT）。

4.4.1　物料需求计划（MRP）

MRP 把原料和零部件的需求看成是最终产品需求量的派生需求。其出发点是要根据成品的需求，自动地计算出构成这些成品的部件、零件以及原材料的相关需求量；根据成品的交货期计算出各部件、零件生产进度日程与外购件的采购日程。MRP 的思想很早就产生了，但直到计算机产生、信息系统实施以后，MRP 才真正得以广泛应用。MRP 系统依据主生产计划、产品结构、库存状态来计算每种材料的净需求量，并把需求量分配到每个时期。

MRP 系统的目标：

（1）保证在客户需要或生产需要时，能够立即提供足量的材料、零部件、产成品。

（2）保持尽可能低的库存水平。

（3）合理安排采购、运输、生产等活动，使各车间生产的零部件、外购件与装配的要求在时间与数量上精确衔接。

因此，MRP 系统可以指明现在、未来某时的材料、零部件、产成品的库存水平。MRP 系统先确定需要多少最终产品，何时需要。然后再分解到每一种材料、零部件，并确定需求时间。

4.4.2　制造资源计划（MRP Ⅱ）

生产管理系统是企业经营管理系统中的一个子系统，它与其他子系统，尤其是经营与财务子系统有着密切的联系。在对 MRP 进行研究，并吸取精华、克服缺点以后，制造资源计划（MRP Ⅱ）应运而生。在 MRP 完成对生产的计划与控制基础上，进一步扩展，将经营、财务与生产管理子系统相结合，形成制造资源计划。

一些生产管理先进的国家的专家和学者认为，运用现代生产管理思想和方法建立的计算机化生产系统 MRP Ⅱ是一个先进的生产管理系统。MRP Ⅱ软件是根据订单和预测安排生产任务，对生产负荷和人员负荷与生产能力进行平衡调整，通过计算机模拟，得到一个最佳生产组合顺序的主生产计划。根据主生产计划的要求及库存记录、产品结构等信息，由计算机自动推导出构成这些产品的零部件与材料的需求量，产生自制品的生产计划和外购件的采购计划。根据物料需求量计算的结果，分阶段、分工作中心精确地计算出人员负荷和设备负荷，进行瓶颈预测，调整生产负荷，做好生产能力与生产负荷的平衡工作，制订能力需求计划，按照计划进行生产，在生产过程中，若出现问题，还可再进行调整。

它用科学的方法计算出什么时间、需要什么、需要多少，在保证正常生产不间断的前提下，根据市场供货情况，适时、适量分阶段订购物料，尽量减少库存积压造成的资金浪费，在解决物料供应与生产的矛盾、计划相对稳定与用户需求多变的矛盾、库存储备增多与减少流动资金的矛盾、产品复杂多样化与生产条理化的矛盾中起很大的作用。

MRP Ⅱ是一个很好的计划工具，能够进行因果分析，因此有助于分析在后勤、生产、市场营销、财务等领域应用某一战略所产生的结果。例如，MRP Ⅱ可以解决企业物流中设施内部和设施之间的产品移动及存在的问题。

综上所述，MRP Ⅱ是计划和管理企业所有资源的技术，超越了库存控制和生产控制，综合了几乎所有的功能，是一个面向未来的计划技术。它不仅减少了缺货，提高了客户服务水平，还使运输更高效、更能适应需求的改变，减少了存货成本，减少生产线的停工，使计划更灵活。现在又有了新的发展，把 MRP Ⅱ和 JIT 结合起来，称为 MRP Ⅲ。

4.4.3　分销资源计划（DRP）

分销资源计划是把 MRP 的原则和技术推广到最终产品的存储领域与运输领域。MRP 包含一个主生产计划，然后把它分解成零部件的毛需求量和净需求量；相应地，DRP 从最终用户的需求量开始（这是一种独立需求）向生产企业倒推，建立一个经济的、可行的系统化计划，来满足用户要求。利用准确可靠的需求预测，DRP 制定一个分阶段的产品从工厂或仓库到最终用户的分销计划。事实上，DRP 是通过对存货的分配来达到服务用户的目的，因此,它是一种推动方式。

DRP 的真正意义在于,它对于现实需求非常敏感,使合适的产品适时到达用户手中。它是替代传统再订货点法的一种手段。

DRP 和 MRP 的主要区别在于,DRP 可以反复地调整它的订货方向,使之能够满足变化不定的环境。它也是从整个系统的角度考虑存货问题的,不会出现减少一个仓库的库存水平却使另一个仓库的库存水平大幅上升的问题。

有些企业把 DRP 和 MRP 结合起来应用,称为 DRPⅡ。主生产计划是基于现实需求和需求预测的,MRP 程序直接对主生产计划进行处理,DRP 则依据对具体市场的需求预测和既定的生产计划,在各个不同的工厂和仓库之间分配库存。总而言之,MRP 是把所需的材料、零部件"推"到生产地或装配地,DRP 是把最终产品通过分销渠道"推"到需要它的地方去。

4.4.4　"零库存"与 JIT 系统

零库存(zero inventory)是一种特殊的库存概念,零库存并不等于不要储备和没有储备。所谓的零库存,是指物料(包括原材料、半成品和产成品等)在采购、生产、销售、配送等一个或几个经营环节中,不以仓库存储的形式存在,而均是处于周转的状态。

零库存可以追溯到 20 世纪的六七十年代,当时的日本丰田汽车实施准时制(JIT)生产,在管理手段上采用看板管理、单元化生产等技术实行拉式生产(pull manufacturing),以实现在生产过程中基本上没有积压的原材料和半成品,这不但大大降低了生产过程中的库存及资金的积压,而且在实施 JIT 的过程中,提高了相关生产活动的管理效率。此后,零库存不但应用在生产过程中,而且延伸到原材料供应、物流配送和产成品销售等各个环节,例如,Dell 计算机公司运用直销模式以实现产成品的零库存。

"零库存"实现途径包括以下几种。

1. 委托营业仓库存储货物

营业仓库是一种专业化、社会化程度比较高的仓库,委托这样的仓库或物流组织储存货物。从现象上来看,就是把所有权属于用户的货物存放在专业化程度比较高的仓库中,由后者代理用户保管和发送货物,用户则按照一定的标准向受托方支付服务费。采用这种方式存放和储备货物,在一般情况下,用户不必再过多地储备物资,甚至不必再单独设立仓库从事货物的维护、保管等活动,在一定范围内便可以实现零库存和进行无库存式生产。

2. 采用适时适量生产方式

适时适量(JIT)生产方式,即"在需要的时候,按需要的量生产所需的产品"。这是在日本丰田公司生产方式的基础上发展起来的一种先进的管理模式,是一种旨在消除一切无效劳动,实现企业资源优化配置,全面提高企业经济效益的管理模式。看板方式是适时适量生产方式中的一种简单有效的方式,也称传票卡制度或卡片制度。采用看板方式,要求企业各工序之间、企业之间或生产企业与供应者之间采用固定格式的卡片为凭证,由下一环节根据自己的节奏,逆生产流程方向,向上一环节指定供应,其主要目的是在同步化供应链计划的协调下,使制造计划、采购计划、供应计划能够同步进行。在具体操作过程中,可以通过增减看板数量的方式来控制库存量。

准时制库存(just-in-time inventory)是维持系统完整运行所需的最小库存。有了准时制库存,所需商品就能按时按量到位,分秒不差。企业实现准时制库存的方式可以多种多样,但都是基于与供应商或客户的可靠联盟。

3. 采用按订单生产方式

在拉动(pull)生产方式下,企业只有在接到客户订单后才开始生产,企业的一切生产活动都是按订单来进行采购、制造、配送的,仓库不再是传统意义上的储存物资的仓库,而是物资流通过程中的一个"枢纽",是物流作业中的一个站点。物是按订单信息要求而流动的,因此从根本上消除了呆滞物资,从而也就消灭了"库存"。

4. 实行合理配送方式

一般来说,在没有缓冲存货情况下,生产和配送作业对送货时间不准更敏感。无论是生产资料,还是成品、物流配送在一定程度上影响其库存量。因此,通过建立完善的物流体系,实行合理的配送方式,企业及时地将按照订单生产出来的物品配送到用户手中,在此过程中通过物品的在途运输和流通加工,减少库存。企业可以通过采用标准的零库存供应运作模式和合理的配送制度,使物品在运输中实现储存,从而实现零库存。

寄售(consignment)是企业实现"零库存"资金占用的一种有效的方式。国内应用这一方式最成功的企业目前是海尔集团。寄售,即供应商将产品存入海尔的仓库,并拥有库存商品的所有权,海尔在领用这些产品后,才与供应商进行货款的结算。寄售的优点:从供应商方面来看,这种方式有利于供应商节省其在产品库存方面的仓库建设投资和日常仓储管理方面的投入,大大降低产品的仓储成本。从海尔方面来看,这种方式既可保证原材料、零部件等的及时供应,又可大大减少原材料、零部件的库存资金占用,保证其 JIT 采购的实施。

要真正实现"零库存",需要以下几个必要条件:一是整条供应链的上下游协同配合,仅靠某个企业是绝对不可能的;二是供应链上下游企业的信息化水平相当,并且足够高,因为零库存是与 JIT 精益生产相伴而生的,这样才能顺其自然地实现供应链伙伴间的"零库存";三是要有强大的物流系统作支撑。所以,"零库存"不是某一个企业的事情,它不仅依托于整个供应链上下游企业的信息化程度,还需要有合适的产业环境、社会环境,乃至国情。从现实需求和长远发展来看,实现整条供应链的信息化联动,才是通向"零库存"的必由之路。

小　结

库存是指处于储存状态的商品,包括生产领域库存和流通领域库存。库存管理是指在物流过程中对商品数量的管理,是对制造业或服务业生产、经营全过程的各种物品、产成品以及其他资源进行管理和控制,使其储备保持在经济合理的水平上。

合理库存是指以保证商品流通和生产需要为限度的储存,是合理储存量、合理储存结构、合理储存时间和合理储存网络的有机统一。库存合理化的途径包括实行 ABC 管理、合理应用预测技术和科学的库存管理控制三个方面。

库存重点管理常用的分类方法包括 ABC 分类法和 CVA 分类法。ABC 分类法一般是根据物资各品种年消耗金额的多少,将其分为 A、B、C 三类。对消耗金额较多,而品种数相对较少的 A 类实行重点管理,对 B、C 类进行一般管理;关键因素分析法一般根据货品的重要程度来对货品进行分类,进而区别管理;二者有机结合,可以起到更好的效果。

传统的库存控制方法包括定量订货法和定期订货法。经济订购批量模型是确定库存控制参数的核心,定量订货法和定期订货法的库存模型确定方法是库存系统设计和控制的基础。

随着企业现代生产方式的巨大变化和计算机技术的发展,一些现代库存管理方法得到普及和推广,这些方法包括物料需求计划(MRP)、制造资源计划(MRPⅡ)、分销资源计划(DRP)和准时制(JIT)等。

思考题

1. 按存货目的不同,库存可分为哪几类?
2. 什么叫库存管理? 库存管理与仓库管理有什么区别?
3. 常见的几种库存管理方式是什么?
4. 分析说明库存合理化的含义及途径。
5. ABC 分类法的原理是什么? 与 CVA 管理法的区别和联系有哪些?
6. 什么是经济订货批量模型?
7. 常用的两种库存控制方法是什么? 请说明各自的控制原理。
8. 定量订货系统应该确定什么参数? 如何确定?
9. 定期订货系统应该确定什么参数? 如何确定?
10. 现代库存管理系统包括哪些? 与传统库存控制系统有什么区别?
11. 什么叫"零库存"? "零库存"实现的途径有哪些?

案例分析

优衣库是如何做到"零库存"的

让每一款产品大卖,不积压库存是许多企业的终极梦想,这个梦想优衣库实现了。

优衣库平均库存的周转天数是 83.72d,比国内服装企业快到至少一半以上,那么优衣库著名的"零库存"是通过哪几种方式来实现的?

日本连续 20 年通货紧缩,经济萎靡不振,但优衣库却逆市而上,营业额增长 160 倍,利润增长 1 500 倍。即便是位于中国最"偏远"的店铺,年销售额也超过 2 000 万元,旗舰店则是几亿元的规模,平均店铺销售额 3 000 万元,是国内同类零售品牌的 10 倍;一款 HEATTECH,2013 年秋冬季在全球卖出 1.2 亿件,相当于国内服装同行全款全年的销售量。优衣库是名副其实的亚洲最会卖衣服的企业。

优衣库之所以能够如此强悍,其核心"杀伤性武器"是"零库存"。所谓"零库存",不是仓库里没有库存,而是指物料(包括原材料、半成品和产成品等)在采购、生产、销售、配送等一系列经营环节中,快速周转的状态,是通过上下游企业的协同作战,实现库存量的最小化。

1. 挑战"常识",70% 都是基本款

在产品开发模式上,采用完全不同的产品开发模式,进军所有年龄段和性别都能穿的基本款,在基本款上深度开发。

优衣库的 SKU(库存量单位,保存库存控制的最小可用单位)常年保持在 1 000 款左右,

而本土休闲服饰企业基本在 2 000～5 000 款。模仿优衣库的电商品牌凡客诚品,最高时 SKU 达到 9 万个,30 多个库房。尽管 SKU 数不多,但优衣库对每一款都进行了深度开发,一款单品,往往分圆领、V 领,男女老少款全覆盖,尤其在颜色体现上,每个 SKU 大多有四五种颜色。

2. 80%的调控杠杆

优衣库根据去年销售,确定今年产量。很多公司制订销售计划和产量计划,总习惯性加一个增长率,作为公司增长目标。

优衣库也有增长预期,但是它的增长更像是水到渠成,而非凭经验人为加上一个增长率。它只把今年的产量计划定为去年的 80%,有了这个弹性杠杆,进可以短期内调整产量,退可以保证库存挤压。

3. MD(商品企划):确保 80%的正确率

MD 就是负责门店的需求的测算,需求汇总,模拟整理,每周的监控等。优衣库有一个叫 MD 的部门,负责公司的市场运营。尽管优衣库的规划能力并不突出,但是这是一个运转稳定的机器,所以能确保 80%的正确率。不管出现什么错误的决定,商品都能卖光,这个能力才是最恐怖的。

优衣库每次周会都会讨论每个部门要放多少货架,提前确定好什么时候卖光,然后每周开会讨论,按照上一周的销量预估商品还有几周能卖光。每周调整促销计划、周计划、月计划、季度计划,然后当周反映在店头的布置上。

4. 销售靠数据,而不是靠经验或拍脑袋

优衣库的员工从进公司第一天开始就要观察数字、理解数字,感受数字的变化,然后创造出数字来。20 多年来,通过收集每天每时每刻、每款每色每码、每个店铺所有的销售数据,优衣库形成了一个庞大的数据库。通过实时监控、分析销售数据,来制定生产量,调整营销方案,优衣库最终基本上做到了零库存。

例如,每年春季都是服装的销售旺季,但 2012 年中国优衣库老总发现,直到 4 月,销售数据仍然没有出现期待中的上升。把数据与上年同期进行比较后,他认为大事不妙,所以,立即决定对新款进行促销打折。

中国优衣库老总潘宁说:"很多企业都苦恼库存的问题,但优衣库没有被'缠住',与我们随时都能从整体店铺到每一款产品的销售数据得到的支撑密不可分,数字可以说明一切。"

5. "周",是优衣库管理产品周期的基本单位

7d,在优衣库什么都有可能发生,店长会根据每周的数据,决定增加某款短裤 S 码的生产量,停止生产某款 T 恤的黄色款,甚至去掉某款外套左胸前的口袋,或推出某款男士大衣的女士款。这些或大或小的调整都基于消费者对商品的反应。

优衣库对销售数据的跟踪以 7d 为单位,销售数字实时地反映出了库存的变动,所以商品摆到架上两个星期后,当季的销售情况基本上就一目了然了。

国内许多服装企业习惯靠感觉、经验判断、预测市场,这种做法在过去虽然有效,但是精确性不如数据,也适应不了今天快速变化的市场。销售预测出现偏差,库存积压自然难免。

6. 开店准确率高,靠的也是大数据

2014 年,服装业"寒冬"持续,优衣库却决定全面提速,计划每年新开 80～100 家店,同比增长 30%,其背后靠的仍是数据的支撑。

优衣库在 2009 年建立天猫旗舰店,跟其他品牌分散在京东、当当等平台不同,优衣库的电商官网以及 App 上的流量全部被导向天猫旗舰店,同时在后台分析哪些人在购买、单次消费金额、消费频率等,利用这些数据可以精准地指导优衣库将新门店开在中国哪些区域。而准确的开店率,也使得优衣库能最大限度地避免库存损失。

国内大多服装企业在数字分析能力上滞后许多,一天卖多少货,补货情况怎么样,哪些好销哪些不好销,国内同行能看到一个月前的数据就算不错了。其实,硬件大家都有,但很少把店铺里发生的事情进行数据总结,以前生意太好做,大家没有重视数据。第二年的产品计划拍拍脑袋就做了,而不是根据数据分析做出的决策。

7. 发展直营店而不是加盟商

第一时间掌握店铺里发生的事情,在"快时尚"行业尤为重要,季节更迭和时尚潮流的变化导致服装需求变化极快,对一线销售做出快速决断,往往能把握住转瞬即逝的商机。

除了数据管理外,优衣库可以在第一时间掌控到真实有效的信息,最根本的原因在于其直营店模式。

很多服装品牌在零售端采取加盟模式,虽然能带来巨大现金流和深入的渠道,方便企业快速扩张,却使得信息收集环节出现断层,根本无法掌控消费终端最真实的数据,消费者需要什么,库存问题就是集中反映。

案例思考

优衣库是如何做到"零库存"的?

第 5 章

运　　输

运输是改变空间状态的主要手段,也是物流成本的主要构成部分。运输合理化是物流合理化的核心问题,如何选择合理的运输方式,如何进行运输路线规划成为运输系统合理化的关键。

本章将系统介绍各种运输方式的特点、运输方式的选择以及运输线路的规划方法。

学习目标

- 理解运输的作用和重要性;掌握运输合理化的原则。
- 熟悉各种运输方式的特点;掌握运输方式选择思路和方法。
- 熟悉运输线路规划问题;掌握运输线路优化模型和配送计划优化方法。

5.1　运输概念及作用

5.1.1　运输的概念及重要性

物流的运输专指"物"的载运及输送。它是在不同地域范围间(如两个城市、两个工厂之间),以改变"物"的空间位置为目的的活动,是对"物"进行的空间位移。

运输和搬运的区别在于,运输是较大空间范围的活动,而搬运是在同一地域之内的活动。

运输一般分为输送和配送。输送是指长距离点到点的运输,配送则是到终端的短距离、小批量的运输。因此,可以说运输是指整体,配送则是指其中的一部分,而且配送的侧重点在于一个"配"字,它的主要意义也体现在"配"字上;而"送"是为最终实现资源配置的"配"而服务的。

运输是物流的主要功能之一。按物流的概念,物流是物品实体的物理性运动,这种运动不仅改变了物品的时间状态,也改变了物品的空间状态。而运输承担了改变空间状态的主要任务,是改变空间状态的主要手段;运输再配以搬运、配送等活动,就能圆满完成改变空间状态的全部任务。

运输可以创造物的空间价值。同种物品由于空间场所不同,其使用价值的实现程度则不同,其效益的实现也不同。由于改变场所而最大限度发挥使用价值,最大限度提高了投入产出比。通过运输,将物品运到场所效用最高的地方,就能发挥物品的潜力,实现资源的优化配置。从这个意义来讲,也相当于通过运输提高了物品的使用价值。

运输是"第三利润源"的主要源泉。首先,运输是运动中的活动,它和静止的保管不同,要靠大量的动力消耗才能实现,且运输又承担大跨度空间转移的任务,所以活动的时间长、距离远、消耗大。消耗的绝对数量大,其节约的潜力也就大。其次,从运费来看,它在物流总成本中占据最大的比例,一般综合分析计算社会物流费用,运输费在其中占近50%的比例,有些产品运费高于其生产成本。所以,节约的潜力非常大。最后,由于运输总里程远,运输总量大,通过体制改革和运输合理化可大大缩短运输吨千米数,从而获得比较大的节约。

5.1.2　运输分类

按不同的标准,运输有不同的分类方法。

(1) 按运输的范围可分为干线运输、支线运输、城市内运输和厂内运输。干线运输是指利用铁路、公路的主干线路,以及远洋和内河运输的固定航线进行大批量、长距离的运输,是长距离运输的一种重要形式。支线运输是与干线相接的分支线路上的运输,支线运输是干线运输与收发地点之间的补充运输形式,距离较短,运量较小。城市内运输是干线、直线运输到站后,站与用户仓库或指定接货点之间的运输,属于二次运输。厂内运输是在工业企业范围内,直接为生产服务的运输。

(2) 按运输的作用可分为集货运输和配送运输。所谓集货运输,是指将分散的货物集聚起来集中运输的一种方式。因为货物集中后才能利用干线进行大批量、远距离的运输,所以集货运输多是短距离、小批量的运输;配送运输是指将被订购的货物使用汽车或其他运输工具从供应点送至顾客手中的活动,也属于短距离、小批量的运输。

(3) 按运输的协作程度可分为一般运输和联合运输。一般运输是指采用一种运输工具没有形成有机协作关系的运输,如汽车运输、火车运输等;联合运输简称联运,将不同的运输方式、几个运输企业,或产、供、运、销部门有机地衔接起来,对全运程进行统筹,使办理一次托运手续便能把货物从产地或始发地迅速、简便、经济、安全地运达收货地,旅客能一票到达目的地;多式联运是联合运输的一种现代方式,是指由两种及两种以上的交通工具相互衔接、转运而共同完成的运输过程。

(4) 按运输中途是否换载可分为直达运输和中转运输。直达运输是指客货在某一运输工具上从始发站(始发港)直接运至到达站(终到港),旅客中途不换乘、货物中途不换装(铁路整车货物中途无改编作业)的运送方法。其优点是减少客货运输的中转环节,加速客货送达和工具周转,提高运输质量,降低运输费用。中转运输是指商品销售部门把商品送到某一适销地点,再进行转运、换装或分运的工作,如发货地用地方管辖的船舶发运,路途中换装交通部所管辖的船舶运输;或火车整车到达后,再用火车零担转运到目的地等。

(5) 按运输设备及运输工具可分为铁路运输、公路运输、水路运输、航空运输和管道运输。这五种运输方式构成了现代的综合运输体系,其中公路运输是最主要的运输方式之一。

5.1.3　运输系统合理化

运输系统合理化主要包括运输的时效性、可靠性、沟通性、便利性和经济性等几个方面。

1. 时效性

时效性是流通业客户最重视的因素,也就是要确保能在指定的时间内交货。由于运输配送是从客户订货至交货各阶段中的最后一个阶段,也是最容易无计划性延误时程的阶段

（配送中心内部作业的延迟较易掌握,可随时与客户协调）,一旦延误便无法弥补。即使在配送中心内部稍稍延迟,若能规划一个良好的配送计划,则仍能补救延迟的时间,因而运输配送作业可以说是掌控时效的关键点。

一般未能掌握运输配送时效性的原因,除司机本身问题外,不外乎所选择的配送路径路况不良、中途客户点下货不易以及客户未能及时配合等问题,因此合理选择配送路径或增派配送人员卸货,才能让每个客户都能在期望时间收到期望的货。

2. 可靠性

可靠性是指将货品完好无缺地送达目的地,这一点与配送人员的素质有很大关系。以运输配送而言,要达成可靠性目标的关键在于:装卸货时的细心程度;运送过程对货品的保护;对客户地点及作业环境的了解;配送人员的职业道德。

如果运输配送人员能随时注意这几项原则,货品必能以最好的品质送到客户手中。

3. 沟通性

配送人员是将货品交到客户手中的负责人,也是客户最直接接触的人员,因而其表现出的态度、反应会给客户留下深刻的印象,无形中便成为公司形象的体现,因而配送人员应与顾客做好沟通,具备良好的服务态度,才能维护公司的形象,并巩固客户的忠诚度。

4. 便利性

运输配送的便利性就是要让顾客觉得方便,因而对于客户点的送货计划,应采取弹性的系统,才能够随时提供便利的服务。例如,紧急送货、信息传送、顺道退货、辅助资源回收等。

5. 经济性

满足客户的服务需求,不仅品质要好,价格也是客户非常重视的方面。因而如果能让配送中心高效运作,且成本控制得当,对客户的收费比较低廉,也就更能以经济性来抓住客户了。

5.2　基本运输方式及选择

5.2.1　基本运输方式

常见的基本运输方式包括铁路运输、公路运输、水上运输、航空运输以及管道运输五种。

1. 铁路运输

铁路运输是使用铁路设备、设施运送旅客和物品的一种运输方式。其特点是运输能力大、连续性强,在长距离运输中,送达速度仅次于航空运输（但在过短距离运输中,则又不及公路运输）。

铁路运输分为车皮运输和集装箱运输。车皮运输是指租用适合物品数量和形状的车皮所进行的铁路运输方式。这种方式适合运送大宗物品,主要用来运送煤炭、水泥、石灰等无须承担高额运费的大宗物品。集装箱运输是铁路和公路联运的一种复合型直达运输,其特征是送货到门,可以由一个地点直达另一个地点,适合于化工产品、食品、农产品等多种物品的运输。

铁路运输的主要优点是速度快,受自然条件限制少,载运量大,运输成本较低;主要缺点是灵活性差,只能在固定线路上实现运输,需要与其他运输手段配合和衔接。

铁路运输经济里程一般在 200km 以上。因此,在短距离运输中,铁路运输竞争不过公路运输。但从成本、环保等方面考虑,铁路货运有望占有重要地位。

2. 公路运输

公路运输主要承担近距离、小批量的货运和水上运输、铁路运输难以到达地区的长途、大批量货运及铁路、水上运输优势难以充分发挥的短途运输。由于公路运输有很强的灵活性,近年来,随着我国高速公路的快速建设,在有铁路、水上运输的地区,长途的大批量运输也开始使用公路运输。

公路运输主要有整批货物运输、零担货物运输、特种货物运输、集装箱货物运输等。

托运人一次托运的货物在 3t(含 3t)以上,或虽不足 3t,但其性质、体积、形状需要一辆 3t 及 3t 以上汽车运输的,均为整批货物运输或称整车货物运输;托运人一次托运货物计费质量在 3t 及 3t 以下的,为零担货物运输;因货物的体积、质量的要求,需要大型或专用汽车运输的,为大型特型笨重物件运输;采用集装箱为容器,使用汽车运输的为集装箱汽车运输。

公路运输的主要优点是灵活性强,公路建设期短,投资较低,易于因地制宜,对收到站设施要求不高。可以采取"门到门"运输方式,即从发货者门口直到收货者门口,而不需转运或反复装卸搬运。同时,公路运输也可作为其他运输方式的衔接手段。

公路运输的经济半径,一般在 200km 以内。

3. 水上运输

水上运输是使用船舶运送客货的一种运输方式,简称水运。水运主要承担数量大、距离长的运输,是在干线运输中起主力作用的运输形式。在内河及沿海,水运也常作为小型运输工具使用,担任补充及衔接大批量干线运输的任务。

水运有内河运输、沿海运输、近海运输、远洋运输四种形式。

内河运输是使用船舶和其他运输工具,通过国内江湖河川等天然或人工水道运输物品的一种运输方式。沿海运输是沿国内海岸线,岛屿与岛屿之间或岛屿与大陆之间的货物运输。近海运输是使用船舶通过大陆邻近国家海上航道运送客货的一种运输方式,视航程可使用中型船舶,也可使用小型船舶。远洋运输是为进出口贸易、经济交流和人员往来服务的国与国之间的海上客货运输,因此又称海洋运输。

水运的主要优点是成本低,能进行低成本、大批量、远距离的运输。但是水运也有显而易见的缺点,主要是运输速度慢,受港口、水位、季节、气候影响较大,因而一年中中断运输的时间较长。

4. 航空运输

航空运输简称空运,是使用飞机运送客货的一种运输方式。具有航线直、速度快、可以飞越各种天然障碍,长距离运输不着陆的优点,能保证贵重、急需或时间性要求很强的小批物品的运输;缺点是运载量小,运输成本高。

航空运输的单位成本很高,因而主要适合运载的物品有两类:一类是价值高、运费承担能力很强的物品,如贵重设备的零部件、高档产品等;另一类是紧急需要的物品,如救灾抢险物品等。

5．管道运输

管道运输是利用管道输送气体、液体和粉状固体的一种运输方式。其运输功能是靠物体在管道内顺着压力方向循序移动实现的。与其他运输方式相比，最主要的区别在于管道设备是静止不动的。

管道运输的主要优点是，由于采用密封设备，在运输过程中可避免散失、丢失等损耗，也不存在其他运输设备本身在运输过程中消耗动力所形成的无效运输问题。此外，它具有运输量大、连续作业的特点，适合于批量大且连续不断运送的物品。

几种运输方式的综合比较如表 5-1 所示。其营运特征比较如表 5-2 所示，其中数字代表五种运输方式各种运输特性高低的排名。

表 5-1　几种运输方式的综合比较

运输方式	适用情况	优　　点	缺　　点
铁路运输	长距离、大数量的货运	速度快、受自然条件限制小、载运量大、运输成本较低	灵活性差，只能在固定线路上实现运输
公路运输	小批量、短距离	活性强、建设期短、投资较低	长距离运输运费相对昂贵、易污染和常发生事故、消耗能量多
水上运输	大数量、长距离的运输	适合长距离运输、成本低、批量大、承载量大	速度慢、受港口、水位、季节、气候影响较大
航空运输	高价值货物和紧急物资	速度快、不受地形的限制	成本高
管道运输	气体、液体和粉状运输	运输量大、适合于大量连续不断运送的物资	灵活性差

表 5-2　几种运输方式的营运特征比较

营运特征	铁路运输	公路运输	水上运输	航空运输	管道运输
运价	3	2	5	1	4
速度	3	2	4	1	5
可得性	2	1	4	3	5
可靠性	3	2	4	5	1
能力	2	3	1	4	5

5.2.2　多式联运

1．多式联运的概念及特点

《联合国国际货物多式联运公约》对国际多式联运所下的定义是：按照国际多式联运合同，以至少两种不同的运输方式，由多式联运经营人把货物从一国境内接管地点运至另一国境内指定交付地点的货物运输。而中国海商法对于国内多式联运的规定是，必须有种方式是海运。多式联运应具有以下特点。

（1）根据多式联运的合同进行操作，运输全程中至少使用两种运输方式，而且是不同方式的连续运输。

（2）多式联运的货物主要是集装箱货物，具有集装箱运输的特点。

（3）多式联运是一票到底，实行单一运费率的运输。发货人只要订立一份合同，一次付费，一次保险，通过一张单证，即可完成全程运输。

（4）多式联运是不同方式的综合组织，全程运输均是由多式联运经营人组织完成的。无论涉及几种运输方式，分为几个运输区段，由多式联运经营人对货运全程负责。

2．国际多式联运的主要组织形式

国际多式联运是采用两种或两种以上不同运输方式进行联运的运输组织形式。由于国际多式联运具有其他运输组织形式无可比拟的优越性，因而这种国际运输新技术已在世界各主要国家和地区得到广泛的推广和应用。其主要组织形式包括海陆联运和海空联运。

1）海陆联运

海陆联运是国际多式联运的主要组织形式，也是远东/欧洲多式联运的主要组织形式之一。这种组织形式以航运公司为主体，签发联运提单，与航线两端的内陆运输部门开展联运业务。

在国际多式联运中，陆桥运输（land bridge service）起着非常重要的作用。它是远东/欧洲国际多式联运的主要组织形式。所谓陆桥运输，是指采用集装箱专用列车或卡车，把横贯大陆的铁路或公路作为中间"桥梁"，使大陆两端的集装箱海运航线与专用列车或卡车连接起来的一种连贯运输方式。

欧亚大陆桥为欧洲与亚洲两侧海上运输线连接起来的便捷运输铁路线。现有三条已运行：第一欧亚大陆桥（西伯利亚大陆桥）、第二欧亚大陆桥和第三欧亚大陆桥。

（1）第一欧亚大陆桥（Siberian Landbridge，SLB）是世界上第一条连接欧洲、亚洲的大陆桥。它的起点为俄罗斯东部的符拉迪沃斯托克（海参崴）〔从海参崴分有支线（即原东清铁路的西部干线）：由绥芬河入中国境，途中经哈尔滨、齐齐哈尔、昂昂溪、扎兰屯、海拉尔直至满洲里出中国境〕，横穿西伯利亚大铁路通向莫斯科，然后通向欧洲各国，最后到荷兰鹿特丹港，贯通亚洲北部。整个大陆桥共经过俄罗斯、中国（支线段）、哈萨克斯坦、白俄罗斯、波兰、德国、荷兰 7 个国家，全长 13 000km 左右。

西伯利亚大陆桥运输是世界上最著名的国际集装箱多式联运线之一，通过俄罗斯西伯利亚大铁路，把远东、东南亚和中亚地区与欧洲、中东地区连接起来，因此又称亚欧大陆桥。1971 年西伯利亚大陆桥由苏联对外贸易运输公司正式确立。全年货运量高达 10 万标准箱，最多时达 15 万标准箱。使用这条陆桥运输线的经营者主要是日本、中国和欧洲各国的货运代理公司。其中，日本出口欧洲杂货的 1/3、欧洲出口亚洲杂货的 1/5 是经这条陆桥运输的。由此可见，它在沟通亚欧大陆、促进国际贸易中所处的重要地位。

日本、东南亚、中国香港等地运往欧洲、中东地区的货物由海运运至俄罗斯的东方港或纳霍德卡后，经西伯利亚大陆桥有 3 种联运方式：①铁路—铁路线，经西伯利亚大铁路运至俄罗斯西部国境站，经伊朗、东欧或西欧铁路再运至欧洲各地，或按相反方向运输。②铁路—海运线，经西伯利亚大铁路运至莫斯科，经铁路运至波罗的海的圣彼得堡、里加或塔林港，再经船舶运至西欧、北欧和巴尔干地区，或按相反方向运输。③铁路—公路线，经西伯利亚大铁路运至俄罗斯西部国境内，再经公路运至欧洲各地，或按相反方向运输。

（2）第二欧亚大陆桥指 1990 年 9 月经我国陇海铁路、兰新铁路与哈萨克斯坦铁路接轨的亚欧大陆桥,又被称为新亚欧大陆桥,由于所经路线很大一部分是原"丝绸之路",所以又被称作现代"丝绸之路",是亚欧大陆桥东西最为便捷的通道。

新亚欧大陆桥东起我国黄海之滨的连云港,向西经陇海铁路的徐州、商丘、开封、郑州、洛阳、三门峡、渭南、西安、宝鸡、天水等站(由东向西),兰新铁路的兰州、武威、金昌、张掖、酒泉、嘉峪关、哈密、吐鲁番、乌鲁木齐等站(由东向西),再向西经北疆铁路到达我国边境的阿拉山口,进入哈萨克斯坦,再经俄罗斯、白俄罗斯、波兰、德国,西止荷兰的世界第一大港鹿特丹港。

新亚欧大陆桥跨越欧亚两大洲,连接太平洋和大西洋,全长约 10 800km,通向东亚、中亚、西亚、东欧和西欧 40 多个国家和地区。已于 1992 年 12 月 1 日正式投入国际集装箱运输业务。

现已开通郑欧国际铁路货运班列,首趟郑欧国际铁路货运班列于 2013 年 7 月 18 日运行,开启了中国与欧洲的"新丝绸之路",短短几年时间,它共享了丝绸之路经济带建设的机遇,成功联通了中国和欧洲,服务的境内外企业也越来越多,是沟通世界的国际铁路物流大通道,它标志着中国铁路物流行业的迅速发展,有力推动了郑州建设国际物流中心的步伐。

新亚欧大陆桥的贯通不仅便利了我国东西交通与国外的联系,更重要的是对我国的经济发展产生了巨大的影响。

(3) 第三亚欧大陆桥的运行路径从重庆始发,经达州、兰州、乌鲁木齐,向西过北疆铁路到达我国边境阿拉山口,进入哈萨克斯坦,再转俄罗斯、白俄罗斯、波兰,至德国的杜伊斯堡,全程 11 179km。

2) 海空联运

海空联运又被称为空桥运输(airbridge service)。在运输组织形式上,空桥运输与陆桥运输有所不同:陆桥运输在整个货运过程中使用的是同一个集装箱,不用换装,而空桥运输的货物通常要在航空港换入航空集装箱。不过,两者的目标是一致的,即以低费率提供快捷、可靠的运输服务。

海空联运方式始于 20 世纪 60 年代,但到 20 世纪 80 年代才得以较大的发展。采用这种运输方式,运输时间比全程海运少,运输费用比全程空运便宜,20 世纪 60 年代,将远东船运至美国西海岸的货物,再通过航空运至美国内陆地区或美国东海岸,从而出现了海空联运。当然,这种联运组织形式是以海运为主,只是最终交货运输区段由空运承担,1960 年年底,苏联航空公司开辟了经由西伯利亚至欧洲航空线,1968 年,加拿大航空公司参加了国际多式联运,20 世纪 80 年代,出现了经由中国香港、新加坡、泰国等至欧洲航空线。

总的来讲,运输距离越远,采用海空联运的优越性就越大,因为同完全采用海运相比,其运输时间更短。同直接采用空运相比,其费率更低。因此,从远东出发将欧洲、中南美洲以及非洲作为海空联运的主要市场是合适的。

5.2.3　运输方式的选择

在各种运输方式中,如何选择适当的运输方式是物流合理化的重要问题。一般来讲,应从物流系统要求的服务水平和允许的物流成本来决定。不仅可以使用一种运输方式,也可以使用联运方式。

运输方式的选择要素有运输货物品种、运输期限、运输成本、运输距离、运输批量五个方面。

1. 运输货物品种

关于货物品种及性质、形状,应在包装项目中加以说明,选择适合这些货物特性和形状的运输方式,货物对运费的负担能力也要认真考虑。

2. 运输期限

运输期限必须与交货日期相联系,应保证运输期限。必须调查各种运输工具所需要的运输时间,根据运输时间来选择运输工具。运输时间由快到慢的顺序一般情况下依次为航空运输、汽车运输、铁路运输、船舶运输。各运输工具可以按照它的速度编组来安排日程,加上它的两端及中转的作业时间,就可以算出所需的运输时间。在商品流通中,要研究这些运输方式的现状,进行有计划的运输,希望有一个准确的交货日期是基本的要求。

3. 运输成本

运输成本因货物的种类、重量、容积、运距不同而不同。而且,运输工具不同,运输成本也会发生变化。在考虑运输成本时,必须注意运费与其他物流子系统之间存在着互为利弊的关系,不能只考虑运输费用来决定运输方式,要由全部总成本来决定。

4. 运输距离

从运输距离来看,一般情况下可以依照以下原则:300km 以内,用汽车运输;300～500km 的区间,用铁路运输;500km 以上,用船舶运输。这样的选择是比较经济合理的。

5. 运输批量

从运输批量的影响上来看,因为大批量运输成本低,应尽可能使商品集中到最终消费者附近,选择合适的运输工具进行运输是降低成本的良策。一般来说,15～20t 以下的商品用汽车运输;15～20t 以上的商品用铁路运输;数百吨以上的原材料类的商品,应选择船舶运输。

在上述五个选择要素中,运输货物品种、运输批量和运输距离三个条件是由物品自身的性质和存放地点决定的,因而属于不可变量。事实上,对这几个条件进行大幅度变更,从而改变运输方式的可能性很小。与此相反,运输期限和运输成本是不同运输方式相互竞争的重要条件,运输期限与运输成本必然带来所选择的运输方式的改变。换句话说,这两个因素作为运输机构竞争要素的重要性日益增强。

运输期限和运输成本之所以如此重要,背景在于企业物流需求发生了改变。运输服务的需求者一般是企业,目前企业对缩短运输期限、降低运输成本的要求越来越强烈,这主要是在当今市场竞争不断加剧的环境条件下,只有不断降低各方面的成本,加快商品周转,才能提高企业经营效率,实现竞争优势,达到最终提高企业经济效益的目的。所以,在企业的物流体系中,JIT 运输在快速普及,这种运输方式要求为了实现客户在库的最小化,对其所需的商品、在必要的时间、以必要的量进行运输。JIT 运输方式要求必须削减从订货到进货的周期。正因为如此,从进货方来讲,为了实现迅速的进货,必然会在各种运输方式中选择最为有效的手段来从事物流活动。

缩短运输期限与降低运输成本是一种此消彼长的关系,如果要利用快速的运输方式,就有可能增加运输成本;同样,运输成本下降有可能导致运输速度减缓。所以,如何有效地协调这两者之间的关系,使其保持一种均衡状态,是企业选择运输方式时必须考虑的重要因素。

5.3　运输线路规划

5.3.1　运输线路规划问题

由于在整个物流成本中运输成本占 $1/3\sim2/3$,因而最大化地利用运输设备和人员,提高运作效率是需要关注的首要问题。货物运输在途时间的长短可以通过运输工具在一定时间内运送货物的次数和所有货物的总运输成本来反映。其中,最常见的决策问题就是,找到运输工具在公路网、铁路线、水运航道和航空线运行的最佳线路,以尽可能地缩短运输周期或运输距离,从而使运输成本降低的同时,客户服务也得到改善。

尽管线路选择问题种类繁多,但我们可以将其归纳为几个基本类型:一是起讫点不同的单一路径规划;二是多个起讫点的路径规划;三是起点和终点相同(巡回)的路径规划。

1. 起讫点不同的单一路径问题

这类运输路径规划问题可以通过特别设计的方法很好地加以解决。最简单、最直接的方法就是最短路径法。

2. 多起讫点问题

如果有多个货源地可以服务多个目的地,那么我们面临的问题是,要指定各目的地的供货地,同时要找到供货地、目的地之间的最佳路径,该问题经常发生在多个供应商、工厂或仓库服务于多个客户的情况下。如果各供货地能够满足的需求数量有限,则问题会更复杂。解决这类问题常常可以运用一种特殊的线性规划算法,就是所谓的运输问题。

3. 巡回路径问题

物流管理人员经常会遇到起讫点相同的路径规划问题。在企业自己拥有运输工具时,该问题是相当普遍的。我们熟悉的例子有:从某仓库送货到零售点然后返回的路线(如从中央配送中心送货到食品店或药店);从零售店到客户本地配送的路线(如商店送货上门);校车、送报车、垃圾收集车和送餐车等的路线。这类路径问题是起讫点不同的问题的扩展形式,但是由于要求车辆必须返回起点行程才结束,问题的难度提高了。我们的目标是找出途经点的顺序,使其满足必须经过所有点且总出行时间或总距离最短的要求。

这类问题又被称为"旅行推销员"问题,属于 NP(non-deterministic polynomial,非确定性多项式)难题,如果问题中包含的点数很多,要找到最佳路径是很难的,一般可采用近似算法或启发式算法。

5.3.2　最短路径法

最短路径法是运筹学中动态规划方法旅行者最短路线问题的典型方法。单一路径问题如图 5-1 所示,要找到城市 A 与城市 J 之间行车时间最短的路线。节点之间的每条链上都标有相应的行车时间(min),节点代表公路的连接城市 $A\sim J$。

为求出最短路线,一种简单的方法是可以求出所有从 A 点至 J 点的可能走法的路长,

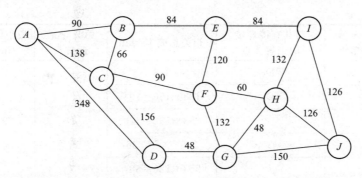

图 5-1　单一路径问题

并加以比较,这种方法就是穷举法。可以看出,随着问题段数的增多,当各段的状态也有很多时,这种方法的计算量会大大增加,甚至使得求优成为不可能。

因此动态规划中的最短路径法是从过程的最后一段开始,用逆序递推方法求解,逐步求出各段各点到终点 J 的最短路线,最后求得 A 点到 J 点之间的最短路线。详细内容请参考动态规划理论。

上述问题的求解过程如表 5-3 所示。

表 5-3　最短路径法的计算步骤

步骤	直接连接到未解节点的已解节点	与其直接连接的未解节点	相关总成本/min	第 n 个最近节点	最小成本/min	最新连接
1	A	B	90	B	90	AB*
2	A	C	138	C	138	AC
	B	C	90+66=156			
3	A	D	348	E	174	BE
	B	E	90+84=174			
	C	F	138+90=228			
4	A	D	348	F	228	CF
	C	F	138+90=228			
	E	I	174+84=258			
5	A	D	348	I	258	EI*
	C	D	138+156=294			
	E	I	174+84=258			
	F	H	228+60=288			
6	A	D	348	H	288	FH
	C	D	138+156=294			
	F	H	228+60=288			
	I	J	258+126=384			

续表

步骤	直接连接到未解节点的已解节点	与其直接连接的未解节点	相关总成本/min	第 n 个最近节点	最小成本/min	最新连接
	A	D	348			
	C	D	138＋156＝294			
7	F	G	288＋132＝420	D	294	CD
	H	G	288＋48＝336			
	I	J	258＋126＝384			
8	H	J	288＋126＝414	J	384	IJ *
	I	J	258＋126＝384			

第一个已解节点就是起点或 A 点。与 A 点直接连接的未解节点有 B、C 和 D 点。第一步,我们可以看到 B 点是距 A 点最近的节点,记为 AB。由于 B 点是唯一选择,所以它成为已解节点。

随后,找出距 A 点和 B 点最近的未解节点。只要列出距各个已解节点最近的连接点,我们有 $A \to C$ 和 $B \to C$。记为第二步。注意从起点通过已解节点到某一节点所需的时间应该等于到达这个已解节点的最短时间加上已解节点与未解节点之间的时间。也就是说,从 A 点经 B 点到达 C 点所需的总时间是 $AB＋BC$,即 $90＋66＝156$(min)。比较到达未解节点的总时间,最短时间是从 A 点到 C 点的 138min,这样 C 点就成为已解节点。

第三次迭代要找到与各已解节点直接连接的最近的未解节点。如表 5-3 所示,有三个候选点,从起点到这三个候选点的总时间分别是 348min、174min 和 228min。最短时间是产生在连接 $B \to E$ 上,因此 E 点就是第三次迭代的结果。

重复上述过程,直到到达终点 J,即第八步。最短路径的时间是 384min,连接各段路径,得到的最佳路径为 $A \to B \to E \to I \to J$。

最短路径法非常适合利用计算机进行求解,把网络中链和节点的资料都存入数据库中,选好某个起点和终点后,计算机很快就能算出最短路径。绝对的最短距离路径并不说明穿越网络的最短时间,因为该方法没有考虑各条路线的运行质量。因此,对运输时间和运输距离都设定权数,就可以得出比较具有实际意义的路线。

5.3.3　运输线路优化模型

在物流系统的设计中,如何根据已有的运输网络,制订调运方案,将货物运到各需求地,而使总运费最小,是非常典型的运输决策优化问题。

已知有 m 个生产地点 A_i,$i＝1,2,\cdots,m$,可供应某种物资,其供应量分别为 a_i,$i＝1$,$2,\cdots,m$,有 n 个销地(需求地)B_j,$j＝1,2,\cdots,n$,其需求量分别为 b_j,$j＝1,2,\cdots,n$,从 A_i 到 B_j 运输单位物资的运价为 C_{ij}。整理成如表 5-4 所示的产销平衡表。在产销平衡的条件下,试求使总运费最小的调运方案。

直达运输线路优化是一个产销平衡的运输模型,即 m 个供应点的总供应量等于 n 个需求点的总需求量,运输问题满足供需平衡。这时,由各供应点 A_i 调出的物资总量应等于它

的供应量 $a_i(i=1,2,\cdots,m)$，而每一个需求点 B_j 调入的物资总量应等于它的需求量 $b_j(j=1,2,\cdots,n)$。

表 5-4 产销平衡表

运价 \ 销地 \ 产地	1	2	⋯	n	产量
1	C_{11}	C_{12}	⋯	C_{1n}	a_1
2	C_{21}	C_{22}	⋯	C_{2n}	a_2
⋮	⋮	⋮	⋮	⋮	⋮
m	C_{m1}	C_{m2}	⋯	C_{mn}	a_m
销量	b_1	b_2	⋯	b_n	

若用 x_{ij} 表示从 A_i 到 B_j 的运量，其数学模型如下：

$$\min z = \sum_{i=1}^{m}\sum_{j=1}^{n} C_{ij} x_{ij} \tag{5-1}$$

$$s.t. \begin{cases} \sum_{i=1}^{m} x_{ij} = b_j, & j=1,2,\cdots,n \\ \sum_{j=1}^{n} x_{ij} = a_i, & i=1,2,\cdots,m \\ x_{ij} \geqslant 0 \end{cases} \tag{5-2}$$

直达运输问题模型求解方法有很多，表上作业法是常用的手工求解方法。

利用表上作业法，寻求运费最少的运输方案，有三个基本步骤。

步骤 1：依据问题列出运输物资的供需平衡表及运价表。

步骤 2：确定一个初始的调运方案。

步骤 3：根据一个判定法则，判定初始方案是否为最优方案。

当判定初始方案不是最优方案时，再对这个方案进行调整。一般来说，每调整一次得到一种新的方案，而这种新方案的运费比前一种方案要少一些，如此经过几次调整，就会得到最优方案。

5.3.4 配送计划优化方法

1. 问题描述

在配送问题中，物流网点向多个用户送货，各用户的需求量为 $b_j(j=1,2,\cdots,n)$。假定以汽车作为发送工具，每台汽车的载重量为 Q，如果用户所需配送量超过一台车的载重量，需要多台车完成配送任务，配送计划就需要决策采用几台车，每台车负责哪些客户，这就是典型的配送车辆调度问题。

设物流网点 B_0 向用户 $B_j(j=1,2,\cdots,n)$ 送货，各用户需求量为 b_j；网点与用户之间的最短距离为 C_{0j}，用户之间的距离为 $C_{ij}(i=1,2,\cdots,n;j=1,2,\cdots,n)$，发送车按其载重量的大小不同有 p 种，载重量为 $Q_k(k=1,2,\cdots,p)$ 的发送车有 X_k 台，且 $Q_{k-1} < Q_k$。

假定：

$$
\begin{cases}
\sum_{j=1}^{n} b_j \gg Q_p \\
b_j < Q_1, \quad j = 1, 2, \cdots, n
\end{cases}
\tag{5-3}
$$

也就是说，所有用户的需求总量远大于任一种汽车的装载量，但每个用户的需求量则小于载重量最小的汽车的装载量。如果某些用户的需求大于一台汽车的载重量，可先安排一台或几台汽车满载给这些用户直接往返送货，对剩下不够一车的部分再纳入节约法进行处理。这样处理后，式(5-3)的条件总是成立的。

下面介绍解决这类配送问题的一种方法——节约法。节约法是由克拉克(Clarke)和怀特(Wright)于 1964 年提出来的，它是一种启发式方法。

2．节约法的基本原理

节约法的基本原理如图 5-2 所示，由物流网点 B_0 向两个用户 B_1、B_2 送货，B_0 至各用户的最短运输距离分别为 C_{01} 和 C_{02}；用户需求量各为 b_1、b_2；两用户之间的最短运输距离为 C_{12}。当用两台汽车分别对两个用户各自往返送货时，运输总距离为 $C_1 = 2(C_{01} + C_{02})$。

如果改用一台车巡回送货(假定汽车能够负荷 b_1、b_2 时)，则总的运输距离为

$$
C_2 = C_{01} + C_{02} + C_{12}
$$

后一种方案比前一种方案可节约的运输里程为

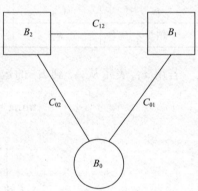

图 5-2　节约法的基本原理

$$
\Delta C_{12} = C_{01} + C_{02} - C_{12}
\tag{5-4}
$$

式(5-4)称为节约量公式。ΔC_{12} 为 B_1 和 B_2 之间的节约量。显然，将节约量大的两个用户连接起来采用巡回方式送货，则可获得较大的节约量。如果在 B_0 的供货范围内还存在着第 3、第 4、……、第 n 个用户，在汽车负荷允许的条件下，可将它们与已在巡回路线中的用户按节约量的大小(先大后小)依次连接入巡回路线，直到汽车满载为止。余下的用户另外派车，用同样的办法寻求巡回路线。通常情况下，可供派出的车的数量和车的种类是有限制的，当然总运输能力是能满足要求的。

3．求解步骤

节约法的求解步骤如下。

首先，假定载重量最小的汽车台数是无限多的，即 $X_1 = \infty$。对每一用户各派一台车往返送货，得到一种初始可行方案。显然这一配送方案的运输效率是很低的，而且 $X_1 = \infty$ 的假设实际也是不存在的。

其次，按节约法原理对方案进行修正。修正时，以节约量的大小为顺序，从大到小依次将某些用户连接到巡回路线中，并考虑汽车载重量和各种车辆台数的约束。反复进行这样的修正，直到再也没有可连接的用户时为止。

整个计算过程可在节约量表上进行，下面举例说明。

【例 5-1】　由网点 B_0 向 12 个用户 $B_j (j = 1, 2, \cdots, 12)$ 送货，各点之间的运输里程和各用户的需求量 b_j 见表 5-5，可供调度的车辆载重量及台数见表 5-6。

表 5-5 里程表 单位:km

b_j/t	B_0	B_1	B_2	B_3	B_4	B_5	B_6	B_7	B_8	B_9	B_{10}	B_{11}	B_{12}
1.2	9	B_1											
1.7	14	5	B_2										
1.5	21	12	7	B_3									
1.4	23	22	17	10	B_4								
1.7	22	21	16	21	19	B_5							
1.4	25	24	23	30	28	9	B_6						
1.2	32	31	26	27	25	10	7	B_7					
1.9	36	35	30	37	35	16	11	10	B_8				
1.8	38	37	36	43	41	22	13	16	6	B_9			
1.6	42	41	36	31	29	20	17	10	6	12	B_{10}		
1.7	50	49	44	37	31	28	25	18	14	12	8	B_{11}	
1.1	52	51	46	39	29	30	27	20	16	20	10	10	B_{12}

表 5-6 可供调度的车辆载重量及台数

配送车载重量/t	4	5	6
可供调度车辆台数/台	∞	3	4

解 由表 5-5 中的数据,按节约量式(5-4)可求得相应的节约量表(见表 5-7)。

表 5-7 节约量表 单位:km

b_j/t	B_0	B_1	B_2	B_3	B_4	B_5	B_6	B_7	B_8	B_9	B_{10}	B_{11}	B_{12}
1.2		B_1											
1.7		18	B_2										
1.5		18	28	B_3									
1.4		10	20	34	B_4								
1.7		10	20	22	26	B_5							
1.4		10	16	16	20	38	B_6						
1.2		10	20	26	30	44	50	B_7					
1.9		10	20	20	24	42	50	58	B_8				
1.8		10	16	16	20	38	50	54	68	B_9			
1.6		10	20	32	36	44	50	64	72	68	B_{10}		
1.7		10	20	34	42	44	50	64	72	76	84	B_{11}	
1.1		10	20	34	46	44	50	64	72	20	84	92	B_{12}

设 $t_{ij}(i=1,2,\cdots,12;j=1,2,\cdots,12)$ 表示 i、j 两点是否连在一起的决策变量,并对其取值作以下定义。

$t_{ij}=1$ 表示 i、j 点连接,即在同一巡回路线中。

$t_{ij}=0$ 表示 i、j 点不连接,即不在同一巡回路线中。

$t_{ij}=2$ 表示 j 用户只与 B_0 网点连接,由一台车往返送货。根据以上定义,应有以下等式成立。

$$\sum_{i=0}^{j-1} t_{ij} + \sum_{i=j+1}^{n} t_{ij} = 2, \quad j=1,2,\cdots,n \tag{5-5}$$

步骤 1:求初始解。

每个用户各派一台车往返送货,得到初始方案,如表 5-8 所示。表中 B_0 列的数字为 t_{ij} 的取值。此方案的总行程为 728km。

按表 5-8 所示的初始方案,所需车辆台数如表 5-9 所示。

表 5-8 初始方案表 　　　　　　　　　　　　　　　　单位:km

b_j/t	B_0												
1.2	2)	B_1											
1.7	2)	18	B_2										
1.5	2)	18	28	B_3									
1.4	2)	10	20	34	B_4								
1.7	2)	10	20	22	26	B_5							
1.4	2)	10	16	16	20	38	B_6						
1.2	2)	10	20	26	30	44	50	B_7					
1.9	2)	10	20	20	24	42	50	58	B_8				
1.8	2)	10	16	16	20	38	50	54	68	B_9			
1.6	2)	10	20	32	36	44	50	64	72	68	B_{10}		
1.7	2)	10	20	34	42	44	50	64	72	76	84	B_{11}	
1.1	2)	10	20	34	46	44	50	64	72	70	84	92	B_{12}

表 5-9 初始方案所需车辆台数

配送车载重量/t	4	5	6
可供调度车辆台数/台	∞	3	4
已派出车辆台数/台	12	0	0

步骤 2:按下述条件在初始方案表中寻找具有最大节约量的用户 i、j。

(1) t_{0i}、$t_{0j}>0$,$i\neq j$。

(2) B_i、B_j 尚未连接在一条巡回路线上。

(3) 考虑车辆台数和载重量的约束。

如果最大节约量有两个或两个以上相同时,可随机取一个。按此条件,在初始方案表 5-7 中寻得具有最大节约量的一对用户为 $i=11, j=12$,其节约量为 92km。

步骤 3:按 t_{ij} 的定义和表 5-8 修正 t_{ij} 的值。

连接 B_{11} 与 B_{12},即令 $t_{11,12}=1$,由式(5-6)得:

$$t_{011}=1$$
$$t_{012}=1$$

其他不变。

步骤 4:按以下原则修正 b_i、b_j。

(1) t_{0i} 或 t_{0j} 等于 0 时,令 b_i 或 b_j 等于 0。

(2) t_{0i} 或 t_{0j} 等于 1 时,求 b_i 或 b_j 所在巡回路线中所有用户需求量之和,以此代替原 b_i 或 b_j。由此修正得:

$$b_{11}=b_{12}=1.1+1.7=2.8(t)$$

于是得改进方案(见表 5-10 和表 5-11)。

改进后的方案比原方案少一台发送车,总发送距离减少 92km。

表 5-10　第一次迭代方案　　　　　　　　　　单位:km

b_j/t	B_0											
1.2	2)	B_1										
1.7	2)	18	B_2									
1.5	2)	18	28	B_3								
1.4	2)	10	20	34	B_4							
1.7	2)	10	20	22	26	B_5						
1.4	2)	10	16	16	20	38	B_6					
1.2	2)	10	26	26	30	44	50	B_7				
1.9	2)	10	20	20	24	42	50	58	B_8			
1.8	2)	10	16	16	20	38	50	54	68	B_9		
1.6	2)	10	20	32	36	44	50	64	72	68	B_{10}	
2.8	1)	10	20	34	42	44	50	64	72	76	84	B_{11}
2.8	1)	10	20	34	46	44	50	64	72	70	84	1) 92	B_{12}

表 5-11　第一次迭代方案所需车辆台数

配送车载重量/t	4	5	6
可供调度车辆台数/台	∞	3	4
已派出车辆台数/台	11	0	0

反复进行步骤 2～步骤 4,直到没有可连接的用户为止,得到最佳配送方案(见表 5-12 和表 5-13)。

表 5-12　最佳配送方案　　　　　　　　　　　　　　　单位:km

b_j/t	B0	B1	B2	B3	B4	B5	B6	B7	B8	B9	B10	B11	B12
5.8	1)	B1											
—		1)	B2										
—			1)	B3									
5.8	1)			1)	B4								
1.7	2)				B5								
5.1	1)					B6							
5.6	1)						B7						
—							1)	B8					
5.1	1)							1)	B9				
5.6	1)									B10			
—								1)			B11		
—											1)	1)	B12

表 5-13　最佳配送方案所需车辆台数

配送车载重量/t	4	5	6
可供调度车辆台数/台	∞	3	4
已派出车辆台数/台	1	0	3

最佳配送方案有 4 条配送路线:

$B_0 \rightarrow B_1 \rightarrow B_2 \rightarrow B_3 \rightarrow B_4 \rightarrow B_0$,行程 54km,用 6t 车发送,载重量 5.8t。

$B_0 \rightarrow B_5 \rightarrow B_0$,行程 44km,用 4t 车发送,载重量 1.7t。

$B_0 \rightarrow B_6 \rightarrow B_8 \rightarrow B_9 \rightarrow B_0$,行程 80km,用 6t 车发送,载重量 5.1t。

$B_0 \rightarrow B_7 \rightarrow B_{11} \rightarrow B_{12} \rightarrow B_{10} \rightarrow B_0$,行程 112km,用 6t 车发送,载重量 5.6t。

该方案用 4 台车发送,总行程 290km。

小　结

运输是现代物流非常重要的功能环节,运输创造物的空间价值,运输是"第三利润源"的主要源泉。运输配送系统的服务要点包括时效性、可靠性、沟通性、便利性和经济性。

基本运输方式包括铁路运输、公路运输、水上运输、航空运输和管道运输。可根据运输货物品种、运输期限、运输成本、运输距离、运输批量五个方面进行分析,确定合理的运输方式。

常见的运输配送系统规划问题包括起讫点不同的单一路径问题、多起讫点问题和巡回路径问题三类。路径优化问题可采用最短路径法求解;运输线路优化问题可以采用线性规划方法求解;配送计划优化可以采用节约法建模和求解。

思考题

1. 常用的运输方式有哪几种？各有什么特点？
2. 按运输范围可以分为哪几类？说明各自的特点。
3. 运输合理化的原则是什么？
4. 什么叫多式联运？多式联运的特点是什么？
5. 多式联运两种常用的组织形式是什么？举例说明是如何运作的。
6. 运输方式的选择要素有哪些？分析其对运输方式选择的影响。
7. 常见的运输线路规划问题有哪几类？并说明各类问题可用的规划模型或方法。

案例分析

京东冷链助内蒙古牛羊肉 48h"鲜"达万家

2019 年 7 月 19 日,京东物流携手 100 余家内蒙古当地企业,举行"羊帆起航,京东鲜到——2019 年内蒙古牛羊肉产地项目推介会",宣布 2019 年将依托京东冷链 F2B2C 一站式冷链服务以及物联网、区块链等技术优势,提供"产地直发＋组合运力＋全程可溯"的全供应链服务,打造行业内"快"和"鲜"的双重标准,助力内蒙古牛羊肉品牌实现跨越式发展。

京东冷链从 2018 年开始涉足内蒙古牛羊肉产地项目,2019 年更是充分发挥供应链一体化管理优势,将战线前移到牧场周边,在当地设立"产地云仓",就地完成分选、称重、打包等多个环节,确保当天 20 点前揽收的新鲜牛羊肉,当天实现产地直发。

针对目前市场上一些劣质牛羊肉以次充好的问题,京东冷链充分利用物联网、区块链等技术优势,打造并对接了区块链溯源平台,完整记录牛羊肉产地、生长环境、加工信息、检测报告等诸多信息,实现一键式全程可溯。

此外,京东冷链还在包装上下足功夫,为内蒙古牛羊肉量身定制了专用包装箱及专业冷媒,同时提供全程冷链解决方案,从商品打包、分拣、配送,一直到消费者手中的每一个环节,均可实现 24h 全程监控异常,确保温度可控、品质可控。

除要保证牛羊肉的新鲜外,尽可能地降低商家物流成本、提升流转效率,也是京东冷链产地项目解决方案的核心优势之一。

京东冷链还根据牛羊肉的不同流向和配送需求,在呼和浩特和锡林浩特两大航空枢纽,增开 10 余条航空线路。届时,全国七大区、近 200 个城市的消费者,均可在 48h 内吃到来自内蒙古的新鲜牛羊肉。在为商家提供专属物流解决方案的同时,2019 年京东快递还将为内蒙古牛羊肉产地的消费者和商家提供生鲜专送服务,提升运输效率。

同时在传统陆运和航空运输基础上,2019 年还特别增加铁路运力,开通呼和浩特直发至锡林浩特和乌兰察布两条铁路支线,未来还将计划开通直发成都、武汉、西安三条铁路干线,打通内蒙古至西北、西南、华中的铁路输送线路,充分发挥铁路稳定性较高的特点,将极端天气可能会对牛羊肉运输造成的影响降低到最小。

京东冷链强大的商流优势也将持续发挥效能,通过打通商品流、信息流、资金流全链路资源,依托京东以零售为基础的技术与服务能力,以最佳客户体验和最优成本效率,帮助商家触达更多的用户,构建强大、高效、专业的一体化冷链网络。

针对内蒙古牛羊肉项目，京东冷链结合多维度数据分析协助商家进行赛马盘品，筛选出最适合售卖的品类，助力商家精准营销，提供多项营销资源为商家实现流量导入。

京东冷链业务负责人表示，2019 年年初以来，京东冷链不断聚焦冷链行业新趋势、新特点，从追求点到点搬运效率的提升，到实现预测、采购、生产、交付的全链路的优化，综合效率最优、算法最科学的 F2B2C 一站式冷链服务平台，得到越来越多商家和消费者的青睐。内蒙古牛羊肉项目，正是京东冷链为产地农产品打造专属解决方案的成功样板。未来，京东冷链仍将持续提升社会化冷链基础设施的集约化建设和利用水平，为商家和消费者带来更优质的物流服务，也为更多优质农产品上行注入澎湃动力。

案例思考

1. 京东凭借哪些技术实现"产地直发＋组合运力＋全程可溯"的全供应链服务的？
2. 通过该案例，分析京东冷链运输模式的特点。

第 6 章

物 流 信 息

互联网时代,信息成为现代物流的灵魂,信息技术的发展极大地推动了物流现代化的进程。物流信息化受到空前的重视,物流信息化表现为物流信息的商品化、物流信息收集的数据库化和代码化、物流信息处理的电子化和计算机化、物流信息传递的标准化和实时化、物流信息存储的数字化等。没有物流的信息化,关于物流现代化的任何设想都不可能实现,信息技术与计算机技术在物流领域中的应用将会彻底改变物流的面貌。

本章将系统介绍物流信息的特点、物流信息化技术和物流信息系统。

学习目标

- 理解物流信息的特点、范围和分类。
- 熟悉各种常用信息技术的原理及其在物流系统中的应用。
- 理解物流信息系统的特点和层次结构;熟悉各类物流信息系统的功能框架。

6.1 物流信息概述

6.1.1 物流信息的概念及作用

物流信息是反映物流各种活动内容的知识、资料、图像、数据、文件的总称。物流信息是物流活动中各个环节生成的信息,一般是随着从生产到消费的物流活动的产生而产生的信息流,与物流过程中的运输、保管、装卸、包装等各种职能有机结合在一起,是整个物流活动顺利进行所不可缺少的。

从狭义范围来看,物流信息是指与物流活动(如运输、保管、包装、装卸、流通加工等)有关的信息。在物流活动的处理与决策中,如运输工具的选择、运输路线的确定、每次运输批量的确定、在途货物的追踪、仓库的有效利用、最佳运输路线的确定、库存时间的确定、订单管理、如何提高顾客服务水平等,都需要详细和准确的物流信息,因为物流信息对运输管理、库存管理、订单管理、仓库作业管理等物流活动具有支持保证的功能。

从广义范围来看,物流信息不但指与物流活动有关的信息,而且包含与其他流通活动有关的信息,如商品交易信息和市场信息等。商品交易信息是指与买卖双方的交易过程有关的信息,如销售和购买信息、订货和接受订货信息、发出货款和收到货款信息等。市场信息是指与市场活动有关的信息,如消费者的需求信息、竞争业者或竞争性商品的信息、销售促进活动信息、交通通信等基础设施信息等。

广义的物流信息不但能起到连接整合从生产厂家，经过批发商和零售商最后到消费者的整个供应链的作用，而且在应用现代信息技术（如 EDI、EOS、POS、互联网、电子商务等）的基础上能实现整个供应链活动的效率化，具体来说就是利用物流信息对供应链各个企业的计划、协调、组织和控制活动进行更有效的处理。总之，物流信息不但对物流活动具有支持保证的功能，而且具有连接整合整个供应链和使整个供应链活动效率化的功能。

正是由于物流信息具有这些功能，使得物流信息化在现代企业经营战略中占有越来越重要的地位。建立物流信息系统，提供迅速、准确、及时、全面的物流信息是现代企业获得竞争优势的必要条件。

6.1.2　物流信息分类

物流的分类有很多种，信息的分类也有很多种，因此物流信息的分类方法也就有很多种。

（1）按不同物流功能分类。按信息产生和作用所涉及的不同功能领域分类，物流信息可分为仓储信息、运输信息、加工信息、包装信息、装卸信息等。对于某个功能领域还可以进行进一步细化。例如，仓储信息分成入库信息、出库信息、库存信息、搬运信息等。

（2）按信息环节分类。根据信息产生和作用的环节，物流信息可分为输入物流活动的信息和物流活动产生的信息。

（3）按信息的作用层次分类。根据信息的作用层次，物流信息可分为基础信息、作业信息、协调控制信息和决策支持信息。基础信息是物流活动的基础，是最初的信息源，如物品基本信息、货位基本信息等。作业信息是物流作业过程中发生的信息，信息的波动性大，具有动态性，如库存信息、到货信息等。协调控制信息主要是指物流活动的调度信息和计划信息。决策支持信息是指能对物流计划、决策、战略产生影响或与其有关的统计信息、宏观信息，如科技、产品、法律等方面的信息。

（4）按信息加工程度的不同分类。按加工程度的不同，物流信息可分为原始信息和加工信息。原始信息是指未加工的信息，是信息工作的基础，也是最有权威性的凭证性信息。加工信息是对原始信息进行各种方式和各个层次处理后的信息，这种信息是原始信息的提炼、简化和综合，利用各种分析工作在海量数据中发现潜在的、有用的信息和知识。

6.1.3　物流信息管理

物流信息管理是指运用计划、组织、指挥、协调、控制等基本职能对物流信息收集、检索、研究、报道、交流和提供服务的过程，并有效地运用人力、物力和财力等基本要素以期达到物流管理的总体目标的活动。通过物流信息管理，使物流供应链各环节协调一致，实现信息共享和互动，减少信息冗余和错误，辅助决策支持，改善客户关系，最终实现信息流、资金流、商流、物流的高度统一，达到提高物流供应链竞争力的目的，其主要内容如下。

1. 政策制定

为了实现不同区域、不同国度、不同企业、不同部门间物流信息的相互识别和利用，实现物流供应链信息的通畅传递与共享,必须确定一系列共同遵守和认同的物流信息规则或规范,这就是物流信息政策的制定,如信息的格式与精度、信息传递的协议、信息共享的规则、信息安全的标准、信息存储的要求等,这是实现物流信息管理的基础。

2．信息规划

信息规划是指从企业或行业的战略高度出发,对信息资源的管理、开发、利用进行长远发展的计划,确定信息管理工作的目标与方向,安排不同阶段的任务,指导数据库系统的建立和信息系统的开发,保证信息管理工作有条不紊地进行。

3．信息收集

信息收集是指应用各种手段、通过各种渠道进行物流信息的采集,以反映物流系统及其所处环境情况,为物流信息管理提供素材和原料。信息收集是整个物流信息管理中工作量最大、最费时间、最占人力的环节,操作时注意把握以下要点:①收集工作前要进行信息的需求分析。明确了解企业各级管理人员在进行管理决策和开展日常管理活动过程中何时、何处以及需要哪些信息,确定信息需求的层次、目的、范围、精度、深度等要求,实现按需收集,避免收集的信息量过大,造成人、财、物的浪费,或收集的信息过于狭窄,影响使用效果等。②收集工作要具有系统性和连续性。要求收集到的信息能客观地、系统地反映物流活动的情况,并能随一定时间的变化,记录经济活动的状况,为预测未来物流发展提供依据。③要合理选择信息源。信息源的选择与信息内容及收集目的有关,为实现既定目标,必须选择能提供所需信息的最有效信息源。信息源一般较多,应进行比较,选择提供信息数量大、种类多、质量可靠的信息源,建立固定信息源和渠道。④信息收集过程的管理工作要有计划,使信息收集过程成为有组织、有目的的活动。

4．信息处理

信息处理工作,就是根据使用者的信息需求,对收集到的信息进行筛选、分类、加工及储存等活动,加工出对使用者有用的信息。信息处理的内容如下。

（1）信息分类及汇总。按照一定的分类标准或规定,将信息分成不同的类别进行汇总,以便存储和提取信息。

（2）信息编目（或编码）。所谓编目（或编码）是指用一定的代号来代表不同信息项目。用普通方式（如资料室、档案室、图书室）保存信息则需进行编目,用计算机保存信息则需确定编码。在信息项目、信息数量很大的情况下,编目及编码是将信息系统化、条理化的重要手段。

（3）信息储存。应用计算机及外部设备的储存介质,建立数据库进行信息的存储,或通过传统的纸质介质如卡片、报表、档案等对信息进行抄录存储。

（4）信息更新。信息具有有效的使用期限,失效的信息需要及时淘汰、变更、补充等,才能满足使用者的需求。

（5）数据挖掘。信息可区分为显性信息和隐性信息,显性信息是可用语言明确表达出来的、可编码化的信息,隐性信息则存在于人头脑中的个人的行为或世界观、价值观和情感之中,往往很难以某种方式直接表达出来或直接发现,也难以传递与交流,但隐性信息具有可直接转化为有效行动的重要作用,其价值高于和广于显性信息。因此,为了充分发挥信息的作用,需要对显性信息进行分析、加工和提取等,挖掘出隐藏在后面的隐性信息,这就是数据挖掘的任务。数据挖掘包括数据准备、数据挖掘、模式模型的评估与解释、信息巩固与应用等几个处理过程。首先,通过数据准备对数据库系统中的积累数据进行处理,包括选择、净化、推测、转换、缩减等操作;其次,进入数据挖掘阶段,依据有关目标,选取相应算法参数,分析数据,得到形成隐性信息的模式模型,并通过模式模型的评估与解释,依据评估标准完成对模型的评估,剔除无效、无用的模式模型;最后,在隐性信息的巩固与运用中,对形成模式模型的隐性信息做一致性检查,消除其中的矛盾与冲突,然后运用数据分析手段对挖掘出的信息做二次处理,形成专业化、可视化、形象化的数据表现形式,这个过程是一个不断循环、反馈、完善的过程。

5. 信息传递

信息传递是指信息从信息源发出,经过适当的媒介和信息通道输给接收者的过程。信息传递的方式有许多种,一般可从不同的传递角度来划分信息传递方式。

(1) 从信息传递方向来看,有单向信息传递方式和双向信息传递方式。单向信息传递是指信息源只向信息接收源传递信息,而不能双向沟通交流信息;双向信息传递是指信息发出者与信息接收者共同参与信息传递,双方相互交流传递信息,信息流呈双向交流传递。

(2) 从信息传递层次来看,有直接传递方式和间接传递方式。两种传递方式的区别是信息源与信息接收者之间,信息是直接传递,还是经其他人员或组织进行传递。

(3) 从信息传递时空来看,有时间传递方式和空间传递方式。信息的时间传递方式是指信息的纵向传递,即通过对信息的存储方式,实现信息流在时间上连续的传递。信息的空间传递方式是指信息在空间范围的广泛传递。由于现代通信技术的发展,电视传真、激光通信、卫星通信等手段,为信息的空间传递创造了条件。

(4) 从信息传递媒介来看,有人工传递和非人工的其他媒体传递方式。

6. 服务应用

服务与应用是物流信息资料重要的特性,信息工作的目的就是将信息提供给有关方面使用。物流信息的服务工作主要内容有以下几方面。

(1) 信息发布和传播服务。按一定要求将信息内容通过新闻、出版、广播、电视、报纸杂志、音像影视、会议、文件、报告、年鉴等形式予以发表或公布,便于使用者收集、使用。

(2) 信息交换服务。通过资料借阅、文献交流、成果转让、产权转移、数据共享等多种形式进行信息的交换,以起到交流、宣传、使用信息的作用。

(3) 信息技术服务。包括数据处理、计算机、复印机等设备的操作和维修及技术培训、软件提供、信息系统开发服务等活动。

(4) 信息咨询服务。包括公共信息提供、行业信息提供、政策咨询、管理咨询、工程咨询、信息中介、计算机检索等,实现按用户要求收集信息、查找和提供信息,或就用户的物流经营管理问题,进行针对性信息研究、信息系统设计与开发等,帮助用户提高管理决策水平,实现信息的增值和放大,以信息化水平的提高带动用户物流管理水平的提高。

物流信息管理具有以下几方面的要求。

（1）可得性。保证大量分散、动态的物流信息在需要的时候能够容易获得，并且以数字化的适当形式加以表现。

（2）及时性。随着社会化大生产的发展和面向客户的市场策略变化，社会对物流服务的及时性要求也更加强烈。物流服务的快速、及时要求物流信息及时提供、快速反馈。及时的信息可以减少不确定性，增加决策的客观性和准确性。

（3）准确性。物流信息中不准确的信息带来的决策风险有时比没有信息支撑的冲动决策更大。

（4）集成性。物流信息的基本特点就是信息量大，每个环节都需要信息输入，并产生新的信息进入下一环节。所涉及的信息需要集成，并使其产生互动，实现资源共享、减少重复操作、减少差错，从而使得信息更加准确和全面。

（5）适应性。适应性包含两个方面的内容：一是指适应不同的使用环境、对象和方法；二是指能够描述突发或非正常情况的事件，如运输途中的事故、货损、出库货物的异常变更、退货、临时订单补充等。

（6）易用性。信息的表示要明确、容易理解和方便应用，针对不同的需求和应用要有不同的表示方式。

6.2　物流信息技术

物流信息技术（logistics information technology）是现代信息技术在物流各个作业环节中的综合应用，也是现代物流区别于传统物流的根本标志，还是物流技术中发展最快的领域，尤其是计算机网络技术的广泛应用使物流信息技术达到了较高的应用水平。物流信息技术的发展也改变了企业应用供应链管理获得竞争优势的方式，成功的企业通过应用信息技术来支持它的经营战略并选择它的经营业务。

根据物流的功能以及特点，物流信息技术包括计算机技术、网络技术、信息分类编码技术、条形码技术、无线射频技术、无线射频识别技术、电子数据交换技术、全球定位技术、地理信息系统技术、智能技术等。

6.2.1　条形码技术

1. 条形码技术的概念

条形码技术是在计算机的应用实践中产生和发展起来的一种自动识别技术。它是为实现对信息的自动扫描而设计的，是实现快速、准确而可靠地采集数据的有效手段。条形码技术的应用解决了数据录入和数据采集的“瓶颈”问题，为物流管理提供了有力的技术支持。条形码技术为我们提供了一种对物流中的物品进行标识和描述的方法，借助自动识别技术、POS 系统、EDI（电子数据交换）等现代技术手段，企业可以随时了解有关产品在供应链上的位置，并即时做出反应。当今在欧美等发达国家兴起的 ECR（电子现金出纳机）、QR、自动连续补货（ACEP）等供应链管理策略，都离不开条形码技术的应用。条形码是实现 POS 系统、EDI、电子商务、供应链管理的技术基础，是物流管理现代化、提高企业管理水平和竞争能力的重要技术手段。

条形码技术是在计算机应用和实践中产生并发展起来的一种广泛应用于商业、邮政、图书管理、仓储、工业生产过程控制、交通等领域的自动识别技术,具有输入速度快、准确度高、成本低、可靠性强等优点,在当今的自动识别技术中占有重要的地位。

条形码是由一组规则排列的"条""空"以及对应的字符组成的标记,"条"是指对光线反射率较低的部分,"空"是指对光线反射率较高的部分,这些"条"和"空"组成的数据表达一定的信息,并能够用特定的设备识读,转换成与计算机兼容的二进制和十进制信息。通常对于每一种物品,它的编码是唯一的,对于普通的一维条码来说,还要通过数据库建立条形码与商品信息之间的对应关系,当条形码的数据传到计算机上时,由计算机上的应用程序对数据进行操作和处理。因此,普通的一维条形码在使用过程中仅作为识别信息,它的意义是通过在计算机系统的数据库中提取相应的信息而实现的。

一个完整的条形码的组成次序为静区(前)、起始符、数据符(中间分割符,主要用于EAN码)、终止符(校验符)、静区(后),如图6-1所示。

图 6-1　条形码的组成

静区：指条形码左右两端外侧与空的反射率相同的限定区域,它使阅读器进入准备阅读的状态,当两个条形码的距离较近时,静区则有助于对它们加以区分。静区的宽度通常应不小于 6mm(或 10 倍模块宽度)。

起始符/终止符：指位于条形码开始和结束的若干条与空,标志条形码的开始和结束,同时提供码制识别信息和阅读方向的信息。

数据符：位于条形码中间的条、空结构,它包含条形码所表达的特定信息。

构成条形码的基本单位是模块,模块是指条形码中最窄的条或空,模块的宽度通常以mm 或 mil(千分之一英寸)为单位。构成条形码的一个条或空称为一个单元,一个单元包含的模块数是由编码方式决定的。在有些码制中,如 EAN 码,所有单元由一个或多个模块组成;而另一些码制,如 39 码中,所有单元只有两种宽度,即宽单元和窄单元,其中的窄单元即为一个模块。

2. 条形码的码制

常见的条形码有两种体系：第一种是国际通用的 EAN 商品条形码体系,适合制造商、供应商和零售商共同使用,包括商品条形码,如 EAN-13 码与 EAN-8 码;储运条形码,如DUN-14 码与 DUN-16 码;EAN128 码。第二种是企业内部管理使用的条形码,包括 ITF 交叉 25 码、Code39 码、Codabar 码、Code128 码。

不同的码制有各自的应用领域。

EAN 码：它是国际通用的符号体系,也是一种长度固定、无含义的条形码,所表达的信息全部为数字,主要应用于商品标识。

39 码和 128 码：为目前国内企业内部的自定义码制,可以根据需要确定条形码的长度和信息,它编码的信息可以是数字,也可以包含字母,主要应用于工业生产线领域、图书管理等,如表示产品序列号、图书编号等。

交叉 25 码:主要应用于包装、运输以及国际航空系统的机票顺序编号等。

Codabar 码:应用于血库、图书馆、包裹等的跟踪管理。

除以上列举的一维条形码外,二维条形码也在迅速发展,并在许多领域中广泛应用。

3. 条形码技术在物流自动化的应用

物流是各种经济活动中必需的职能。由于消费者需求日趋多样化,商品的生命周期不断缩短,这就使得订货频率增加。订货者与接单者之间必须建立物流信息系统,以实现物流系统的省力化、合理化、自动化与效率化。

条形码是一种简易自动识别的符号,可利用相关自动化设备自动阅读,从而简化跟踪、监管、录入作业。因此,条形码识别技术是目前最普及的识别方法,无论制造业、商业或服务业,在商品制造、销售与运输过程中均能见到条形码识别系统的应用。在自动化的物流系统中,条形码识别技术更可以辅助物品装卸、分类、拣货、库存,使作业程序简单而且准确。具体来说,条形码的特殊优点如下。

(1) 高速自动输入数据。以键盘方式输入 13 个数字,约需 6s。而接触式扫描器扫描条形码只需 1~2s,若用固定式扫描器,“瞬间”即可完成读取。

(2) 高读取率。读取率是指对条形码扫描的总次数中能够有效识读的百分比,这取决于包装纸、纸箱、标签纸的印刷精度及条形码扫描器的光学分辨力。

(3) 低误读率。利用校验码可以使误读率控制在几十万分之一以内。

(4) 非接触式读取。以手持式扫描器接触阅读条形码,省力化效果不明显。而使用非接触式扫描器,能够读取输送带上迅速移动的物品上贴的条形码,叉车驾驶员可以读取高处或远处的货架或托盘上的条形码,这些能力在物流作业现场是非常有用的。

(5) 容易操作。任何种类的条形码扫描器都很容易操作。

(6) 设备投资低。条形码扫描器可用七年以上,每年一两次的保养费很低,而印制条形码标签的费用也很低,若在包装上直接印制条形码,几乎不增加任何费用。

(7) 扫描条形码可以自动、迅速、正确地收集数据,目前在商品流通的很多领域都得以广泛应用。

流通业未来的需求趋势是多品种、小批量、多频率、准时制,若仍依赖人工作业,就无法满足顾客需求,因为人无法持续、长时间地进行识别和寻找作业,作业效率与正确性会递减;而条形码自动识别系统最适合物流作业的高速化、正确化、效率化的新需求。

6.2.2 电子数据交换技术(EDI)

1. EDI 概念

电子数据交换(electronic data interchange,EDI)是通过电子方式,采用标准化的格式,利用计算机网络进行结构化数据的传输和交换。

简单地说,电子数据交换就是企业的内部应用系统之间,通过计算机和公共信息网络,以电子化的方式传递商业文件的过程。换而言之,EDI 就是供应商、零售商、制造商和客户等在其各自的应用系统之间利用 EDI 技术,通过公共 EDI 网络,自动交换和处理商业单证的过程。

它通过计算机通信网络将贸易、运输、保险、银行和海关等行业信息,用一种国际公认的标准格式,实现各有关部门或公司与企业之间的数据交换与处理,并完成以贸易为中心的全部过程,它是 20 世纪 80 年代发展起来的一种电子化贸易工具。

EDI 是以确定的报文格式进行数据传输和信息交换,因此,制定统一的 EDI 标准非常重要。EDI 标准有基础标准、代码标准、报文标准、单证标准、管理标准、应用标准、通信标准和安全保密标准等几类,其中首先要实现单证标准化,包括格式、所记载的信息以及信息描述的标准化。目前,我国已制定的单证标准有进出口许可证、原产地证书、装箱单和装运声明等。

EDI 的目的是通过建立企业间的数据交换网来实现票据处理、数据处理等事务作业的自动化和信息共享。在 EDI 中,传统贸易中使用的各种单据、票证全部被计算机数据传送取代,原来由人工进行处理的单据、票证的核对、入账、结算及收发等处理,全部由计算机来进行。由于数据的处理和传送全部依靠计算机与网络通信来进行,基本上取消了纸张信息,使用 EDI 可以减少甚至消除贸易过程中的纸面文件,因此,EDI 常被称作电子贸易或无纸贸易。EDI 作为电子商务的一种信息沟通方式,对于提高贸易活动的效率、降低成本和提高经济效益具有非常重要的作用。

构成 EDI 系统的三个要素是 EDI 软硬件、通信网络以及数据标准化。一个部门或企业若要实现 EDI,首先,必须有一套计算机数据处理系统;其次,为使本企业内部数据比较容易地转换为 EDI 标准格式,需采用 EDI 标准。另外,通信环境的优劣也是关系到 EDI 成败的重要因素之一。

2．EDI 基本工作模式

EDI 是一套报文通信工具,它利用计算机的数据处理与通信功能,将交易双方彼此往来的商业文档(如询价单或订货单等)转换成标准格式,并通过通信网络传输给对方,俗称"无纸贸易"。

增值网(VAN)就是企业间在从事商务交易时所使用的网络系统,企业将大量的商业文档(如订单、送货单、付款通知、发票等)以电子数据的方式传递,使商业交易进入无纸化的境界,让企业与企业、企业与消费者、国内外的交易对象都能迅速、安全地进行交易。

企业间往来的单证都属于商业 EDI 报文所能适用的范围。目前,各行业所制定的单证都已转换成商业 EDI 报文标准。商业 EDI-VAN 系统是为了协助流通业在相关作业上运用这些报文,其所覆盖的范围包括零售商、批发商、制造商、配送中心及运输商,相关作业包括订购、进货、接单、出货、送货、配送、对账及转账作业。

各企业可根据自身的需求,循序渐进地引入各种作业所需的报文,以逐步提高管理技术、降低管理成本。EDI 的报文运用范围如图 6-2 所示。

商业 EDI-VAN 系统基本上是属于存取服务,文件传输管理是将报文实时传输到收件者邮箱,无须人工干预。也就是说,系统不主动向用户提供数据,而是需要用户主动到 EDI-VAN 系统的邮箱中访问数据,图 6-3 为 EDI 系统的整体结构。

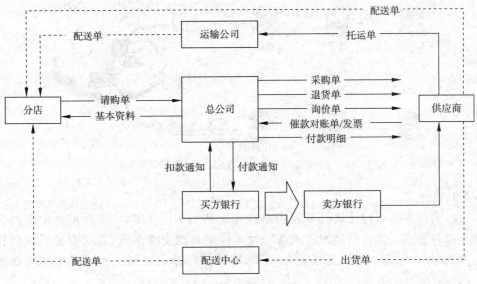

图 6-2　EDI 的报文运用范围

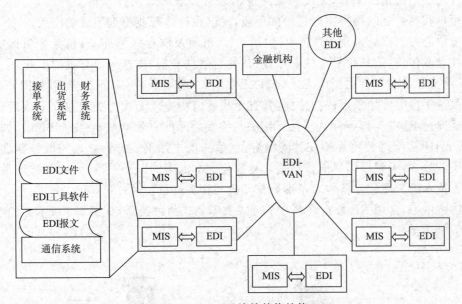

图 6-3　EDI 系统的整体结构

　　EDI 的工作方式如图 6-4 所示。用户在现有的计算机应用系统上进行信息的编辑处理,然后通过 EDI 转换软件将原始单据格式转换为中间文件,再通过翻译软件变成 EDI 标准格式文件。最后在文件外层加上通信交换信封,通过通信软件发送到增值服务网络或直接传给对方用户,对方用户则进行相反的处理过程,最后成为用户应用系统能够接受的文件格式进行收阅处理。

6.2.3　无线射频技术(RF)

　　无线射频技术(radio frequency,RF)是指利用电磁波实现信息和能量传输的技术总称。从应用领域来看,无线射频技术主要用于信息传递,例如,现在的移动通信(手机)、无线互联

图 6-4　EDI 的工作方式

网(Wi-Fi)、雷达等。

无线射频技术是一种无线计算机网络技术。利用 RF 技术,可以在配送中心内部构建无线计算机局域网。无线局域网技术是一种柔性的数据交换系统,是对普通局域网技术的一种延伸、补充。它通过采用无线通信技术,无须在计算机之间连线就可以发送或接收数据,实现数据、资源的共享。

从目前应用的情况来看,无线局域网技术是对普通局域网技术的一种延伸。它为移动办公的用户和网络之间提供实时连接的手段,现已在许多行业得到了成功应用。

配送中心可以广泛采用 RF 技术,包括:入、出库及储存保管作业;信息导引拣货作业;货架巡补盘点作业;信息收集及核查作业;其他与信息显示、信息采集有关的作业。

RF 物流系统的硬件主要由无线终端、无线网关(登录点)与服务器构成,如图 6-5 所示。终端一般是手持电脑加条形码扫描器,具有无线通信功能。无线网关架在仓库或现场高处,与服务器通过 RJ45 与局域网线连接。网关与终端之间的有效通信半径为 150m。如果半径大于 150m,可多架网关使终端在其间漫游,就像移动电话网一样。终端与服务器之间通过网关交换信号,由于条形码目前依然是最有效与成本低廉的识别手段,大部分物流系统是基于条形码技术的。硬件设备包含条形码打印机与相关耗材。

在物流中心,常用 RF 数据终端有手持式及车载式两种类型,如图 6-6 所示。

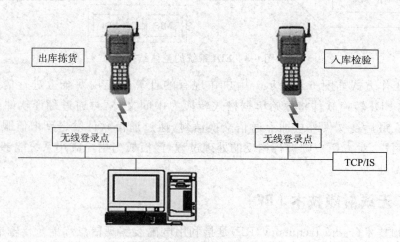

图 6-5　物流中心内 RF 系统

图 6-6 手持式及车载式 RF 数据终端

6.2.4 无线射频识别技术（RFID）

无线射频识别技术（radio frequency identification，RFID）是应用射频技术进行近距离无线识别的一种技术，也是利用射频电磁波实现一定距离的、无接触式的信息识别技术。除射频技术所涵盖的发射、接收、调制、解调等传统技术手段外，RFID 的挑战在于，要在低成本、小体积、低功耗条件下，实现信息的存储以及相应的无线通信功能。

无线射频识别技术是一种非接触式的自动识别技术，它是利用无线电波对记录媒体进行读/写。射频识别的距离可达几十厘米至几米，根据读/写的方式，可以输入数千字节的信息，同时，还具有极高的保密性。无线射频识别技术适用的领域包括物料跟踪、运载工具和货架识别等要求非接触数据采集和交换的场合，要求频繁改变数据内容的场合尤为适用。

1．RFID 系统组成

最基本的 RFID 系统由三部分组成。

标签（tag）：由耦合元件及芯片组成，每个标签具有唯一的电子编码，附着在物体上标识目标对象。

阅读器（reader）：读取（有时还可以写入）标签信息的设备，可设计为手持式或固定式。

天线（antenna）：在标签和读取器间传递射频信号。

2．RFID 原理

阅读器通过发射天线发送一定频率的射频信号，当射频卡进入发射天线工作区域时，产生感应电流，射频卡获得能量被激活；射频卡将自身编码等信息通过卡内置发送天线发送出去；系统接收天线接收到从射频卡发送来的载波信号，经天线调节器传送到阅读器，阅读器对接收的信号进行解调和解码，然后送到后台主系统进行相关处理；主系统根据逻辑运算判断该卡的合法性，针对不同的设定做出相应的处理和控制，发出指令信号控制执行机构动作。

无线射频识别技术（RFID）原理如图 6-7 所示。

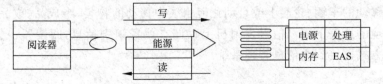

图 6-7 无线射频识别技术（RFID）原理

RFID 的基本工作原理并不复杂,标签进入磁场后,接收阅读器发出的射频信号,凭借感应电流所获得的能量发送出存储在芯片中的产品信息(passive tag,无源标签或被动标签),或主动发送某一频率的信号(active tag,有源标签或主动标签);阅读器读取信息并解码后,送至中央信息系统进行有关数据处理。

3. RFID 系统分类与应用

根据 RFID 系统完成的功能不同,可以把 RFID 系统分成 EAS 系统、便携式数据采集系统、网络系统、定位系统四种类型。

(1) EAS(electronic article surveillance,电子监视系统)系统。它是一种设置在需要控制物品出入的门口的 RFID 技术。这种技术的典型应用场合是商店、图书馆、数据中心等,当未被授权的人从这些地方非法取走物品时,EAS 系统会发出警告。在应用 EAS 系统时,首先在物品上粘附 EAS 标签,当物品被正常购买或合法移出时,在结算处通过一定的装置使 EAS 标签失活,物品就可以取走。物品经过装有 EAS 系统的门口时,EAS 装置能自动检测标签的活动性,发现活动性标签,EAS 系统会发出警告。EAS 系统的应用可以有效防止物品的被盗,不管是大件的商品,还是很小的物品。应用 EAS 系统,物品不用再锁在玻璃橱柜里,可以让顾客自由地观看、检查商品,这在自选日益流行的今天有着非常重要的现实意义。典型的 EAS 系统一般由三部分组成。

① 附着在商品上的电子标签、电子传感器。

② RFID 标签灭活装置,以便授权商品能正常出入。

③ 监视器,在出口造成一定区域的监视空间。

EAS 系统的工作原理:在监视区,发射器以一定的频率向接收器发射信号。发射器与接收器一般安装在零售店、图书馆的出入口,形成一定的监视空间。当具有特殊特征的标签进入该区域时,会对发射器发出的信号产生干扰,这种干扰信号也会被接收器接收,再经过微处理器的分析判断,就会控制警报器的鸣响。

(2) 便携式数据采集系统。它是使用带有 RFID 阅读器的手持式数据采集器采集 RFID 标签上的数据。这种系统具有比较大的灵活性,适用于不宜安装固定式 RFID 系统的应用环境。手持式阅读器(数据输入终端)可以在读取数据的同时,通过无线电波数据传输方式实时地向主计算机系统传输数据,也可以暂时将数据存储在阅读器中,再逐批向主计算机系统传输数据。

(3) 网络系统。它是将 RFID 阅读器分散布置在给定的固定区域,并且阅读器直接与数据管理信息系统相连,信号发射机是移动的,一般安装在移动的物体上面。当物体经过阅读器时,阅读器会自动扫描标签上的信息,并把数据信息输入数据管理信息系统进行存储、分析、处理,达到控制物流的目的。

(4) 定位系统。用于自动化加工系统中的定位以及对车辆、轮船等进行运行定位支持。阅读器放置在移动的车辆、轮船上或自动化流水线中移动的物料、半成品、成品上,信号发射机嵌入操作环境的地表下面。信号发射机上存储有位置识别信息,阅读器一般通过无线的方式或有线的方式连接到主信息管理系统。

4. RFID 优势

和传统条形码识别技术相比,RFID 有以下优势。

（1）快速扫描。条形码一次只能有一个条形码被扫描；RFID 辨识器可同时辨识读取数个 RFID 标签。

（2）体积小型化、形状多样化。RFID 在读取上并不受尺寸大小与形状限制，不必为了读取精确度而配合纸张的固定尺寸和印刷品质。此外，RFID 标签更可往小型化与多样形态方向发展，以应用于不同产品。

（3）抗污染能力和耐久性。传统条形码的载体是纸张，因此容易受到污染，但 RFID 对水、油和化学药品等物质具有很强的抵抗性。此外，由于条形码是附于塑料袋或外包装纸箱上，所以特别容易受到折损；RFID 卷标是将数据存在芯片中，因此可以免受污损。

（4）可重复使用。现今的条形码印刷之后无法更改，RFID 标签则可以重复地新增、修改、删除 RFID 卷标内储存的数据，方便信息的更新。

（5）穿透性和无屏障阅读。在被覆盖的情况下，RFID 能够穿透纸张、木材和塑料等非金属或非透明的材质，并能够进行穿透性通信。而条形码扫描机必须在近距离而且没有物体阻挡的情况下，才可以辨读条形码。

（6）数据的记忆容量大。一维条形码的容量是 50B，二维条形码最大的容量可储存 2～3 000 字符，RFID 最大的容量则有数 MB。随着记忆载体的发展，数据容量也有不断扩大的趋势。未来物品所需携带的资料量会越来越大，对卷标扩充容量的需求也相应增加。

（7）安全性高。由于 RFID 承载的是电子式信息，其数据内容可经由密码保护，使其内容不易被伪造及变造。

近年来，RFID 因其所具备的远距离读取、高储存量等特性而备受瞩目。它不仅可以帮助一个企业大幅提高货物、信息管理的效率，还可以让销售企业和制造企业互联，从而更加准确地接收反馈信息，控制需求信息，优化整个供应链。

6.2.5　全球定位技术

现有的卫星导航定位系统有美国的全球定位系统（GPS）、俄罗斯的全球卫星定位系统（Global Navigation Satellite System，GLONASS）、北斗卫星导航系统（BDS）和欧洲伽利略系统。本节主要介绍 GPS 和 BDS。

1. GPS

全球定位系统（Global Positioning System，GPS）是美国国防部研制的一种全天候的、空间基准的导航系统，可满足位于全球任何地方或近地空间的军事用户连续地、精确地确定三维位置和三维运动及时间的需要，它是一个中距离圆形轨道卫星导航系统。

全球卫星定位系统是一种结合卫星及通信发展的技术，利用导航卫星进行测时和测距。全球卫星定位系统是美国从 20 世纪 70 年代开始研制，历时 20 余年，耗资 200 亿美元，于1994 年全面建成，它是具有海、陆、空全方位实时三维导航与定位能力的新一代卫星导航与定位系统。经过近十年我国测绘等部门的使用表明，全球定位系统以全天候、高精度、自动化、高效益等特点，成功地应用于大地测量、工程测量、航空摄影、运载工具导航和管制、地壳运动测量、工程变形测量、资源勘察、地球动力学等多种学科，取得了较好的经济效益和社会效益。

GPS 由三部分组成：空间部分——GPS 星座；地面控制部分——地面监控系统；用户设备部分——GPS 信号接收机。

（1）空间部分。GPS的空间部分是由24颗工作卫星组成的，它位于距地表20 200km的上空，均匀分布在6个轨道面上（每个轨道面4颗），轨道倾角为55°。此外，还有4颗有源备份卫星在轨运行。卫星的分布使得在全球任何地方、任何时间都可观测到4颗以上的卫星，并能保持良好定位解算精度的几何图像。这就提供了在时间上连续的全球导航能力。GPS卫星产生两组电码：一组称为C/A码（coarse/acquisition code，11 023MHz）；另一组称为P码（procise code，10 123MHz）。P码因频率较高、不易受干扰、定位精度高，因此受美国军方管制，并设有密码，一般民间无法解读，主要为美国军方服务。C/A码在人为采取措施而刻意降低精度后，主要开放给民间使用。

（2）地面控制部分。地面控制部分由一个主控站、5个全球监测站和3个地面控制站组成。监测站均配装有精密的铯钟和能够连续测量到所有可见卫星的接收机。监测站将取得的卫星观测数据，包括电离层和气象数据，经过初步处理后，传送到主控站。主控站从各监测站收集跟踪数据，计算出卫星的轨道和时钟参数，然后将结果送到3个地面控制站。地面控制站在每颗卫星运行至上空时，把这些导航数据及主控站指令注入卫星。对每颗GPS卫星每天进行一次这种注入，并在卫星离开注入站作用范围之前进行最后的注入。如果某地面站发生故障，那么在卫星中预存的导航信息还可用一段时间，但导航精度会逐渐降低。

（3）用户设备部分。用户设备部分即GPS信号接收机。其主要功能是能够捕获到按一定卫星截止角所选择的待测卫星，并跟踪这些卫星的运行。当接收机捕获到跟踪的卫星信号后，即可测量出接收天线至卫星的伪距离和距离的变化率，解调出卫星轨道参数等数据。根据这些数据，接收机中的微处理计算机就可按定位解算方法进行定位计算，计算出用户所在地理位置的经纬度、高度、速度、时间等信息。接收机硬件和机内软件以及GPS数据的后处理软件包构成完整的GPS用户设备。GPS接收机的结构分为天线单元和接收单元两部分。接收机一般采用机内和机外两种直流电源。设置机内电源的目的在于更换外电源时不中断连续观测。在用机外电源时机内电池自动充电。关机后，机内电池为RAM存储器供电，以防止数据丢失。目前，各种类型的接收机体积越来越小，重量越来越轻，便于野外观测使用。

全球定位系统具有性能好、精度高、应用广的特点，是迄今最好的导航定位系统。随着全球定位系统的不断改进，硬软件的不断完善，应用领域正在不断地开拓，目前已遍及国民经济各种部门，并开始逐步深入人们的日常生活。

2. 北斗卫星导航系统（BDS）

北斗卫星导航系统由空间段、地面段和用户段三部分组成，可在全球范围内全天候、全天时为各类用户提供高精度、高可靠定位、导航、授时服务，并具短报文通信能力，已经初步具备区域导航、定位和授时能力，定位精度10m，测速精度0.2m/s，授时精度10ns。

2017年11月5日，中国第三代导航卫星顺利升空，它标志着中国正式开始建造"北斗"全球卫星导航系统。

2018年8月25日7时52分，我国在西昌卫星发射中心用长征三号乙运载火箭（及远征一号上面级），以"一箭双星"方式成功发射第35、36颗北斗导航卫星。这两颗卫星属于中圆地球轨道卫星，也是我国北斗三号全球系统第11、12颗组网卫星。北京时间19日晚22时07分，我国在西昌卫星发射中心用长征三号乙运载火箭（及远征一号上面级），以"一箭双星"方式成功发射第37、38颗北斗导航卫星。这两颗卫星属于中圆地球轨道卫星，也是我国北斗三号全球系统第 13、14 颗组网卫星。在这两颗北斗导航卫星上,还首次装载了国际搜救组织标准设备,将为全球用户提供遇险报警及定位服务。

2018 年 12 月 27 日,北斗卫星导航系统服务范围由区域扩展为全球,北斗卫星导航系统正式迈入全球时代。

北斗卫星导航系统空间段由 5 颗静止轨道卫星和 30 颗非静止轨道卫星组成。中国正在实施北斗卫星导航系统建设,已成功发射 16 颗北斗导航卫星。根据系统建设总体规划,2012 年左右,系统将首先具备覆盖亚太地区的定位、导航和授时以及短报文通信服务能力。2020 年左右,建成覆盖全球的北斗卫星导航系统。

6.2.6　地理信息系统技术(GIS)

地理信息系统(Geographical Information System,GIS)是多种学科交叉的产物,它以地理空间数据为基础,采用地理模型分析方法,适时地提供多种空间的和动态的地理信息,是一种为地理研究和地理决策服务的计算机技术系统。其基本功能是将表格型地理数据转换为地理图形显示,然后对显示结果进行浏览、操作和分析。其显示范围可以从洲际地图到非常详细的街区地图,显示对象包括人口、销售情况、运输线路以及其他内容。

GIS 应用于物流分析,主要是指利用 GIS 强大的地理数据功能来完善物流分析技术。例如,利用 GIS 开发物流系统分析软件。完整的 GIS 物流分析软件集成了车辆路线模型、最短路径模型、网络物流模型、分配集合模型和设施定位模型等。

(1) 车辆路线模型。用于解决一个起始点、多个终点的货物运输中如何降低物流作业费用,并保证服务质量的问题,包括决定使用多少辆车,每辆车的路线等。

(2) 最短路径模型。用于寻求两点之间的最短路径。两点之间可能有多条路径可以连通,每条路径可能通过多个节点,由若干路线组成,一般以距离最短、时间最短、运费最低或流量最小为目标。该模型可以对不同的目标进行最短路径分析。

(3) 网络物流模型。用于解决寻求最有效的分配货物路径问题,也就是物流网点布局问题。如将货物从 N 个仓库运往 M 个商店,每个商店都有固定的需求量,因此需要确定由哪个仓库提货送给哪个商店,所耗的运输代价最小。

(4) 分配集合模型。可以根据各个要素的相似点把同一层上的所有或部分要素分为几个组,用以解决确定服务范围和销售市场范围等问题。如某一公司要设立 X 个分销点,要求这些分销点要覆盖某一地区,而且要使每个分销点的顾客数目大致相等。

(5) 设施定位模型。用于确定一个或多个设施的位置。在物流系统中,仓库和运输线路共同组成了物流网络,仓库处于网络的节点上,节点决定着线路,如何根据供求的实际需要并结合经济效益等原则,在既定区域内设立多少个仓库,每个仓库的位置,每个仓库的规模,以及仓库之间的物流关系等问题,运用此模型均能很容易地得到解决。

6.3　物流信息系统

6.3.1　物流信息系统的概念和分类

1. 物流信息系统的概念

物流信息系统是指由人员、设备和程序组成的、为物流管理者执行计划、实施、控制等职

能提供信息的交互系统,它与物流作业系统一样,都是物流系统的子系统。

所谓物流信息系统,实际上是物流管理软件和信息网络相结合的产物。小到一个具体的物流管理软件,大到利用覆盖全球的互联网将所有相关的合作伙伴、供应链成员连接在一起提供物流信息服务的系统,都叫作物流信息系统。

对一个企业而言,物流信息系统不是独立存在的,而是企业信息系统的一部分,或者说是其中的子系统,即使对一个专门从事物流服务的企业也是如此。例如,一个企业的 ERP系统,物流管理信息系统就是其中一个子系统。

物流信息系统作为企业信息系统中的一类,可以理解为通过与物流相关信息的加工处理来达到对物流、资金流的有限控制和管理,并为企业提供信息分析和决策支持的人机系统。

2. 物流信息系统的分类

按管理决策的层次,可分为物流作业管理系统、物流协调控制系统、物流决策支持系统。

按系统的应用对象,可分为面向制造企业的物流管理信息系统,面向零售商、中间商、供应商的物流管理信息系统,面向物流企业的物流管理信息系统(3PLMIS)。

按系统采用的技术,可分为单机系统,内部网络系统,与合作伙伴、客户互联的系统。

6.3.2　物流信息系统的层次结构

物流信息系统根据不同企业的需要可以有不同层次、不同程度的应用和不同子系统的划分。例如,有的企业由于规模小、业务少,可能使用的仅仅是单机系统或单功能系统,而另一些企业可能就使用功能强大的多功能系统。一般来说,一个完整、典型的物流信息系统可由作业信息处理系统、控制信息处理系统、决策支持系统三个子系统组成。

1. 作业信息处理系统

作业信息处理系统一般有电子自动订货系统(EOS)、销售时点信息系统(POS)、智能运输系统(ITS)等类型。

电子自动订货系统(EOS)是指企业利用通信网络(VAN 或互联网)和终端设备以在线连接方式进行订货作业和订单信息交换的系统。电子自动订货系统按应用范围可分为企业内的 EOS(如连锁经营企业各连锁分店与总部之间建立的 EOS);零售商与批发商之间 EOS以及零售商、批发商与生产商之间的 EOS 等。及时准确地处理订单是 EOS 的重要职能。其中的订单处理子系统为企业与客户之间提供接受、传递、处理订单服务。订单处理子系统是面向整个订货周期的系统,即企业从发出订单到收到货物的期间。在这一期间内,要相继完成:订单传递、订单处理、订货准备、订货运输四项重要活动。其中实物流动由前向后,信息流动由后向前。订货周期中的任何一个环节缩短了时间,都可以为其他环节争取时间或缩短订货周期,从而保证了客户服务水平的提高。因而从客户的角度来看,评价企业对客户需求的反应灵敏程度,是通过分析企业的订货周期的长短和稳定性来实现的。

销售时点信息系统(POS)是指通过自动读取设备在销售商品时直接读取商品销售信息,如商品名、单价、销售数量、销售时间、购买顾客等,并通过通信网络和计算机系统传送至有关部门进行商品库存的数量分析、指定货位和调整库存以提高经营效率的系统。

智能运输系统(ITS)是典型的发货和配送系统,它将信息技术贯穿于发货和配送的全过程,能够快捷准确地将货物运达目的地。

2．控制信息处理系统

控制信息处理系统主要包括库存管理系统和配送管理系统。

库存管理系统负责利用收集到的物流信息,制定出最优库存方式、库存量、库存品种以及安全防范措施等。

配送管理系统则将商品按配送方向、配送要求分类,制订科学、合理、经济的运输工具调配计划和配送路线计划等。

3．决策支持系统

物流决策支持系统(LDSS)是为管理层提供的信息系统资源,是给决策过程提供所需要的信息、数据支持、方案选择支持。一般应用于非常规、非结构化问题的决策。但是决策支持系统只是一套计算机化的工具,可以帮助管理者更好地决策,但不能代替管理者决策。

6.3.3　物流信息系统分类

物流信息系统根据不同的分类原则可以有多种划分方式,如按面向对象,可以将物流信息系统分为面向制造企业的物流信息系统,面向零售商、中间商、供应商的物流信息系统,面向第三方物流企业的物流信息系统,面向供应链中某一环节的企业(如船公司)的物流信息系统;按系统的网络范围,可以分为基于物流企业内部局域网的系统,分布式企业网和Internet 相结合的系统,企业内部局域网和 Internet 相结合的系统。为了能够对物流信息系统有更深入的了解,下面按系统的业务功能分别论述。

1．进销存管理系统

进货、销售、存储管理是企业经营管理的核心环节,也是企业能否取得经济效益的关键。若能实现合理进货、及时销售、库存最小,则企业自然能取得最佳效益。

进销存管理系统由三部分组成,分别用于物流活动的三个环节,如图 6-8 所示。在进货时不仅要考虑当前库存量与销售量,更要注重进行销售分析和预测,以优化进货策略,从而有效地防止货物的积压以及不合理的费用支出;在库存管理中,不仅要做好日常性的事务工作,更要在 ABC 分类工作的基础上开展保本保利分析并核定库存定额,及时为决策者提供信息支持;在销售管理中,不仅是销售价格的制定和批零方式的选择,更主要的是进行正确的销售分析与预测,这些对于制定合理的销售策略和计划以及签订相关合同都至关重要。

1）进货管理子系统

确定合理的订货量,选择优秀的供应商和保持最佳的安全储备是进货管理子系统的重点所在。本系统的目标是随时提供订购、验收信息;保证按要求订货、到货;建立供应商信息档案;提供最新的成本信息等。

进货可以分为定期和不定期两种。定期进货是指根据年度计划由本系统生成进货计划,管理人员按照计划决策;不定期进货则是指各部门根据实际运营需要而产生的临时性进货计划。在进货操作中主要有以下环节。

(1)请购单。各部门根据实际需要将进货计划的品名、型号、数量等信息填好请购单,在系统中备案;经审核后即可进行进货处理,凡处理过的请购单均附有"已处理"的标识,防

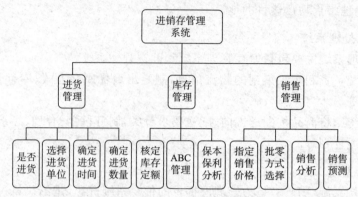

图 6-8　进销存管理系统构成

止重复操作。所有的请购单可以按时间、部门进行分类汇总及查询。

（2）询价单。通过互联网方式寻求适合的合作伙伴，向厂家咨询最小批量价格、产品等级、有效期限，确定运输方式、付款方式，同时及时更新基础资料中的供应商档案信息。

（3）采购单。可以直接录入采购明细单，或从请购单、询价单中导出有关信息，生成采购单，并提交给收货部门进行下一步处理。凡已提交的采购单，均在相应的请购单上加注"已处理"标识。

（4）进货处理。根据现有的库存信息以及供应商的供货时间、运输方式的要求，开出进货单，并提交库存管理部门，监督进货情况，对供应商的信誉信息进行更新，对已提交的进货单做标识。

（5）退货处理。根据质检部门提出的退货要求，与供应商协商，确认退货。在退货单中必须注明请购单号、采购单号和进货单号，以进行相关操作。

（6）供应商管理。供应商信息库中有供应能力、信誉度等内容，可以根据要求对供应商信息进行更新，包括增加、删除和修改。

2）销售管理子系统

销售管理子系统主要包含以下几个模块。

（1）报价。销售报价的方式可以多种多样，在一定范围内价格可以浮动，不同批量、不同价格、不同等级的客户价格不同，不同产品配置不同价格，可以随时查询对每个客户的最后一次报价情况；报价时要综合交货期限、运输方式、付款方式、预付款比例发货地点等信息。

（2）销售单。在报价过程中可以由与客户的交互信息直接生成销售单据，包括产品明细项目、数量、单价、结算方式等，并将销售单提交给库存部门进行发货处理。

（3）出货处理。根据销售单据、库存信息以及工作进度合理安排发货任务，并在销售单据上加注标识。

（4）退货处理。在销售过程中，如果出现产品质量问题或其他问题，要求销售部门与客户进行协商，经确认需退货时，由销售部门提供退货产品的具体信息，并提交质检部门做进一步处理。

（5）客户信息管理。建立客户信息库，详细记录对客户的服务以及客户投诉；及时查询订单的执行情况。

（6）销售预测与分析。该模块包括销售预测、分析和商品管理功能。通过销售分析和预测可为企业决策提供依据。

销售预测按特定需求查询及打印商品销售预测表、工具设备需求报表、库存需求报表、人力资源需求报表、成本需求分析报表等。

管理人员可以输入销售日期、月份、年度、商品类别、商品名称、客户名称、作业员名称、仓库等查询各个销售资料或销售统计资料。此系统提供商品销售统计表、年度商品数量统计表、年度及月份商品数据统计比较分析报表、商品成本利润百分比分析报表，并可查询作业员销售业绩及各仓库经营业绩等数据。

商品管理系统是协助销售主管了解消费者对商品的偏好趋势，一般只需按需求输入查询即可。常用的商品管理报表包括商品销售排行、畅销品及滞销品分析、商品周转率分析、商品获利率分析等。

3）库存管理子系统

从企业整个物流活动过程来看，库存是一个重要的缓冲器，旨在调节"无限需求"与"库存最小"（即库存占用资金最少）之间的矛盾。由于企业用于库存物资的储备资金相当高，如何对库存物资进行有效管理，最大限度地减少储备资金的占用，加速资金周转速度，就成为库存管理系统的首要任务。库存管理的目的，就是要通过对反映库存物资运动过程的信息进行处理、分析和控制，以确定最佳的库存量，以及采集与库存量相关的各类信息（如订货点、订货量等）。

库存状态信息是指所有的产品、零部件、在制品及原材料的信息，主要包括当前库存量、计划入库量（在途量）、订货（生产）批量、安全库存量等。

库存管理子系统对出入库单据提供了自动生成单据编码和手工录入单据编码两种功能，并对单据号进行一次性检查。具体有以下几个环节。

（1）库存计划。为了有效地进行库存管理，需要确定在哪个阶段、哪个物流据点设置库存，设置多少，备货保持在什么服务水平上等库存计划，以及在哪个据点备有什么样货物，配备多少货物等库存分配计划。

（2）商品分类分级。按商品类别统计其库存量，并按库存量排序和分类，作为仓库规划布置、商品采购、人员、设备配置等的参考。

（3）入库。可分为订购货物进仓、余货进仓、销售退货进仓等不同类型，开出相对应的单据；所有进仓物品需经质量和数量检验后才能入库；订货进仓需提供原始采购单据号码，以进行对照；退货进仓需提供销售单据号码，以进行对照。

（4）出库。可分为销售出货和运营领货、补货等不同形式，对应不同单据。

（5）调拨处理。对仓库中各种货物的移动进行调配和登记。

（6）盘点。库存物品采用 ABC 分类法进行管理。根据需要和可能对不同的物品采用不同的盘点方法，如永续盘点、定期盘点，对盘点数据汇总分析，以便调整库存量并做盈亏处理。

2. 订单管理系统

订单管理系统代替了传统的纸面传递，提供了非常有价值的功能，这些功能分成不同类别种类，加强了订单的配合度。订单管理系统也提供了完整产品生命周期流程，使客户有能力跟踪和追踪订单、制造、分销、服务流程的所有状况。对于可能影响到配送过程的变化，系统能预先通知客户。

1) 订单管理主要功能

（1）网上下单，EDI 接收电子订单，销售人员定期访问客户时下的订单。

（2）订单的预处理，包括同一用户的多个订单合并，由于库存不足对订单的拆分。

（3）支持客户从网上查询订单状态。

（4）支持紧急插单。

订单管理系统主要包括客户询价、报价与订单接收、确认、输入等作业。自动报价系统需要输入的数据包括客户名称、询问商品的名称、商品的详细规格、商品登记等，然后系统调用相关数据库以取得此项商品的报价历史资料、数量折扣、客户以往交易记录及客户折扣、商品供应价等数据，再根据相关成本计算销售价格。接着由报价单制作系统打印报价单，经销售主管核准后即可送予客户。报价单经客户签回后即可成为正式订单。

由于订单传送的方式有多种，如邮寄、销售人员取回、电话订购、传真订购及通过计算机网络订购等，故订单的接收需考虑订购数据的识别及法律效力等问题。审核确认后的订单需由销售人员核查在客户指定出货日期是否能如期出货，当销售部门无法如期配送时，可由销售人员跟客户协调，是否分批交货和延迟交货，然后按协调结果修改单据文件。

销售人员还需检查客户付款状况及应收账款数是否超出公司所定的信用额度，超出额度时，则需由销售主管核准后再输入订购数据。当商品退回时，可按订单号码找出原始订购数据及配送数据，修改其内容并标示退货记号，以备退货数据处理。

2) 订单管理系统设计要点

（1）输入数据包括客户资料、商品规格资料、商品数量等。

（2）日期及订单号码、报价单号码由系统自动填写，但可修改。

（3）具备按客户名称、客户编号、商品名称、商品编号、订单号码、订货日期、出货日期等查询订单内容的功能。

（4）具备客户的多个出货地址记录，可根据不同交货地点开发票。

（5）可查询客户信用度、库存数量、产能分配状况、设备工具使用状况及人力资源分配。

（6）具备单一订购批次订单的打印功能。

（7）报价系统具备由客户名称、客户编号、商品名称、商品编号、最近报价日期、最近订货数据等查询该客户的报价历史、订购出货状况和付款状况的资料，作为对客户进行购买力分析及信用评估的标准。

（8）可由销售主管或该层主管随时修改客户信用额度。

（9）具备相似产品、可替代产品资料，当库存不足无法出货时，可向客户推荐替代品以争取销售机会。

（10）可查询未结订单资料，以利出货作业的跟催。

3．仓储管理系统

仓储管理是现代物流的核心环节之一，随着客户要求的不断提高，仓储管理在整个物流管理当中占有越发重要的地位。在仓储管理中，主要包括货物储存、进出库程序、单据流程、货物登记和统计报表、盘点程序、货物报废审批及处理、决策优化（如"先进先出"或"后进先出"）、人员管理等功能。

1) 入库作业系统

入库作业系统包括预订进货数据处理和实际入库作业处理。

预订进货数据处理：是为进货月台调度、进货人力资源及机具设备资源分配提供参考。其数据来自：采购单上的预订进货日期、进货商品、进货数量等；供应商预先通告的进货日期、商品及入库数量。可打印定期入库数据报表。

实际入库作业处理：是在实际入库作业中发生在厂商交货之时的输入数据，应包括采购单号、厂商名称、商品名称、商品数量等。退货入库的商品也需检验，合格品方可入库。这种入库数据既是订单数据库、出货配送数据库、应收账款数据库的减项，又是入库数据库及库存数据库的加项。

商品入库后有两种处理方式：立即出库或上架入库。对于立即出库的状况，入库系统需具备待出库数据查询并连接派车计划及出货配送系统。采用上架入库再出库的话，进货系统需具备货位指定功能或货位管理功能。货位指定功能是指当进货数据输入时即给货物分配最佳货位。货位管理功能则主要进行商品货位登记、提供现行使用货位报表、空货位报表等，为货位分配以及商品存储货位跟踪提供参考。

货位指定系统还需具备人工操作的功能，以便仓管人员调整货位，还能根据多个特性查询入库数据。商品入库后，系统可用随即过账的功能，使商品随入库变化录入总账。

2) 保管系统

为了实现仓库管理的合理化，提高仓库作业的效率，防止出现作业差错，保管场所管理至关重要。保管场所管理的有效方法是对保管位置和货架按照一定的方式标明牌号，根据牌号下达作业指示。在计算机控制的自动化仓库中，若没有货位的牌号标示是无法运作的。

通过对仓库货物保管位置标明区位号码来提高保管场所使用效率的方式称为保管场所系统。这种系统包括保管位置与保管物品相对一致的固定场所系统和保管位置与保管物品经常变动的自由场所系统两大类。

固定场所系统由于保管货物的位置相对固定，因而便于作业人员的识别查找，即便是业务不熟练的人员，也可以迅速、准确地进行货物拣选。但是，货位的使用效率相对较低。当货物保管量少的时候，货位出现闲置；反之，当货物量超出货位容量时，要采取其他措施弥补。

自由场所系统由计算机根据货位同货物的对应关系进行管理，货物存放的位置不是固定的，对于品种多而且更新快的商品保管，如书籍配送中心的书籍保管非常适用。自动化立体仓库使用自由货架，可以根据翌日出库计划，在前夜空闲时间，将货物移动到出库口附近的货位，以提高出库时的作业效率。

3) 拣选作业系统

货物拣选明细有按照订货类别制作（摘果拣选方式）和按照品种单位集中制作，拣选出的商品再按客户类别进行二次分货（播种拣选方式）两种方法。

订货拣选系统分为全自动系统和人工半自动系统。全自动系统从全自动流动货架将必要的商品移送到传送带的拣选系统。人工半自动系统是在计算机的辅助下实现高效率拣选的系统，如电子标签拣选系统等。

利用自动化拣选系统可以提高货物拣选的效率与合理化程度，但是，在订货处理和货物拣选作业之间时间有限的情况下，难以实现自动化。

如果出现库存不足，不能按照订货数量拣选的情况下，要将缺货部分的信息告知客户，由客户决定是取消订货还是在下次到货时优先供货。

拣货系统设计要点如下。

输入数据为分派工作日期及各项作业实际完成情况进行数据的修正。

需具备批次规划、工作调度、单据打印及机械设备间接收、转换、传送等功能。

拣货规划系统需具备多种拣货方式设定,拣取的商品单位也可由程序更换,并可设定不同仓储单位及拣取单位间数量的转换。

由于使用的拣货设备、识别工具及检测仪器不同,需具备与这些设备间的数据识别、转换及处理的能力。

4）出库作业系统

出库作业系统包括订单处理系统、订货拣选系统、出库处理等内容。

对于拣选完毕,按照客户类别备好货物的订货,下达配送指示。配送方式可按照事先配备好的车辆,以固定路线和时间、固定运行以及在满足配送要求的同时,本着物流成本最低的原则,根据当时车辆的状况,选择车辆和线路。选择哪种方式要根据商品的特性、与客户的关系以及配送车辆的获得能力等来灵活掌握。

送货时,一般要同时向客户提交装箱单、送货单和收货单等单据,但为了简化配送作业,也有在配送完了之后再送达有关信息的系统。送货单经客户确认盖章后,出货处理作业即告结束。

4. 运输管理系统

运输管理一般是指汽车运输管理系统,由于目前铁路运输还具有一定的封闭性,信息系统能够管理的信息有限。运输管理系统不仅仅是一个车辆调度系统,还包含了运输计划、配载、资源分配等。

资源管理:运输管理系统中,参与作业中的人、财、物都是资源,资源的可用性、适用性是系统整体功能运行的基础。

客户委托:与空运及海运作业管理类似。

外包管理:物流企业的自有运能是有限的,因此,在实际作业当中,需要采购运力,而为了满足客户对物流服务质量的要求,对分包方的管理与控制,是物流服务企业必须重视与关心的问题。外包管理是物流信息管理系统中针对分包方管理与控制的功能模块,包括分包方的资信、车辆资源等。

运输调度:运输管理系统中运输调度是整个系统的核心,运输调度模块管理整体的资源,制订配送、运输计划,分配资源,监控在途车辆与货物,配载空间与运输路径。

费用控制:运输管理系统与空运、海运系统不同,在陆路运输中,许多实际费用事先是无法确定的,只能在作业完成后,由费用报销来体现在系统中,对于核算运输的成本、收入至关重要。

在运输管理过程中,常常涉及货物跟踪、车辆运行管理、配车配载等功能。相关的功能模块如下。

1）货物跟踪系统

货物跟踪系统是指在货物流动的范围内,可以对货物的状态进行实时把握的信息系统。货物跟踪系统信息处理的原理是,工作人员在向货主取货时、在物流中心重新集装运输时或在向顾客配送交货时,利用扫描仪自动读取货物包装或货物单据上的条形码等货物信息,如货物品种、数量、货物在途情况、交货期间、发货地和到达地、货物的货主、送货责任车辆和人员等,通过公共通信线路、专用通信线路或卫星通信线路把货物的信息传送到总部的中心计算机进行汇总整理,这样就可以及时获取有关货物运输状态的信息,当客户查询货物时,只要提供货单号码,就可以获知所运送货物的有关动态信息,如货物通过什么地方,处于什么状态,包括货物已经起运、正在运输途中、正在配送途中或已经完成配送等。对没有配送完成的货物,也可以及时把握。在防止配送延误方面,也能起到重要作用。

货物跟踪系统开始是服务于利用宅配便进行大批量货物运输的客户,通过货主计算机与物流业者的信息系统对接,提供货物动态信息。随着互联网的普及,一般消费者的个人包裹配送信息也可以通过计算机终端进行直接查询,只要将货单的号码输入系统,就可以及时获得有关包裹配送的动态信息,即目前所托运的包裹处于什么状态。

货物跟踪系统提高了物流企业的客户服务水平,其具体作用表现在以下四个方面。

(1) 当顾客需要对货物的状态进行查询时,只要输入货物的发票号码,马上就可以知道有关货物状态的信息。查询作业简便迅速,信息及时准确。

(2) 通过货物信息可以确认是否货物将在规定的时间内送到顾客手中,能及时发现问题,便于查明原因并及时纠正,从而提高运送货物的准确性和及时性,提高顾客服务水平。

(3) 作为获得竞争优势的手段,提高物流运输效率,提供差别化物流服务。

(4) 通过货物跟踪系统所得到的有关货物运送状态的信息,丰富了供应链的信息分享源,有关货物运送状态信息的分享有利于顾客预先做好接货以及后续工作的准备。

建立货物跟踪系统需要较大的投资,如购买设备、标准化工作、系统运行费用等。因此,只有有实力的大型物流运输企业,才能应用货物跟踪系统。但是,随着信息产品和通信费用的低价格化以及互联网的普及,许多中小物流运输企业也开始应用货物跟踪系统。在信息技术广泛普及的美国,物流运输企业建立本企业的网页,顾客通过互联网与物流运输企业联系运货业务和查询运送货物的信息。在我国,许多物流运输企业也已开始建立本企业的网页,通过互联网从事物流运输业务。

2) 车辆运行管理系统

由于运输工具(如卡车、火车、船舶、飞机等)在运输过程中处于移动分散的状态,因此在物流作业管理方面会带来一定的难度。而随着移动通信技术的发展和普及,出现了多种车辆运行管理系统。

3) 配车配载系统

长距离大量货物运输的情况下,一般使用整车运输的方法。影响整车运输效率的主要问题是回程空载行驶,造成运输能力的浪费。由于网络没有形成、信息不通畅等原因,回程车辆空驶现象时有发生。为解决回程空驶问题,需要做到:一是货主利用回程车辆运输货物;二是车主寻找回程货物。前者叫"配车",后者叫"配载"。

配车配载成功与否,关键在于信息是否充分,是否能够及时获取信息。配车配载系统利用信息网络技术,为发布车源货源,查找车源货源提供了有效手段。有业务合作的企业之间,利用这个系统性相互提供车源货源,可以达到提高运输效率的目的。

5. 配送管理系统

配送管理系统包括商品集中、分类、车辆调度、车辆配装、配送路线规划及配送途中的跟踪管理等功能。

配送车辆调度即由调度人员汇总当日预订出货订单,将客户按其配送地址划分区域,统计该区出货商品的体积与重量,然后查询车辆可用情况,分配配送车辆的种类及派车数量,确定装车批次。

确定配送装车批次后,配送系统可提供装车计划和配送路线规划。装车计划可决定每辆车按订单的装车程序;配送路线选择可求得最短配送路径、最短配送时间或最低配送成本等最佳解,以决定配送顺序。

商品装车后即予以配送。送货单通常有多联,供客户及司机签收核定。商品送达客户后,出货单由送货司机缴回并输入数据,作为入账凭证和客户收货凭证。

配送管理系统还应具备配送途中数据传输及控制的功能,以跟踪货物动向、控制车辆及车上设备;在配送途中有意外情况发生时,还可通过通信系统取得新的配送途径,并告知配送人员,使配送工作能顺利完成。

配送管理系统设计要点如下。

(1) 派车系统中司机及随车人员的调派要考虑司机的工作能力、体力、以往工作量及曾配送区域的范围,以便有效地安排配送人员。

(2) 车辆配送中遇到困难或其他不能完成任务的原因,也应返回系统中进行分析,避免下次车辆调派错误重新出现。

(3) 现有车辆不足以配发所有物品时,车辆调派系统还需具备估计所需车辆种类、台数的功能。

6. 货代管理软件

物流信息管理系统中的货代管理系统从整体的系统来看,是出于执行层面的信息管理系统。货代管理系统是将物流服务中的运输货物代理作业的过程处于信息管理系统的监控中,从客户委托的源头,直到收货人确认截止,一系列的作业环节均在信息管理系统中有所反映,同时作业中产生的成本、收入也及时在系统中反映。一般货代管理系统包含以下几个主要的功能。

(1) 客户委托。接受客户的委托,记录委托的内容,如发货人、收货人、货物的物理属性、各类地址等。

(2) 制单作业。将客户的委托按照运单的要求形成特定的运单格式。制单作业分为两部分:一部分是物流服务企业或货代企业自身的运单,称为分单(HAWB);另一部分是航空公司或承运人的运单,称为主单(AWB)。

(3) 集货作业。根据目的港、收货人等条件,将多个分单与同一主单建立从属关系,利用货运代理权的优势,最大限度地增加收入。

(4) 订舱。物流服务企业或货代企业向承运人/航空公司预订舱位,系统中反映出所订舱位的空间、载重量、所属公司、所属航线、始发港、目的港、中转港等信息,根据这些信息,制单人员才能完成主单制单作业、集货拼装作业等。

(5) 预报。向货物运输的目的地发出通知,收货目的港根据预报内容提前做准备,如车辆调度计划、人员安排等,准备收货。

(6) POD(客户接收确认)。货物到达收货人处,由收货人签收确认,系统记载相应的信息,表示客户的委托作业完成。

(7) 运价管理。运价管理功能是物流服务企业报价体系的计算基础,同时也是作业成本与收入的核算来源。

小　结

　　物流信息是反映物流各种活动内容的知识、资料、图像、数据、文件的总称。狭义的物流信息是指与物流活动（如运输、保管、包装、装卸、流通加工等）有关的信息。广义的物流信息不但指与物流活动有关的信息，而且包含与其他流通活动有关的信息，如商品交易信息和市场信息等。

　　按信息产生和作用所涉及的不同功能领域分类，物流信息可分为仓储信息、运输信息、加工信息、包装信息、装卸信息等；按信息作用的层次，物流信息可分为基础信息、作业信息、协调控制信息和决策支持信息。

　　常用的物流信息化技术包括物流信息编码与条形码技术、电子数据交换技术、RF 技术、无线射频识别（RFID）技术、全球定位系统（GPS）技术和地理信息系统（GIS）技术等。

　　常见的物流信息系统软件包括进销存管理系统、订单管理系统、仓储管理系统、运输管理系统、配送管理系统和货代管理系统等。

思考题

　　1. 什么叫物流信息？物流信息的范围包括哪些？

　　2. 根据物流信息作用的层次，物流信息分为哪几类？

　　3. 常见的物流信息化技术包括哪些？举例说明其在物流领域的应用。

　　4. 什么是电子数据交换技术？举例说明其在物流领域的应用。

　　5. 什么叫无线射频识别技术？其主要组成部分有哪些？

　　6. RFID 系统分为哪几类？说明其如何应用。

　　7. 什么是物流信息系统？画图说明其层次结构。

　　8. 物流信息系统包含哪些典型类别？说明各类系统的主要功能。

案例分析

苏宁电器：IT 支撑下的螺旋式突破

案例概述

　　苏宁易购集团是中国领先的 O2O 智慧零售商，2018 年，苏宁易购再次跻身《财富》杂志 2018 年全球财富 500 强榜单。2018 年公司实现全渠道销售规模达 3 367 亿元，同比增长 38.39%。同时聚焦物流、金融业务发展，构建全场景智慧零售生态系统，形成面向用户的核心服务能力。

　　截至 2018 年年底，苏宁易购线下连锁网络覆盖海内外，拥有苏宁易购广场、苏宁云店、苏宁鲜生、苏宁红孩子、苏宁极物、苏宁汽车超市、苏宁易购直营店、苏宁小店等业态，自营创新互联网门店和网点超 11 000 家，稳居国内线下连锁前列；苏宁易购线上通过自营、开放和跨平台运营，跻身中国 B2C 市场前三，且在主流电商中领先。

　　同时，苏宁物流专业从事仓储、配送等供应链全流程服务，致力于打造中国商业领域最具效率的消费品仓储服务和智慧物流服务平台。目前，已经拥有高标准的自建仓库群，截至

2018 年 12 月底,苏宁物流及天天快递拥有仓储及相关配套总面积 950 万 m²,拥有快递网点达到 27 444 个,配送网络覆盖全国 351 个地级城市、2 858 个区县。

"在苏宁电器螺旋式发展的背后,一直有着信息化的不断突破和创新。信息化已经成为苏宁电器企业发展的重要支撑,企业发展的每次突破都有一个信息系统的支撑。"苏宁电器总裁孙为民这样评价信息化在苏宁电器发展中的地位。

作为一家中国 A 股的上市企业,苏宁电器利用信息化手段加强企业内部控制、内外沟通,降低企业的运营成本、提高企业的竞争力,为股东带来尽可能多的价值。投资者选择一只股票或选择一家企业,除看行业的基本面之外,更要了解企业内在的管理运作。苏宁不盲目发展,店面的中心与店面建设同步配套,信息系统成为支撑苏宁连锁发展的关键投入点之一。

苏宁电器在信息化应用管理的内容上,全面实现信息化应用集成。先后引进了"基于 SAP"的 ERP、CRM、SOA、WMS、TMS、Call Center、B2B、B2C 系统,实现了业务流程的标准化管理,降低了工作中对人的依赖,提高了管理效率,以及管理执行力度。

通过各类先进的应用系统实现了"上游供应商、内部员工、下游消费者"三位一体的全流程信息化管理,并在多媒体三级网络架构的基础上形成了具有苏宁电器特色的信息化集成应用体系。

信息系统支撑了这么庞大、多维度的地点与人员管理,实现了任何一个终端、任何一名员工的全程在线,在强大的信息系统支撑下,每天处理上百万条内部流程、近 10 万个采购订单、100 万笔销售数据、10 万个客户电话、10 万条服务短信,将苏宁电器专业化、标准化、制度化、信息化发展理念深入每一个角落。

1. 内控:利用 SOA

SOA(service-oriented architecture)的定义是面向服务的架构,也就是说将软件按照功能设计成一个个服务,这些服务用标准的方式定义接口,并通过标准的协议进行调用。从财务预算管控、费用管控到供应商服务管控、终端客户服务管理,以及内部人力资源管理等方方面面,苏宁电器利用 SOA 实现了共享服务统一管理,加强了企业的内部控制。共享服务统一管理,也就是将共同的重复的流程从企业个体中抽出,转移到一个共享服务中心 (SSC),同时实现在共享服务中心分享稀有的资源,给企业带来高效率和规模经济优势,使得企业个体可以用更多的时间完成高附加值的任务。

在对供应商服务中,所有的供应商发票(包括经销和代销供应商)都集中在共享服务中心进行处理,这样就提高了发票处理的效率,提高了发票处理的及时性和准确性。所有的供应商资质文件原件都通过扫描系统传到总部进行审核,以此来统一管理供应商资质审核的标准,提高了对供应商选择的控制。所有的采购合同也都通过扫描系统扫描到总部进行合同数据化,保证供应商的合同数据化一定要有书面签订的合同,以增强对返利费用收取的控制。除此之外,苏宁电器还重新设计了多项流程,例如,重新设计了从终端收款、资金入账、资金监控到收入核对的整个流程,提升了资金入账的及时性和准确性,加强厂总部对各个分(子)公司营业网点的实时监控,使整个流程做到了透明、高效和可控。还重新设计和规范了提货卡业务的流程,并结合多账户管理的要求,使提货卡业务做到了全国购买、全国使用、集中管理和集中核算。

"服务是苏宁的唯一产品,也是苏宁差异化竞争能力的重要一环。"孙为民说。苏宁电器自 1990 年开始创业,至今已有 19 个年头,苏宁电器服务过的用户也数以亿计,"将宝贵的客户资源转变为生产力是苏宁最重要的任务之一"。因此,在精细化营销与全方位主动服务的趋势下,苏宁引进了一套 CRM 平台,一方面实现了统一的客户信息管理;另一方面通过多个维度细分客户群体,以提供差异化的服务,推进主动服务,改变被动服务的现状。通过深度的数据挖掘,建立多维度的数据模型,通过呼叫中心与 CRM 的集成,达到统一介入、单点服务,一个电话解决一切问题的目标。

苏宁电器目前已经覆盖了 280 多个城市的综合销售网络。在分支机构、员工队伍、管理层级不断增加的情况下,也对整个集团的日常经营管理提出了更高的要求。为了匹配集团经营上的高速发展,保证集团能够实施统一标准的人力资源管理和服务,苏宁电器建立了人力资源管理系统,并纳入统一的共享服务平台。这一系统实现了人力资源业务横向关联、纵向贯通,全面覆盖人力资源的"选、用、育、留"各个环节,同时加强了总部与各地公司及终端之间的人事业务纵向衔接,提高了人力资源管控的能力。由于实现了所有员工及人事业务在统一平台上的集中管理、动态即时的在线过程控制,有效地提高了集团人力资源管理的效率和质量,通过系统能够对人力资源各项关键绩效指标进行实时全面的关注,实现了整个集团人事管理从定性到定量管理的转变。

通过共享服务中心,苏宁电器利用规模效益削减成本,将业务流程及数据进行标准化,并提高服务水准。在满足各地的本地需求的同时,支持着"一个企业"的概念。

2. 沟通:与上游无缝对接

"在与上游供应商的沟通途径中,我们采用了 B2B 的方式。"孙为民说。通过 B2B 电子商务技术手段,苏宁电器与供应商的供应链从流程到信息都实现了协同管理。从采购订单,到发货、入库、发票、远程认证、实物发票签收、结算清单、付款情况、对账等主干流程和环节,都在 B2B 平台上实现了全面的整合,双方都可以实时在线查询和互动。

B2B 系统由三部分组成:公共平台、B2B 功能模块和增值服务。

第一部分,公共平台提供了 B2B 平台中的基本功能,如协议转换、访问权限管理等;第二部分,包括 Rosettanet 所支持的业务流程管理、业务文档管理等;第三部分,增值服务则提供了对内和对外的服务功能。

利用 B2B 平台的向上沟通,苏宁电器实现了与电器供应商的完全自动化订单和全面的协同。目前,苏宁已经与三星、海尔、摩托罗拉等大型企业建立了这种直联的 B2B 供应链合作关系,供应商可以进入苏宁的系统里,随时查看自己产品的销售进度和库存情况,减少业务沟通成本,极大地提高了供应链效率、降低了交易成本、提高了库存水平,并缩短了供货周期、增加了企业的利润。

3. 战略:专业化、信息化物流

对于零售企业来说,物流是其顺畅运作、良性发展的关键,从采购、存储、配送到售后服务,零售企业各个业务环节都要有高效的物流系统来保障。物流体系的建设同样也是苏宁连锁经营战略的核心内容之一。目前,苏宁在加紧第三代信息化物流基地的建设,它采用全自动、机械化的立体仓储系统的集成方案,通过库内立体化仓库系统、机械化运输系统、WMS 及 TMS 仓库管理信息系统的实施,将建成国内电器连锁行业最先进的物流中心之一,成为苏宁电器新一代物流系统的运作和发展的标志性工程。

第三代物流中心与之前物流中心的不同之处在于,它采用二级配送模式:一级配送分拨服务,是负责将各类商品从区域大库分拨运送到区域内的所有二级城市;二级配送服务,是由区域内二级城市物流配送服务中心将商品全面配送分拨服务到千家万户;而之前的第二代物流中心采用的是三级配送模式——一级配送到市、二级配送到店、三级配送到户。在第三代物流中心中重点应用的信息技术,包括 WMS(仓库管理软件)和 TMS(运输管理软件)。

通过 WMS 系统,实现订单管理、库存管理、收货管理、拣选管理、盘点管理、移库管理,实现管理条码化,仓库作业实时监控,通过 RF、监控设备相结合;通过 TMS 系统,提高配送服务响应时间,提高车辆资源利用率,降低运输成本,将电子地图、GPS 全面用于零售等配套的服务行业,实现准时化配送。

目前,苏宁电器已经建成的第三代物流中心为江苏物流中心,正在建设的是沈阳物流中心,即将建设的包括北京、无锡、成都、徐州以及重庆物流中心等。第三代物流中心将承担起物流中心所在城市周边地区连锁店销售商品的长途调拨(300km 范围内),门店配送、零售配送(150km 范围内),所在城市市场需求的管线配送、支架配送等。建成之后,可以满足50 亿~100 亿元的年商品周转量的作业要求。

目前,已经建成的江苏物流中心按照"专业化分工、标准化作业、模块化结构、层级化管理"的标准建设。在南京建立了辐射 150km 范围内的城市配送,仓库面积 4.6 万平方米,充分应用机械化、自动化、信息化的现代物流设备及系统,存储能力高达 300 万台套,日作业能力达 3 万台套,支持销售额 300 亿元。

在零售行业中,沃尔玛利用强大的信息技术构建起了它的零售帝国。在信息化方面,苏宁虽然还不能与沃尔玛相比,但是它已经走在了行业的前头,苏宁比竞争对手早迈出的一步,也许会成为苏宁未来壮大的基石。

案例思考

1. 苏宁导入了哪些物流信息系统? 分别起到什么作用?
2. 根据案例资料理解什么是 SOA? 有哪些优点?
3. 结合案例,简要说明信息技术对于企业物流管理的重要性。

第 7 章

企 业 物 流

企业物流是物流研究的一个重要领域,每个企业物流系统构成整个社会物流,所以企业物流合理化是整个社会物流合理化的基础。企业物流是指企业内部的物品实体流动,包括供应物流、生产物流、销售物流和回收废弃物流。企业物流的合理组织、整合和优化是降低物流成本,提高企业物流效率,增强企业竞争力的重要途径。

本章将系统介绍企业物流系统的结构,并系统介绍供应物流、生产物流、销售物流和回收与废弃物流的特点、流程和管理策略。

学习目标

- 掌握企业物流系统的结构;理解企业物流合理化的意义。
- 理解供应物流的管理范畴;熟悉供应计划和采购流程;掌握采购策略。
- 理解生产物流的特点和生产物流的组织形式;熟悉生产物流的计划控制方式。
- 熟悉销售物流的概念和功能活动;掌握销售物流战略与销售物流服务要素;理解销售物流合理化的途径。
- 理解回收与废弃物流的形成原理;了解回收与废弃物流技术及特点。

7.1 企业物流概述

7.1.1 企业物流的概念

企业物流(internal logistics)是指企业内部的物品实体流动,是围绕企业经营的物流活动。它从企业角度上研究与之有关的物流活动,是具体的、微观的物流活动的典型领域。

从社会流通的大环境来看,企业物流由三大部分构成,即物质资料从社会"流"入企业,产成品"流"入社会(消费),以及整个生产过程中物料在时间和空间上的流转,图 7-1 为企业(工厂)的物流过程。

一个生产企业,从原材料的采购进厂开始,经过一道道工序加工成半成品,然后组装成产成品,运至成品库存放或运至用户,自始至终都离不开物料的流动。这种在企业内部的物料(包括半成品或在制品)按照一定的工艺流程要求,借助一定的搬运手段和工具,从一个单位(如供货单位或车间、工位)流入另一个单位,形成了企业(工厂)物流。

7.1.2 企业物流的水平结构

根据企业物流活动发生的先后次序,企业物流系统的水平结构可分为供应物流、生产物

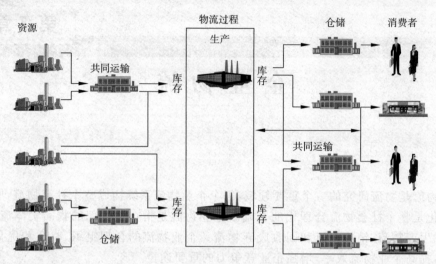

图 7-1 企业（工厂）的物流过程

流、销售物流、回收与废弃物流四部分，如图 7-2 所示。

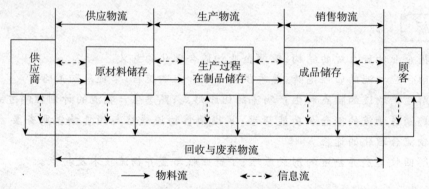

图 7-2 企业物流的水平结构

（1）供应物流。供应物流是指企业为保证本身的生产的节奏，不断组织原材料、零部件、燃料、辅助材料供应的物流活动，这种物流活动对企业生产的正常、高效进行起着重大作用。企业供应物流不仅是一个保证供应的目标，还是在以最低成本、最少消耗、最大的保证来组织供应物流活动的限定条件下，因此，就带来了很大的难度。现代物流学是基于非短缺商品市场这样一个宏观环境来研究物流活动的，在这种市场环境下，供应数量保证上是容易做到的，企业的竞争关键在于：如何降低这一物流过程的成本，这可以说是企业物流的最大难点。为此，企业供应物流就必须解决有效的供应网络问题、供应方式问题、零库存问题等。

（2）生产物流。生产物流是指企业在生产工艺中的物流活动。这种物流活动是与整个生产工艺过程伴生的，实际上已构成了生产工艺过程的一部分。企业生产物流的过程：原料、零部件、燃料等辅助材料从企业仓库或企业的"门口"开始，进入生产线的开始端，再进一步随生产加工过程一个一个环节地"流"，在"流"的过程中，本身被加工，同时产生一些废料余料，直到生产加工终结，再"流"至制品仓库。过去，人们在研究生产活动时，主要注重一个一个的生产加工过程，而忽视了将每一个生产加工过程串在一起的，并且又和每一个生产加工过程同时出现的物流活动。例如，不断地离开上一工序，进入下一工序，便会不断发生搬上搬下、向前运动、暂时停滞等物流活动,实际上,一个生产周期,物流活动所用的时间远多于实际加工的时间。所以企业生产物流研究的潜力、时间节约的潜力、劳动节约的潜力也是非常大的。企业生产物流研究课题很多,例如,生产流程如何安排,从物流角度看才最合理,各生产活动环节如何衔接才最有效,如何缩短整个生产的物流时间,和工艺过程有关的物流机械装备如何选用配合等。

（3）销售物流。销售物流是企业为保证本身的经营利益,不断伴随销售活动,将产品所有权转给用户的物流活动。如上所述,在现代社会中,市场环境是一个完全买方市场,因此,销售物流活动便带有极强的服务性,以满足买方的要求,最终实现销售。在这种市场前提下,销售往往以送达用户并经过售后服务才算终止,因此,销售物流的空间范围很大,这便是销售物流的难度所在。在这种前提下,企业销售物流的特点,便是通过包装、送货、配送等一系列物流实现销售,这就需要研究送货方式、包装水平、运输路线等,并采取各种诸如少批量、多批次,定时、定量配送等特殊的物流方式达到目的,因而,其研究领域是很宽的。

（4）回收物流。企业在生产、供应、销售的活动中总会产生各种边角余料和废料,这些东西回收是需要伴随物流活动的,而且,在一个企业中,回收物品处理不当,往往会影响整个生产环境,甚至影响产品质量,也会占用很大空间,造成浪费。

（5）废弃物流。对企业排放的无用物进行运输、装卸、处理等的物流活动。按企业性质不同分类。

7.1.3　企业物流的垂直结构

企业物流的垂直结构如图 7-3 所示,物流系统通过管理层、控制层和作业层三个层次的协调配合实现其总体功能。

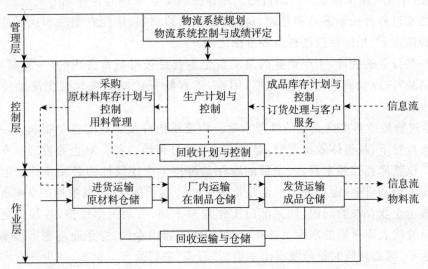

图 7-3　企业物流的垂直结构

（1）管理层。其任务是对整个物流系统进行统一的计划、实施和控制。其主要内容有物流系统规划、物流系统控制与成绩评定,以形成有效的反馈约束和激励机制。

（2）控制层。其任务是控制物料流动过程,主要包括订货处理与顾客服务、库存计划与控制、生产计划与控制、用料管理、采购等。

（3）作业层。其任务是完成物料的时间转移和空间转移。主要包括发货与进货运输、装卸搬运、包装、保管、流通加工等。

由此可见，企业物流活动几乎渗入生产工厂的所有生产活动和管理工作中，对企业的影响甚为重要。

7.1.4　企业物流合理化的意义

企业物流贯穿企业生产和经营的全过程，企业物流的改善可以带来预想不到的利益。物流合理化被称为"企业脚下的金矿""企业的第三利润源"，是当前企业"最重要的竞争领域"。具体来说，企业物流合理化的意义主要包括以下几个方面。

（1）降低物流费用、减少产品成本。物流费用在产品成本中占有相当比重，企业物流合理化可以提高物流作业效率，减少运输费用及仓储包装费用，从而直接达到降低成本的目的。

（2）缩短生产周期、加快资金周转。通过合理制订生产计划使物流均衡化，同时减少库存、减少物流中间环节可以有效地缩短生产周期，使进厂的原材料在较短的时间内，形成产成品供给用户。

根据一些机械厂的统计，原材料从进厂到形成产品出厂为止，只有 5% 的时间是被加工活动所占用，其他 95% 的时间是属于仓储、搬运或在加工线上的等待时间，也就是属于物流活动所占用的时间。由此可见，物流系统的改善对缩短原材料流转周期是起决定作用的。这一方面可以有效地加快资金周转，提高资金的使用效率；另一方面可以更好地适应市场的变化，提高企业的竞争能力。

（3）压缩库存、减少流动资金的占用。库存控制是企业物流合理化的重要内容，库存控制的目的是通过各种控制策略和控制方法使企业的原材料、中间在制品和成品库存在满足生产要求的前提下，把库存控制在合理范围之内。

根据一些行业的统计，工厂企业的流动资金主要是被材料费占用的，一般材料费（含原材料及在制品）占流动资金的 75% 左右，因此，库存物资的减少将对减少流动资金起显著作用。

（4）通过物流改善提高企业的管理水平。物流系统涉及企业的各个领域。在物流科学的系统观念指导下，从整体效益着眼，对物流环节的任何改善都会对企业管理水平的提高起促进作用。仅就库存控制来看，一定量的库存是维持生产连续性的必要条件。但是库存过多不但占压了流动资金，而且掩盖了企业管理中的许多矛盾，这一现象如图 7-4 所示。水池中的石头表示企业存在的问题，如某部门工作效率不高，劳动纪律松懈，各部门之间配合不协调等。只要代表库存量的水面足够高，这些石头不露出水面，即企业问题不被暴露。如果降低库存水平，则必须同时把可能露出水面的"石头"进行处理。例如，减少库存必须提高部门的工作效率，保证供货渠道的畅通才能不发生"断粮"的危险；减少在制品库存，必须加强对生产线的管理，提高设备维修部门的责任心和工作效率。可以说，库存的降低促进了企业素质的提高，日本一位企业家认为，"只要看物流状况，就能判断企业的管理水平"，这是很有道理的。

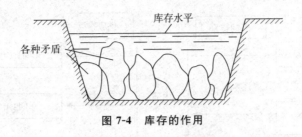

图 7-4　库存的作用

7.2　采购供应物流

7.2.1　采购供应物流概述

采购供应物流是生产企业、流通企业或消费者购入原材料、零部件或商品的物流过程，也就是物品生产者、持有者至使用者之间的物流。对于生产企业而言，是指生产活动所需要的原材料、备品备件等物资的采购、供应活动所产生的物流；对于流通领域而言，是指交易活动中从买方角度出发的交易行为所发生的物流。

采购供应物流管理就是为了保质保量、及时有效地供应企业所需生产资料，对采购、储存、供料等一系列供应过程进行计划、组织、协调、控制，以确保企业经营目标的实现。

1．采购供应物流的构成

供应物流的主要功能环节包括计划、采购、储存、供料四个方面。

供应计划是根据企业总体战略与目标以及内外部顾客的需求，制订供应战略规划、物品的供应计划、库存控制策略及计划的执行与反馈修改等。

采购工作是供应物流与社会物流的衔接点，采购是根据计划原材料外购的作业层，物流采购的重点是选择供应商、合同谈判、签约、跟踪货款支付等内容。

储存包括物品验收入库、保管保养、发货及相关信息的处理，确定合理库存量并对库存量进行控制。

供料是供应物流与生产物流的衔接点，是依据供应计划——消耗定额进行生产资料供给的作业层，负责原材料的领料审批，定额供料，回收利用，消耗控制与管理。

2．采购供应物流范围

传统上，企业将供应商运送物料到厂内仓库，称为采购物流；而从自己仓库取货搬运到各车间、生产线、工段等各工作地，以满足各生产工艺阶段对原材料、零部件、燃料、辅助材料的制造需求的物流称为供应物流。企业采购与供应物流的范畴如图 7-5 所示。

随着采购供应一体化、第三方物流分工专业化等的发展，采购物流直接扩展到了企业车间、工段。即生产所需物料可以直接由供应商送到生产第一线，从而采购物流与供应物流合二为一，统称为供应物流。

从图 7-5 中可以看到，采购及供应物流是生产准备工作的重要组成部分，也是生产得以正常进行的首要条件或前提。不仅采购及供货的数量、质量、时间会直接影响生产的连续性和稳定性，而且在其中所发生的费用则直接构成产品的生产成本。因此，采购及供应物流不

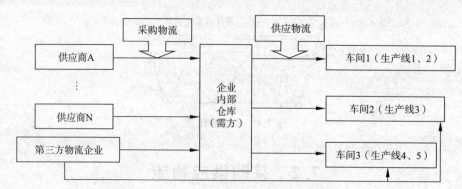

图 7-5　企业采购与供应物流的范畴

仅仅是一个保证供应问题,更进一步是以最低成本、最少消耗、最快速度来保证生产的物流活动。

7.2.2　供应物流计划

供应物流计划是指企业管理人员在了解市场供求情况,认识企业生产经营活动过程和掌握物品消耗规律的基础上,对计划期内的物品供应物流管理活动所做出的预见性安排和部署。

广义供应物流计划:为保证企业供应活动的顺利进行而编制的各种计划的总称。

狭义供应物流计划:由供应相关计划部门编制的各期供应计划,对计划期内的生产经营活动所需物品所做出的安排和部署。

1.供应物流计划分类

供应物流计划种类很多,有以下一些划分方法。

(1) 按计划内容分,可分为物品需求计划、采购计划、供料计划、加工定制计划、进口计划。

(2) 按计划期长短分,可分为年度计划、季度计划、月度计划。

(3) 按物品使用方向分,可分为生产产品用供应计划、维修用物品供应计划、基本建设用物品供应计划、技术改造用物品供应计划、科研用物品供应计划、企业管理用物品供应计划。

(4) 按物品自然属性分,可分为金属材料供应计划、机电产品供应计划、非金属材料供应计划。

2.供应物流计划指标体系

供应物流计划指标体系是指供应计划内容中的各项指标及其相互关系。供应物流计划内容中的主要指标包括计划期物品需求量、计划期初物品存储量、计划期末物品存储量。

(1) 计划期物品需求量。包括产品材料、非产品材料和转卖品的需求量。

(2) 计划期初物品存储量。计划期初物品存储量为计划期初仓库实际拥有的存储量,因为计划一般都需提前编制,所以编制计划期初物品存储量还是一个未知数,要进行估算。计划期初物品存储量估算公式:

计划期初物品存储量＝编制计划时的实际存储量＋至期初的预计到货量
－至期初的预计消耗量

计划期初物品存储量一定要预计准确，否则会影响供应量而给施工生产带来损失。一方面，应深入调查研究，了解订货、发货、在途货物的情况；另一方面，要根据进度计划估计消耗量。

（3）计划期末物品存储量。计划期末物品存储量是为了下一个计划期初企业的生产而预先准备的一定数量的物品。这个量要根据市场状况、本企业对该种物品的需求量做出一定的准备。

计划期末物品存储量＝计划期初存储量＋计划期采购量－计划期需求量

（4）计划期物品采购总量。

计划期某种物品的采购总量＝计划期某种物品需求量＋计划期末存储量
－计划期初物品存储量

将上述数据汇编成表格，就是月供应计划报表、季度供应计划报表。

7.2.3　采购策略

企业常采用的采购策略包括传统采购、订货点采购、MRP 采购、JIT 采购和电子协同采购等几种方式。

1. 传统采购

企业传统采购的一般模式是，每个月的月末，企业各个单位报下个月的采购申请计划到采购科，然后采购科把各个单位的采购申请计划汇总，形成一个统一的采购计划。根据这个采购计划，分别派人出差，到各个供应商去订货，然后策划组织运输，将所采购的物资运输回来并验收入库，存放于企业的仓库中，满足下个月对各个单位的物资供应。

这种采购，以各个单位的采购申请计划为依据，以填充库存为目的，管理比较简单、粗糙，市场响应不灵敏、库存量大，资金积压多、库存风险大。

2. 订货点采购

订货点采购是由采购人员根据各个品种需求量和订货提前期的大小，确定每个品种的订货点、订货批量或订货周期、最高库存水准等。然后建立起一种库存检查机制，当发现到达订货点，就检查库存、发出订货，订货批量的大小由规定的标准确定。

订货点采购包括两大类采购方法：一类是定量订货法采购；另一类是定期订货法采购。

定量订货法采购是预先确定一个订货点和一个订货批量，然后随时检查库存，当库存下降到订货点时，就发出订货，订货批量的大小每次都相同，都等于规定的订货批量。这样程序化地自动启动订货、反复运行。

定期订货法采购是预先确定一个订货周期和一个最高库存水准，然后以规定的订货周期为周期，周期性地检查库存，发出订货，订货批量的大小每次都不一定相同，订货量的大小都等于当时的实际库存量与规定的最高库存水准的差额。这样也是程序化地自动启动订货、反复运行。

这种采购模式都是以需求分析为依据，以填充库存为目的，采用一些科学方法、兼顾满足需求和库存成本控制，原理比较科学，操作比较简单。但是，由于市场的随机因素多，使得该方法同样具有库存量大、市场响应不灵敏的缺陷。

3．MRP 采购

MRP(material requirement planning,物料需求计划)采购,主要应用于生产企业。它是由企业采购人员采用 MRP 应用软件,制订采购计划而进行采购的。

MRP 采购的原理:根据主产品的生产计划(MPS)、主产品的结构(BOM)以及主产品及其零部件的库存量,逐步计算求出主产品的各个零部件、原材料所应该投产时间、投产数量,或订货时间、订货数量,也就是产生出所有零部件、原材料的生产计划和采购计划,然后按照这个采购计划进行采购。

MRP 采购,也是以需求分析为依据,以满足库存为目的。由于计划比较精细、严格,所以它的市场响应灵敏度及库存水平都比以上方法有所进步。

4．JIT 采购

随着准时制生产模式在企业生产系统的实施,JIT 采购成为企业提高市场响应的有力手段。JIT 采购也叫准时化采购,是一种完全以满足需求为依据的采购方法。需求方根据自己的需要,对供应商下达订货指令,要求供应商在指定的时间,将指定的品种、指定的数量送到指定的地点。

1) JIT 采购的核心思想

(1) 准时化采购是一种直接面向需求的采购模式。它的采购送货是直接送到需求点上。

(2) 用户需要什么,就送什么,品种规格符合客户需要。

(3) 用户需要什么质量,就送什么质量,品种质量符合客户需要,拒绝次品和废品。

(4) 用户需要多少,就送多少,不少送,也不多送。

(5) 用户什么时候需要,就什么时候送货,不晚送,也不早送,非常准时。

(6) 用户在什么地点需要,就送到什么地点。

这种采购方式可以灵敏地响应需求、满足用户的需求,又使得用户的库存量最小。由于用户不需要设库存,所以实现了零库存生产。这是一种比较科学、理想的采购模式。

2) 实施 JIT 采购必须采用的措施

(1) 采用较少的供应商。在供应链的管理环境中,采用较少的供应源。一方面,管理供应商比较方便,有利于降低采购成本;另一方面,有利于供需之间建立稳定的合作关系,质量比较稳定。

(2) 保证交货的准时性。交货的准时性是整个供应链能否快速满足用户需求的一个必要条件。作为供应商来说,要使交货准时,可以从以下两个方面入手。一是不断改进企业的生产条件,提高生产的可靠性和稳定性;二是要加强运输的控制。

(3) 信息高度共享。JIT 采购模式要求供应和需求双方信息高度共享,同时保证信息的准确性和实时性。

(4) 要制定不同的采购批量策略。可以说小批量采购是准时化采购的一个基本特征,相应地增加了运输次数和成本,对于供应商来讲,当然是很为难的事情。解决的方式可以通过混合运输、供应商寄售等方式来实现。

5．电子协同采购

由于供应链管理概念的提出,基于信息技术的协同采购理念正在成为现代企业采购流程的核心,也称为基于供应链环境下的电子采购流程。其目的在于:增进长期合作关系,增加供货稳定度;缩短采购周期;增加存货周转率;提升公司国际知名度,加强产业关联性。

电子协同采购有两个主要突出的特点。

(1) 采购计划协同。制造商或零售商将自己近期的采购计划定期下达给供应链上的上游供应商,供应商可以根据该采购计划进行生产计划的安排和备货,提高了交货的速度。

(2) 采购订单的执行协同。制造商或零售商通过互联网下达采购订单给供应商,供应商将采购订单的执行情况及时转达,使制造商或零售商对采购订单的执行情况有明确的了解,可以及时做出调整。

协同采购是供应链协同的一个环节,需要核心企业本着供应链所有企业盈利的目标,与供应商就双方合作中的利益分配的矛盾焦点进行协商,对利益分配、风险承担等方面采取一定的激励机制,以契约的形式鼓励和约束协同各方进行积极的协同。从全局战略的角度对企业采购行为中的合作机制进行规划和约束,才是协同采购的灵魂。

7.2.4　采购流程

1. 采购的含义

采购就是购买生产和生活所需的物资,其过程包括提出采购需求、选定供应商、谈妥价格、确定交货及相关条件、签订合同并按要求收货付款。

企业采购不同于消费品采购,消费品采购属个人行为。企业采购是供应商与企业之间相互依靠的过程,因而在供应商与采购商(企业)之间往往会发展成长期的合同关系。不同的生产环境,其生产及采购具有不同的特点,如表 7-1 所示。

表 7-1　不同生产环境对应的生产及采购特点

生产环境	按库存生产	按订单生产	按订单设计生产
作业方式	流水线	机群式或按工艺特点	现场作业
生产特点	产品导向	工艺导向	项目或设计导向
产品特点	数量大、标准化程度高	品种多、质量要求高	单件小批量、设计要求
竞争优势	低成本、及时交货	高质量、按时交货	专有技术及制造安装
采购特点	成批、标准化采购	分类采购与管理	技术性采购

综上所述,采购就是从市场获取企业所需要的资源。采购是商流与物流的复合体,是商流与物流的统一。采购是一种经济活动,要遵循一般的经济规律,追求经济效益。

2. 采购流程

企业采购流程是指厂家选择和购买生产与经营所需的各种原材料、零部件、设备等物料的全过程。在这个过程中,作为购买方,第一,要根据内部供应需求拟订采购计划。第二,在此基础上寻找相应的供货商,调查其产品在数量、质量、价格、信誉等方面是否满足购买要求。第三,在选定了供应商后,要以订单方式传递详细的购买计划和需求信息给供应商并商定结款方式,以便供应商能够准确地按照客户的性能指标进行生产和供货。第四,配合库房验收供应商所供应的货物。第五,要定期对采购物料的管理工作进行评价,寻求能提高效率的采购流程创新模式。企业采购作业环节如图 7-6 所示。

图 7-6　企业采购作业环节

完善的采购流程应满足所需物料在价格与质量、数量、区域之间的综合平衡。即物料价格在供应商中的合理性,物料质量在制造所允许的极限范围内,物料数量能保证制造的连续性,物料的采购区域经济性等要求。另外,采购的目的是为了制造的需要,所以,采购流程通常会跨越企业内几个职能部门(生产部、质检部、财务部、库房),而一个有效的采购流程通常是这些部门步调一致的产物。

7.3　生　产　物　流

7.3.1　生产物流概述

生产物流(production logistics)是指生产过程中,原材料、在制品、半成品、产成品等在企业内部的实体流动。

生产物流和生产流程同步,是从原材料购进开始直到产成品发送为止的全过程的物流活动。原材料、半成品等按照工艺流程在各个加工点之间不停地移动、转移,形成了生产物流。如生产物流中断,生产过程也将随之停顿。

1. 现代生产物流的发展

生产物流发展经历了以下五个阶段。

第一阶段,人工物流。初始的物流是从人们的举、拉、推和计数等人工操作开始的。虽然第一代物流是人工的,但即使在今天,人工物流仍存在于几乎所有的系统中。

第二阶段,机械化物流。由于机械结构的引入,人类的能力和活动范围都扩大了。现代化设备能让人们举起、移动和放下更重的物体,速度也更快。机器延伸了人们的活动范围,使物料堆得更高,在同样的面积上可以储存更多的物料。从 19 世纪中叶到 20 世纪中叶的一个世纪里,这种机械系统一直起主导作用。同时,它在当今的许多物流系统中也仍是主要的组成部分。

第三阶段,自动化物流。自动存取系统(AS/RS)、自动导引车(AGV)、电子扫描器和条形码是自动化物流系统的主要组成部分。同时,自动化物流也普遍采用机器人堆垛物料和包装、监视物流过程及执行某些操作,大大提高了物流效率。

第四阶段,集成化物流。在自动化物流的基础上,进一步将物流系统的信息集成起来,使得从物料计划、物料调度直到将物料运输到达生产的各个过程的信息,通过计算机网络相互沟通。这种系统不但使物流系统各单元之间达到协调,而且使生产与物流之间达到协调。

第五阶段,智能型物流。将人工智能集成到物流系统中,在生产计划做出后,自动生成物料和人力需求;查看存货单和购货单,规划并完成物流。目前,这种物流系统的基本原理已在一些实际的物流系统中逐步得到了实现。

物流与生产制造的关系,如同人体中血液循环与内脏器官的关系一样,物流既是生产制造各环节组成的有机整体的纽带，又是生产过程维持延续的基础。传统的生产物流，物流设备是以手工、半机械化或机械化为主，效率低、工人劳动强度大。传统的物流信息管理也十分落后，信息分散、不准确、传送速度慢。落后的生产物流制约了生产的高速发展，随着生产制造系统规模不断扩大、生产的柔性化水平和自动化水平日益提高，要求生产物流也要相应地发展，使之与现代生产制造系统相适应。

现代生产物流的发展主要体现在以下三个方面。

首先，采用快速、高效、自动化的物流设备。最具典型的现代化物流设备有自动化立体仓库，它改平面堆放为立体、空间堆放，既有利于物料周转，有利于自动化的管理，又节约了库房面积；自动导引运输车（AGV），它快速、准确的运输，使运输路径柔性化，便于计算机管理与调度；自动化上下料机器，装卸料采用机器人，与加工设备同步协调，安全、快捷，便于计算机管理与控制。

其次，计算机管理。与现代化生产制造相适应的物流系统，一般都有结构复杂、节奏快、路线复杂、信息量大、实时性要求高等特点。因此，必须采用计算机管理，才能对物流系统进行动态管理与优化。同时，通过计算机与其他系统实时联机，发送信息和接收信息，使物流系统与生产制造等系统有机地联系，可以提高物流系统的效益。

最后，系统化与集成化。生产物流系统的结构特点是点多、线长、面宽、规模大。如果说传统生产物流设备落后，搬运效率低下是影响生产整体效益提高的主要原因之一的话，那么传统生产物流的分散化和个体化则是制约生产发展的另一个重要原因。现代生产物流是把物流系统看成一个整体，从系统化、集成化的概念出发去设计、分析、研究和改进生产物流系统，追求系统整体的优化和高效。

2. 生产系统的两个流

在生产过程中，各种原材料、在制品和产成品在企业各生产部门之间不断地流动，始终处于被运输或存储的状态，这个流动过程构成了生产系统的物料流；此外，企业接受客户的订单，将其转化为用于指导生产的各种生产计划，在生产计划执行过程中，需要对各生产单位的生产实绩进行收集整理，反过来对生产计划进行调整和对生产过程进行控制，这个过程中，在企业各部门之间流动的是各种信息，它构成了生产系统的信息流，图 7-7 是生产系统的物料流和信息流的示意图。

3. 生产物流的基本特征

制造企业的生产过程实质上是每一个生产加工过程串起来时出现的物流活动，因此，一个合理的生产物流过程应该具有以下基本特征，才能保证生产过程始终处于最佳状态。

（1）连续性、流畅性。它是指物料总是处于不停地流动之中，包括空间上的连续性和时间上的流畅性。空间上的连续性要求生产过程各个环节在空间布置上合理紧凑，使物料的流程尽可能短，没有迂回往返现象。时间上的流畅性要求物料在生产过程的各个环节的运动，自始至终处于连续流畅状态，没有或很少有不必要的停顿与等待现象。

（2）平行性。它是指物料在生产过程中应实行平行交叉流动。平行是指相同的在制品同时在数道相同的工作地（机床）上加工流动；交叉是指一批在制品在上道工序还未加工完时，将已完成的部分在制品转到下道工序加工。平行交叉流动可以大大减少产品的生产周期。

（3）比例性、协调性。它是指生产过程的各个工艺阶段之间、各工序之间在生产能力上

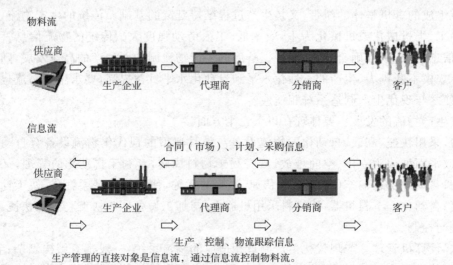

生产管理的直接对象是信息流，通过信息流控制物料流。

图 7-7　生产系统的物料流和信息流

要保持一定的比例以适应产品制造的要求。比例关系表现在各生产环节的工人数、设备数、生产面积、生产速率和开动班次等因素之间相互协调和适应，所以，比例是相对的、动态的。

（4）均衡性、节奏性。它是指产品从投料到最后完工都能按预定的计划（一定的节拍、批次）均衡地进行，能够在相等的时间间隔内（如月、旬、周、日）完成大体相等的工作量或稳定递增的生产工作量。很少有时松时紧、突击加班现象。

（5）准时性。它是指生产的各阶段、各工序都按后续阶段和工序的需要生产，即在需要的时候，按需要的数量，生产所需要的零部件。只有保证准时性，才有可能推动上述连续性、流畅性、平行性、比例性、均衡性。

（6）柔性、适应性。它是指加工制造的灵活性、可变性和可调节性，即在短时间内以最少的资源从一种产品的生产转换为另一种产品的生产，从而适应市场的多样化、个性化要求。

7.3.2　生产物流的组织

从物料投入到成品出产的生产物流过程，通常包括工艺过程、检验过程、运输过程、等待停歇过程、自然过程。为了提高生产效率，一般从空间、时间、人员三个角度组织生产物流。

1．生产物流的空间组织

生产物流的空间组织是相对于企业生产区域而言，目标是如何缩短物料在工艺流程中的移动距离。一般有三种专业化组织形式，即工艺专业化、对象专业化、综合专业化等。

1）工艺专业化形式

工艺专业化形式也叫工艺原则或功能性生产物流体系。其特点是把同类的生产设备集中在一起，对企业欲生产的各种产品进行相同工艺的加工，即加工对象多样化，但加工工艺、加工方法却雷同，如图 7-8 所示。

工艺专业化形式的优点如下。

优点 1：对产品品种的更换有较强的适应性。

优点 2：由于同类设备集中在一起，便于充分利用生产设备。

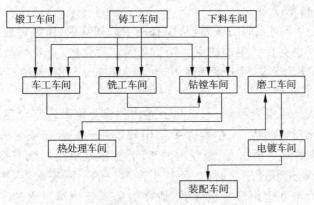

图7-8 按工艺专业化形式组织生产物流

优点3：便于进行工艺管理，有利于工人技术水平的提高。

由于工艺专业化形式的生产单位只能完成某种工艺加工，因而产生下列情况。

情况1：制品在车间之间辗转频繁、流程交叉重复，加工路线长，运输费用增加。

情况2：制品停放时间长，生产周期延长，流动资金占用量增大。

情况3：车间之间生产联系复杂化，从而使计划管理、在制品管理、质量管理工作复杂化。因此，工艺专业化适合于品种复杂多变、工艺不稳定的单件小批量生产类型。

2）对象专业化形式

对象专业化是按照产品的不同来划分生产单位的一种组织形式。在这种生产单位里，集中了为制造某种产品所需要的各种机器设备和不同工种的工人，对加工对象进行不同的工艺加工。这里，加工对象是同类的，工艺方法是多样的。每一个生产单位基本上能独立完成加工对象的全部或大部分工艺过程，不用跨其他生产单位。按这种专业化形式建立的车间（工段、班组），称为对象专业化车间（工段、班组），也称"封闭式"车间（工段、班组），如图7-9所示。

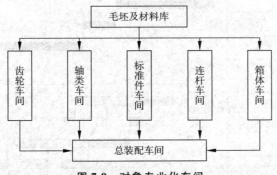

图7-9 对象专业化车间

对象专业化形式的优点如下。

优点1：由于在一个车间里可以完成或基本完成零件的全部加工工序，因此，大大缩短了运输路线，节约了运输工具和辅助工人，降低了运输费用。

优点2：由于在一个车间内把零件加工出来，可以减少在制品运送和停放时间，因而减少了在制品数量和流动资金占用量，缩短了生产周期。同时，可以减少零件在运输过程中的磕碰,有利于保证零件的质量。

优点 3:可以减少车间之间的联系,从而有利于计划管理、质量管理和在制品管理。

对象专业化形式也存在一定的缺点。当市场需求变化快,企业产品方向不稳定,品种多而产量小时,往往会导致设备、生产面积和劳动力不能充分利用,使生产经济效益降低。

3) 综合专业化形式

综合专业化形式又叫混合原则,它是将上述两种专业化形式结合起来的一种组织形式,它综合了两种专业化形式的优点,在实际中应用较普遍。综合专业化可以从两个方面去理解:一是从生产单位的同一层次看,企业内的车间(工段或班组),既有按工艺专业化形式建立的,也有按对象专业化形式建立的;二是从生产单位的不同层次看,在工艺专业化车间内的工段或班组是按对象专业化形式建立的,或在对象专业化车间内的工段或班组是按工艺专业化形式建立的。综合专业化形式机动灵活,适用面广,如应用得当,可取得较好的经济效益。

企业内生产单位专业化形式的选择,必须从具体的生产技术条件出发。一般来讲,企业的专业化方向比较稳定,具有一定的生产量,产品结构比较稳定,产品零件的标准化、通用化程度较高,设备类型比较齐全,可以采用对象专业化形式。如果企业生产的产品品种多、数量少,设备的数量和种类不多,则以采用工艺专业化形式为宜。在实际工作中,可拟订不同方案,进行技术经济分析,确定一个合理方案。

2. 生产物流的时间组织

零件在工序间的移动方式是指零件从一个工作地到另一个工作地之间的运送方式,移动方式与加工的零件数量有关。通常,一批物料有三种物流典型的移动组织方式,即顺序移动、平行移动、平行顺序移动(见表 7-2)。

表 7-2 三种物流典型的移动组织方式

移动组织方式	工序号	加工时间	时间/min	加工周期
顺序移动	1	3		30
	2	1		
	3	4		
	4	2		
平行移动	1	3		18
	2	1		
	3	4		
	4	2		
平行顺序移动	1	3		22
	2	1		
	3	4		
	4	2		

(1)顺序移动方式。顺序移动方式是指一批物料在上道工序全部加工完毕后才整批地

转移到下道工序继续加工。优点是一批物料连续加工,设备不停顿,物料整批转工序,便于组织生产。但缺点是不同的物料之间有等待加工、运输的时间,因而生产周期较长。

(2)平行移动方式。平行移动方式是指一批物料在前道工序加工一个物料以后,立即送到后道工序去继续加工,形成前后交叉作业。

该种方式的优点是不会出现物料成批等待现象,因而整批物料的生产周期最短。缺点是当物料在各道工序加工时间不相等时,会出现人力和设备的停工现象。只有当各道工序加工时间相等时,各工作地才可连续充分负荷地进行生产。另外,运输频繁会加大运输量。

(3)平行顺序移动方式。平行顺序移动方式是指每批物料在每一道工序上连续加工没有停顿,并且物料在各道工序的加工尽可能做到平行。既考虑了相邻工序上加工时间尽量重合,又保持了该批物料在工序上的顺序加工。虽然其生产周期要比平行移动方式长,但可以保证设备充分负荷。该种方式吸取了前两种移动方式的优点,消除了间歇停顿现象,能使工作充分负荷。工序周期较短,但安排进度时比较复杂。

上述三种移动方式各有利弊。在安排物料进度计划时,需要考虑物料的大小、物料加工时间的长短、批量的大小以及生产物流的空间组织形式。一般来讲,批量小、物料小或重量轻而加工时间短的物料,适宜采用顺序移动方式;对生产中的缺件、急件,可以采用平行移动或平行顺序移动方式,如表 7-3 所示。

表 7-3 选择生产物流的时间组织方式需考虑的因素

物料移动组织方式	物料尺寸	物料加工时间	物料批量大小	物料空间组织形式
顺序移动	小	短	小	工艺专业化
平行移动	大	长	大	对象专业化
平行顺序移动	小	长	大	对象专业化

对于不同类型的企业,生产物流的时间组织形式是灵活多变的。例如:

针对固定式生产企业(项目型生产物流),由于加工对象(物料)固定,因而生产物流的加工工序在时间上的组织方式主要表现在工人的顺序移动上。

针对流程式生产企业(连续型生产物流),通常都是把整批的物料投入加工后,整批地按加工顺序进行工序间的移动,同一批物料不可能同时在多道工序上加工。因而生产物流是按顺序移动方式组织进行。

针对加工装配型生产企业(离散型生产物流),一批要加工的物料(零件或部件)在各工序之间加工的过程难免会有成批等待现象。所以,生产物流的时间组织目标在于:在保证设备充分负荷前提下,加速物料在各工序之间的流通速度。通常采用平行顺序移动方式。

3. 生产物流的人员组织

生产物流的人员组织主要体现在人员的岗位设计方面。要实现生产物流在空间、时间两方面的组织形式,必须重新对工作岗位进行再设计,以保证生产物流优化和通畅。人力资源管理理论提倡岗位设计应该把技术因素与人的行为、心理因素结合起来考虑。

根据生产物流的特征,岗位设计的基本原则应是"因物料流向设岗",而不是"因人、因设备、因组织设岗",因此要考虑以下几个问题。

问题 1:岗位设置数目是否符合最短物流路径原则?(目标是尽可能少的岗位设置尽可

能多的工作任务）

问题 2：所有岗位是否实现了各工艺之间的有效配合？（目标是保证生产总目标、总任务的实现）

问题 3：每一个岗位是否在物流过程中发挥了积极的作用？（目标是岗位之间的关系应协调统一）

问题 4：物流过程中的所有岗位是否体现了经济、科学、合理的系统原则？（目标是物流优化）

根据人的行为、心理特征，岗位设计还要符合工作者个人的工作动机需求。因此要从三方面入手。

第一方面，扩大工作范围，丰富工作内容，合理安排工作任务。目的在于使岗位工作范围及责任增加，改变人员对工作的单调感和乏味感，获得身心成熟发展，从而有利于提高生产效率，促进岗位工作任务的完成，可以从横向和纵向两个途径扩大工作范围。

第二方面，工作满负荷。目的在于制定合理的生产定额，从而确定岗位数目和人员需求。

第三方面，优化生产环境。目的在于改善生产环境中的各种不利于生产效率的因素，建立人—机—环境的最优系统。

岗位设计体现在生产物流的三种空间组织形式上，对人员又有不同的要求。

针对按工艺专业化形式组织的生产物流，要求员工不但专业化水平很高，而且具有较多的技能和技艺，即一专多能，一人多岗。

针对按对象专业化形式组织的生产物流，要求员工在工作中具有较强的"工作流协调"能力，能自主平衡各工序之间的"瓶颈"，保证物流的均衡性、比例性、适时性要求。

针对按成组工艺形式组织的生产物流，要求向员工授权，即从管理和技术两个途径，保证给每个人都配备技术资料、工具、工作职责和权利，改变不利于物流合理性的工作习惯，加强新技术的学习和使用。

7.3.3 生产物流计划与控制

在生产物流计划与控制中，计划的对象是物料，计划执行的结果要通过对物料的监控来考核。对生产物流进行计划就是根据计划期内规定的出产产品的品种、数量、期限，具体安排物料在各工艺阶段的生产进度，并使各环节上的在制品的结构、数量和时间相协调。而对生产物流进行控制，则主要体现在物流（量）进度控制和在制品管理两方面。

1. 以 MRP、MRPII、ERP 原理为指导的生产物流运营方式

任何一种物料都是由于某种需要而存在。一种物料的消耗量受另一种物料的需求量的制约，购进原材料是为了加工成零件，而生产零件又是为了装配成产品。从大范围来讲，一个企业的产品，可能是另一个企业的原料，这种相关需求不但有品种、规格、性能、质量和数量的要求，而且有时间的要求。在不需要某种物料的时刻，要避免或减少过早地保留库存。相反，在真正需要的时刻，又必须有足够的库存满足需求。这就是以物流为中心的 MRP 系统计划与控制生产物流的基本出发点，体现了为顾客服务、按需定产的宗旨（而以设备为中心的组织生产物流的模式则是体现以产定销的思想）。

MRP 是在产品结构的基础上，运用网络计划原理，根据产品结构各层次物料的从属和

数量关系,以每个物料为计划对象,以完工日期为时间基准倒排计划,按提前期长短区别各个物料,下达计划时间的先后顺序。它不但说明了供需之间品种和数量关系,而且说明了供需之间的时间关系。

MRP Ⅱ 是在 MRP 基础上考虑了所有其他与生产经营活动直接相关的工作和资源(如财务计划),把物料流动和资金流动结合起来,形成一个完整的经营生产信息系统,即人力、物料、设备、能源、资金、空间和时间等各种资源以"信息"的形式表现,并通过信息集成,对企业有限的各种制造资源进行有效的计划,合理运用,以提高企业的竞争力,实现企业管理的系统化。

ERP 又是在 MRP Ⅱ 的基础上通过前馈的物流与反馈的信息流和资金流,把客户需求和企业内部的生产活动以及供应商的制造资源整合在一起,形成了一种完全按用户需求制造的供应链管理思想的功能网络结构模式,它强调通过企业间的合作,强调对市场需求快速反应、高度柔性的战略管理以及降低风险成本、实现高收益目标等优势,从集成化的角度管理供应链问题。

另外,三种原理的提出也体现出不同时期人们对生产物流的认知和发展,归纳起来是基于一种"推"动生产物流的物流管理理念,即从构成一个产品的所有物料出发,通过产品结构,一级一级地制订不同阶段的物料需求计划 MRP,在实践中不断完善、扩大运用范围,从一个企业的生产物流最终发展到互相有上下物料供应关系的企业之间的生产物流在计划与控制手段上的不断发展和完善,这也反映出生产物流的计划和控制与采购物流、销售物流的计划和控制息息相关。

2. 以 JIT 思想为宗旨的生产物流运营方式

准时化生产方式(just in time,JIT)是日本在 20 世纪五六十年代研制和开始实施的生产管理方式。JIT 首先出现于日本,与其国情有十分密切的关系:日本国土面积小,人口密度大,自然资源匮乏,因此在生产管理中,特别注意有效地利用各种资源,杜绝各种可能的浪费。由于土地昂贵,工厂布局要求尽量合理,占地面积小。物流通畅,仓储面积省。他们认为,库存是一种浪费,废品则是更大的浪费。

JIT 的创立者认为,生产工艺的改进对于降低生产成本固然重要,但当各企业在生产工艺上不存在很大差异时,只有通过合理配置和使用设备、人员、材料等资源,才能较多地降低成本。

JIT 系统以准时生产为出发点,首先暴露出生产过量的浪费,进而暴露出其他方面的浪费(如设备布局不当、人员过多),然后对设备、人员等资源进行调整。如此不断循环,使成本不断降低,计划和控制水平也随之不断简化与提高。

JIT 方式的目标是彻底消除无效劳动和浪费。丰田公司提出"制造工厂的利润寓于制造方法之中",这就是说,要彻底消除制造过程中的无效劳动和浪费,努力降低成本、提高质量,取得高的利润。他们将无效劳动和浪费分为下列几种:①制造过剩的零部件的无效劳动和浪费;②空闲待工的浪费;③无效的搬运劳动;④库存积压的无效劳动和浪费;⑤加工本身的无效劳动;⑥动作方面的无效劳动;⑦生产不合格品的无效劳动和浪费。

对于整个系统的总装线来说,JIT 的目标是彻底消除无效劳动和浪费,具体包括:①废品量最低(零废品),JIT 要求消除各种引起不合理的原因,在加工过程中每一工序都要求达到最好水平;②库存量最低(零库存),JIT 认为,库存是生产系统设计不合理、生产过程不协调、生产操作不良的证明；③准备时间最短（零准备时间），准备时间长短与批量选择相联系，如果准备时间趋于零，准备成本也趋于零，就有可能采用极小批量；④生产提前期最短，短的生产提前期与小批量相结合的系统，应变能力强，柔性好；⑤减少零件搬运，搬运量低，零件送进搬运是非增值操作，如果能使零件和装配件运送量减小，搬运次数减少，可以节约装配时间，减少装配中可能出现的问题；⑥机器损坏低；⑦批量。

为了达到上述目标，JIT 要求：

（1）整个生产均衡化。人为的、平均的按照加工时间、数量、品种进行合理的搭配和排序，使生产物流在各作业之间、生产线之间、工序之间、工厂之间平衡、均衡地流动。为达到均衡化，在品种和数量上应组织混流加工，并尽量采用成组技术与流程式生产。

（2）尽量采用对象专业化布局，用以减少排队时间、运输时间和准备时间。在工厂级采用基于对象专业化布局，以使各批工件能在各操作间和工作间顺利流动，减少通过时间；在流水线与工作中心级采用微观对象专业化布局和 JIT 工作中心布局，可以减少通过时间。

（3）从根源上强调全面质量管理。目标是从消除各环节的不合格品到消除可能引起不合格品的根源，并设法解决问题。

（4）通过产品的合理设计，使产品与市场需求相一致，并且易生产、易装配。如模块化设计，设计的产品尽量使用通用件、标准件，设计时应考虑易实现生产自动化。

3. 以 TOC 理论为依据的生产物流运营方式

生产系统是将一定投入（生产要素）转换为特定输出（产品或服务）的有机整体，也是物流的输入—输出系统。系统的特征表明：在一定的目标下，任何系统都可以想象成由一连串的环构成，环环相扣，并且存在着一个或多个相互矛盾的约束关系。因此，要想提高系统产出，必须尽可能打破各种约束，找到整个系统的强度中最弱的一环。这就是 TOC 理论的出发点。

约束理论最初被称作最优生产时间表（optimized production time table），后改称为最优生产技术（optimized production technology）。最后进一步发展成为约束理论，并在美国企业界得到很多应用，在 20 世纪 90 年代逐渐形成完善的管理体系。

约束理论把企业看作是一个完整的系统，认为任何一种体制至少都应有一个约束因素。犹如一条链子，是链条中最虚弱的那一环决定着整个链的作用一样，正是各种各样的制约（瓶颈）因素限制了企业出产产品的产量和利润的增长。因此，基于企业在实现其目标的过程中现存的或潜伏的制约因素，通过逐个识别和消除这些约束，使得企业的改进方向和改进战略明确化，从而更有效地实现其"有效产出"目标才是最关键的。

为了达到这个目标，约束理论强调，首先在能力管理和现场作业管理方面寻找约束因素（约束是多方面的，有市场、物料、能力、工作流和资金、管理体制、员工行为等，其中，市场、物料和能力是主要的约束）。其次应该把重点放在瓶颈工序上，保证瓶颈工序不发生停工待料，提高瓶颈工作中心的利用率，从而得到最大的有效产出。最后根据不同的产品结构类型、工艺流程和物料流动的总体情况，设定管理的控制点。例如，如果约束来自市场，则根据市场的约束制定物料的初步生产规划，同步地用能力约束修订，生成主生产计划（MPS），MRP/CRP 也同步运行。

7.4　销　售　物　流

7.4.1　销售物流的概念

销售物流是指生产企业、流通企业出售商品时,物品在供方与需方之间的实体流动。销售物流是企业为保证本身的经营利益,不断伴随销售活动,将产品所有权转给用户的物流活动。在现代社会中,市场环境是一个完全的买方市场,因此,销售物流活动便带有极强的服务性,以满足买方的要求,最终实现销售。在这种市场前提(销售物流营运模式)下,销售往往以送达用户并经过售后服务才算终止,因此,销售物流的空间范围很大,这便是销售物流的难度所在。在这种前提下,企业销售物流的特点,便是通过包装、送货、配送等一系列物流实现销售,这就需要研究送货方式、包装水平、运输路线并采取各种诸如少批量、多批次,定时、定量配送等特殊的物流方式达到目的。

1. 销售物流的功能环节

销售物流的主要功能环节包括包装、成品储存、订单及信息处理、货物运输与配送、装卸搬运、流通加工等。

(1) 包装。包装是企业生产物流系统的终点,也是销售物流系统的起点。包装具有防护功能、仓储功能、运输功能、销售功能和使用功能,是物流系统中不可缺少的一个环节。销售包装的目的是向消费者展示、吸引顾客、方便零售。运输包装的目的是保护商品,便于运输、装卸搬运和储存。因此,在包装材料、包装形式上,既要考虑储存、运输等环节的方便,又要考虑材料及工艺的成本费用。

(2) 成品储存。储存是满足客户对商品可得性的前提。通过仓储规划、库存管理与控制、仓储机械化等,提高仓储物流工作效率,降低库存水平,提高客户服务水平。客户对企业产成品(商品)的可得性非常敏感,缺货不仅使客户需求得不到满足,还会提高企业销售服务的物流成本。产成品的可得性是衡量企业销售物流系统服务水平的一个重要参数。

(3) 订单及信息处理。为使库存保持最低水平,客户会在考虑批量折扣、订货费用和存货成本的基础上,合理地频繁订货。企业若能为客户提供方便、经济的订货方式,就能引来更多的客户,因此,免费电话订货服务、预先打印好订货表,甚至为客户提供远程通信设备等服务应运而生。但同时,客户更关心交货日期及其可靠性,希望供货方能够将订单处理与货物装运的进程及时通知客户,特别是当与预期的服务水平已经或将要发生偏差时,更是这样。因此,企业的订单及信息处理能力更是客户关心的问题。

(4) 发货运输与配送。不论销售渠道如何,企业的产成品都要通过运输才能到达客户(消费者)指定的地点。而运输方式的确定需要参考产成品的批量、运送距离、地理等条件。在此,配送是一种较先进的形式,在保证客户(消费者)需要的前提下,不仅可以提高运输设备的利用率,降低运输成本,还可以缓解交通拥堵,减少车辆废气对环境的污染。

(5) 装卸搬运。客户希望在物料搬运设备方面的投资最小化,例如,客户要求供应商按其使用尺寸的托盘交货,或要求将特殊货物集中在一起装车,这样他们就可以直接再装运,而不需要重新分类。

(6) 流通加工。根据需要进行分割、计量、分拣、刷标志、拴标签、组装等作业的过程。主要考虑流通加工方式、成本和效益、与配送的结合运用、废物再生利用等。

销售物流是企业物流系统的最后一个环节,是企业物流与社会物流的又一个衔接点,它与企业销售系统相配合,共同完成产成品或商品的销售任务。

通过销售物流,企业得以回收资金,进行再生产的活动。销售物流的效果关系到企业的存在价值是否被社会承认,销售物流的成本在商品的最终价值中占有一定的比例,因此,为了增强企业的竞争力,必须重视销售物流的合理化。

2. 销售物流管理的任务及目标

所谓销售物流管理,就是对于销售物流活动的计划、组织、指挥、协调和控制。

销售物流管理的任务主要包括以下几个方面。

(1) 随时收集、掌握和分析市场需求信息,包括需求量、需求分布、需求变化规律的供需态势、竞争态势,制定市场战略和物流战略。

(2) 根据市场战略和物流战略规划销售物流方式方案,规划物流网络布局。

(3) 根据物流网络规划,设计策划销售物流总体运作方案。

(4) 根据物流网络规划和销售物流总体运作方案,设计规划各个物流网点,进行网点建设、网点内部规划(库区规划、货位规划等)和网点运作。

(5) 策划设计运输方案、配送方案。

(6) 策划设计库存方案。

(7) 策划设计包装装卸方案。

(8) 策划设计物流运作方案实施的计划、措施。

(9) 物流运作过程的检查、监督和控制及统计、总结。

(10) 物流业绩的检查、统计和小结。

(11) 物流人员的管理、激励。

(12) 物流技术的开发和运用等。

销售物流管理的目标,就是保证销售物流有效合理地运行,既扩大市场、提高客户服务水平,又降低成本、提高物流工作效率。

3. 销售渠道

正确选择和运用销售渠道,合理组织销售物流,可使企业迅速及时地将产品传送到用户手中,达到扩大商品销售,加速资金周转,降低流通费用的目的。企业的销售渠道按结构通常分为三种形式,如图 7-10 所示。

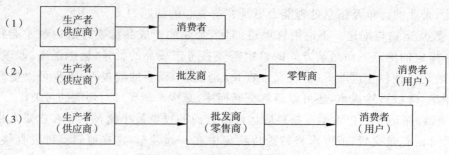

图 7-10　企业的三种销售渠道

从物流过程来看,第(1)种销售渠道环节最少,即所谓的直达供应,物流过程可控制性比较强;第(2)种销售渠道环节最多,销售系统的不稳定因素较多;第(3)种销售渠道介于以上两者之间。

企业销售渠道的选择及其销售物流的组织与国家政策、产品类型、市场供求关系、销售量、费用开支、服务质量等因素密切相关。企业要结合自身的特点和要求,对各种销售渠道进行反复比较,找出最佳销售渠道。例如,钢材、木材等生产资料,一般选用第(1)种销售渠道和第(3)种销售渠道;而日用百货、小五金等商品的销售,则较多选用第(2)、(3)种销售渠道。

正确运用销售渠道,可使企业迅速及时地将产品传送到用户手中,达到扩大商品销售,加速资金周转,降低流通费用的目的。

7.4.2　销售物流战略

销售物流战略要根据市场环境情况和自己的具体条件进行综合分析而确定。销售物流战略包括自营物流战略、外包物流战略、配送物流战略、JIT 送货战略、VMI 战略和无库存分销战略。

1. 自营物流战略

自营物流战略就是企业自己自主承担分销物流活动的战略。不要一味否定企业自办分销物流,在某些情况下,企业自营物流有特殊的优势。

这种战略一般适用于具有以下情况的企业。

(1) 专业性很强或市场定向很窄,只有一个客户或少数几个客户。

(2) 企业已有物流设施能力、物流作业人员。企业完全自己可以承担分销物流活动。

(3) 自己的分销物流活动有特别的技术要求,一般外面的物流企业进行的物流操作难以达到这些技术要求。

(4) 供需之间签订了紧密的合作关系。

自营物流的最大好处,就是自主控制性强。自己可以随意控制物流方式、物流量、物流频次。因而可以灵敏响应需求的变化,随时调整生产和物流作业计划,保障客户服务水平和自己的经济效益。

2. 外包物流战略

外包物流战略包括全部外包、部分外包、临时外包等,其优点是利用别人的资源,节省自己的时间和精力。其中全部外包也就是第三方物流战略。由专门的物流服务企业组织企业的销售物流,实际上是生产者企业将销售物流外包,将销售物流社会化。

第三方物流战略适用于契约物流、合同物流。其特点是契约式、个性化、零散、非标、被动、利润小、多客户、随机性。

将物流业务外包给专业化的第三方物流公司,由于利用了第三方物流企业的核心竞争力优势,可以更大地降低运作成本,提高运作效率,享受高水平的服务,提高本企业的经济效益。在网络经济时代,这种模式是一个发展趋势。

3. 配送物流战略

配送物流是指以配送为主的分销物流运作方式,即企业销售后端的物流采用配送的服务模式,根据客户需求设置配送网络,合理配置库存,按客户的要求组织配送。采用配送方式组织销售物流已成为很多企业尤其是快速消费品企业的必由之路。

4. JIT 送货战略

准时化生产方式是起源于日本丰田汽车公司的一种生产管理方法。现在已经推广到各个领域中。分销物流领域也广泛运用 JIT 的思想,形成了 JIT 送货战略。

JIT 的基本思想就是在适当的时候,将适当的物品,适当的数量,送到适当的地点。也就是一种准时化送货方式。因此,JIT 的基本思想就是保证客户最大地消除浪费,降低成本,提高效率。所以,准时化送货战略完全以客户的需求为准则、高水平地为客户服务的战略。它最典型的运作模式如下。

由客户企业的需求点,根据自己需求的时间、需求的品种、需求的数量、需求的地点,制定指令看板,发往供应商,要求供应商按指定的时间,将制定的品种、规格和数量,送到指定的地点。供应商接到看板后,需要按照看板的指令,准备货物,按时按量送货。

这种送货战略对供应商的要求很高,约束较大。供应商一般要根据客户的需求速度进行同步化生产和供应。一般只适用于那些供需关系非常紧密的企业、卫星企业、附属企业、联盟企业等。

但是这种分销物流战略给客户企业带来的效益是非常显著的,所以现在也特别盛行。特别是在供应链管理中,核心企业对于供应商的要求,非常需要这种方式。

5. VMI 战略

供应商管理用户库存(vendor managed inventory,VMI)也是供应链物流管理中的一种分销物流方式。它的典型运行模式如下。

客户企业没有库存,客户企业的库存完全由供应商企业掌握。但是客户企业随时需要把需求信息发往供应商企业,供应商企业根据用户的需求信息分析其变化趋势,预测客户企业未来的需求量,主动把适当的货品发往客户企业补充库存、满足客户企业的需求。供应商企业必须保证自己在客户企业的库存适当,刚好能够满足需要。因为库存过大,客户企业消耗不了那么多,就会因为需求转向造成物品过期滞销作废而给供应商造成损失,过小则因为满足不了客户那么多需求而造成缺货损失。这些都给供应商带来损失,所以供应商必须认真研究、仔细策划、小批量、多频次生产和送货,才能够灵活响应需求的变化,保障供应商企业损失最小、效益最大。

1) 供应商管理用户库存具有的优势

(1) 供应商是商品的生产者,它掌握客户企业的库存具有很大的主动性和灵活机动性。它可以根据市场需求量的变化,及时调整生产计划和采购计划,看库存消耗速率大,它就主动地多生产一些,库存消耗速率小了,它就少生产一些,所以既不会造成超量库存积压,又可以灵活响应市场的变化。既不存在占用资金的问题,又不会存在增加费用、造成浪费的问题。

(2) 供应商管理库存,就可以把客户企业从库存陷阱中解放出来。它们不需要占用库存资金,不需要增加采购、进货、检验、入库、出库、保管等一系列的工作,使它们能够集中更多的资金、人力、物力用于发展核心竞争力,更好地搞好工作,大大提高效益,扩大市场,从而提高整个供应链的活力,给整个供应链包括供应商企业创造一个更加有利的局面。

（3）供应商管理库存就是掌握市场。客户企业的库存消耗就是市场需求的组成部分，它直接反映了客户的消费水平和消费倾向，这对于供应商改进产品结构和设计、开发分销对路的新产品，对于企业的生产决策和经营决策起着有力的信息支持作用。使它们也能够获得一个更好的发展局面。

可见，实施 VMI，由供应商管理库存，可以实现客户企业和供应商企业的"双赢"，对客户企业和供应商企业都有好处。

2）实施 VMI 管理需要满足的前提条件

（1）供应商要详细掌握客户企业的销售信息和库存消耗信息，也就是客户企业的销售信息和库存消耗信息要对供应商透明。具体来说，供应商掌握客户企业的销售时点信息或库存消耗时点信息（POS），才能够掌握库存消耗的规律，才能根据这个规律来调整生产计划和采购计划，供应商管理库存才有意义。

（2）为了使得供应商能够及时详细地掌握客户企业的销售信息和库存消耗信息，就要建立起通畅的信息传输网络，建立供应链系统的管理信息系统，实现信息的及时传输和处理。

（3）建立起供应链系统的协商机制和互惠互利的机制，要加强沟通，及时协商处理出现的各种问题，要本着责任共担、利益共享的精神，建立起企业之间的友好协作关系，可以建立起某种组织的或规章制度的保证系统，订立合作框架协议。

供应商管理用户库存的销售物流战略也主要适用于有紧密供需关系的供应商企业，特别是供应链中的供应商企业。

6. 无库存分销战略

无库存分销战略就是客户甚至包括供应商实行零库存经营的分销物流战略。上面讨论的配送物流战略、JIT 物流战略以及 VMI 物流战略实际上都可以实现无库存经营，因此都可以是无库存分销物流战略。分销物流战略由于实现零库存，所以可以最大限度地降低成本，提高工作效率，提高企业的经济效益。

7.4.3　销售物流服务要素

销售物流服务有四个要素，即时间、可靠性、信息沟通和方便性。这些要素无论对卖方成本还是买方成本都有影响。

1. 时间

时间要素通常是指客户订货周期。客户订货周期（customer ordercycle time）是指从客户确定对某种产品有需求到需求被满足之间的时间间隔，也称为提前期（lead time）。时间要素主要受订单传输时间、订单处理和配货时间、额外补充存货时间以及交付运输时间等变量的影响，如图 7-11 所示。企业只有有效地管理与控制这些活动，才能保证订货周期的合理性和可靠性，提高企业的客户服务水平。

（1）订单传输时间。订单传输时间是指从客户发出订单到卖方收到订单的时间间隔。订单传送时间与订单传输方式有关，它可以从电话的几分钟到邮寄的数天。随着卖方订单传送速度的提高，提前期缩短了，但是订单传输成本提高了。

客户可以通过供应商的销售代表、直接邮寄、打电话、传真或通过电子设备订货。计算

图 7-11　客户订货周期的组成

机与通信技术的迅速发展使得订单传送方式发生了变革,供求双方的联系非常紧密,买方可以直接登录到卖方计算机,根据卖方所提供的产品及其他诸如装运日期等信息有针对性地订货,或通过互联网直接订货,这种方式大大提高了订货效率,逐渐被更多的企业采纳。

(2) 订单处理和配货时间。订单处理时间是指处理客户订单并准备装运的时间,这一功能涉及客户资信调查、销售记录的处理、订单移交到仓库以及装运文件的准备。订单处理可以通过有效地利用电子数据处理设备来同时进行其中各项工作。配货作业由拣货、打包、集货等作业构成,简单的人工系统和自动化分拣系统,其订单拣选效率有很大差别,物流管理者应综合考虑各项成本与效益。

(3) 额外补充存货时间。额外补充存货时间是指当不能立即得到所订购的货物时,就会出现分割订单的问题,则需要额外补充存货时间。就库存产品而言,即使库存水平相当高,订单不完全履行的概率可能也会很高。这就需要利用备用货源部分履行订单,因此,要完全履行订单就需要额外补充存货时间。

(4) 交付运输时间。交付运输时间是指从将订货装上运输工具到买方收到订货的时间间隔。这一时间的长短与运输规模、运输方式、运输距离等因素有关。影响货物的全部运输时间主要取决于不同的运输方式,其次是运输的距离长短。

2. 可靠性

客户订货周期的缩短标志着企业销售物流管理水平的提高,但是,如果没有销售物流的可靠性作保证,则是毫无意义的。

可靠性是指根据客户订单的要求,按照预定的提前期,安全地将订货送达客户指定地方。对客户来说,在许多情况下,可靠性比提前期更重要。如果提前期是固定的,客户可将其库存调整到最低水平,不需要保险存货来避免由于波动的提前期造成的缺货。

(1) 提前期的可靠性。提前期的可靠性对于客户的库存水平和缺货损失有直接影响,可靠的提前期可以使客户的库存、缺货、订单处理和生产计划的总成本最小化。

(2) 安全交货的可靠性。安全交货是销售物流系统的最终目的,如果货物破损或丢失,客户不仅不能如期使用这些产品,还会增加库存、生产和销售成本。收到破损货物意味着客户不能将破损的货物用于生产或销售,这就增加了缺货损失。为了避免这种情况,客户就必须提高库存水平。这样,不安全交货使得买方提高了库存成本,这种情况对于采用及时生产方法的企业来说是绝对不允许的。另外,不安全交货还会使客户承担向承运人提出索赔或向卖方退回破损商品的费用。

(3) 正确供货的可靠性。当客户收到的订货与所订货物不符时,将给客户造成失销或停工待料的损失。在订货信息传递阶段,使用 EDI 可以大大降低出错率,产品标识及条形码的标准化,可以减少订货拣选过程中的差错。另外,EDI 与条形码结合起来还能够提高存货周转率,降低成本,提高销售物流系统的服务水平。

必须连续监控以上三个方面的可靠性,这包括认真做好信息反馈工作,了解客户的反应及要求,提高客户服务系统的可靠性。

3. 信息沟通

与客户沟通是监控服务可靠性的关键手段。设计客户服务水平必须包括客户沟通。沟通渠道应对所有客户开放并准入,因为这是销售物流外部约束的信息来源。没有与客户的联系,管理者就不能提供有效及经济的服务。然而,通信必须是双向的。卖方必须能把关键的服务信息传递给客户,例如,供应方应该把降低服务水平的信息及时通知客户,使买方能够做必要的调整。另外,许多客户需要了解装运状态的信息,询问有关装运时间、运输路线等情况,因为这些信息对客户的运行计划是非常必要的。

4. 方便性

进行企业销售物流管理需要将客户细分。方便性就是指服务方式必须灵活多样。从销售物流服务的观点来看,所有客户对系统有相同要求,有一个或几个标准的服务方式适用于所有客户是最理想的,但却是不现实的。例如,某个客户要求所有货物用托盘装运并由铁路运输,另一个客户可能要求汽车运输,不使用托盘,或个别客户要求特定的交货时间。因此,客户在包装、运输方式及承运人、运输路线及交货时间等方面的需求都不尽相同。为了更好地满足客户需求,就必须确认客户的不同要求,根据客户规模、市场区域、购买的产品线及其他因素将客户需求细分,为不同客户设计适宜的服务水平,这样可以以最经济的方式满足不同客户的需求。

7.4.4　销售物流合理化

销售物流合理化的形式有批量化、商物分离化、标准化、共同化等类型,但一种物流并不仅仅与一种类型相对应。

1. 有效预测,实现货物流动的批量(大量)化模式

随着信息技术的发展,预测手段及工具的更新,企业可以对货物的流量和流向进行有效预测,增加货物流动的批量,减少批次。该模式适用的行业可以是家用电器、玻璃、洗涤剂、饮料等。该模式常见问题包括需求预测不准导致销售竞争力下降,交易对象的商品保管面积增加。该模式优点:①可通过装卸机械化,提高货物的装卸效率,由于批量的增大,可以大大降低单件货物的流动成本;②可以克服需求、运输和生产的波动性,简化事务处理。

2. 商物分离化模式

商物分离是指流通中两个组成部分,即商业流通和实物流通各自按照自己的规律与渠道独立运动。使用该模式需要解决销售活动的方式问题,配送距离增大的问题,以及企业之间关系需要进行调整等问题。该模式适用的行业可以是纤维、家用电器、玻璃等。该模式优点:①固定开支减少压缩流通库存,排除交叉运输;②整个流通渠道的效率化和流通系列化得到加强。

3. 共同化模式

物流共同化包括物流配送共同化、物流资源利用共同化、物流设施与设备利用共同化以及物流管理共同化。物流资源是指人、财、物、时间和信息;物流的设施及设备包括运输车

辆、装卸机械、搬运设备、托盘和集装箱、仓储设备及场地等;物流管理是指商品管理、在库管理等。该模式的管理要求比较高,它要求企业能够具备对单一主导型企业和行业具有整体垂直结合、水平结合能力。采用该模式需要解决的问题包括调整企业之间的关系;选择对象企业,对本企业物流状况不能公开化的信息,加强对企业物流状况的保密措施。该模式适用的行业可以是胶片、家用电器、食品、药品等。该模式优点:物流管理社会化;装载效率提高;投资压缩成本。

4. 标准化模式

物流标准化是按照物流合理化的目的和要求,制定各类技术标准、工作标准,并形成全国乃至国际物流系统标准化体系的活动过程。其主要内容包括:物流系统的各类固定设施、移动设备、专用工具的技术标准;物流过程各个环节内部及各个环节之间的工作标准;物流系统各类技术标准之间、技术标准与工作标准之间的配合要求,以及物流系统各个环节与其他相关系统的配合要求。物流标准化需要解决的问题包括交易条件的调整、组合商品的设定和更新。该模式适用的行业可以是食品、文具、化妆品等。该模式优点:拣选、配货等节省人力;订货处理、库存管理、拣选、配货等比较方便。

7.5 回收与废弃物流

7.5.1 回收与废弃物流的形成

1. 物资循环过程

人类社会所需要的各种物资都来自自然界,无论是食品、服装,还是建筑材料、金属和塑料制品,都是由自然界取得原材料并经过加工制造而成的。在人类社会中,从生产经过流通直至消费,是物资流向的主渠道。但是,在这一过程中,也有大量由于变质、损坏,使用寿命终结而丧失了使用价值,或在生产过程中未能形成合格产品而不具有使用价值的物资,这些都成为废弃物的来源。

具体来说,废弃物的产生有三种情况。

(1) 生产过程产生的废弃物。由于生产过程类型不同,其废弃物也有很大差异。例如,造纸厂产生的废渣,以及为了漂白等目的使用的化学药液随水排出形成的废水;钢铁厂产生的钢渣,以及钢材的切头切尾;机械厂的切削加工形成的切屑;一些工厂在产品加工中产生的废品、废件等,这些都是工业生产环节产生的废弃物。

(2) 流通过程产生的废弃物。流通也是产业部门,需要消耗燃料及其他动力与资材,这些都会产生废弃物。流通部门最典型的废弃物是被捆包的物品解捆以后所产生的废弃捆包材料,如木箱、编织袋、纸箱、纸袋、捆带、捆绳等。

(3) 消费后产生的废弃物。此类废弃物一般称为垃圾。例如,家庭厨房产生的食物残渣、蔬菜、果皮、肉骨等;失去使用价值的破旧衣物,已不能使用的家用电器也属于消费的废弃物。

物资循环过程如图 7-12 所示。

2. 回收物流与废弃物流的概念

废弃物的处理有两方面含义:一是将其中有再利用价值的部分加以分拣、加工、分解,

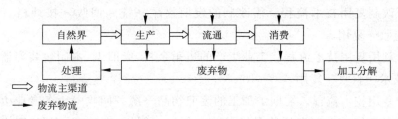

图 7-12　物资循环过程

使其成为有用的物资重新进入生产领域和消费领域。例如,废纸被加工成纸浆,又成为造纸的原材料;废钢被分拣加工后又进入冶炼炉变成新的钢材;废水经净化以后又被循环使用等。二是从环境保护目的出发将其焚烧,或送到指定地点掩埋,对于含有放射物质或有毒物质的工业废物,还要采取特殊的处理方法。对于前者一般称为回收,后者称为废弃,这两类废弃物资的流向形成了回收物流和废弃物流,如图 7-13 所示。

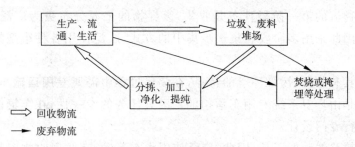

图 7-13　废弃物资流向

综上所述,可以对回收物流和废弃物流作以下概括。

回收物流(returned logistics)是指不合格物品的返修、退货以及周转使用的包装容器从需方返回供方所形成的物品实体流动。

废弃物流(waste material logistics)是指将经济活动中失去原有使用价值的物品,根据实际需要进行收集、分类、加工、包装、搬运、储存,并分送到专门处理场所时所形成的物品实体流动。废弃物流的作用是无视对象物的价值或对象物没有再利用价值,仅从环境保护出发,将其焚化化学处理或运到特定地点堆放、掩埋。

7.5.2　回收与废弃物流技术

1. 回收物流技术

废旧物资回收的目的是将其经过修复、处理、加工后再次反复使用。因此,研究物品复用的技术是回收物流的前提和基础。

一般来说,回收物流技术可概括为以下几个方面。

(1) 原厂复用技术流程。原厂产生废旧物品→原厂回收→原厂分类→原厂复用。例如,钢铁厂的废钢铁回收再利用就是一个典型的例子。

(2) 通用回收复用技术流程。通用化、标准化的同类废旧物品→统一回收→按品种、规格、型号分类→复用标准达到后进行通用。

(3) 外厂代用复用技术流程。本厂过时性、生产转户及规格不符的废旧物品→外厂统一回收→按降低规格、型号、等级分类或按代用品分类→外厂验收→外厂复用。

（4）加工改制复用技术流程。需改制的废旧物品→统一回收→按规格、尺寸、品种分类→拼接→验收→复用。

（5）综合利用复用技术流程。工业生产的边角余料、废旧纸、木制包装容器→统一回收→综合利用技术→验收→复用。

（6）回炉复用技术流程。需回炉加工的废旧物品→统一回收→由各专业生产厂进行再生产性的工艺加工→重新制造原物品→验收→复用。例如，废玻璃、废布、废锡箔等属于这一类。

2. 回收与废弃物流技术特点

回收与废弃物流由运输、储存、装卸搬运、包装、流通加工和物流信息等环节组成，其物流技术也是围绕这些环节发展的，但因系统的性质所决定，故技术特点有所不同。

1）小型化、专用化的装运设备

回收与废弃物流的第一阶段任务是收集，废弃物的来源分布极为广泛，遍布每一个工矿、企业和家庭，因此采用多阶段收集逐步集中的方式，广泛使用各种小型的机动车辆和非机动车辆。

许多废弃物具有脏臭、污染环境的特点，在装运过程中需要专用运输车辆。例如，城市生活垃圾的运输是由环卫系统专用车承担的。因其任务的专一性，在车辆构造方面也可以针对作业特点进行专门设计。

废弃物的运输路线一般不长，因此，广泛使用汽车运输；有些回收物资是工业的重要原材料，如废钢铁、废纸等，也有利用火车进行长距离运输的情况，有时还会进入国际物流的渠道进行长距离输送。

2）简易的储存、包装要求

这些物资是以废弃物的形态出现的，一般只要求有露天堆场进行堆放，一部分回收物资（如废纸等）堆放时，需要有防雨措施，或放置在简易库房中。

废弃物一般也不需要包装，但是，为了装卸搬运方便，可以捆扎或打包。在需要防止废弃物污染环境的特殊情况下，也应有必要的包装。例如，具有放射性的核废料，在输送过程中，其包装要求是极为严格的，但包装的目的不是为了保护被包装物资，而是为了防止其对环境造成的危害。

3）多样化的流通加工

由于废弃物的种类繁多、性质各异，故流通加工的方式也很多，但此种加工的目的是为流通服务的，如利用回收物资作为原材料制造某种产品，则应视为生产加工。流通加工的方法有以下几种。

（1）分拣、分解、分类。在初期收集阶段，各种废弃物往往是混杂在一起的，但是它们按照本身可使用的价值，其去向是各不相同的。例如，城市垃圾中有无机物质和有机物质之分，其中玻璃、纤维物质（含废纸）分别是玻璃厂和造纸厂的回收对象；一部分有机物质可以作为肥料厂的原料，而有一部分则要送往指定地点掩埋或焚烧。为了适应物流流向的需要，必须进行分拣、分类。

分拣、分类的方法有磁力分拣，适用于废钢铁等磁性物质的拣选；重力拣选，利用振动或离心力抛射的方法将相对密度不同的物资分离出来;浮力拣选,利用液体的浮力将轻质和重质物分离;人力拣选,适应面很广,常常也是其他拣选方法的补充;加热分解,对于钢铁和有色金属的复合材料,可以利用较高温度将低熔点金属熔化分离。

(2)压块和捆扎。目的是提高对象物的密度,减小体积和形成作业单元便于装卸与运输。

(3)切断和破碎。切断的目的也是为了装卸搬运作业的方便,而破碎则往往是为了分拣。例如,废汽车含有钢铁、有色金属、橡胶、玻璃等材料,经破碎以后,这些材料可以进行拣选、分类收集。

(4)低成本的要求。回收与废弃物流中,由于所处理的对象物价值不高,因此物流费用必须保持在低水平。对废弃物处理费用过高,将加大企业的开支,或增加社会福利基金的开支。回收物资成本过高,将导致以回收物资为原材料的生产企业陷入困境,甚至转而寻求其他途径解决原材料问题。

小　结

企业物流是指企业内部的物品实体流动。根据物流活动发生的先后次序,企业物流可分为供应物流、生产物流、销售物流、回收与废弃物流。企业物流系统通过管理层、控制层和作业层三个层次的协调配合实现其总体功能。

供应物流是企业购入原材料、零部件或商品的物流过程。供应物流的业务性活动包括计划、采购、储存、供料四个环节,供应计划是根据企业总体战略与目标以及内外部顾客的需求,制定供应战略规划和物品的供应计划;采购是根据计划实施采购活动,物流采购的重点是选择供应商、合同谈判、签约、跟踪货款支付等;储存包括物品验收入库、保管保养、发货,确定合理库存量,并对库存量进行控制;供料是根据供料计划进行的领料审批,定额供料,回收利用,消耗控制与管理。企业常采用的采购策略包括传统采购、订货点采购、MRP 采购、JIT 采购等方式。

生产物流是指生产过程中,原材料、在制品、半成品、产成品等,在企业内部的实体流动。生产物流的空间组织形式包括工艺专业化、对象专业化和综合专业化形式;物料在工厂的移动包括顺序移动、平行移动、平行顺序移动三种组织方式。生产物流的计划与控制方式主要有 MRP 管理方式、JIT 方式和 TOC 方式。

回收物流是指不合格物品的返修、退货以及周转使用的包装容器从需方返回到供方所形成的物品实体流动。废弃物流的作用是无视对象物的价值或对象物没有再利用价值,仅从环境保护出发,将其焚化化学处理或运到特定地点堆放、掩埋。

思考题

1. 企业物流的含义是什么? 企业物流包括哪几个子系统?
2. 画图说明企业物流的垂直结构。
3. 企业物流合理化的意义是什么?

4. 什么是供应物流？供应物流的业务活动包括哪几个方面？

5. 什么是供应计划？按计划内容分为哪几类？

6. 企业常见的采购策略有哪些？举例说明 3～5 种常用的采购策略。

7. 什么叫 JIT 采购？JIT 采购的目标和前提是什么？

8. 生产物流有什么特点？生产物流常用的空间组织形式是哪几种？

9. 三种常见的生产物流控制原理是什么？

10. 什么叫销售物流？举例说明 3～5 种企业销售物流战略，并说明其优缺点。

11. 销售物流服务要素有哪些？

12. 销售物流合理化的模式有哪些？

13. 简述回收与废弃物流的区别与联系。

案例分析

生 产 物 流

"零库存"是现代物流中的管理理念，它实质上是在保证供应的前提下，实现库存费用最低 一种管理方式。工业生产和商品流通过程的阶段性目标并不一样，商业企业组织商品流通的目的是保证市场商品供应，而市场波动与供求不协调是完全正常的经济现象，但每当出现供不应求现象时，企业为能保持经常性的供求平衡，一般采取增加库存，保证供应的做法，实质上是加大了流动资金的占用量。

实现零库存，一直以来是现代企业在进行库存控制时所追求的最佳状态，现在普遍认为从理论上实现零库存的途径有以下几种：①委托营业仓库存储和保管货物；②推行配套生产和"分包销售"的经营制度；③实行"看板供货"制度；④依靠专业流通组织，准时而均衡供货。

下面分别介绍一汽大众和丰田的"零库存"管理模式。

1. 一汽大众"零库存"管理模式

1) 零部件的送货形式

一汽大众的零部件的送货形式有三种。

第一种是电子看板送货模式，即公司每月把生产信息用扫描的方式通过计算机网络传递送到各供货厂，对方根据这一信息安排自己的生产，然后公司按照生产情况发出供货信息，对方则马上用自备车辆将零部件送到公司各车间的入口处，再由入口处分配到车间的工位上，适用于关键零部件的配送。

第二种是"准时化"送货模式，即公司按整车生产顺序把配货单传送到供货厂，对方也按顺序装货直接把零部件送到工位上，从而取消了中间仓库环节。适用于大件类配送，如车厢、发动机等。

第三种是批量进货，供货厂每月对于那些不影响大局又没有变化的小零部件分批量送货到仓库，每月送 1～2 次。

2) 在制品的管理

公司很注重在制品的"零库存"管理，在该公司流行着这样一句话：在制品是万恶之源，用以形容大量库存带来的种种弊端。在生产初期,其产品品牌颜色比较单一,公司的生产全靠大量的库存来保证。随着市场需求的日益多样化,传统的生产组织方式面临着严峻的挑战。

在整车车间,生产线上每辆车的车身上都贴着一张生产指令表,零部件的种类及装配顺序一目了然。计划部门将装车顺序通过计算机网络向各供货厂下计划,供货厂按照顺序生产、装货,生产线上的工人按顺序组装,一伸手拿到的零部件保证就是他正在操作的车上的。物流管理就这样使原本复杂的生产变成了简单而高效率的"傻子工程"。令人称奇的是,整车车间的一条生产线过去仅生产一种车型,其生产现场尚且拥挤不堪,如今在一条生产线同时组装 2~3 种车型的混流生产线,却不但做到了及时、准确,而且生产现场比原先节约了近 10%。

3) 导入物流管理控制系统,实现"无纸化办公"

一汽大众根据自己企业的特点量身打造了物流控制系统,计算管理系统由控制实物流、信息流延伸到公司的决策、生产、销售、财务核算等各个领域中,使公司的管理步入了科学化、透明化。公司已实现了"无纸化办公",各部门之间均通过电子邮件联系。

4) 特点与启示

一个目标,多种途径。一汽大众为实现"零库存",采用了三种有针对性的零部件的送货形式:一是电子看板;二是"准时化";三是批量进货。三种方式各有适用范围,这就做到了因地制宜,因事而异,利用不同方式,共同实现"零库存"的系统目标。

信息化、网络化是现代企业发展的基本方向,一汽大众"建立了与自身情况相适应的物流信息系统",不仅成本低廉,更重要的是能够实实在在地满足需要,取得效益。

一汽大众在物流系统运作的各个环节及其流程中,特别注重的一点便是竭力降低其库存。

2. "零库存"管理的典型——丰田看板方式

丰田公司的看板管理是一种生产现场管理方法。它是利用卡片作为传递作业指示的控制工具,将生产过程中传统的送料制改为取料制,以"看板"作为"取货指令""运输指令""生产指令"进行现场生产控制。看板有助于实现整个生产过程的准时化、同步化和库存储备最小化,即零库存。

1) 看板管理的基本原理

看板管理的基本原理如图 7-14 所示。

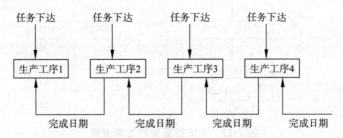

图 7-14　看板管理的基本原理

由图 7-14 可以看出:"看板管理"是由代表客户需求的订单开始,根据订单按产品结构自上而下进行分解,得出完成订单所需零部件的数量。在生产过程中,看板起到指令的作用,通过看板的传递或运动来控制物流。

2）看板形式

看板形式很多。常见的有塑料夹内装着的卡片或类似的标识牌、存件箱上的标签、流水生产线上各种颜色的小球或信号灯、电视图像等。

看板主要分为生产看板和取货看板两种不同的类型。

生产看板是在工厂内指示某工序加工制造规定数量工件所用的看板,内容包括需要加工工件的工件号、工件名、类型、工件存放位置、工件背面编号、加工设备等,如表7-4所示。

表7-4　企业生产看板实例

工件号	A521	容器容量	30
工件名	主轴	所需物资	5# 黑色漆
产品型号	BW-2170	存放于	三车间 3～6 储藏室

取货看板是后工序的操作者按看板上所列件号、数量等信息,到前工序领取零部件的看板,它指出应领取的工件号、工件名、类型、工件存放位置、工件背面编号、前加工工序号、后加工工序号等,如表7-5所示。

表7-5　企业取货看板实例

工件号	C423	供应时间	9:00—10:30
工件名	曲轴	存放于	6D-13-6
产品型号	BM-3615	前道工序	机加工
容器容量	20	后道工序	喷漆

3）看板生产管理流程

丰田公司利用看板进行生产现场管理流程如图7-15所示。

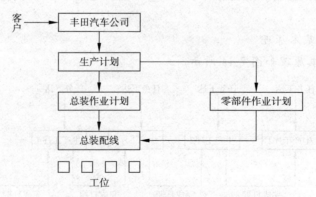

图7-15　丰田看板生产管理流程

由图7-15可知,在总装配线上有许多工位,每个工位有相应的存料点。各加工线上有多道工序,每道工序附近有两个存料点:进口存料点和出口存料点。

4）特点与启示

丰田看板方式的特点是在企业内部各工序之间，采用固定格式的卡片由下一个环节根据自己的生产节奏逆向向上一个环节提出供货要求，上一个环节则根据卡片上指定的供应数量品种等即时组织供货。供方准时、同步向需求者供应货物，使工作流程顺畅，不发生货物停滞与货物短缺的现象。

丰田看板方式的应用，可以最大限度地减少库存，由于任何工作地只有凭"看板"才能从上道工序领取制件，以补充被下道工序取走后制件的短缺，这样，利用看板的周转传递，可使制件的占用降至最低，从而实现"零库存"。

丰田看板方式强调的是各部门之间的协作与紧密配合，特别是每一个上下道工序之间在时间与数量上的有效衔接，缺少这一点"看板"将无法正常运作。

案例思考

1. 一汽大众采用了哪几种送货模式？分别适合什么类型的零部件？

2. 丰田看板模式有什么特点？其看板模式的实施目标是什么？

第 8 章

物流管理基础

物流服务是物流系统的输出,服务水平的高低是物流系统的重要评价指标;而物流服务水平和物流成本具有悖反关系;也是物流系统管理两个重要的管控要素。物流质量管理体系是物流系统服务水平的保障;物流标准化是提高作业效率的基础性工作。

本章将系统介绍物流服务管理、物流质量管理、物流成本管理和物流标准化的基础知识。

学习目标

- 理解物流服务的含义和关键绩效指标;掌握物流服务水平分析的方法和思路。
- 掌握质量管理内涵和了解物流质量管理方法;了解物流质量管理体系。
- 理解物流成本的特点;了解物流 ABC 成本分析法原理和企业物流成本核算方法。
- 理解物流标准化的概念及作用;了解物流标准的种类和企业物流标准化建设的思路。

8.1 物流服务管理

8.1.1 物流服务的意义

1. 物流服务的概念

物流服务是物流企业以及货主企业的物流部门为了满足客户(包括内部客户和外部客户)的物流需求,开展的一系列物流活动的结果。物流服务本身并不创造商品的物质效用,而是产生空间效用和时间效用。

对于货主企业的物流部门来说,供应物流、生产物流包括回收与废弃物流可以看作是给企业内部客户提供服务的,而对于企业来说,销售物流服务属于外部客户服务的范畴,是客户服务的重要构成部分。物流服务是企业物流系统的输出,是保证顾客对商品可得性的过程。物流服务的质量决定了物流系统的质量,与物流系统的各项工作的质量高低密切相关。物流服务质量的高低,很可能是客户服务中最具价值的方面,直接影响着客户的满意程度,从而增加企业产品的竞争能力。

对于专门提供物流服务的物流企业来说,物流服务本身就是企业的产品。物流企业通过优质的客户服务使服务对象的满意度提高,从而有效地增强企业的核心竞争力。

2．物流服务要素

客户服务构成要素如图 8-1 所示。这些要素中，70％是与物流相关的，因此物流服务是客户服务的主要组成部分。

交易前的要素	交易中的要素	交易后的要素
• 客户服务政策书面指南 • 把客户服务政策指南提供给客户 • 组织结构 • 系统柔性 • 管理服务	• 缺货水平 • 订货信息 • 订货周期 • 特殊运输处理 • 转运 • 系统准确性 • 订货的便利性 • 商品的替代性	• 安装、质量保证、维修和配件 • 商品追踪 • 客户投诉、索赔及退货 • 商品的暂时替补

图 8-1　客户服务构成要素

物流服务包括以下三个要点。

（1）拥有顾客所期望的商品（备货保证）。

（2）在顾客所期望的时间内传递商品（输送保证）。

（3）符合顾客所期望的质量（品质保证）。

3．物流服务对企业的重要性

物流服务对于企业经营的重要性主要体现在以下几个方面。

（1）物流服务成为企业差别化经营的一个重要手段。随着市场需求多样化和分散化特征的日益明显，在企业的营销政策上，物流功能不再只停留在商品传递和保管等一般性活动上，不再是企业生产和消费的附属职能。企业只有不断地满足各种不同类型、不同层次的市场需求，并迅速、有效地满足其欲望，才能在激烈的竞争和市场变化中求得生存与发展。对客户提供差别化的物流服务也是企业差别化经营战略中的重要组成部分，物流服务是差别化营销的重要方式和途径。

（2）物流服务水平的确立对经营绩效具有重大影响。物流服务水平是构筑物流系统的前提条件，在物流开始成为经营战略重要一环的过程中，物流服务越来越具有经济性的特征，市场机制和价格机制的变动通过供求关系既决定了物流服务的价值，又决定了一定服务水平下的成本。所以，物流服务的供给不是无限制的，否则，过高的物流服务势必损害经营绩效，不利于企业收益的稳定。因而，制定合理或企业预期的物流服务水平是企业战略的重要内容之一。

（3）物流服务方式的选择对降低流通成本具有重要影响。低成本战略历来是企业营销竞争的重要内容，而低成本往往涉及商品生产、流通的全过程，除原材料、零配件、人力成本等各种有形的影响因素外，物流服务方式等软性要素的选择对成本也具有相当大的影响力。合理的物流方式不但能提高流通效率，而且能从利益上推动企业发展，成为企业利润的重要来源。

（4）物流服务在整个供应链中起着纽带作用。随着经济全球化、网络化的发展，现代企业的竞争体现为一种动态的网络竞争，竞争优势也体现于网络优势，而物流客户服务以其性质和内容，成为构造企业经营网络的主要方式之一。一方面，以商品为媒介，减少了供应商、厂商、批发商和零售商之间的隔阂，有效地推动了商品从生产到消费全过程的顺利流动；另一方面,物流服务通过自身特有的系统设施不断将商品销售、在库等重要信息反馈给流通中的所有企业,并通过知识、经验等经营资源的蓄积,使整个流通过程能不断协调地对应市场变化,进而创造一种超越单个企业的竞争网络的供应链价值。

8.1.2 物流服务的内容

1. 货主企业的物流服务内容

货主企业的物流服务是客户服务的一部分。通过物流服务,可以在商品交易中给客户提供商品增值。货主企业的物流服务可以划分为三个层次。

(1) 作为功能活动的物流服务,如接受订单、存储、配送等。

(2) 作为执行标准的物流服务,如库存保有率、订货周期、商品完好率等。

(3) 作为经营理念的物流服务,通过准确设定物流服务与物流成本的最佳组合,找到企业经营与顾客之间的结合点,在取得合理利润的前提下,为客户提供满意的产品或服务。

货主企业提供的物流服务可以用库存保有率、订货周期、配送率、商品完好率等指标来衡量。

货主企业的物流服务,通常最终采用以下作为执行标准的物流服务指标。

(1) 库存保有率。它由库存水平决定。库存水平是指由企业所决定的仓库中存储商品容量的大小,它决定了客户对于所需商品的可得率。合理的库存水平不但有利于提高物流整体的效率,而且能够为客户提供高水平的物流服务。

(2) 订货周期。订货周期囊括了物流管理人员能够控制的客户服务的首要因素。订货周期定义为从客户提出订单、购买或服务要求到收到所订购产品或服务所经过的时间。订货周期包括在客户收到订购货物所经过时间内发生的所有相关活动。一个订货周期包括的时间因素有订单传输时间、订单处理时间、配货时间、存货可得率、生产时间和送货时间。这些因素直接或间接受订单传输方式的设计和选择、库存政策、订单处理程序、运输方式和计划方法的影响。

(3) 配送率。配送率是指满足客户配送要求的比率。配送率的高低与客户服务水平有着密切的联系。客户一般期望得到较高的配送率,因为高配送率可提高产品的可得率,减少客户的库存水平与占用的资金成本。但高配送率是以高物流成本为代价的,商品价格的提高会导致企业竞争能力的下降,因此,企业必须在权衡客户服务及其成本的基础上决定配送率。

(4) 商品完好率。商品完好率是指当企业产品到达最终顾客时商品的完好程度。

2. 物流企业的物流服务内容

物流企业是专门从事物流服务经营的事业主体,它以货主企业的物流服务需求为市场开展经营活动。工商企业通过外包的形式,将一部分物流业务或全部物流业务委托给专业物流企业,利用专业物流企业在提供物流服务方面的成本优势、技术优势、网络优势等,提高物流活动的运作效率,降低物流成本。

物流企业的物流服务要满足货主企业向其客户提供物流服务的需要,无论是在服务能力上,还是在服务质量上,都要以货主满意为目标。在能力上满足货主需求,主要表现在适量性、多批次、广泛性等方面;在质量上满足货主需求,主要表现在安全、准确、迅速、经济等方面。

物流企业的物流服务的基本内容包括运输、储存、配送、包装、流通加工、物流系统设计、网络化物流服务以及与其联系的物流信息服务。此外,在整个服务体系中,物流服务商还应能为货主企业提供其他增值性服务,如一条龙门对门服务、市场调查与预测、库存控制决策建议、订货指导、业务运作过程诊断、各种代办业务和物流全过程追踪等服务。

8.1.3 物流服务关键绩效指标

随着全面质量管理在企业中的普遍开展,质量战略被提升到企业战略的角度上,并迅速蔓延到物流服务中来。许多企业开始认识到,即使其他方面都有表现出色的产品,一旦交付延迟或运输时损坏,都是不可接受的,这就是低质量的物流服务将毁灭顾客服务的例子。因此,企业必须深刻重视物流服务质量的管理,努力提高物流服务的质量。

我们可以通过一些服务质量的关键绩效指标(key performance indicators,KPI)来描述对客户的物流服务水平。常用的物流服务质量指标及公式如表 8-1 所示。

表 8-1 常用的物流服务质量指标及公式

类 别	指 标	公 式	说 明
服务质量指标	订单满足率(F)	$F = \dfrac{满足要求次数}{用户要求次数} \times 100\%$	订货次数满足比率
	订单缺货率(Q)	$Q = \dfrac{缺货次数}{用户要求次数} \times 100\%$	缺货次数百分比
	订货量满足率(M)	$M = \dfrac{满足要求数量}{用户要求数量} \times 100\%$	订货量满足百分比
	交货水平($J_天$)	$J_天 = \dfrac{按交货期交货次数}{总交货次数}$	按期交货百分比
	商品完好率(W)	$W = \dfrac{交货时完好商品量}{物流商品总量} \times 100\%$	完好交货商品百分比
仓库管理质量指标	商品收发正确率(S)	$S = \dfrac{期内吞吐量 - 出现差错总额}{期内吞吐量} \times 100\%$	正确收发量占比
	商品完好率($W_库$)	$W_库 = \dfrac{期内商品库存量 - 出现缺损商品量}{期内商品库存量} \times 100\%$	储存期间商品完好百分比
	库存商品缺损率($Q'_库$)	$Q'_库 = \dfrac{期内商品缺损量}{期内商品量} \times 100\%$	库存商品缺损百分比
运输环节服务质量指标	正点运输率(Z)	$Z = \dfrac{正点运输次数}{运输总次数} \times 100\%$	正点运输次数百分比
	货物完好送达率($M_运$)	$M_运 = \dfrac{完好送达的次数}{总订单次数} \times 100\%$	完好送达次数百分比
	运输信息及时跟踪率(Y)	$Y = \dfrac{跟踪运输信息次数}{总订单次数} \times 100\%$	跟踪运输信息次数的百分比
运输环节服务质量指标	缺货率(Q')	$Q' = \dfrac{缺损商品量}{物流商品总量} \times 100\%$	运输过程缺损商品量百分比
	货损货差赔偿率(P)	$P = \dfrac{货损货差赔偿费总额}{同期业务收入总额} \times 100\%$	运输过程货损货差赔偿额占同期业务收入的百分比

当然,客户类型不同,要求的物流服务也有所不同,相应的物流服务内容、服务形式和服务水平也会有所区别,客户服务指标的设定以及标准水平的确定应根据客户的需求进行科学设计。

一个完善的物流运作系统,应该有一个完整的 KPI 指标体系。物流企业关键绩效指标体系如表 8-2 和表 8-3 所示。

表 8-2　物流企业关键绩效指标体系(一)

指标要素层	基本指标层	服务水平
总体作业质量评价指标	订单履行延迟率	
	货物损耗率	
	客户对物流过程的抱怨率	
	物流过程差错率	
订单处理系统质量	订单平均处理时间	
	未及时收到和处理客户订单的比例	
	客户对订单处理的抱怨率	
客户服务系统质量	客户对退货系统的抱怨率	
	客户对订单追踪查询方面的抱怨率	
	客户对报表分析系统的抱怨率	
	客户对财务结算系统的抱怨率	
国际物流作业质量	国际运输货损率	
	国际运输延迟率	
	清关延迟率	
	信息提供延迟率和差错率	
国内运输作业质量	国内运输货损率	
	国内运输延迟率	
仓储和配送作业质量	库存和配送货损率	
	货物配送延迟率	
	信息提供延迟率	
	信息提供差错率	

表 8-3　物流企业关键绩效指标体系(二)

服务内容	服务质量指标	指标说明
订单处理	订单需求满足率	客户的物流需求(包括一些额外的物流需求,如不常见路线的配送、临时配送、增值服务要求等)能够及时满足的比率
配送服务	货物及时配送率	指企业接到客户订单后,按照客户的需求,在规定的时间内,将货物安全准确地送达目的地的订单数比率
	货物完好送达率	按照客户的要求,在规定的时间内,将货物无损坏地送达客户手上的订单比率
	运输信息及时跟踪率	每一笔货物运输出去以后,企业及时向客户反馈配送信息的比率

续表

服务内容	服务质量指标	指 标 说 明
库存管理	库存完好率	某段时间内仓库货物保存完好的比率
	库存周报表准确率	在一定时间段内,库存报告的准确次数除以总的库存报告次数
	发货准确率	仓管人员根据订单准确发货的百分数
客户服务	客户投诉率	在一定时间内,收到客户投诉次数占总计服务次数的比率
	客户投诉处理时间	一般为 2h。但如果客户重复投诉,则此权重应该加大

表 8-2 所示是一个从事国际物流服务业务的管理型物流企业示例,它主要基于企业承接的商业订单来开展配套的物流服务,每一个客户和每一笔订单要求的物流服务水平可能都不同。该物流企业需要针对不同的客户要求和不同的货物特点,选择其中相应的指标并制定相应的服务水平,作为对该客户和该笔业务的服务水平保证。

表 8-3 是一个区域性的以物流配送为主要经营业务的物流企业的关键绩效指标体系。该企业的客户相对比较固定,其业务经营也相对比较平稳,对某个客户的关键绩效指标体系和服务水平一旦确定,就具有相对的稳定性。

建立 KPI 指标体系的目的,是有利于对物流运营进行有效的管理,并建立有效评价与考核的标准,并用于衡量自身的客户服务水平,也可以将该指标体系同行业标杆企业或竞争对手的服务指标进行对照,发现自身存在的不足,并明确改善的方向,不断提高客户服务水平。

8.1.4　物流服务水平的确定

一般来讲,物流服务是以一个物流系统作为基础的,高水平物流服务必须由高物流成本支撑。因此,在加强物流服务管理的同时,明确相应的服务成本,从而保持成本与服务之间的一种均衡关系。物流服务水平的确定还应通盘考虑商品战略和地区销售战略,流通战略和竞争对手,物流系统所处的环境以及物流系统负责人所采取的方针等具体情况,再做出决定。

1. 服务与成本的关系

物流服务质量与成本是一种此消彼长的关系,物流服务质量提高,物流成本就会上升,可以说两者之间的关系适用于收益递减规律。物流服务与成本的关系如图 8-2 所示,在服务水平较低阶段,如果追加 X 单位的服务成本,服务质量将提高 Y,而在服务水平较高阶段,同样追加 X 单位的服务成本,提高的服务质量只有 $Y'(Y'<Y)$。

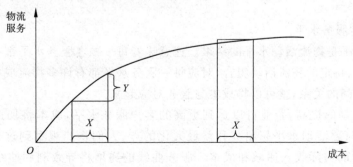

图 8-2　物流服务与成本的关系

所以,无限度提高服务水平,会因为成本上升的速度加快,反而使服务效率没有多大的变化,甚至下降。具体来看,物流服务与成本的关系有四种类型。

(1) 在物流服务水平一定的情况下,降低物流成本,即在实现物流服务水平的条件下,通过不断降低成本来追求物流系统的改善(见图 8-3)。

(2) 要提高物流服务水平,不得不牺牲物流成本,听任其上升,这是大多数企业认为的服务与成本的关系(见图 8-4)。

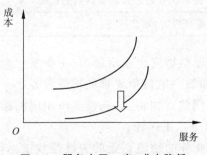

图 8-3　服务水平一定,成本降低

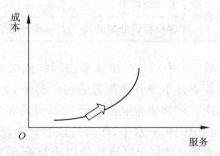

图 8-4　服务水平与成本同时上升

(3) 在物流成本一定的情况下,实现物流服务水平的提高,这种状况是灵活、有效利用物流成本,追求成本绩效的一种做法(见图 8-5)。

(4) 在降低物流成本的同时,降低物流服务水平(见图 8-6)。

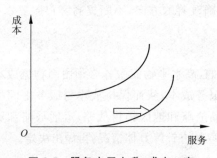

图 8-5　服务水平上升,成本一定

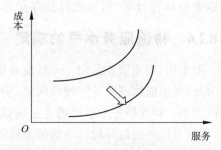

图 8-6　服务水平与成本同时下降

上述物流服务与成本的关系说明,物流服务管理的目的在于改变图 8-4 中所反映的状况,经图 8-3 和图 8-5,最终向图 8-6 方向发展。显然,要实现图 8-6 中的理想状态,必须在加强成本管理的同时,明确相应的服务水平,强化物流服务管理,从而保持成本与服务之间的一种均衡关系。

2. 如何确定服务水平

物流服务水平是物流活动水平的结果。这意味着每一顾客服务水平都有相应的成本水平。事实上,根据特定的物流活动组合,对应每一服务水平都有许多物流成本方案。一旦了解销售与成本之间的关系,就可以将成本与服务对应起来。

随着物流活动的提高,企业可以达到更高的客户服务水平,成本将加速增加。在大多数经济活动中,只要活动水平超出其利益最大化的点,人们将能观察到这样一种现象:销售与服务关系中的边际收入递减和成本—服务曲线的递增将导致利润曲线形成,如图 8-7 所示。

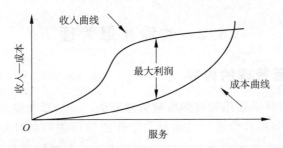

图 8-7 不同物流服务水平下,收入—成本的悖反关系

不同服务水平下,收入与成本之差决定了利润曲线。因为利润曲线上有一个利润最大化点,所以规划物流系统就是要寻找这一理想的服务水平。该点一般在水平最低和最高的两个极端点之间。

3. 确定物流服务水平的步骤

对一个企业来说,保证具有优势的物流服务水平至关重要。下面这些步骤,对保证物流服务水平有着积极的意义。物流服务管理过程如图 8-8 所示。

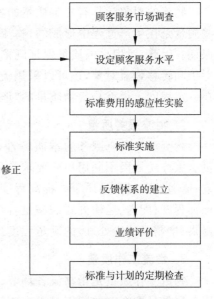

第一步:对顾客服务进行市场调查。通过问卷、专访和座谈,收集物流服务的信息。了解顾客提出的服务要素是否重要,他们是否满意,与竞争对手相比,是否具有优势。

第二步:设定顾客服务水平。根据对顾客服务调查所得出的结果,对顾客服务的各环节的水平进行界定,初步设立水平标准。

第三步:标准费用的感应性实验。基准成本的感应性是指顾客水平变化时成本的变化程度。如库存可得率由 80% 提高到 90%,库存将提高 3 倍。

第四步:根据顾客服务水平实施物流服务。

第五步:反馈体系的建立。顾客评定是对物流服务质量的基本测量,而顾客一般不愿意主动提供自己对服务质量的评定,因此必须建立服务质量的反馈体

图 8-8 物流服务管理过程

系,及时了解顾客对物流服务的反应,这可以为改进物流服务质量,采取改进措施提供帮助。

第六步:业绩评价。在物流服务水平试行一段时间后,企业的有关部门应对实施效果进行评估,检查顾客有没有索赔、晚配、事故、破损等。通过顾客意见了解服务水平是否已经达到标准;成本的合理化达到何种程度,企业的利润是否增加,市场是否扩大等。

第七步:标准与计划的定期检查。物流服务水平不是一个静态标准,而是一种动态过程。也就是说,最初顾客物流服务水平一经确定,并不是以后就一成不变,而是要经常核查、变更,以保证物流服务的质量。

第八步:标准修正。通过对物流服务标准的执行情况和效果进行分析,如存在问题,需要对标准做出适当修正。

8.2　物流质量管理

8.2.1　物流质量管理的内容

物流质量管理是指科学运用先进的质量管理方法、手段,以质量为中心,对物流全过程进行系统管理,包括保证和提高物流产品质量与工作质量而进行的计划、组织、控制等各项工作。企业的物流质量管理必须满足两个方面的要求:一方面是满足生产者的要求,必须保护生产者的产品且能保质保量地转移给用户;另一方面是满足用户的要求,按用户的要求将其所需的商品交给用户。

物流质量应该是一个双重概念,它不但是现代企业根据物流运作规律所确定的物流工作的量化标准,而且更应该体现物流服务的顾客期望满足程度的高低。主要分为货物的质量保证及改善、物流服务质量、物流工作质量、物流工程质量四个层面。

1. 货物的质量保证及改善

物流的对象是具有一定质量的实体,具有合乎要求的等级、尺寸、规格、性质、外观。这些质量是在生产过程中形成的,物流过程在于转移和保护这些质量,最后实现对用户的质量保证。因此,对用户的质量保证既依赖于生产,又依赖于流通。现代物流过程不单是消极地保护和转移物流对象,还可以采用流通加工等手段改善和提高货物的质量,由此,物流过程在一定程度上说就是货物质量的"形成过程"。

2. 物流服务质量

物流活动具有服务的本质特性,可以说,整个物流的质量目标就是企业物流的服务质量。服务质量因不同用户而要求各异,要掌握和了解用户要求,包括商品狭义质量的保持程度;流通加工对商品质量的提高程度;批量及数量的满足程度;配送额度、间隔期及交货期的保证程度;配送、运输方式的满足程度;成本水平及物流费用的满足程度;相关服务(如信息提供、索赔及纠纷处理)的满足程度。

3. 物流工作质量

物流工作质量是指物流各环节、各工种、各岗位的具体工作质量。物流工作质量和物流服务质量是两个有关联但又不大相同的概念,物流服务质量水平取决于各个工作质量的总和。所以,物流工作质量是物流服务质量的某种保证和基础。重点抓好物流工作质量,物流服务质量也就有了一定程度的保证。同时,需要强化物流管理,建立科学合理的管理制度,充分调动员工积极性,不断提高物流工作质量。

由于物流系统的庞杂,物流工作质量的内容也各有不同侧重点。以仓库工作质量为例,就可以归纳为商品损坏、变质、挥发等影响商品质量因素的控制及管理;商品丢失、错发、破损等影响商品数量因素的控制及管理;商品维护、保养;商品出库、入库检查及验收;商品入库、出库计划管理、计划完成的控制;商品标签、标示、货位、账目管理;库存量的控制;质量成本的管理及控制;库房工作制度;温湿度控制;工作标准化管理等。

4. 物流工程质量

物流质量不但取决于工作质量,还取决于工程质量。在物流过程中,将对产品质量产生影响的各因素统称为"工程",这些因素包括人的因素、体制的因素、设备因素、工艺方法因素、计量与测试因素、环境因素等。很明显,提高工程质量是进行物流质量管理的基础工作,能提高工程质量,就能做到"预防为主"的质量管理。

8.2.2　物流质量管理的方法

1. 物流质量管理工作要点

物流质量管理是物流管理的重要工作,其管理过程包括物流需要的调研与评定、物流服务设计、物流服务提供过程、物流管理业绩的分析与改进四个方面。

(1) 物流需要的调研与评定。物流需要的调研与评定是现代企业物流活动过程的首要内容,要运用各种有效方式了解物流需要,依据调研结果和企业实际物流服务条件,确定新的物流服务项目,编制物流服务大纲,以作为物流服务设计的基础。

(2) 物流服务设计。物流服务设计是把物流服务大纲中的内容与要求策划设计为物流服务规范、物流服务提供规范和物流服务质量控制规范,确定开展预定物流服务项目的时间计划表,确保一切必要的资源、设施和技术支持,并对物流服务项目进行适当的、切合实际的宣传。

物流服务规范规定了物流服务的特性、内容、要求及验收的标准。物流服务规范规定了提供物流服务的方法和手段。质量控制规范应能有效地控制每一物流服务过程质量,以确保物流服务始终满足有关规范要求和顾客需要,既可以此制定物流质量管理控制规范,也可纳入企业整体服务规范和管理规范之中。

(3) 物流服务提供过程。物流服务组织应采取行政、经济、教育等各种手段确保物流服务规范的实施,不断地对物流服务过程质量进行评定和记录,识别和纠正不规范物流服务,把影响物流服务过程质量的各方面因素,如人的技能、设施的完好与安全等置于受控状态。此外,还应十分重视顾客对物流服务质量的投诉和评价,力争实现无缺陷物流服务。

(4) 物流管理业绩的分析与改进。现代企业应定期或不定期地对物流管理业绩进行分析,为此要建立一个物流管理质量信息反馈系统,既要进行定性分析,更要进行定量地数据收集和统计分析,以寻求质量改进机会,进行质量改进,提高物流质量管理水平。

2. PDCA 管理方法

企业物流质量管理常用的方法主要包括 PDCA 法、目标管理法和 DC 小组法等。本小节主要阐述 PDCA 循环法。

PDCA 循环是"计划—执行—检查—总结"工作循环的简称,也称戴明圈,它是国内外普遍采用的提高质量的一种管理工作方法。PDCA 反映了以下四个阶段的基本工作内容。

(1) P(plan)阶段。为满足顾客需求,以社会效益、经济效益为目标,制定技术经济指标,研制、设计质量目标,确定相应的措施和办法,这就是计划阶段。

(2) D(do)阶段。按照已制订的计划和设计内容,落实实施,以实现设计质量,这就是执行阶段。

(3) C(check)阶段。对照计划,检查执行的情况和效果,及时发现计划执行过程中的经验和问题,这就是检查阶段。

(4) A(action)阶段。在检查的基础上,把成功的经验加以肯定,形成标准,便于今后照此办理,巩固成果,克服缺点,吸取教训,以免重犯错误,对于尚未解决的问题,则留到下一次

循环解决,这就是总结阶段。

如果将上述工作程序具体化,则可分为八个步骤。

第一步:分析现状,找出存在的质量问题,并尽可能用数据加以说明。

第二步:分析产生质量问题的各种影响因素。

第三步:在影响质量的诸因素中,找出主要的影响因素。

第四步:针对影响质量的主要因素,制定措施,提出改进计划,并预计其效果。

第五步:按照制订的计划认真执行。

第六步:根据计划的要求,检查实际执行的结果,看是否达到预期的效果。

第七步:根据检查的结果进行总结,把成功的经验和失败的教训都形成一定的标准或规定,巩固已经取得的经验,同时防止重蹈覆辙。

第八步:提出这一循环中尚未解决的问题,让其转入下一次的 PDCA 循环中去处理。

按照 PDCA 循环的四个阶段、八个步骤推进提高产品质量的管理活动,还要善于运用各种统计工具和技术对质量数据、资料进行收集和整理,以便对质量状况做出科学的判断。

8.2.3　物流质量管理体系

企业应参照 ISO 9004—2,结合企业人员、设施等实际情况,建立一个文件化的物流质量管理体系,编制一套科学、实用、有效的物流质量管理体系文件。现代企业物流质量管理体系文件组成如下。

1. 物流质量管理手册

物流质量管理手册是一个阐明企业物流质量方针并描述其质量管理体系的纲领性文件,一般包括企业的质量方针和质量目标;企业物流管理人员职责、权限和相互关系;物流质量管理体系要素和形成程序文件的描述,也可以是程序文件的直接汇编;关于物流质量管理手册的使用、更改和控制,应符合 ISO 10013《质量手册编制指南》。

2. 物流质量管理规范和质量计划

企业物流质量管理规范是"为进行某项物流服务活动所规定途径的程序"文件,是质量手册的支持性文件。物流质量管理规范一般包括目的和范围;做什么和谁来做;何时、何地、如何做;应使用什么设施、何种文件;如何对物流服务活动进行控制等。可以与质量手册中相关要素活动内容的编写顺序一致,也可以按企业标准的形式编制。质量计划是"针对特定的产品、项目和合同,规定专门的质量措施、资源和活动顺序的文件"。因此,现代企业应对一些特定的物流服务按 ISO 10005《质量计划指南》编制质量计划。

3. 物流服务规范

物流服务规范是规范现代企业物流服务行为,阐明其物流服务内容与物流服务质量要求的操作性文件。物流服务规范是衡量现代企业物流服务质量的基本依据和最低要求,一般包括岗位职责与任务、上岗条件、物流服务程序、物流服务内容与要求等内容。

4. 质量记录及用户反馈

质量记录是为已完成的质量活动或达到的结果提供客观证据,即"建立在通过观察、测量、试验或其他手段所得到的事实的基础上,证明是真实的信息"文件,又称为见证性文件。

8.3　物流成本管理

8.3.1　物流成本管理的意义

物流成本是指伴随着物流活动而发生的各种费用,是物流活动中所消耗的物化劳动和活劳动的货币表现,其由三部分构成:①伴随着物资的物理性流通活动发生的费用以及从事这些活动所必需的设备、设施费用;②完成物流信息的传送和处理活动所发生的费用以及从事这些活动所必需的设备、设施费用;③对上述活动进行综合管理所发生的费用。

物流成本管理在物流管理中占有重要的位置,"物流是经济的黑暗大陆""物流是第三利润源"以及"物流成本冰山说"等观点都说明了物流成本问题是物流管理初期人们关心的主要问题。所谓"物流是第三利润源",是指通过物流合理化降低物流成本,成为继降低制造成本和扩大销售获取利润之后,企业获取利润的第三个源泉。"物流成本冰山说"告诉我们,通常我们明确掌握的物流成本,只占企业物流总成本的一小部分,大部分物流成本并没有为管理者所认知。正是由于在物流领域存在着广阔的降低成本的空间,物流问题才引起企业经营管理者的重视,企业物流管理可以说是从对物流成本关心开始的。

物流成本管理的意义在于,通过对物流成本的有效把握,利用物流要素之间的效益悖反关系,科学、合理地组织物流活动,加强对物流活动过程中费用支出的有效控制,降低物流活动中的物化劳动和活劳动的消耗,从而达到降低物流总成本,提高企业和社会经济效益的目的。也就是说,物流成本管理不应该理解为管理物流成本,而是通过对物流成本的把握和分析去发现物流系统中需要重点改进的环节,达到改善物流系统的目的。

8.3.2　ABC 成本分析法

1. ABC 成本分析法含义

ABC 成本分析法(activity-based costing)即作业成本法,是以作业(activity)为核心,确认和计量耗用企业资源的所有作业,将耗用的资源成本准确地计入作业,然后选择成本动因,将所有作业成本分配给成本计算对象(产品或服务)的一种成本计算方法。

ABC 成本分析法的指导思想是"成本对象消耗作业,作业消耗资源"。ABC 成本分析法把直接成本和间接成本(包括期间费用)作为产品(服务)消耗作业的成本同等地对待,拓宽了成本的计算范围,使计算出来的产品(服务)成本更准确真实。作业是成本计算的核心和基本对象,产品成本或服务成本是全部作业的成本总和,是实际耗用企业资源成本的终结。

2. ABC 成本分析原理

传统的成本管理是按照现行的会计制度,依据一定的规范计算材料费、人工费、管理费、财务费等的一种核算方法。这种管理法有时不能反映出所从事的活动与成本之间的直接联系。而 ABC 成本分析法相当于一个滤镜,它对原来的成本方法做了重新调整,使得人们能够看到成本的消耗和所从事工作之间的直接联系,这样人们可以分析哪些成本投入是有效的,哪些成本投入是无效的。

1) ABC 成本分析法涉及的几个概念

(1) 作业。作业是指需要进行操作并因此消耗资源的流程或程序。例如,给供应商打电话订购就是一个作业。

（2）成本动因。成本动因是工作的直接原因。成本动因反映了产品或其他成本对象对作业的需求。如果作业是交付货物，成本动因就是将要被交付的货物的数量。成本动因应该与度量单位联系起来，并且容易度量。它们之间的联系会对作业和交易成本的关系产生影响，即作业是否会影响交易成本。简易的度量可以很容易度量出作业成本的多少、作业的产品或服务的使用情况。采购作业的一般成本动因包括申请所要求的货物数量、零件规格的数量、进度表变动的数量、供应商的数量和延迟交付的数量。

（3）成本对象。需要考核绩效的实体，如产品、顾客、市场、分销渠道和项目。

（4）作业清单。产品或其他成本对象所需要的作业及其相关成本的清单。

ABC 成本分析法主要关注生产运作过程，加强运作管理，关注具体活动及相应的成本，同时强化基于活动的成本管理。

2）ABC 成本分析法的分析步骤

（1）定义业务和成本核算对象（通常是产品，有时也可能是顾客、产品市场等）。这一过程很耗时间。如果两种产品满足的是顾客的同一种需求，那么在定义业务时，选择顾客要比选择单个产品更为恰当。

（2）确定每种业务的成本动因（即成本的决定因素，如订单的数量）。

（3）将成本分配给每一成本核算对象，对各对象的成本和价格进行比较，从而确定其盈利能力的高低。

某农机厂是典型的国有企业，以销定产、多品种小批量生产模式。传统成本法下，制造费用超过人工费用的 200%，成本控制不力。为此，企业决定实施作业成本法。

根据企业的工艺流程，确定了 32 个作业，以及各作业的作业动因，作业动因主要是人工工时，其他作业动因有运输距离、准备次数、零件种类数、订单数、机器小时、客户数等。通过计算，发现传统成本法的成本扭曲——最大差异率达到 46.5%。根据作业成本法提供的信息，为加强成本控制，针对每个作业制定目标成本，使得目标成本可以细化到班组，增加了成本控制的有效性。

通过对成本信息的分析，发现生产协调、检测、修理和运输作业不增加顾客价值，这些作业的执行人员归属一个分厂管理，但是人员分布在各个车间。通过作业分析，发现大量的人力资源的冗余。根据分析，可以裁减一半的人员，并减少相关的资源支出。分析还显示，运输作业由各个车间分别提供，但是都存在能力剩余，将运输作业集中管理，可以减少三四台叉车。

此外，正确的成本信息对于销售的决策也有重要的影响，根据作业成本信息以及市场行情，企业修订了部分产品的价格。修订后的产品价格更加真实地反映了产品的成本，具有更强的竞争力。

3．作业成本分析法的优点

1）传统物流成本核算方法的不足

传统的会计法倾向于把成本分成原材料、劳动力、日常费用三大类，忽视了不同产品及顾客群会产生各自不同的成本。传统方法以数量为基础，分配相关产品和顾客的直接成本与间接成本，存在很大缺陷。在财务上，物流成本的核算通常是从被统计在折旧费和人工费等已消费、使用的不同经营资源项目中抽出隐藏在其中的物流成本，即把物流活动中消费、使用的金额按一定标准抽出进行核算。例如,把担当物流工作人员的人工费抽出作为物流人工费入账;把保管、运输、搬运等不同物流成本中发生的成本从其计入的相关账目中抽出作为物流活动费用入账,两者汇总形成企业的物流成本。但这种物流成本核算方法存在以下方面的不足。

(1) 不能提供准确的物流成本信息,且核算工作量大。要想把物流成本准确地从相应的制造成本和一般管理费用及销售费用中抽出,首先应界定哪些是物流活动消耗的、哪些是非物流消耗的,由于界定存在着随意性,就会导致物流成本不准确。其次,物流成本金额按一定标准抽出,标准选择不合理,也会导致物流成本不准确。同时,在众多的财务凭证中寻找与物流活动有关的资料,对一些小型企业来说都是一种负担,更别提业务量大的一些大型企业,核算工作量过大。

(2) 容易忽略机会成本。物流成本分析应该是对物流的经济性分析,应分析它的经济成本(机会成本)而不是会计成本,因为物流管理者更关心的是资源利用效率,会计成本仅仅是显性成本。在具体的核算方法上,经济成本和会计成本会有不同的结果。

(3) 无法有效地进行物流成本的管理。传统成本法是为了满足企业财务报告需要而产生的,因此其成本核算和成本分类不能有效地满足物流成本管理的需要,在传统成本法下,物流成本一般是企业的间接费用,按发生的部门进行归集,成本管理只能局限于部门这个层次,而不能深入产生物流成本的物流活动这个作业层次上。此外,物流信息的不准确也在很大程度上减弱了对物流成本管理的效力。

2) 作业成本分析法的特点

作业成本分析法是指以作业为基础,把企业消耗的资源按资源动因分配到作业,以及把作业涉及的作业成本按作业动因分配到成本对象的核算方法。其理论基础是生产导致作业的发生,作业消耗资源并导致成本的发生,产品消耗作业。其特点如下。

(1) 以“作业”为中心,不仅能提供相对准确的成本信息,还能提供改善作业的非财务信息;以“作业”为纽带,能把成本信息和非财务信息很好地结合起来,即以“作业”为基础分配成本,同时以“作业”为基础进行成本分析和管理。

(2) 作业成本分析法促使人们对传统的企业观和成本观进行重新思考,形成了新的企业观和成本观。新的企业观是将企业作为一个职能价值链来看待,其不但关注企业的生产职能所耗费的成本,而且关注其他职能所耗费的成本。新的成本观对成本的看法是:成本是作业链各环节的所有成本。

8.3.3　物流成本核算

1. 物流成本核算方式

物流成本的核算对象应根据物流成本计算的目的及企业物流活动的特点来决定。一般来说,物流成本核算方式有以下几种。

1) 以物流成本项目为核算对象

把一定时期的物流成本,从财务会计的计算项目中抽出,按照成本费用项目进行分类计算。它可以将企业的物流成本分为企业自家物流费、委托物流费和外企业代垫物流费等项目分别进行计算。其中,企业自家物流费包括按相应的分摊标准和方法计算的为组织物流活动而发生的材料费、人工费、燃料费、办公费、维护费、利息费、折旧费等;委托物流费包括企业为组织物流向外单位支付的包装费、保管费、装卸费等;外企业代垫物流费包括在组织原材料(商品)采购和商品销售过程中由外单位(企业)代垫的物流成本。

在企业的财务会计核算中,各项成本费用的账户往往是按照各个成本项目进行分类的,即把成本费用分成人工费、材料费、折旧费、办公费、水电费、差旅费等成本费用项目。因此可以说,按照成本项目进行物流成本的核算是最基本的物流成本核算方式。不管采用什么样的成本核算对象,都可以按照成本项目对这些核算对象的物流成本进行细化。

2) 以物流功能为核算对象

根据需要,以包装、运输、储存等物流功能为对象进行计算。这种核算方式对于加强每个物流功能环节的管理,提高每个环节作业水平,具有重要的意义。而且可以计算出标准物流成本(单位个数、重量、容器的成本),进行作业管理,设定合理化目标。按照物流成本的功能作为成本核算对象,可以得到物流成本汇总信息,如表 8-4 所示。应该注意的是,尽管这里按照物流的每项功能进行物流成本的归集,但一般仍然可以得到每项物流功能成本中各个成本项目的构成,因为按照成本费用项目进行成本的分类是最基本的成本分类方法。

表 8-4　以物流功能为核算对象的物流成本汇总信息

成本项目	功能	运输	保管	装卸	包装	流通加工	物流信息	物流管理	合计
企业内部物流成本	材料费								
	人工费								
	维修费								
	水电费								
	办公费								
	其他								
小　计									
委托物流费									
合　计									

3) 以服务客户为核算对象

这种核算方式对于加强客户服务管理、制定有竞争力且有营利性的收费价格是很有必要的。特别是对于物流服务企业来说,在为大客户提供物流服务时,应认真分别核算对各个大客户提供服务时所发生的实际成本。这有利于物流企业制定物流服务收费价格,或为不同客户确定差别性的物流水平提供决策依据。按照服务客户作为成本核算对象,可以得到物流成本汇总信息,如表 8-5 所示。

从表 8-5 可以看到,对于大客户,可以独立设置账户,核算其发生的物流成本,以进行有效的管理。如果物流企业服务的对象还包括许多中小客户,则可以把这些客户进行分类(如按照同类产品归类,或按照同等服务水平要求归类),统一核算物流成本,然后按照归类的属性再将成本分摊给这些客户,以有效地进行每个客户的成本与收费价格的管理,也有利于进行有效的物流服务水平管理。

表 8-5 以服务客户为核算对象的物流成本汇总信息

成本项目	功能	A 大客户	B 大客户	…	N 大客户	P 类中小客户	Q 类中小客户	其他客户	合计
企业内部物流成本	材料费								
	人工费								
	维修费								
	水电费								
	办公费								
	其他								
小　计									
委托物流费									
合　计									

4）以产品为核算对象

这主要是指货主企业在进行物流成本核算时,以每种产品作为核算对象,计算为组织该产品的生产和销售所花费的物流成本。据此可进一步了解各产品的物流成本开支情况,以便进行重点管理。以产品作为成本核算对象得到的物流成本汇总信息表与表 8-4 和表 8-5 类似,这里不再列出。

5）以企业生产过程为核算对象

如以供应、生产、销售、退货等过程为对象进行计算,它的主要任务是从材料采购费及企业管理费中抽出供应物流成本,如材料采购账户中的外地运输费、企业管理费中的市内运杂费、原材料仓库的折旧修理费、保管人员的工资等;从基本生产车间和辅助生产车间的生产成本、制造费用以及企业管理费用等账户中抽出生产物流成本,如人工费部分按物流人员比例或物流工时比例确定计入,折旧费、大修费按物流固定资产占用资金比例确定计入等;从销售费用中抽出销售物流成本,如销售过程中发生的运输、包装、装卸、保管、流通加工等费用和委托物流费等。这样就可以得出物流成本的总额,可使企业经营者一目了然地了解各范围(领域)物流成本的全貌,并据此进行比较分析。

6）以物流部门为核算对象

如以仓库、运输队、装配车间等部门为对象进行计算。这种核算对加强责任中心管理,开展责任成本管理方法以及对于部门的绩效考核都是十分有利的。

7）以地区为核算对象

计算在该地区组织供应和销售所花费的物流成本,据此可进一步了解各地区的物流成本开支情况,以便进行重点管理。对于销售或物流网络分布很广泛的物流企业或产品分销企业来说,这种以地区为物流成本核算对象的成本核算就显得更加重要,它是进行物流成本日常控制、各个地区负责人绩效考核以及其他物流系统优化决策的有效依据。以地区为核算对象的物流成本汇总信息如表 8-6 所示。从表 8-6 中可以看出,管理者不仅可以获得每个地区的物流总成本,还可以得到物流成本按照物流功能(运输费、仓储费、配送费、流通加工费等)的构成情况。实际上,企业也可以按照每个地区物流成本的成本项目构成进行物流成本的归集。

表 8-6 以地区为核算对象的物流成本汇总信息

成本项目 \\ 功能		东北分公司	华北分公司	西北分公司	西南分公司	华南分公司	华东分公司	中南分公司	合计
企业内部物流成本	运输费								
	保管费								
	装卸费								
	包装费								
	流通加工费								
	物流信息								
	物流管理								
	其他								
小 计									
委托物流费									
合 计									

8）以某一物流设备和工具为核算对象

如以某一运输车辆或某一搬运设备为核算对象进行计算。

9）以企业全部物流活动为核算对象

确定企业为组织物流活动所花费的全部物流成本支出。

值得注意的是，企业在进行物流成本核算时，往往不仅仅局限于某一个成本核算对象，通过会计科目和账户的细化设置，可以从多角度对物流成本进行核算。例如，图 8-9 所示的三维物流成本核算模式，就是要从三个角度对物流成本进行核算归类，从而得到更多角度、更详细的成本信息，满足企业管理的多方面需求。

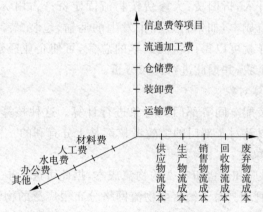

图 8-9 三维物流成本核算模式

当然，物流成本的核算也可以是四维、五维，甚至更多维的，维数越多，物流成本信息就越详尽，当然对于会计核算来说，难度和工作量也就越大。目前，随着会计电算化工作的日益普及，使得物流成本的多维核算变得可能。企业物流成本的全面核算往往要借助于会计信息化工作的全面开展。一般来说,企业结合自身的管理要求和实际情况,三维或四维的物流成本核算模式是比较适合的,关键在于选择什么样的维度作为成本核算的对象。

某制造企业的物流成本核算会计科目设置如表 8-7 所示。为了进行物流成本核算,该企业在会计科目设置时设立了"自营物流成本"和"委托物流成本"两个物流成本核算的一级科目,"自营物流成本"用于核算、记录企业自身从事物流业务所发生的费用,"委托物流成本"用于核算企业委托第三方从事物流业务所发生的费用。两个科目属于成本类科目,借方登记企业物流成本的增加,贷方登记计入成本对象的物流成本。

表 8-7　物流成本核算会计科目设置

一级科目	二级科目	三级科目	备　注
自营物流成本	库存费	折旧费、人力费、管理费、维护费、保险费、税费及利息	重点考虑库存货物和原材料占用资金的利息
	运输费	卡车运输费、其他运输费、设备维修费、其他运输相关费用	运输相关的汽油费、修理费等,还包括汽车等运输工具的折旧费
	物流管理费	差旅费、交通费、会议费、交际费、培训费和其他杂费	专指为物流活动发生的管理费
	物流信息费	信息系统维护、电子和纸质信息传递费	核算企业为物流管理而发生的财务和信息管理费用
	包装费	人工成本、材料费以及机器折旧费等其他相关费用	核算企业自营包装业务的支出
委托物流成本	仓储费	核算企业对外支付的仓储费	
	运输费	核算企业对外支付的运输费	
	包装费	核算企业对外支付的包装费	
	装卸费	核算企业对外支付的装卸费	
	物流服务费和手续费	核算企业对外支付的物流服务费和手续费	
	管理费	核算企业办理委托事项发生的管理费	

在上述实例中可以看出,该企业是按照物流功能设置的会计科目,以便进行物流成本的核算。

2．ABC 成本法应用于物流成本核算

企业物流成本分析主要应用在企业物流诊断、企业物流流程再造、企业财务管理三个方面。

应用作业成本法核算企业物流成本可分为以下四个步骤。

(1) 界定企业物流系统中涉及的各个作业中。作业是工作的各个单位(units of work),作业的类型和数量会随着企业的不同而不同。例如,在一个顾客服务部门,作业包括处理顾客订单、解决产品问题以及提供顾客报告三项作业。

(2) 确认企业物流系统中涉及的资源。资源是成本的源泉,一个企业的资源包括直接人工、直接材料、生产维持成本(如采购人员的工资成本)、间接制造费用以及生产过程以外的成本(如广告费用)。资源的界定是在作业界定的基础上进行的,每项作业必涉及相关的资源,与作业无关的资源应从物流核算中剔除。

(3) 确认资源动因,将资源分配到作业中。作业决定着资源的耗用量,这种关系称作资源动因。资源动因联系着资源和作业,它把总分类账上的资源成本分配到作业。

(4) 确认成本动因,将作业成本分配到产品或服务中。作业动因反映了成本物件对作业消耗的逻辑关系,例如,问题最多的产品会产生最多顾客服务的电话,故按照电话数的多少(此处的作业动因)把解决顾客问题的作业成本分配到相应的产品中去。

8.4 物流标准化

8.4.1 物流标准化的作用

1. 物流标准化的概念

标准是指在一定范围内以获得最佳秩序为目的的,对活动或其结果规定共同的或重复使用、经协商一致并经公认机构批准的规则、导则,或特性的文件。标准化是指在经济、技术、科学及管理等社会实践中,对产品、工作、工程、服务等普遍的活动制定、发布和实施统一的标准的过程。标准化是国民经济中一项重要的技术基础工作,它对于改进产品、过程和服务的适用性,防止贸易壁垒,促进技术合作,提高社会经济效益具有重要意义。

物流标准化是指以物流系统为对象,围绕运输、储存、装卸、包装以及物流信息处理等物流活动制定、发布和实施有关技术与工作方面的标准,并按照技术标准和工作标准的配合性要求,统一整个物流系统的标准的过程。

2. 物流标准化的作用

物流追求的是物流活动全过程的科学化和整个系统的最佳,与众多的行业、部门密切相关。但是由于我国行业管理分散,产业集中度差,物流活动的系统性和完整性往往同时受到众多行业、部门的相关法规和标准的不协调制约,物流活动的连续性得不到保障和维护,导致社会物流成本上升,流通效率低下。为了达到系统的最高效率和效益,从物流的角度来协调、规范涉及物流的生产活动、技术设施、管理规范、服务质量的标准就成了非常迫切的问题。

为了能够使各个相关部门以及各种物流要素有效配合,需要对物流设施、设备、器具、作业方法等制定统一的标准,并且按照统一的标准组织物流活动。物流标准化对于提高物流作业效率,加快商品流通速度,保证物流质量,减少物流环节,提高物流管理效率,降低物流成本具有巨大促进作用,同时也有利于推动物流技术的发展。

(1) 物流标准化是实现物流各环节衔接的一致性,加快流通速度的需要。通过制定和执行物流相关标准,不但可以保证物流活动各个环节的技术衔接和协调,规范服务质量,加快流通速度,而且可以合理地利用物流资源,提高资源利用效率。

(2) 物流标准化是进行科学化物流管理的重要手段。物流标准化为物流管理的规范化提供了基础,使得物流管理目标更加明确,有利于提高物流管理的效率,实现整个物流大系统的高度协调统一。

(3) 物流标准化是降低物流成本的有效手段。通过物流标准化,可以实现物流各个环节的有机结合,减少中间环节,减少无效劳动,提高设备、设施及其器具的使用效率,从而达到降低物流成本,提高经济效益的目的。

（4）物流标准化有利于提高技术水平，推动物流技术的发展。标准化有利于在运输工具、装卸、包装等方面采用国际标准，为开展国际交流与合作，便于同国外物流设施、设备、器具的相互配合创造条件。

（5）物流标准化便于同外界系统的连接。物流活动中使用的设施和设备需要机械制造企业提供，货源来自生产企业和流通企业，也就是说，物流活动不仅是物流系统本身的问题，还涉及产品的生产、流通以及物流设施和设备的生产制造系统。实施标准化，可以促进这些系统的有效衔接。

8.4.2　物流标准的种类

根据 2004 年中国物流采购联合会编制的《物流标准体系表》，明确了物流标准体系结构。物流标准主要由物流基础标准、物流技术标准、物流信息标准、物流管理标准和物流服务标准五部分构成。

1. 物流基础标准

基础标准是制定其他物流标准应遵循的、全国统一的标准，是制定物流标准必须遵循的技术基础与方法指南。主要包括专业计量单位标准、物流基础模数尺寸标准、集装基础模数尺寸、物流建筑基础模数尺寸、物流专业术语标准等。

（1）专业计量单位标准。物流标准是建立在一般标准化基础之上的专业标准化系统，除国家规定的统一计量标准外，物流系统还要有自身独特的专业计量标准。

（2）物流基础模数尺寸标准。基础模数尺寸是指标准化的共同单位尺寸，或系统各标准尺寸的最小公约尺寸。在制定各个具体的尺寸标准时，要以基础模数尺寸为依据，选取其整数倍为规定的尺寸标准，这样，可以大大减少尺寸的复杂性，使物流系统各个环节协调配合，并成为系列化的基础。基础模数尺寸一旦确定，设备的制造、设施的建设、物流系统中各环节的配合协调、物流系统与其他系统的配合就以其为依据。目前，国际标准化组织（ISO）认定的物流基础模数尺寸是 600mm×400mm。

（3）集装基础模数尺寸。集装基础模数尺寸是最小的集装尺寸，它是在物流基础模数尺寸基础上，按倍数推导出来的各种集装设备的基础模数尺寸。在物流系统中，由于集装尺寸必须与各环节的物流设施、设备相配合，在对整个物流系统设计时，通常以集装尺寸为核心进行设计。集装基础模数尺寸是物流系统各个环节标准化的核心，它决定和影响着其他物流环节的标准化。

（4）物流建筑基础模数尺寸。主要是指物流系统中各种建筑物所使用的基础模数，在设计建筑物的长、宽、高尺寸，门窗尺寸以及跨度、深度等尺寸时，要以此为依据。

（5）物流专业术语标准。包括物流专业名词的统一化、专业名词的统一编码以及术语的统一解释等。物流专业术语标准可以避免由于人们对物流词汇的不同理解而造成物流工作的混乱。

2. 物流技术标准

物流技术标准包括物流设施设备标准和物流技术方法标准。在物流系统中，主要指物流基础标准和物流活动中采购、运输、装卸、仓储、包装、配送、流通加工等方面的技术标准。

（1）运输车船标准。主要是对火车、卡车、货船、拖挂车等运输设备制定的车厢、船舱尺寸、载重能力、运输环境条件等标准,以保证设备之间以及设备与固定设施的衔接。此外,也包括废气排放、噪声等级等标准。

(2) 仓库技术标准。包括仓库尺寸、建筑面积、通道比例、单位储存能力、温度、湿度、照明等技术标准。

(3) 包装标准。包括包装尺寸、包装材料、质量要求、包装标志以及包装的技术要求等标准。

(4) 传输机具标准。包括水平、垂直输送的各种机械式、气动式起重机、传送机、提升机的尺寸、传输能力等技术标准。

(5) 站台技术标准。包括站台高度、作业能力等技术标准。

(6) 集装箱、托盘标准。包括托盘、集装系列尺寸标准,荷重标准以及集装箱的材料标准等。

(7) 货架、储罐标准。包括货架净空间、载重能力、储罐容积尺寸标准等。

3. 物流信息标准

物流信息标准包括标识代码标准,数据库结构标准,自动识别与分拣跟踪技术标准,条码技术、扫描技术和射频技术标准,电子数据交换标准等。

4. 物流管理标准

物流管理标准包括物流安全、环保、统计、绩效评估、卫生等方面的标准。

5. 物流服务标准

物流服务标准包括综合物流服务标准、环节物流服务标准和专业物流服务标准等。

8.4.3　企业物流标准化建设

在物流管理的相关政府部门以及行业组织不断加强物流标准化建设的同时,物流企业和货主企业的物流部门也对物流标准的制定承担着巨大的责任,因为企业是我国物流标准化的基础,且物流标准的具体条款是要通过我国国内物流行业的具体运作和实践进行检验。制定标准不能简单照搬国外先进、成熟的物流标准,要建立适合自己国情和特点的物流标准系列。对国内已有的标准,各物流企业和货主企业的物流部门要结合自己的实际,认真地贯彻执行,这样不仅有利于企业自身的发展,也会促进国内物流业的整体发展。同时,物流企业应该在自身的运作中总结经验,制定企业自身的物流标准,为国家标准的制定提供良好的基础素材。

目前,在国家相关物流标准不断完善的情况下,物流企业和货主企业的物流部门在物流标准化建设上应依据这些国家标准,并注意自身相应的标准化建设,主要的建设内容如下。

1. 管理制度的标准化

企业在物流运营过程中应建立规范的目标管理、成本管理、质量管理、人事管理、财务管理等企业管理制度。

2. 业务流程的标准化

(1) 依据物流术语国家标准,统一基本概念、物流作业、物流技术装备与设施和物流管理术语。

（2）合同、单据、管理报告的标准化。

（3）业务统计指标、绩效衡量指标的标准化。

（4）客户开发、项目组织、客户服务、成本结算等业务流程规范化。

（5）仓储、运输、配送等操作流程与作业行为规范化。

3.物流网络的标准化

（1）物流中心、配送中心设立原则、选址、规模、设施布局、设备配置、标识的标准化。

（2）运输车辆、配送车辆选型、尺寸、载重量、车厢、标识的标准化。

（3）包装、托盘、运载容器、装卸搬运工具的标准化。

4.物流信息的标准化

（1）客户编码、货品编码、物流容器编码、位置编码（地点、储位等）以及订单编码的标准化。

（2）与供应商、银行、最终消费者的接口的标准化。

小　结

物流服务是物流企业以及货主企业的物流部门为了满足客户（包括内部客户和外部客户）的物流需求，开展的一系列物流活动的结果。物流服务水平可以通过一些关键绩效指标来衡量，客户服务指标及标准水平的确定应根据客户的需求进行设计。物流服务水平与物流成本是悖反关系，应基于一定的成本前提下进行服务水平的设计。

物流质量是指物流商品质量、服务质量、工作质量和工程质量的总称。物流质量管理工作要点包括物流需要的调研与评定、物流服务设计、物流服务提供过程和物流管理业绩的分析与改进四个方面。企业应参照 ISO 9004—2 编制一套科学、实用、有效的物流质量管理体系文件。

物流成本具有隐含性，因此，要提高物流效率，必须对物流成本进行准确和科学的分析。以活动为基础的成本分析（ABC）法是被认为确定和控制物流费用最有前途的方法。

物流标准化是指以物流系统为对象，围绕运输、储存、装卸、包装以及物流信息处理等物流活动制定、发布和实施有关技术与工作方面的标准。物流标准化对于提高物流作业效率，加快商品流通速度，保证物流质量，减少物流环节，提高物流管理效率，降低物流成本具有巨大的促进作用。

思考题

1. 什么叫物流服务？货主企业和物流企业的物流服务有何异同？

2. 物流服务的内容包括哪几个层面？

3. 服务水平与成本是什么关系？如何进行企业服务水平的决策？

4. 物流质量管理的内涵包括哪几个方面？

5. 物流质量管理的工作要点有哪些？

6. ABC 成本分析法的原理是什么？与传统成本分析法相比有什么优点？

7. 物流成本核算方式有哪几种？

8. 什么是物流标准化？物流标准化的作用有哪些？

9. 企业物流标准化建设的内容有哪些?

案例分析

上海通用如何降低物流成本

案例概述

前几年还很少有人关注汽车物流,可现在它俨然成了汽车业的"香饽饽",很多公司都希望通过降低物流成本来提高竞争力。作为国内最大的中美合资汽车企业,上海通用是如何降低物流成本的?

秘籍一:精益生产　及时供货

随着汽车市场竞争越来越激烈,很多汽车制造厂商采取了价格竞争的方式来应战。在这个背景下,大家不得不降低成本。而要降低成本,很多厂家都从物流这个被视作"第三大利润源"的源泉入手。

有资料显示,我国汽车工业企业,一般的物流成本占整个生产成本的20%以上,差的公司基本在30%~40%,而国际上物流做得比较好的公司,物流的成本都控制在15%以内。

上海通用在合资当初就决定,要用一种新的模式,建立一个在"精益生产"方式指导下的全新理念的工厂,而不想再重复建造一个中国式的汽车厂,也不想重复建造一个美国式的汽车厂。

精益生产的思想内涵很丰富,最重要的一条就是像丰田一样——即时供货,即时供货的外延就是缩短交货期。所以上海通用在成立初期,就在现代信息技术的平台支撑下,运用现代的物流观念做到交货期短、柔性化和敏捷化。

从这几年的生产实践来说,上海通用每年都有一个或几个新产品下线上市,这是敏捷化的一个反映。而物流最根本的思想就是怎样缩短供货周期来达到低成本、高效率。这个交货周期包括从原材料到零部件,再从零部件到整车,每一段都有一个交货期,这是敏捷化至关重要的一个方面。

秘籍二:循环取货　驱除库存"魔鬼"

上海通用目前有四种车型,不包括其中一种刚刚上市的车型在内,另外三种车型零部件总量有5 400多种。上海通用在国内外还拥有180家供应商,拥有北美和巴西两大进口零部件基地。那么,上海通用是怎么提高供应链效率、减少新产品的导入和上市时间并降低库存成本的呢?

为了把库存这个"魔鬼"赶出自己的供应链,上海通用的部分零件例如有些是本地供应商所生产的,会根据生产的要求在指定的时间直接送到生产线上去生产。这样,因为不进入原材料库,所以保持了很低或接近于"零"的库存,省去了大量的资金占用。

有些用量很少的零部件,为了不浪费运输车辆的运能,充分节约运输成本,上海通用使用了叫作"牛奶圈"的小技巧:每天早晨,上海通用的汽车从厂家出发,到第一个供应商那里装上准备好的原材料,然后到第二家、第三家,依次类推,直到装上所有的材料,然后再返回。这样做的好处是,省去了所有供应商空车返回的浪费。

传统的汽车厂以前的做法是:成立自己的运输队,或找运输公司把零件送到公司,都不是根据需要来供给,因此存在缺陷。有的零件根据体积或数量的不同,并不一定能装满一卡车,但为了节省物流成本,他们经常装满一卡车配送,容易造成库存高、占地面积大。而且,不同供应商的送货缺乏统一的标准化管理,在信息交流、运输安全等方面,都会带来各种各样的问题。如果要想管好它,必须花费很多的时间和很大的人力资源,所以上海通用改变了这种做法。

上海通用聘请一家第三方物流供应商,由他们来设计配送路线,然后到不同的供应商处取货,再直接送到上海通用,利用"牛奶取货"或叫"循环取货"的方式解决了这些难题。通过循环取货,上海通用的零部件运输成本下降了30%以上。这种做法体现了上海通用的一贯思想:把低附加价值的东西外包出去,集中精力做好制造、销售汽车的主营业务,即精干主业。

秘籍三:建立供应链预警机制 追求共赢

上海通用所有的车型国产化都达到了40%以上,有些车型已达到60%甚至更高。这样可以充分利用国际国内的资源优势,在短时间内形成自己的核心竞争力。上海通用也因此非常注意协调与供应商之间的关系。

上海通用采取的是"柔性化生产",即一条生产流水线可以生产不同平台多个型号的产品,如同时生产别克标准型、较大的别克商务旅行型和较小的赛欧。这种生产方式对供应商的要求极高,即供应商必须处于"时刻供货"的状态,会产生很高的存货成本。而供应商一般不愿意独自承担这些成本,就会把部分成本打在给通用供货的价格中。如此一来,最多也就是把这部分成本转嫁到了上游供应商那里,并没有真正降低整条供应链的成本。

为克服这个问题,上海通用与供应商时刻保持着信息沟通。公司有一年的生产预测,也有半年的生产预测,生产计划是滚动式的,基本上每星期都有一次滚动,在此前提下不断调整产能。这个运行机制的核心是要让供应商也看到公司的计划,让他们能根据上海通用的生产计划安排自己的存货和生产计划,减少对存货资金的占用。

如果供应商在原材料、零部件方面出现问题,也要给上海通用提供预警,这是一种双向的信息沟通。万一某个零件预测出现了问题,在什么时候跟不上需求了,公司就会利用上海通用的资源甚至全球的资源来做出响应。

新产品的推出涉及整个供应链,需要国内所涉及的零部件供应商能同时提供新的零部件,而不仅仅是整车厂家推出一个产品这么简单。作为整车生产的龙头企业,上海通用建立了供应商联合发展中心,在物流方面也制作了很多标准流程,使供应商随着上海通用产量的调整来调整他们的产品。

目前,市场上的产品变化很大,某一产品现在很热销,但几个月后就可能需求量不大了。上海通用敏捷化的要求就是在柔性化共线生产前提下能够及时进行调整。但这种调整不是整个车厂自己调整,而是让零部件供应商一起来做调整。

市场千变万化,供应链也是千变万化的,对突发事件的应变也是如此。某段时间上海通用在北美的进口零部件出现了问题,就启动了"应急计划",不用海运而改用空运。再比如考虑到世界某个地区存在战争爆发的可能性,将对供应链产生影响,上海通用就尽可能增加零部件的库存,而且也预警所有的供应商,让他们对有可能受影响的原材料进行库存。供应链归根结底就是要贯彻一个共赢的概念。

案例思考

1. 上海通用将运输业务外包以此来降低物流成本。什么是外包?外包有哪些优势?

2. 结合案例,谈谈企业降低物流成本的基本途径有哪些。

第9章

国 际 物 流

随着经济全球化进程的加快,我国已经成为国际制造中心和物流中心,国际物流成为现代物流的一个重要领域,如何构建现代化的国际物流体系、提供高效的国际物流服务,成为物流发展的一个热点。

本章将系统地介绍国际物流系统的概念、国际物流的特点和国际物流的业务环节,并重点介绍我国的保税物流体系和保税物流节点。

学习目标

- 理解国际物流的特点、种类和发展过程;了解国际物流与国际贸易的关系。
- 掌握国际物流的五大业务环节及功能作用;熟悉各环节的作业内容和实施要点。
- 熟悉我国保税物流体系;掌握保税物流园区与保税物流中心的作用及特点。

9.1 国际物流概述

国际物流是不同国家之间的物流,它是国际贸易的重要组成部分,各国之间的相互贸易最终要通过国际物流来实现。

9.1.1 国际物流的含义与特点

所谓国际物流,就是组织商品在国际的合理流动,也就是发生在不同国家之间的物流。国际物流的实质是按国际分工协作的原则,依照国际惯例,利用国际化的物流网络、物流设施和物流技术,实现商品在国际的流动与交换,以促进区域经济的发展和世界资源优化配置。国际物流的总目标是为国际贸易和跨国经营服务,即选择最佳的方式与路径,以最低的费用和最小的风险,保质、保量、适时地将商品从某国的供方运到另一国的需方。

国际物流是为跨国经营和对外贸易服务的,它要求各国之间的物流系统相互接轨。与国内物流系统相比,国际物流具有以下特点。

1. 物流渠道长、物流环节多

国际物流系统往往需要跨越多个国家和地区,系统的地理范围大。需要跨越海洋和大陆,物流渠道长,还需要经过报关、商检等业务环节。这就需要在物流运营过程中合理选择运输路线和运输方式,尽量缩短运输距离,缩短商品在途时间,合理组织物流过程中的各个业务环节,加速商品的周转并降低物流成本。

2．物流环境复杂

由于各国社会制度、自然环境、经营管理方法、生产习惯等的不同,特别是不同国家之间物流环境上的差异,使得在国际组织好商品流动成为一项复杂的工作。由于物流环境的差异,就迫使一个国际物流系统需要在几个不同法律、人文、习俗、语言、科技、设施的环境下运行,无疑会大大增加物流的难度和系统的复杂性。例如,不同国家的不同物流适用法律使国际物流的复杂性远高于一国的国内物流,甚至会阻断国际物流;不同国家不同经济和科技发展水平会造成国际物流处于不同科技条件的支撑下,甚至有些地区根本无法应用某些技术而迫使国际物流全系统水平下降;不同国家不同标准,也造成国际"接轨"困难,因而使国际物流系统难以建立;不同国家的风俗人文也使国际物流受到很大局限。

3．国际物流标准化要求较高

统一标准对于国际物流来说是非常重要的,可以说,如果没有统一的标准,国际物流水平就无法提高。目前,美国、欧洲等国家和地区基本实现了物流工具、设施的统一标准,如托盘采用 1 000mm×1 200mm,集装箱的几种统一规格、条码技术等,这样可以降低物流作业的难度,降低物流费用。而不向这一标准靠拢的国家,必然在转运等许多方面要耗费更多的时间和费用,从而降低其国际竞争能力。在物流信息传递技术方面,也不但需要实现企业内部的标准化,而且要实现企业之间及统一物流市场的标准化,这将使得各国之间、各企业之间物流系统的交流更加简单有效。

4．国际物流风险性高

国际物流的复杂性也将带来国际物流的风险性。国际物流的风险性主要包括政治风险、经济风险和自然风险。政治风险主要是指由于所经过国家的政局动荡,如罢工、战争等原因造成商品可能受到损害或灭失;经济风险又可分为汇率风险和利率风险,主要是指从事国际物流必然要发生的资金流动,因而产生汇率风险和利率风险;自然风险则是指物流过程中,可能因自然因素,如海风、暴雨等,而引起的商品延迟、商品破损等风险。

5．多种运输方式组合

国际物流中运输距离长,运输方式多样。运输方式有海洋运输、铁路运输、航空运输、公路运输以及由这些运输手段组合而成的国际综合运输方式等。运输方式选择和组合的多样性是国际物流的一个显著特征。近年来,在国际物流活动中,"门到门"的运输组织方式越来越受到货主的欢迎,使得能满足这种需求的国际综合运输方式得到迅速发展,逐渐成为国际物流中运输的主流。

9.1.2　国际物流的产生与发展

国际物流是现代物流系统中的一个重要领域,近十几年来取得了很大的发展。东西方"冷战"结束后,贸易国际化的势头越来越盛,随着国际贸易壁垒的拆除,新的国际贸易组织的建立,若干地区已突破国界的限制形成了统一市场,这又使国际物流出现了新的情况,国际物流形式也随之不断变化。所以,近年来,各国学者非常关注国际物流问题,物流的观念及方法也随着物流国际化步伐而不断扩展。

第二次世界大战以后,国际的经济交往越来越扩展,越来越活跃。尤其在 20 世纪 70 年代的石油危机以后,国际贸易数量越来越多,交易水平和质量要求也越来越高。在这种情况下,原有为满足运送必要商品的运输观念已不能适应新的要求,系统物流就是在这个时期进入国际领域,并提出了国际物流的概念,越来越受到人们的重视。总的来说,国际物流活动是随着国际贸易和跨国经营的发展而发展,国际物流活动的发展经历了以下几个阶段。

第一阶段:20 世纪 50 年代至 70 年代。在五六十年代,国际形成了较大数量的物流,在物流技术上出现了大型物流工具,如 20 万吨的油船、10 万吨的矿石船等。70 年代,国际物流不仅在数量上进一步发展,船舶的大型化趋势进一步加强,而且,出现了提高国际物流服务水平的要求,大数量、高服务型物流从石油、矿石等物流领域向难度较大的中小件杂货领域深入,其标志是国际集装箱及国际集装箱船的发展。国际各主要航线的定期班轮都投入了集装箱船,一下子把散杂货的物流水平提了上去,使国际物流服务水平获得很大提高。在这个阶段还出现了国际航空物流和国际联运的大幅度增加。

第二阶段:20 世纪 70 年代末期至 80 年代中期。这一阶段国际物流的突出特点是出现了"精细物流",物流的机械化、自动化水平提高,物流设施和物流技术得到了极大的发展。建立了配送中心,广泛运用计算机进行管理,出现了立体无人仓库,一些国家建立了本国的物流标准化体系等。同时,伴随着新时代人们需求观念的变化,国际物流着力于解决"小批量、高频度、多品种"的物流,出现了不少新技术和新方法,这就使现代物流不仅覆盖了大量商品、集装杂货,也覆盖了多品种的商品,基本覆盖了所有物流对象,解决了所有物流对象的现代物流问题。

第三阶段:20 世纪 80 年代中期至 90 年代初。在这个阶段,随着经济技术的发展和国际经济往来的日益扩大,物流国际化趋势开始成为世界性的共同问题。各国企业越来越强调改善国际性物流管理,降低产品成本,并且要改善服务,扩大销售,在激烈的国际竞争中获得胜利。另外,伴随着国际联运式物流,出现了物流信息和电子数据交换(EDI)系统。信息的作用,使国际物流向更低成本、更高服务、更大量化、更精细化方向发展。可以说,80 年代、90 年代的国际物流已进入了物流信息时代。

第四阶段:20 世纪 90 年代初至今。这一阶段国际物流的概念和重要性已为各国政府和外贸部门所普遍接受。贸易伙伴遍布全球,必然要求物流国际化,即物流设施国际化、物流技术国际化、物流服务国际化、商品运输国际化、包装国际化和流通加工国际化等。世界各国广泛开展国际物流方面的理论和实践方面的大胆探索。人们已经达成共识,只有广泛开展国际物流合作,才能促进世界经济繁荣。"物流无国界"的理念被人们广泛接受。

从企业角度看,近十几年跨国企业发展很快。越来越多的企业在推行国际战略,在全世界范围内寻找贸易机会,寻找最理想的市场,寻找最好的生产基地,这就必然将企业的经济活动领域由一个地区、一个国家扩展到国际之间。这样一来,企业的国际物流也被提到议事日程上来,企业为支持这种国际贸易战略,必须更新自己的物流观念,扩展物流设施,按国际物流要求对原来的物流系统进行改造。对跨国公司来讲,国际物流不仅是由商贸活动决定的,也是本身生产活动的必然产物。企业国际化战略的实施,要求分别在不同国家中生产零件、配件,又在另一些国家组装或装配整机,企业的这种生产环节之间的衔接也需要依靠国际物流。

9.1.3 国际物流的种类

根据不同的标准,国际物流主要分为以下几种类型。

（1）根据商品在国与国之间的流向，可以将国际物流分为进口物流和出口物流。当国际物流服务于一国的商品进口时，即可称为进口物流；反之，当国际物流服务于一国的商品出口时，即为出口物流。由于各国在物流进出口政策，尤其是海关管理制度上的差异，进口物流与出口物流，既存在交叉的业务环节，也存在不同的业务环节，需要物流经营管理人员区别对待。

（2）根据商品流动的关税区域，可以将国际物流分为不同国家之间的物流和不同经济区域之间的物流。区域经济的发展是当今国际经济发展的一大特征，例如，欧洲经济共同体国家之间由于属于同一关税区，成员国之间物流的运作和欧洲经济共同体成员国与其他国家或经济区域之间的物流运作在方式和环节上存在着较大的差异。

（3）根据跨国运送的商品特性，可以将国际物流分为国际军火物流、国际商品物流、国际邮品物流、国际捐助或救助物资物流、国际展品物流、废弃物流等。这里所论述的国际物流主要是指国际商品物流。

此外，根据国际物流服务提供商的不同，可以将国际物流的运营企业分为国际货运代理、国际船务代理、无船承运人、报关行、国际物流公司、仓储和配送公司等。

9.1.4 国际物流与国际贸易的关系

1. 国际物流与国际贸易的关系

国际物流是随着国际贸易的发展而产生和发展起来的，并已成为影响和制约国际贸易发展的重要因素。国际物流与国际贸易之间的关系是互为促进、相互制约的关系。

（1）国际贸易是国际物流产生和发展的基础与条件。最初，国际物流只是国际贸易的一部分，但是随着生产的国际化趋势以及国际分工的深化，加速了国际贸易的快速发展，也促使国际物流从国际贸易中分离出来，以专业化物流经营的姿态出现在国际贸易之中。跨国经营与国际贸易在规模、数量和交易品种等方面大幅度的增长，也促进了商品和信息在世界范围内的大量流动和广泛交换，物流国际化成为国际贸易和世界经济发展的必然趋势。

（2）国际物流的高效运作是国际贸易发展的必要条件。随着国际市场竞争的日益激烈，对国际贸易商提出了以客户和市场为导向，满足国内外消费者定制化的需求，消费者对商品多品种、小批量化的需求使得国际贸易中的商品品种、数量成倍增长，并且对国际物流运作条件的要求也各不相同。这种情况下，专业化、高效率的国际物流运作对于国际贸易的发展是一个非常重要的保障。缺少高效国际物流系统的支持，国际贸易中的商品就有可能无法得到按时的交付，并且物流成本也将提高。只有把物流工作做好，才能使商品适时、适地、按质、按量、低成本地在不同国家之间实现流动，从而提高商品在国际市场上的竞争能力，扩大对外贸易。

2. 国际贸易对国际物流提出新的要求

随着世界经济的飞速发展和政治格局的风云变幻，国际贸易表现出一些新的趋势和特点，从而对国际物流也提出了越来越高的要求。

（1）质量要求。国际贸易的结构正在发生着巨大变化，传统的初级产品、原料等贸易品种逐步让位于高附加值、精密加工的产品。由于高附加值、高精密度商品流量的增加，对物流工作质量提出了更高的要求。同时由于国际贸易需求的多样化，造成物流多品种、小批量化，要求国际物流向优质服务和多样化方向发展。

（2）效率要求。国际贸易活动的集中表现就是合约的订立和履行，而国际贸易合约的履行是由国际物流系统来完成的，因而要求物流高效率地履行合约。从进口国际物流看，提高物流效率最重要的是如何高效率地组织所需商品的进口、储备和供应。也就是说，从订货、交货，直至运入国内保管、组织供应的整个过程，都应加强物流管理。根据国际贸易商品的不同，采用与之相适应的巨型专用货船、专用泊位以及大型机械的专业运输等，对提高物流效率起着主导作用。

（3）安全要求。由于国际分工和社会生产专业化的发展，大多数商品在世界范围内进行着分配和生产。例如，美国福特公司某一牌号的汽车要在 20 个国家中 30 个不同厂家联合生产，产品销往 100 个不同国家或地区。国际物流所涉及的国家多，地域辽阔，在途时间长，受气候条件、地理条件等自然因素和政局、罢工、战争等社会政治经济因素的影响。因此，在组织国际物流时，选择运输方式和运输路径，要密切注意所经地域的气候条件、地理条件，还应注意沿途所经国家和地区的政治局势、经济状况等，以防止这些人为因素和不可抗拒的自然力造成商品灭失。

（4）经济要求。国际贸易的特点决定了国际物流的环节多，备运期长。在国际物流领域，控制物流费用，降低成本具有很大潜力。对于国际物流企业来说，选择最佳物流方案，提高物流经济性，降低物流成本，保证服务水平，是提高竞争力的有效途径。

总之，国际物流必须适应国际贸易结构和商品流通形式的变革，向国际物流合理化方向发展。

9.2 国际物流业务环节

国际物流是跨国间进行的物流活动，它主要包括发货、国内运输、出口国报关、国际运输、进口国报关、送货等业务环节。其中，国际运输是国际物流的关键和核心业务环节。国际物流通过商品的国际移动，实现其自身的时间效益和空间效益，满足国际贸易活动和跨国公司经营的要求。图 9-1 是一个典型国际物流系统流程。整个物流过程可以委托一家国际性物流服务商完成，也可以分别包给各地方的仓储企业、运输企业和货代企业来完成。

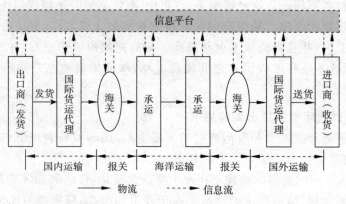

图 9-1　一个典型国际物流系统流程

9.2.1 商品检验

商品检验是国际物流系统中一个重要的子系统。进出口商品的检验,就是对卖方交付商品的品质和数量进行鉴定,以确定交货的品质、数量和包装是否与合同的规定一致。如发现问题,可分清责任,向有关方面索赔。在国际贸易买卖合同中,一般都订有商品检验条款,其主要内容有检验时间与地点、检验机构与检验证明、检验标准与检验方法等。

1. 实施商品检验的范围

我国对外贸易中的商品检验,主要是对进出口商品的品质、规格、数量以及包装等实施检验,对某些商品进行检验,以确定其是否符合安全、卫生的要求;对动植物及其产品实施病虫害检疫,对进出口商品的残损状况和装运某些商品的运输工具等也需进行检验。

我国进出口商品检验的范围主要有以下几个方面。

(1) 现行《商检机构实施检验的进出口商品种类表》(以下简称《种类表》)所规定的商品。《种类表》是由国家商品检验检疫局根据对外经济贸易发展的需要和进出口商品的实际情况制定的,不定期加以调整和公布。

(2)《中华人民共和国食品卫生法(试行)》和《进出境动植物检疫法》所规定的商品。

(3) 船舶和集装箱。

(4) 海运出口危险品的包装。

(5) 对外贸易合同规定由商检局实施检验的进出口商品。

我国进出口商品实施检验的范围除以上所列之外,根据《商检法》规定,还包括其他法律、行政法规规定需经商检机构或由其他检验机构实施检验的进出口商品或检验项目。

2. 商品检验的时间和地点

根据国际贸易惯例,商品检验的时间与地点的规定可概括为三种。

(1) 在出口国检验。这是指出口国装运港的商品检验机构在商品装运前对商品品质、数量及包装进行检验,并出具检验合格证书作为交货的最后依据。这种方式是指商品以离岸品质、重量为准,商品到达目的港后,买方无权向卖方提出异议。有时,商品的检验也可以在出口方的工厂进行,出口方只承担商品离厂前的责任,对运输中品质、数量变化的风险概不负责。

(2) 在进口国检验。这是指商品的数量、品质和包装在到达目的港后,由目的港的商品检验机构检验,并出具检验证书作为商品的交接依据。这种方式是以商品到岸品质、重量为准。有时,商品的检验也可以在买方营业处所或最后用户所在地进行,在这种条件下,卖方应承担运输过程中品质、重量变化的风险。

(3) 在出口国检验、进口国复验。商品在装船前进行检验,以装运港的检验证书作为交付货款的依据;在商品到目的港之后,允许买方公证机构对商品进行复验,并出具检验证书作为商品交接的最后依据。如复验结果与合同规定不符,买方有权向卖方提出索赔,但必须出具卖方同意的公证机构出具的检验证明。这种做法兼顾了买卖双方的利益,在国际上采用较多。

商品检验的时间与地点不仅与贸易术语、商品及包装性质、检验手段的具备与否有关,还与国家的立法、规章制度等有密切关系。为使商检工作顺利进行,预防产生争议,买卖双方应将检验时间与地点在合同的检验条款中具体订明。

3. 检验机构

我国《商检法》规定,从事进出口商品检验的机构,是国家设立的商检部门和设在全国各地的商检局。在实际交易中选用哪类检验机构检验商品,取决于各国的规章制度、商品性质以及交易条件等。

检验机构的选定一般是与检验的时间和地点联系在一起的。在出口国工厂或装运港检验室,一般由出口国的检验机构检验;在目的地港或卖方营业处所检验时,一般由进口国的检验机构检验。究竟选定由哪个机构实施和提出检验证明,在买卖合同条款中,必须明确加以规定。

4. 检验证书

商品检验证明即进出口商品经检验、鉴定后,由检验机构出具具有法律效力的证明文件。检验证书是证明卖方所交商品在品质、重量、包装、卫生条件等方面是否与合同规定相符的依据。如与合同规定不符,买卖双方可据此作为拒收、索赔和理赔的依据。

目前,在国际贸易中常见的检验证书主要有品质证明书、重量证明书、卫生证明书、兽医证明书、植物检疫证明书、价值证明书、产地证明书等。在国际商品买卖业务中,卖方究竟提供何种证书,要根据成交商品的种类、性质、有关法律和贸易习惯以及政府的涉外经济政策而定。

9.2.2　报关业务

所谓报关,是指商品在进出境时,由进出口商品的收发货人或其代理人,按照海关规定格式填报《进出口商品报关单》,随附海关规定应交验的单证,请求海关办理商品进出口手续。

1. 海关的职责

海关是国家设在进出境口岸的监督机关,在国家对外经济贸易活动和国际交往中,海关代表国家行使监督管理的权力。通过海关的监督管理职能,保证国家进出口政策、法律、法令的有效实施,维护国家的权利。

1987 年 7 月 1 日实施的《中华人民共和国海关法》(以下简称《海关法》)是现阶段我国海关的基本法规,也是海关工作的基本准则。中华人民共和国海关总署为国务院的直属机构,统一管理全国海关,负责拟定海关方针、政策、法令、规章。国家在对外开放口岸和海关监管业务集中的地点设立海关。中国海关按照《海关法》和其他法律、法规的规定,履行下列职责。

(1) 对进出境的运输工具、商品、行李物品、邮递物品和其他物品进行实际监管。

(2) 征收关税和其他税费。

(3) 查缉走私。

(4) 编制海关统计和办理其他海关业务。

2. 报关单证和报关期限

经海关审查批准予以注册、可直接或接受委托向海关办理运输工具、商品、物品进出境手续的单位叫"报关单位"。报关单位的报关员需经海关培训和考核认可,发给报关员证件,才能办理报关事宜。报关员需在规定的报关时间内,备有必要的报关单证办理报关手续。

对一般的进出口商品,需要交验的报关单证包括以下几种。

(1) 进出口商品报关单(一式两份)。这是海关验货、征税和结关放行的法定单据,也是海关对进出口商品汇总统计的原始资料。为了及时提取商品和加速商品的运送,报关单位应按海关规定的要求准确填写,并需加盖经海关备案的报关单位的"报关专用章"和报关员的印章签字。

(2) 进出口商品许可证或国家规定的其他批准文件。凡国家规定应申领进出口许可证的商品,报关时都必须交验外贸管理部门(包括经贸部、经贸部属各地的特派员办事处及各地经贸委、厅、局)签发的进出口商品许可证。凡根据国家有关规定需要有关主管部门批准文件的还应交验有关的批准文件。

(3) 提货单、装货单或运单。这是海关加盖放行章后发还给报关人凭以提取或发运商品的凭证。

(4) 发票。它是海关审定完税价格的重要依据,报关时应递交载明商品真实价格、运费、保险费和其他费用的发票。

(5) 装箱单。单一品种且包装一致的件装商品和散装商品可以免交。

(6) 减免税或免检证明。

(7) 商品检验证明。

(8) 海关认为必要时应交验的贸易合同及其他有关单证。

《海关法》规定,出口商品的发货人或其代理人应当在装货的 24h 前向海关申报。进口商品的收货人或其代理人应当自运输工具申报进境之日起 14d 内向海关申报。逾期罚款,征收滞报金。如自运输工具申报进境之日起超过三个月未向海关申报,其商品可由海关提取变卖。如确因特殊情况未能按期报关,收货人或其代理人应向海关提供有关证明,海关可视情况酌情处理。

3. 进出口商品报关程序

《海关法》规定,进出口商品必须经设有海关的地点进境或出境,进口商品的收货人、出口商品的发货人或其代理人应当向海关如实申报、接受海关监管。对一般进出口商品,海关的监管程序是接受申报、查验商品、征收税费、结关放行。而相对应的收发货人或其代理人的报送程序是申请报送、交验商品、缴纳税费、凭单取货。

海关在规定时间内接受报关单位的申报后,审核单证是否齐全、填写是否正确,报关单内容与所附各项单证的内容是否相符,然后查验进出口商品与单证内容是否一致,必要时海关将开箱检验或提取样品。商品经查验通过后,如属应纳税商品,由海关计算税费,填发税款缴纳证,待报关单位交清税款或担保付税后,海关在报关单、提单、装货单或运单上加盖放行章后结关放行。

4. 关税及其他税费的计算征收

关税政策和税法是根据国家的社会制度,经济政策和社会生产力发展水平,外贸结构和财政收入等综合因素考虑制定的。依法对进出口商品征税是海关行使国家外贸管理职权的重要内容。进出口商品应纳税款是在确定单货相符的基础上,对相关商品进行正确分类,确定税率和完税价格后,据以计算得到的,其基本公式为

$$关税税额＝完税价格×关税税率$$

其中,进口商品以海关审定的正常成交价为基础的到岸价格为完税价格。到岸价格包括货价、运费、保险费及其他劳务费用。出口商品以海关审定的商品售予境外的离岸价格扣除出口税后作为完税价格。

准许进出口的商品和物品,除《海关法》另有规定外,应由海关征收关税,但国家可以因政治或外交需要对某些国家或某些人员的进口商品或物品给予关税减免,或由于经济发展需要,在一定时间内,对某些进出口商品实行减征或免征关税。关税的减免权属于中央。

另外,当商品由海关征税进口后,由于其在国内流通,与国内产品享有同等待遇,因而也需缴纳国内应征的各种税费。为简化手续,可以把一部分国内税费的征收在商品进口时就交由海关代征。目前,我国由海关代征的国内税费有增值税、城建税、教育费附加等。

9.2.3　国际货运代理

国际贸易中的跨国商品运输和配送可以由进出口双方单位自行组织,也可以委托跨国性的第三方物流企业组织完成。其中,国际货运代理是专业、方便、节约地执行国际物流中不可缺少的一个重要环节。

国际货运代理人是接受货主委托,办理有关货物报关、交接、仓储、调拨、检验、包装、转运、租船和订舱等业务的人,它是以货主的代理人身份并按代理业务项目和提供的劳务向货主收取劳务费。

1. 国际货运代理的业务范围

国际货运代理的业务范围有大有小,大的兼办多项业务,如海、陆、空及多式联运货运代理业务齐全;小的则专办一项或两项业务,如某些空运货运代理和速递公司。较常见的货运代理主要有以下几类。

(1) 租船订舱代理。这类代理与国内外货主企业有广泛的业务关系。

(2) 货物报关代理。有些国家对这类代理应具备的条件规定较严,必须向有关部门申请登记,并经过考试合格,发给执照才能营业。

(3) 转运及理货代理。其办事机构一般设在中转站及港口。

(4) 储存代理。包括货物保管、整理、包装以及保险等业务。

(5) 集装箱代理。包括装箱、拆箱、转运、分投以及集装箱租赁和维修等业务。

(6) 多式联运代理。即多式联运经营人或称无船承运人,是与货主签订多式联运合同的当事人。不管一票货物运输要经过多少种运输方式,要转运多少次,多式联运代理必须对全程运输(包括转运)负总的责任。无论是在国内还是国外,对多式联运代理的资格认定都比其他代理要严格一些。

2. 国际货运代理在国际物流中的作用

(1) 能够安全、迅速、准确、节省、方便地组织进出口商品运输。根据委托人托运商品的具体情况,选择合适的运输方式、运输工具、最佳的运输路线和最优的运输方案。

(2) 能够就运费、包装、单证、结关、检查检验、金融、领事要求等提供咨询,并对国外市场的价格、销售情况提供信息和建议。

(3) 能够提供优质服务。为委托人办理国际商品运输中某一个环节的业务或全程各个环节的业务,手续方便简单。

(4) 能够把小批量的商品集中为成组商品进行运输,既方便了货主,也方便了承运人,货主因得到优惠的运价而节省了运输费用,承运人接收商品时省时、省力,便于商品的装载。

(5) 能够掌握商品全程的运输信息,使用现代化的通信设备随时向委托人报告商品在途的运输情况。

(6) 货运代理不但能组织协调运输,而且影响到新运输方式的创造、新运输路线的开发以及新费率的制定。

总之,国际货运代理是整个国际商品运输的组织者和设计师,特别是在国际贸易竞争激烈、社会分工越来越细的情况下,它的地位越来越重要,作用越来越明显。

9.2.4 国际运输

国际运输是国际物流系统的核心,商品通过国际运输作业由卖方转移给买方,克服商品生产地点和需要地点的空间距离,创造了商品的空间效益。国际运输具有路线长、环节多、涉及面广、手续繁杂、风险性大、时间性强等特点,而运输费用在国际贸易商品价格中也占有很大比重。因此,有效的国际运输组织对整个国际物流过程是至关重要的。

1. 国际运输方式

国际运输方式很多,根据运输通道与运输工具两个要素,可以将国际运输方式概括为图 9-2 所示方式。

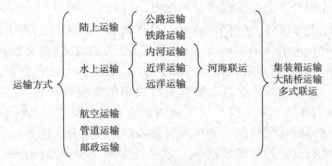

图 9-2 国际运输方式

我国的对外贸易中,90%以上的货物运输都是通过海洋运输来完成的。国际物流中,2/3 左右的货物流量也是通过海洋运输来完成的,因此,海洋运输是国际贸易和国际物流中最重要的运输方式。国际物流中的海洋运输服务供应商应该有正常、定期、高效、竞争性定价的集装箱海运服务;有保证的离港时间,有保证的到达时间和服务规范,有规律;能提供直达服务,无须转运或中途储存;全程运费表可接受。

其次是陆上运输方式,铁路和公路运输方式在开展大陆桥运输、国际多式联运和实现门到门运送服务中起着重要的作用。内陆保税仓库需用铁路与港口很好地连接起来,在仓库距离港口较远时,铁路运输因其能以相对较低的成本在较长的距离上运输大量的货物而独具优势。目前,铁路运输已经可以用于集装箱运输。而公路运输不但能够进行区域性的跨国货物配送,而且能够在没有铁路线的地区进行长途运输。公路运输具有灵活、门到门服务、可靠、迅速等优越性。公路运输也可以运输标准集装箱。

随着航空事业的发展,通过航空运输的货运量也在不断增加,货物的种类和服务范围也在不断地扩大,特别是那些附加值高、运输时限要求高的商品,通过航空运输的安全、快速的优势非常明显。

另外,也有少量液体和气体货物通过管道运输输送到邻国,而邮政运输则是以邮政部门作为货运代理人的一种运输服务方式,它也是借助航空、铁路和公路、海运等方式进行邮件和货物的传送。

2. 国际物流运输中的主要联运方式

由于国际物流的复杂性,国际物流运作中通常需要运用多种运输方式的联合,但由于海运一直占据着国际贸易中的主要地位,因此,海运仍是其中最重要的组成部分,而近年来,航空运输越来越多地与海运联合使用。在实际中,运输联合的方式取决于贸易运输线路、转运地点、被运商品的性质及不同经济性和安全性的运输方式的可用性。国际物流业务中比较常见的联运方式如下。

(1) 海上/航空。这种联运方式兼有海运的经济性和空运的速度,在远东—欧洲的国际贸易路径中运用越来越广泛,印度出口商向中东运输商品时也会用到这种方式。这种联运方式适用于电器、电子产品、计算机和照相器材类的高价值商品以及玩具、时装类季节性需求极强的商品。

(2) 航空/公路。在国际运输中,货物集散必然使用公路运输。在国际运输中,公路运输的运用越来越多,尤其是在欧洲和美国等国家和地区,用卡车长距离运输航空货物(有时穿越国界)来连接提供长途运输的主要航空公司的基地十分常见。在欧洲,一些航空公司建立了许多卡车运输枢纽作为公路支线经营的据点。

(3) 铁路/公路/内河或海上/铁路/内河。当货物必须使用海运方式从一国运出来,且必须使用一种或一种以上的内陆运输方式(如铁路、公路或内河)将货物从始发国的内陆中心运到其海港,或从目的国的海港运到其内陆中心时,一般使用该方式。

(4) 微型陆桥。这是由海运承运人签发全程提单的集装箱货物,由船舶从一国海港运到另一国海港,最后由铁路承运人完成此次运输的全过程。微型陆桥为托运人提供了一个包含运到目的国最终目的地的铁路运费在内的集装箱全程运费。铁路运费则由海运承运人按每集装箱的平均价格支付给铁路承运人。该系统常用于美国/远东、美国/欧洲、美国/澳大利亚等国家和地区之间的贸易运输线。

(5) 陆桥。该系统是通过海-陆或海-陆-海路线运输集装箱跨越大陆。这里,铁路运费也是由签发全程提单的海运承运人按每集装箱支付的。该系统主要用于下述重要的国际集装箱运输线路:一条是欧洲或中东与远东之间经西伯利亚大陆桥;另一条是欧洲与远东之间经大西洋到达美国或加拿大太平洋沿岸,使用北美陆桥。

9.2.5　理货业务

1. 理货的概念

理货是对外贸易与国际商品运输配送中不可缺少的一项重要工作,它履行判断商品交接数量和状态的职能,是托运和承运双方履行运输契约、分清商品短缺和毁损责任的重要过程。

理货是随着水上贸易运输的出现而产生的,最早的理货工作就是计数,现在,理货的工作范围已经发生变化。理货是指船方或货主根据运输合同在装运港和卸货港收受与交付商品时，委托港口的理货机构代理完成的在港口对商品进行计数、检查商品残损、指导装舱积载、制作有关单证等工作。

2. 理货工作的内容

1）理货单证

理货单证是理货机构在理货业务中使用和出具的单证，它反映船舶载运商品在港口交接当时的数量和状态的实际情况的原始记录，因此它具有凭证和证据的性质。理货机构一般是公正性或证明性的机构，理货人员编制的理货单证，其凭据或证据就具有法律效力。

理货单证是承运人与托运人或提单持有人之间办理商品数字和外表状态交接的证明，是港口安排作业，收货人安排提货的主要依据，是买卖双方履行合同情况的主要凭证和理货机构处理日常业务往来的主要依据，也是承运人、托运人、提单持有人以及港方、保险人之间处理商品索赔案件的凭证。主要的理货单证有：

（1）理货委托书。

（2）计数单，这是理货员理货计数的原始记录。

（3）现场记录，这是理货员记载商品异常状态和现场情况的原始凭证。

（4）日报单，这是理货长向船方报告各舱商品装卸进度的单证。

（5）待时记录，这是记载由于船方原因造成理货人员停工待时的证明。

（6）商品溢短单，这是记载进口商品件数溢出或短少的证明。

（7）商品残损单，这是记载进口商品原残损情况的证明。

（8）商品积载图，这是出口商品实际装舱部位的示意图等。

2）分票和理数

分票是理货员的一项基本工作。分票就是依据出口装货单或进口舱单分清商品的主标志或归属，分清混票和隔票不清商品的归属。分票是理货工作的起点，理货员在理数之前，首先要按出口装货单或进口舱单分清商品的主标志，明确商品的归属，然后才能根据理货数字，确定商品是否有溢短、残损，进行处理。分票也是提高商品运输质量的重要保障。卸船时，如理货员发现舱内商品混票或隔票不清，应及时通知船方人员验看，并编制现场记录取得船方签认，然后指导装卸组按票分批装卸。

理数是理货员的一项最基本的工作，是理货工作的核心内容，也是鉴定理货质量的主要尺度。理数就是在船舶装卸商品过程中，记录起吊商品的钩数，点清钩内商品细数，计算装卸商品的数字，也称计数。

溢短商品是指船舶承运的商品，在装运港以装货单数字为准，在卸货港以进口舱单数字为准。当理货数字比装货单或进口舱单数字溢出时，称为溢货；短少时，称为短货。在船舶装卸商品时，装货单和进口舱单是理货的唯一凭证与依据，也是船舶承运商品的凭证和依据。理货结果就是通过和装货单与进口舱单进行对照，以确定商品是否溢出或短少。商品装卸船后，由理货长根据计数单核对装货单或进口舱单，确定实际装卸商品是否有溢短。

3）理残

凡商品包装或外表出现破损、污损、水湿、锈蚀、异常变化等现象，可能危及商品的质量或数量，称为残损。理残是理货员的一项主要工作，其工作内容主要是在船舶承运商品装卸时，检查商品包装或外表是否有异常状况。理货员为了确保出口商品完整无损，进口商品分清原残和工残，在船舶装卸过程中，剔除残损商品，记载原残商品的积载部位、残损情况和数

字的工作叫理残,又称分残。

意外事故残损是指在装卸船过程中,因各种潜在因素造成意外事故导致商品残损。这类残损责任比较难以判断,容易发生争执,对此理货员就不要轻易判断责任方。自然灾害事故残损是指在装卸船过程中,由于不可抗拒因素造成自然灾害给商品带来的残损,如突降暴雨淋湿商品,对此理货员要慎重判断责任方。

4) 绘制实际商品积载图

装船前,理货机构从船方或其代理人处取得配载图,理货员根据配载图来指导和监督工人装舱积载。但是由于各种原因,在装船过程中经常会发生调整和变更配载。理货长必须参与配载图的调整和变更事宜,在装船结束时,理货长还要绘制实际装船位置的示意图,即实际商品积载图。

5) 签证和批注

理货机构为船方办理商品交接手续,一般是要取得船方签认的,同时,承运人也有义务对托运人和收货人履行商品收受与交付的签证责任。因此,船方为办理商品交付和收受手续,在商品残损单、商品溢短单、大副收据和理货证明书等理货单证上签字,称为签证。签证是船方对理货结果的确认,是承运人对托运人履行义务,是划分承托运双方责任的依据。签证工作一般在船舶装卸商品结束后、开船之前完成。我国港口规定,一般在不超过船舶装卸商品结束后两小时内完成。

在理货或货运单证上书写对商品数字或状态的意见,称为批注。按加批注的对象不同,批注可分为船方批注和理货批注两类。批注的目的和作用:一是为了说明商品的数字和状态情况;二是为了说明商品的责任关系。

6) 复查和查询

如果卸港理货数字与舱单记载的商品数字出现不一致,则需要进行复查。国际航运习惯的复查做法是,船方在理货单上批注"复查"方面的内容,即要求理货机构对理货数字进行重新核查。然后,理货机构采取各种方式对所理商品数字进行核查,以证实其准确性。当然,当理货数字与舱单记载的商品数字差异比较大时,理货机构也可以主动进行复查,以确保理货数字的准确性。

理货查询有多种形式。如果船舶卸货时发生商品的溢出或短少,理货机构为查清商品溢短情况,可以向装港理货机构发出查询文件或电报,请求进行调查并予以答复;或在船舶装货后,发现理货、装舱、制单有误,或有疑问,理货机构可以向卸港理货机构发出查询文件或电报,请求卸货时予以注意、澄清,并予以答复;或船公司向理货机构发出查询文件或电报,请求予以澄清商品有关情况并予以答复。

9.3　保　税　物　流

9.3.1　我国保税物流体系

从 1981 年国内第一个保税仓库(海关监管场所)批准建设开始,到目前蓬勃发展的保税港区、综合保税区(类似自由贸易区的海关监管区域),我国保税物流形成了"以保税港区、综合保税区、出口加工区、保税物流园区为龙头,保税物流中心为枢纽,保税区、保税仓、出口监管仓库为节点"的多层次、多元化保税物流体系,并且在全国东、中、西部形成了多点分布格局,为企业全方位参与保税物流运作提供了良好的氛围。截至 2011 年 6 月,我国共建有15 个保税区、3 个保税港区、40 个出口加工区、9 个区港联动的保税物流园区、30 个保税物流中心。

我国的保税监管物流体系可概括为"三个层次":第一个层次是区港联动下的保税物流园区;第二个层次是公共型保税物流中心,即 A 型、B 型两种保税物流中心,分别满足一些专业国际物流公司和跨国企业的需要;第三个层次是传统的、经过优化的保税仓和出口监管仓。

9.3.2 保税区和保税仓库

保税区又称保税仓库区,是海关设置的或经海关批准注册的,受海关监管的特定地区和仓库。国外商品存入保税区内,可以暂时不缴进口税;如再出口,不缴出口税;如要进入所在国的国内市场,则要办理报关手续,缴纳进口税。进入保税区的国外商品,可以进行储存、分装、混装、加工、展览等。有的保税区还允许在区内经营保险、金融、旅游、展销等业务。保税仓库是经海关批准专门用于存放保税商品的仓库。它必须具备专门储存、堆放商品的安全设施;健全的仓库管理制度和详细的仓库账册,配备专门的经海关培训认可的专职管理人员。

保税区和保税仓库的出现,为国际物流的海关仓储提供了既经济又便利的条件。有时会出现对商品不知最后做何处理的情况,买主(或卖主)将商品在保税仓库暂存一段时间。若商品最终复出口,则无须缴纳关税或其他税费;若商品将内销,可将纳税时间推迟到实际内销时为止。而从物流角度看,应尽量减少储存时间、储存数量,加速商品和资金周转,实现国际物流的高效率运转。保税区可分为以下几种形式。

(1)指定保税区。这是为了在海港或国际机场简便、迅速地办理报关手续,为外国商品提供装卸、搬运和临时储存的场所。商品在该区内储存的期限较短,限制较严。

(2)保税货栈。这是指经海关批准用于装卸、搬运或暂时储存进口商品的场所。

(3)保税仓库。这是经海关批准,外国商品可以连续长时间储存的场所。保税仓库便于货主把握交易时机出售商品,有利于业务的顺利进行和转口贸易的发展。从经营方式上看,保税仓库主要有以下三种:第一种是由有外贸经营权的企业自营的专业性保税仓库。一般只储存本企业经营的保税货物,如纺织品进出公司自营的保税仓库,储存进口的纺织品原料和加工复出口的成品。第二种是公共保税仓库。具有法人资格的经济实体,可向海关申请建立,专营仓储业务,其本身一般不经营进出商品,它面向社会和国内外保税货物持有者。外运公司经营的保税仓库即属于这一类型。第三种是海关监管仓库。这也是保税储存的一种类型,主要存放货物以及行李物品进境而所有人未来提取,或无证到货、单证不齐、手续不完备以及违反海关章程,海关不予放行,需要暂存海关监管仓库听候海关处理的货物。这种仓库有的由海关自行管理,也可以交由专营的仓储企业经营管理,海关行使行政监管职能。

(4)保税工厂。这是经海关批准,可以对外国商品进行加工、制造、分类以及检修等业务活动的场所。

(5)保税展厅。这是经海关批准,在一定期限内用于陈列外国货物进行展览的保税场所。保税展厅通常设置在本国政府或外国政府、本国企业或外国企业等直接举办或资助举办的博览会、展览会上,它除具有保税的功能外,还可以展览商品,加强广告宣传,促进贸易的发展。

目前,各国为了提高其经济开放程度,更好地融入国际的经济交流,纷纷实行各种经济特区政策。除保税区政策之外,与国际贸易和国际物流相关的经济特区政策还包括自由贸易港政策和出口加工区政策。

9.3.3 区港联动

随着我国加入世界贸易组织所做承诺的逐步兑现,外贸经营权的放开、关税的逐步下调、服务贸易领域的不断开放等,都使得保税区在政策和功能的比较优势方面相对弱化。由于体制上的原因,我国保税区一般都与港口分开,区、港功能没有得到合理的协调开发,货物通关不畅、管理手续比较烦琐、企业运输费用增加等问题日益突出,保税区与国际接轨对海关管理模式的改革提出了强烈而又迫切的需求。

"区港联动"是指整合保税区的政策优势和港区的区位优势,在保税区和港区之间开辟直通道,将物流仓储的服务环节,移到口岸环节,拓展港区功能,实现口岸增值,推动转口贸易及物流业务发展。

"区港联动"是实现保税区经济和港口经济共同发展内生的客观要求,是一种联系紧密的区域经济安排。从系统科学角度分析,"区港联动"属于协同学的概念,是保税区与港口两个子系统整体协同的组织过程。就其内涵而言,可以"政策叠加、优势互补、资源整合、功能集成"十六字概括,体现了保税区与港区在区域、资产、信息、业务等方面的联动发展。

(1) 政策叠加。保税物流园区除继续享受保税区在免征关税和进口环节税、海关特殊监管等方面的政策及港区原有的政策外,在税收政策上,还叠加了出口加工区的政策,即实现国内货物的进区退税,从而改变了保税区现行的"离境退税"方式,降低了企业的运营成本。在中转集拼方面,中转集装箱在保税物流园区可以进行拆拼箱,改变中转集装箱在港区只能整箱进出的现状。集装箱在保税物流园区堆存无时间限制,改变集装箱在港区有 14d 报关期限的现状。政策叠加的结果是:对货物的流动来说,"一线放得更开,二线管得严密",区内真正实现货物的自由流动。

(2) 优势互补。将保税区在税收、海关监管等方面的政策优势与港区在航运、停泊、装卸等交通便利的区位优势相结合,实现航、港、区一体化运作,集装箱综合处理与货物分拨、分销、配送等业务的联动,既是优势互补,也是优势组合,使外高桥保税物流园区成为长三角地区支线箱源和国际中转箱源的集散地。

(3) 资源整合。通过保税区和港区在形态、资源上的整合、集成,促进货物在境内外快速集拼、快速流动、快速集运,带动信息流、资金流和商品流的集聚与辐射。"港"和"区"的资源在保税物流园区项目形成了优化组合。

(4) 功能集成。实施"区港联动"的保税物流园区将集成"四大功能":①国际中转。对国际、国内货物在园区内进行分拆、集拼后,转运至境内外其他目的港。国际中转是世界各大自由港的主体功能产业,也是航运中心实力的体现。②国际配送。对进口货物进行分拣、分配或进行简单的临港增值加工后,向国内外配送。国际配送为保税物流园区发展增值服务创造了一个重要平台。③国际采购。对采购的国际货物和进口货物进行综合处理与简单的临港增值加工后,向国内外销售。④国际转口贸易。进口货物在园区内存储后,不经加工即转手出口到其他目的国或地区。

开展区港联动的试点是《海关总署关于加工贸易和保税物流监管改革的指导方案》的重要内容之一。这是推动现代国际物流发展,加快港口经济发展,提升我国港口经济的竞争力,提高海关管理质量的一项重大举措,是海关保税物流监管体系的龙头和亮点,也是我国在现有国际环境下,发展保税物流的一个最高层次。

9.3.4　保税物流园区

保税物流园区是指经国务院批准,在保税区规划面积或毗邻保税区的特定港区内设立的、专门发展现代国际物流业的海关特殊监管区域。

保税物流园区的功能和业务范围包括以下内容。

(1) 存储进出口货物及其他未办结海关手续货物。

(2) 对所存货物开展流通性简单加工和增值服务。

(3) 进出口贸易,包括转口贸易。

(4) 国际采购、分销和配送。

(5) 国际中转。

(6) 检测、维修。

(7) 商品展示。

(8) 经海关批准的其他国际物流业务。

园区内不得开展商业零售、加工制造、翻新、拆解及其他与园区无关的业务。

我国已批准建设的保税物流园区共有 9 个,包括天津保税物流园区、上海外高桥保税物流园区、青岛保税物流园区、深圳盐田港保税物流园区、大连保税物流园区、宁波保税物流园区、张家港保税物流园区、厦门保税物流园区和福州保税物流园区等。

9.3.5　保税物流中心

保税物流中心是指封闭的海关监管区域,并且具备口岸功能。分 A 型和 B 型两种。A型保税物流中心是指经海关批准,由中国境内企业法人经营、专门从事保税仓储物流业务的海关监管场所。B 型保税物流中心是指经海关批准,由中国境内一家企业法人经营,多家企业进入并从事保税仓储物流业务的海关集中监管场所。

保税物流中心按照服务范围分为公用型物流中心和自用型物流中心。公用型物流中心是指由专门从事仓储物流业务的中国境内企业法人经营,向社会提供保税仓储物流综合服务的海关监管场所。自用型物流中心是指中国境内企业法人经营,仅向本企业或本企业集团内部成员提供保税仓储物流服务的海关监管场所。

A、B 型保税物流中心的区别主要体现在以下几个方面。

1. 构成

A 型保税物流中心是由一家法人企业设立并经营的保税物流服务的海关监管场所;B型保税物流中心是指由多家保税物流企业在空间上集中布局保税物流的海关监管场所。

2. 审批和验收程序

A 型保税物流中心应由企业申请,经直属海关审批,并由直属海关会同省级国税,外汇管门验收;B型保税物流中心由直属海关授理审核后报海关总署审批,并由海关总署国家税务总局和国家外汇管理局等部门组成联合验收小组进行验收。

3. 企业资格条件

A型保税物流中心因主要针对大型生产型的跨国公司和大型物流企业,因而对申请设立企业的资格要求较高,要求企业注册资本最低为3 000万元人民币;B型保税物流中心经批准设立后,对企业的入驻资格要求较低,以注册资本为例,只需达到5万元人民币即可。

4. 出口中心货物管理

无论保税物流中心是A型还是B型,保税存储货物范围、辐射范围基本相同。可以面向国内外两个市场进行采购、分拨、配送。但货物存储期限不同,A型保税物流中心货物存储期限为1年。B型保税物流中心货物存储期限为2年,特殊情况可予延期。

9.3.6　保税物流监管模式

保税物流不同于普通物流,具有独特的监管模式,海关对保税物流货物及相关企业实行物流全程监管＋电子化监管＋物理围网监管＋风险管理＋电子底账管理的立体化监管模式。

物流全程监管:海关对保税货物进出口岸、海关监管区域或场所,通过电子关锁、RFID、电子车牌、GPS/GIS等技术,实现对保税货物及运输工具的动态物流监管,保证监管到位,降低监管风险。

电子化监管:海关对保税物流的监管,一直采用信息技术与现代科技手段相结合的方式,通过信息系统精确采集物流信息、货物信息、运输工具信息及相关企业、人员信息,确保企业申报信息与实际货物信息一致,便于海关业务管理与统计分析。

物理围网监管:海关对保税物流园区是以整个监管区域为整体,对区内的各个功能区(保税仓储区、保税加工区、口岸作业区)实现物理围网与外界隔离,并通过卡口实行封闭式监管。

风险管理:打击企业走私与违法经营是海关为国把关的重要职责,由于保税物流业务的特殊性,海关通过风险控制系统,结合多种手段与方法,加强对企业、货物、物流动态的风险管理,便于及时发现问题,及时解决。

电子底账管理:海关对企业的电子化监管,主要是以企业为单元,根据企业经营业务范围分类建立电子账册,如仓储企业采用记账式电子账册,加工企业采用备案式电子账册,由系统自动记录和反映企业所有进出保税港区货物的库存、转让、转移、销售、加工和使用等情况。

小　　结

国际物流的实质是利用国际化的物流网络、物流设施和物流技术,实现商品在国际的流动与交换,以促进区域经济的发展和世界资源优化配置。国际物流的总目标是为国际贸易和跨国经营服务,即选择最佳的方式与路径,以最低的费用和最小的风险,保质、保量、适时地将商品从某国的供方运到另一国的需方。与国内物流系统相比,国际物流具有物流渠道更长,物流环境更加复杂、标准化要求更高、风险性更大、需多种运输方式组合等特点。

国际物流主要包括发货、国内运输、出口国报关、国际运输、进口国报关、送货等业务环节。商品检验是对卖方交付商品的品质和数量进行鉴定,以确定交货的品质、数量和包装是否与合同的规定一致;报关是指海关规定格式填报《进出口商品报关单》,随附海关规定应交验的单证,请求海关办理商品进出口手续;国际货运代理人是接受货主委托,办理有关货物报关、交接、仓储、调拨、检验、包装、转运、租船和订舱等业务的人;国际运输是国际物流的关键和核心业务环节;理货是履行判断商品交接数量和状态的职能,是托运和承运双方履行运输契约、分清商品短缺和毁损责任的重要过程。

我国的保税监管物流体系可概括为"三个层次、多种模式":第一个层次是区港联动下的保税物流园区;第二个层次是公共型保税物流中心,即 A 型、B 型两种保税物流中心,分别满足一些专业国际物流公司和跨国企业的需要;第三个层次是传统的、经过优化的保税仓和出口监管仓。保税物流不同于普通物流,具有独特的监管模式,海关对保税物流货物及相关企业实行物流全程监管＋电子化监管＋物理围网监管＋风险管理＋电子底账管理的立体化监管模式。

思考题

1. 什么是国际物流? 国际物流有什么特点?
2. 国际物流包括哪些业务环节?
3. 简述报关的程序,并说明常用的报关单证有哪些。
4. 国际运输的方式有哪些? 最常见的运输方式是哪种?
5. 国际物流运输中的主要联运方式有哪些?
6. 我国的保税物流体系构成是什么?
7. 什么叫区港联动的物流园区?
8. 什么叫保税物流园区和保税物流中心? 并分析二者的区别。
9. A 型与 B 型保税物流中心的区别是什么?

案例分析

厦门保税物流园区创新

厦门保税物流园区规划面积共计 0.7km²,紧邻海天集装箱码头、国道、铁路、国际机场,具有海、陆、空综合交通便捷条件,位于福建自由贸易试验区厦门两岸贸易中心核心区内,是2004 年国务院批准的七个区港联动试点项目之一,2014、2015 年连续两年获得中物联"全国优秀物流园区",2016 年荣获"全国示范物流园区"和"福建省现代服务业集聚示范区(A 类)"称号。

厦门保税物流园区着眼于向自由贸易区发展,顺应厦漳泉同城化进程,凭借独特的区位优势,通过区(保税物流区)、港(海港、航空港)联动,园区建设成以贸易和转口贸易物流为主、兼顾区域物流的亚太地区采购中心和功能综合的现代国际物流基地。

1. 创新经营措施

（1）打造采购分拨平台。以建立专业市场及品牌建设为核心抓手，依托海、陆、空、铁、邮及港口内支线运输等，设置集装箱作业区、查验及商检熏蒸专区、进出口拼箱货的集散中心、货物分拨配送中心等，创新十几种灵活便捷的业务模式，成功培育了酒类、粮食、石材、锆矿、电子产品、鞋类等国际采购及分拨市场，成功吸引了台湾金门高粱酒、博乐德艺术品拍卖、全球-Dell、ECCO 等多个国际知名品牌入驻。园区内建福建省唯一一座符合美国 FM 全球标准的绿色环保物流仓库。

（2）以综合服务推进跨界发展。园区以量身定做提供金融、贸易、展示交易、流通加工、通关代理、库存管理、库内增值服务、区域分拨配送、集货运输等全程综合物流服务，通过"强强联合＋资源优势互补"，成功引入了诸多国际知名品牌项目，帮助其形成了服务外包产业链，实现了跨国、跨界互动深度合作。

（3）以自贸创新实现带动。厦门自贸试验片区成立后，园区因应厦门岛内港区转型趋势，利用自贸区创新政策，逐步实施业务从仓储物流向展示交易与物流平台转型。园区在海关分类监管和分送集报的监管政策支持下，对 26 万平方米的部分仓库和周边配套设施占地面积进行改造，打造"集国际领先进口商品展销、文化创意生活配套为一体的高端商贸区"即港务自贸城，引入沃尔玛、宝象国际、红星美凯龙等国内外流通领域航母级企业，形成商贸与物流业务聚集。港务自贸城利用自贸区和保税监管区的双重政策叠加效应，将传统优势的临港物流资源与进出口大宗商品专业市场、现代服务贸易、跨境电商、金融工具和科技手段有机结合，打造进口商品保税展示体验 O2O 的经营模式、沃尔玛全球直采、保税物流园区直配模式以及文化保税综合产业平台，设计和运营前店后仓、保税集货 CDC、保税融资监管等新物流模式，推进园区业务转型升级。

（4）物联网平台支撑高效服务。搭建物联网信息管理平台，以 RFID、电子车牌、箱号自动识别和二维码技术、PDA 等手段采集数据，实现货物动态信息实时管理，为客户提供在线查询、信息通知。与此同时，将自动识别与数据采集系统与海关监管车辆电子车牌自动识别系统、"电子关锁"货运转关系统进行无缝衔接，实现预先派单、电子信息录入、卡口自动识别、放行和转关信息自动发送、仓库装卸货凭数据指令免等待，以及现场理货无纸化传输等一站式服务，大大提高车辆快速通关及园区物流操作效率。

2. 创新经营成效

园区入驻国内外企业 61 家，其中 A 级企业 15 家（5A 级企业 3 家），年营业收入超 2 亿元的有 3 家。2016 年完成货物装卸操作：场装 23 826TEU，一日游 16 138 车次；完成物流报关 14.5 万票、贸易额 55.71 亿美元；服务工业、商贸、物流企业 5 000 多家；实现税收 2.06 亿元，综合提供 3 150 个就业岗位。

案例思考

1. 厦门保税物流园区的主要功能定位是什么？

2. 厦门保税物流园区有哪些创新经营措施？

第 10 章

物流系统分析

现代物流的研究是基于发现了物流是一个系统，通过物流系统的合理配置、调度和运筹，可以大大提高系统效率，因此，要使一个物流系统高效运行，必须对物流系统进行科学分析、优化和评估，使物流系统不断改善。物流系统的分析方法和手段很多，包括优化方法、仿真和评价等方法。

本章将系统介绍物流系统分析的步骤和模型化方法，并重点介绍物流系统优化问题及求解方法、物流系统防身原理和步骤以及物流系统评价方法。

学习目标

- 理解物流系统分析的要素和作用；熟悉模型化方法和常见的物流系统数学模型。
- 理解物流系统优化的数学模型和求解方法；掌握物资调运、设施选址问题的模型化方法。
- 理解离散系统仿真的基本原理；掌握排队系统的仿真方法。
- 理解物流系统评价的概念及作用；掌握物流系统的评价指标体系和评价方法。

10.1 物流系统分析概述

10.1.1 物流系统分析的概念

物流系统分析是指从对象系统整体最优出发，在优先系统目标、确定系统准则的基础上，根据物流的目标要求，分析构成系统各级子系统的功能和相互关系，以及系统同环境的相互影响，寻求实现系统目标的最佳途径。

物流系统分析时要运用科学的分析工具和计算方法，对系统的目的、功能、结构、环境、费用和效益等，进行充分、细致的调查研究，收集、比较、分析和处理有关数据，建立若干个拟订方案，比较和评价物流结果，寻求系统整体效益最佳和有限资源配备最佳的方案，为决策者最后抉择提供科学依据。

物流系统分析的目的在于通过分析，比较各种拟订方案的功能、费用、效益和可靠性等各项技术指标、经济指标，向决策者提供可做出正确决策的资料和信息。所以，物流系统分析实际上就是在明确目的的前提下，来分析和确定系统所应具备的功能与相应的环境条件。

用系统观点来研究物流活动是现代物流科学的核心问题。物流系统分析是指在一定时间、空间里，对其所从事的物流事务和过程作为一个整体来处理，以系统的观点、系统工程的理论和方法进行分析研究,以实现其空间和时间的经济效应。

10.1.2　物流系统分析的要素

物流系统分析的五个基本要素包括目的、替代方案、模型、费用和效益、评价基准。

1．目的

目的是决策的出发点,为了正确获得决定最优化物流系统方案所需的各种有关信息,物流系统分析人员的首要任务就是要充分了解建立物流系统的目的和要求,同时还应确定物流系统的构成和范围。

2．替代方案

一般情况下,为实现某一目的,总会有几种可采取的方案或手段。这些方案彼此之间可以替换,故叫作替代方案或可行方案。例如,企业的分销物流系统,可以有若干种物流方案,它们都可以满足企业产成品分销的需求,这些可行方案就是替代方案。选择一种最合理方案是物流系统分析研究和解决的问题。

3．模型

模型是对实体物流系统抽象的描述,它可以将复杂的问题化为易于处理的形式。即使在尚未建立实体物流系统的情况下,可以借助一定的模型来有效地求得物流系统设计所需要的参数,并据此确定各种制约条件。同时我们还可以利用模型来预测各替代方案的性能、费用和效益,有利于对各种替代方案进行分析和比较。

4．费用和效益

费用和效益是分析与比较抉择方案的重要标志。用于方案实施的实际支出就是费用,达到目的所取得的成果就是效益。如果能把费用和效益都折合成货币形式来比较,一般来说,效益大于费用的设计方案是可取的;反之则不可取。

5．评价基准

评价基准是物流系统分析中确定各种替代方案优先顺序的标准。通过评价标准对各方案进行综合评价,确定出各方案的优先顺序。评价基准一般根据物流系统的具体情况而定,费用与效益的比较是评价各方案的基本手段。

根据物流系统分析的五个基本要素,相互之间的制约关系,可组成物流系统分析结构的概念图(见图 10-1)。

10.1.3　物流系统分析的步骤及实质

1．物流系统分析的步骤

任何问题的研究与分析,均有其一定逻辑推理步骤。物流系统分析的步骤如图 10-2 所示。

(1) 问题构成与目标确定。当一个研究分析的问题确定以后,首先要将问题作合乎逻辑的叙述,其目的在于确定目标,说明问题的重点与范围,以便进行分析研究。

(2) 收集资料探索可行方案。在问题构成之后,就要拟定大纲和决定分析方法,然后依据已收集的有关资料找出其中的相互关系,寻求解决问题的各种可行方案。

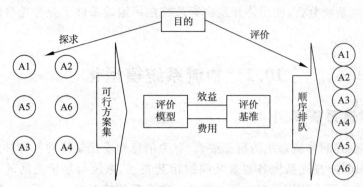

图 10-1 物流系统分析结构的概念图

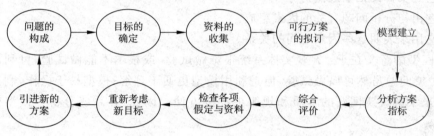

图 10-2 物流系统分析的步骤

（3）建立模型（模型化）。为便于分析,应建立各种模型,利用模型预测每一种方案可能产生的结果,并根据其结果定量说明各方案的优劣与价值。模型的功能在于组织我们的思维,及时获得实际问题所需的指示或线索。模型充其量只是现实过程的近似描述,如果它说明了所研究的物流系统的主要特征,就算是一个满意的模型。

（4）综合评价。利用模型和其他资料所获得的结果,将各种方案进行定量和定性的综合分析,显示出每一种方案的利弊得失和成本效益。同时考虑到各种有关的无形因素,如政治、经济、军事、理论等,所有因素加以合并考虑并研究,获得综合结论,以确定行动方针。

（5）检验与核实。以试验、抽样、试行等方式鉴定所得结论,提出应采取的最佳方案。

2．物流系统分析的实质

在分析过程中可利用不同的模型,在不同的假定下对各种可行方案进行比较,获得结论,提出建议。但是否实行,则是决策者的责任。

综上所述,可以得到物流系统分析的实质。

（1）物流系统分析作为一种决策的工具,其主要目的在于为决策者提供直接判断和决定最优方案的信息与资料。

（2）物流系统分析把任何研究对象均视为系统,以系统的整体最优化为工作目标,并力求建立数量化的目标函数。

（3）物流系统分析强调科学的推理步骤,使所研究物流系统中各种问题的分析均能符合逻辑的原则和事物的发展规律,而不是凭主观臆断和单纯经验。

（4）运用数学的基本知识和优化理论,对各种替代方案进行比较,不但有定性的描述,而且基本上都能以数字显示其差异。至于非计量的有关因素,则运用直觉、判断及经验加以考虑和衡量。

（5）通过物流系统分析，使得待开发物流系统在一定的条件下充分挖掘潜力，做到人尽其才，物尽其用。

10.2 物流系统模型化

10.2.1 物流系统模型

物流系统模型是对物流系统的特征要素、有关信息和变化规律的一种抽象表述，它反映系统的某些本质属性，描述系统各要素之间的相互关系、系统与环境之间的相互作用，更深刻、更普遍地反映所研究物流系统主题的特征。物流系统模型具有以下三个特征。

（1）它是实体的抽象或模仿。

（2）它由与分析问题有关的因素组成。

（3）它用来表明这些因素之间的关系。

使用模型的意义在于：客观实体系统很难做试验，或根本不能做试验，可利用系统模型代替；对象问题虽然可以做试验，但是利用模型更便于理解；模型易于操作，利用模型的参数变化来了解现实问题的本质和规律更经济方便。因此，在系统分析中模型被广泛地应用。

从不同的角度观察模型，可以得出多种不同的分类方法。按模型的形式分，有抽象模型和形象模型（见图 10-3）；按模型中变量的性质分，有动态模型和静态模型、连续模型和离散模型、确定性模型和随机性模型等；按模型的规模分，有宏观模型、中观模型、微观模型；按规模的用途分，有工程用模型、科研用模型、管理用模型等。

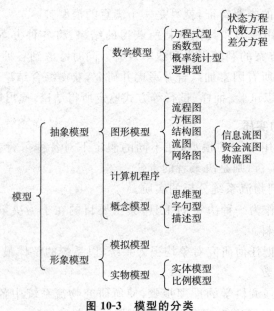

图 10-3 模型的分类

1. 抽象模型

抽象模型没有具体的物理结构，它只是用数字、字符或运算符号来表示的式子、图形或表格。具体细分，抽象模型又可分为数学模型、图形模型、计算机程序和概念模型。

（1）数学模型。数学模型又可分为方程式型模型，如静态投入-产出模型；函数型模型，如柯布-道格拉斯生产函数；概率统计型模型，利用已有的数据按概率、统计的方法建立的模型；逻辑型模型，用逻辑变量按逻辑运算法则建立的模型。数学模型是最抽象的模型，也是系统分析中采用最多的模型。

（2）图形模型。用少量文字、简明的数字、不同形式的直线和曲线所构成的图模型，可以直观、生动、形象地表示出现实系统的本质和规律。图形模型又可分为流程图、方框图、结构图、流图及网络图等。

流程图：反映某种实体的流转过程，如生产流程图。

方框图：一个系统由许多子系统组成，用方框图来代表子系统，从而简化了对问题的说明。

结构图：用来研究系统元素之间的逻辑联系、结构层次、空间分布等。如管理决策的层次结构、企业的组织结构。

流图：可分为信息流图、资金流图和物流图。信息流图反映了组织信息的来龙去脉；资金流图反映了费用的流转和消耗情况，通过计算每一环节的费用可以分析出企业的生产效益；物流图反映了物资流动的方向、运量、距离和费用等内容，对研究工厂布局、计算运费、确定运输工具有重要意义。

网络图：用箭线和节点将某项工作的流程表示出来的图解模型，由作业（箭线）、事件（又称节点）和路线三个因素组成。在工程管理中，经常使用到网络图的概念。

（3）计算机程序。计算机程序也能代表某一系统，因此，它属于抽象模型，但计算机程序必须输入计算机方能运行，因此它又是"模拟器"的一部分，如克莱顿希尔模型。这是一种采用逐次逼近法的模拟模型，是用来处理企业物流策略的一种方法。其目标为最好的服务水平、最少的物流费用、最快的信息反馈。其决策变量有流通中心的数目，流通中心的收发货时间的长短，对用户的服务水平，库存分布，系统整体的优化等。

（4）概念模型。概念模型是通过人们的经验、知识和直觉形成的，这种模型往往最为抽象，即在缺乏资料的情况下，凭空构想一些资料，建立初始模型，再逐渐扩展而成。它们在形式上可以是思维的、字句的或描述的。当人们试图系统地想象某一系统时，就会用到这样的模型。

2. 形象模型

形象模型分为模拟模型和实物模型。形象模型的特点是有物理结构的模型，故又称物理模型。

（1）模拟模型。这种模型和原系统的物理元素完全不同，但动作相似，这种模型也称为"模拟器"。当两个系统性质之间的关系相同时，常用便于分析或计算的系统作为研究另一系统的模型。例如，在机械运动中速度、力与质量的关系，可用电路中的电压、电流和电容来模拟，电路中改变电压、电流和电容，与机械运动中改变速度、力和质量相比要更简便。

（2）实物模型。实物模型是将现实系统加以放大或缩小后的表示，因而也称为比例模型（当比例为 1 时就是原系统）。这类模型看起来与现实系统基本相似，例如，飞机用的风洞模型、教学用的原子模型等都是实物模型。

10.2.2　物流系统建模步骤

不同条件下的建模方法虽然不同,但是建模的全过程始终离不开了解实际系统、掌握真实情况、抓住主要因素、弄清变量关系、构造模型、反馈使用效果、不断修改改进,以逐步向实际逼近。因此,建立模型的步骤可以归纳为以下几步。

(1) 弄清问题,掌握真实情况。要清晰准确地了解系统的规模、目的和范围以及判定准则,确定输出输入变量及其表达形式。对于经济模型而言,要根据有关经济理论,假定结构方程,确定变量关系,设定随机量的概率分布。

(2) 收集资料。收集真实可靠的资料,全面掌握资料,对资料进行分类,概括出本质内涵,分清主次变量,把已研究过或成熟的经验知识或实例,进行拣选作为基本资料,供新模型选择和借鉴。将本质因素的数量关系,尽可能用数学语言来表达。

(3) 确定因素之间的关系。确定本质因素之间的相互关系,列出必要的表格,绘制图形和曲线等。

(4) 构造模型。在充分掌握资料的基础上,根据系统的特征和服务对象,构造一个能代表所研究系统的数量变换数学模型。这个模型可能是初步的、简单的,如初等函数模型。

(5) 求解模型。用解析法或数值法求解模型最优解。对于较复杂的模型,有时需编出框图和计算机程序来求解。

(6) 检验模型的正确性。目的在于肯定模型是否在一定精确度的范围内正确地反映了所研究的问题。必要时要进行修正和反复订正,如除去一些变量,合并一些变量,改变变量性质或变量间的关系以及约束条件等,使模型进一步符合实际,满足在可信度范围内可解、易解的要求后投入使用。

10.2.3　常用的物流系统数学模型

物流系统的最优化定量分析,除形象模型外,总是大量采用数学模型进行描述。在物流系统中,可以建立各种各样的数学模型,进行系统或各子系统的效益、功能最优化和评价分析。随着研究对象的不同,采用的模型也不尽相同,而同一对象也可用不同的模型进行优化。常见的物流系统数学模型有以下几种。

(1) 资源分配型。任何一个生产经营系统,允许使用的资金、能源、原材料、资源、运输工具、台时、工时等都是有限的,环境对生产经营系统也有一定约束,所以企业是在这些限制条件下进行生产的。如何合理安排和分配有限的人力、物力、财力,充分发挥其作用,使目标函数达到最优,这就是资源分配型。通常可以利用的模型有线性规划模型、动态规划模型和目标规划模型。

(2) 存储型。为了使生产经营系统得以正常运转,一定量的资源储备是必要的。在保证生产过程顺利进行的前提下,如何合理确定各种所需物资存储数量,使资源采购费用、存储费用和因缺乏资源影响生产所达成的损失的总和为最小,这就是存储型。通常可以利用的模型有库存模型和动态规划模型。

(3) 输送型。在一定的输送条件下(如道路、车辆),如何使输送量最大、输送费用最省、输送距离最短,这就是输送型。图论、网络理论、规划理论为解决这类问题提供了可以利用的模型。

（4）等待服务型。系统中由要求服务的"顾客"（如领料的工人、待打印的文件、报修的机器、提货单）和为"顾客"服务的"机构"（如仓库、维修车间、发货点）所构成的等待系统中，如何最优地解决"顾客"和"机构"之间的一系列问题，了解"顾客"到来的规律，确定"顾客"等待的时间，寻求使"顾客"等待时间最少而"机构"设置费用最省的优化方案。通常可以利用的模型有排队模型。

（5）指派型。任务的分配、生产的安排以至加工顺序问题更是企业中常见的问题，如何以最少费用或最少时间完成全部任务，这就是指派型，数学上称为指派问题和排序问题。通常可以利用的模型有整数规划模型和动态规划模型。

（6）决策型。在系统设计和运行管理中，由于决定技术经济问题的因素越来越复杂而又不明确，解决生产技术问题的途径和措施又多样化，因此需要有许多行之有效的决策技术来支持。从各种有利有弊且带风险的替代方案中，对经营管理中的一些重大问题做出及时而正确的抉择，找出所需的最优方案，这就是决策型。决策论为解决这类问题提供了可以利用的模型。

（7）其他模型。物流系统中的问题是很复杂的，可以利用的数学模型很多，除以上介绍的这些模型以外，还有如解释预测型、投入产出型、布局选址型等。

系统总体的优化问题往往是一个综合性的复杂问题，从空间上来说，它涉及社会、政治、经济、科学技术、经营管理等一系列问题；从时间上来说，在系统全过程的各阶段都会出现优化问题。

10.3　物流系统优化

10.3.1　物流系统优化概述

优化技术是 20 世纪 40 年代发展起来的一门较新的数学分支，近几年发展迅速，应用范围越来越广，其方法也越来越成熟，所能解决的实际问题也越来越多。

系统优化就是在一定的约束条件下，如何求出使目标函数为最大（或最小）的解。求解最优化问题的方法称为最优化方法。一般来讲，最优化技术所研究的问题是对众多方案进行研究，并从中选择一个最优的方案。一个系统往往包含许多参数，受外部环境影响较大，有些因素属于不可控因素。因此，优化问题是在不可控参数发生变化的情况下，根据系统的目标，经常地、有效地确定可控参数的数值，使系统经常处于最优状态。

系统优化方法很多，它是系统工程学中最实用的部分。物流系统优化常采用的方法包括线性规划、非线性规划、动态规划等数学规划方法、网络计划方法和启发式方法等。系统优化的手段和方法，应根据系统的特性、目标函数及约束条件等进行合理选择。

系统优化技术已被广泛应用于物流网络结构优化、物流网址的选择、物流系统调度和决策等各种场合。在物流管理活动中，有大量的优化问题，例如，物资合理调运和最短路径问题、合理库存和订货策略问题、合理选址问题、科学调度物流设备、人员和资金问题等。物流优化的目标是要以最低的成本完成确定的任务，或以有限资源的投入获得最大的收益。

10.3.2 物资调运问题

1. 数学模型

运输问题是线性规划问题的特例。该问题是将物品由 m 个起运站运到 n 个目的地。已知由 i 站运到 j 地的单位运费是 C_{ij}，并假定运费与两地间的运量成正比。设 a_i 表示 i 站的供应量，b_j 表示 j 地的需求量。引进变量 X_{ij}，它表示从 i 站到 j 地的运量。运输问题可表述为

$$\min f(x) = \sum_{i=1}^{m}\sum_{j=1}^{n} C_{ij} X_{ij} \qquad (10\text{-}1)$$

约束条件为

$$\sum_{j=1}^{n} X_{ij} = a_i, \quad i = 1, 2, \cdots, m$$

$$\sum_{i=1}^{m} X_{ij} = b_j, \quad j = 1, 2, \cdots, n$$

$$X_{ij} \geqslant 0, \quad i = 1, 2, \cdots, m, \ j = 1, 2, \cdots, n$$

如果 $\sum a_i = \sum b_j$，即总供应量等于总需求量，则称为平衡运输问题；否则称为不平衡运输问题。对于不平衡运输问题，可通过一定处理后，使之变为平衡运输问题。

如果 $\sum a_i > \sum b_j$，即总供应量大于总需求量，则可另外增加一个"虚构目的地"，令其需求量 $b_{n+1} = \sum a_i - \sum b_j$，并令各起运站到虚构目的地的运费为零。解出后，在最优解中，各站的供应量减去运往虚构目的地的数值。

如果 $\sum a_i < \sum b_j$，即总供应量小于总需求量，则可另外增加一个"虚构起运站"，令其供应量 $a_{m+1} = \sum b_j - \sum a_i$，并令其运至各目的地的运费为零。解出后，在最优解中，各目的地的数量应减去运往虚构起运站的数值。

该类问题可以采用单纯形法或表上作业法求解。

2. 应用实例

广东省建材公司运用线性规划安排水泥分配计划，取得了较好的经济效益。与往年比较，水泥的运输成本大幅度减少。

表 10-1 是广东省转窑水泥调拨的数量和水泥厂到各地、市的单位运输成本，也就是线性规划问题中的价值系数。对于专业运输部门，例如，铁路、公路运输部门等，可以用"吨千米"数表示运输成本，而对于物资部门，特别是对运输工具不同、中转次数较多的物资调运问题，一般用实际运杂费表示运输成本。

运杂费 ＝ 运费 ＋ 装卸费 ＋ 储存费 ＋ 损耗

如果某一水泥厂至某一地区的运输是明显不合理或不可能，则这条路线上的运杂费被视为无穷大，表明"此路不通"，表 10-1 中的空格，就是表示这种情况，计算时可以取一个相当大的正数。

表 10-1 水泥调运的单位运输成本(元/t)和供需量(t)

用户 \ 水泥厂	广州	茂名	英德	英德(托盘)	进口(中转)	进口(直达)	需求量
梅县	59.0			120.0	62.0		7 290
汕头	47.1			79.7	49.5	21.0	36 940
潮州	53.4			86.0	53.9		1 090
惠阳	21.8		30.0	62.3	22.2		13 140
深圳	21.2	22.0	21.3	50.0	21.6		6 080
韶关	30.3	12.6			30.3		12 780
肇庆	25.2	43.0	46.0	60.1	29.2		13 680
佛山	12.3		21.0	51.0	28.0		16 460
江门	21.2		37.0	51.1	28.0		1 130
珠海	21.2		37.5	49.0	29.0		3 800
湛江	47.1			12.6	47.5	21.0	12 720
茂名	59.6			12.5	60.0		335
海南	50.2		50.8	50.2	25.0		10 830
自治州	54.3			70.0	54.7	40.0	5 950
广州	12.6		12.6	52.1	25.0		22 655
供应量	61 520	15 680	18 870	5 650	27 560	35 600	164 880

注:英德(托盘)是指通过铁路从英德运到广州南站中转的水泥;进口(中转)是指经广州中转的进口水泥。

另外,对于某些实际要求,例如,某些用户的使用习惯或某些工程的特殊要求,可以通过对运杂费的人为变动加以实现。

运用线性规划中的单纯形法对水泥调运问题进行求解,最优方案如表 10-2 所示。按这种方案调运,总的运输成本达到最低,等于 410.8 万元。

表 10-2 水泥调运的最优方案　　　　　　　　　单位:吨

用户 \ 水泥厂	广州	茂名	英德	英德(托盘)	进口(中转)	进口(直达)	需求量
梅县	7 290	0	0		0	0	7 290
汕头	1 340	0	0	0	0	35 600	36 940
潮州	1 090	0	0		0	0	1 090
惠阳	0	0	0		13 140	0	13 140
深圳	0	2 900	0	0	3 180	0	6 080
韶关	0	12 780	0	0	0	0	12 780
肇庆	13 680	0	0	0	0	0	13 680
佛山	16 460	0	0	0	0	0	16 460
江门	1 130	0	0	0	0	0	1 130

续表

用户＼水泥厂	广州	茂名	英德	英德（托盘）	进口（中转）	进口（直达）	需求量
珠海	3 800	0	0	0	0	0	3 800
湛江	6 995	0	0	5 315	410	0	12 720
茂名	0	0	0	335	0	0	335
海南	0	0	0	0	10 830	0	10 830
自治州	5 950	0	0	0	0	0	5 950
广州	3 785	0	18 870	0	0	0	22 655
供应量	61 520	15 680	18 870	5 650	27 560	35 600	164 880

10.3.3 单设施选址问题

1. 数学模型

假设建设一个新工厂（或仓库），应如何合理选择厂址（或库址）。假设厂址候选地点有 S 个，分别用 $D_1, D_2, \cdots, D_s$ 表示；原材料、燃料、零配件的供应地有 m 个，分别用 $A_1, A_2, \cdots,$ A_m 表示，其供应量分别用 $P_1, P_2, \cdots, P_m$ 表示；产品销售地有 n 个，分别用 $B_1, B_2, \cdots, B_n$ 表示，其销售量分别用 $Q_1, Q_2, \cdots, Q_n$ 表示，如图 10-4 所示。

所谓选址问题，就是从 S 个候选厂址中选取一个最优地址建厂，使物流费用达到最低。

设 C_{ij} 表示从 A_i 到 D_j 的每单位量的运输成本；d_{jk} 表示从 D_j 到 B_k 的每单位量的运输成本。引进变量：

$$X = (x_1, x_2, \cdots, x_s) \tag{10-2}$$

式中，$x_j = 1$ 表示在 D_j 建厂；$x_j = 0$ 表示不在 D_j 建厂。

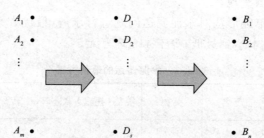

图 10-4 选址问题示意图

那么选址问题可表述为

$$\min f(x) = \sum_{j=1}^{s} \left(\sum_{i=1}^{m} C_{ij} P_i + \sum_{k=1}^{n} d_{jk} Q_k \right) x_j \tag{10-3}$$

约束条件为

$$\sum_{j=1}^{s} X_j = 1$$

这是一个线性规划问题，这个问题的求解方法比较简单。从目标函数表达式（10-3）的右边可以看出，如果括号中的算式值能计算出来，问题就基本解决了。事实上，如果 S 个算式值的最小者对应的下标为 r,那么可取 $X_r=1$,其他 $X_j=0$,便是最优解,D_r 便是最优厂址。

然而,计算目标函数表达式右边括号中的算式并不是一件轻而易举的事情,因为模型中的许多参数(包括原材料、燃料、半成品供应地及供应量,产品销售地点及销售量,运输条件及费用等)具有不确定性,需要采用统计和预测的方法进行分析确定。

2. 应用实例

1988 年,针对二汽轿车总装厂的选址问题,许多单位和部门进行了大量的调查研究工作,从不同的角度分析了建厂条件,为决策提供了科学依据。二汽轿车总装厂选址问题的研究是运筹学应用的一个典型案例,下面介绍这一问题的研究方法和结果。

计划年产 30 万辆轿车的中外合资的二汽轿车总装厂,是在二汽基础上建设,而不是建设"三汽",所以选址要考虑现有生产布局。本例以已经定点的企业为主,适当考虑可能定点的企业。这些定点企业将完成轿车的主机和零部件的生产任务。总装厂的候选地点最早时有襄樊(今襄阳)、武汉、镇江、岳阳等地,经过一段时间的论证和筛选,最后剩下襄樊和武汉两地作为候选地点。

据有关资料估计,二汽轿车总装厂的原材料每年的运输量约 120 万吨,煤的运输量约31 万吨,其主要原材料、煤的供应地、流量及物流费用如表 10-3 和表 10-4 所示。轿车零配件的所在地、流量及物流费用如表 10-5 所示。

表 10-3　主要原材料流通费用

供应地	品　种	流量/万吨	物流费用/万元	
			襄樊	武汉
上海	钢材、油漆	49.0	1 256.3	1 209.3
武钢	钢材	18.0	126.0	43.2
重钢	钢材	3.0	48.3	60.6
北京	钢材、油漆	3.0	57.0	58.8
太钢	钢材	3.0	53.4	55.2
安阳	生铁	9.6	96.9	101.8
洛阳	玻璃	3.6	36.0	61.6
十堰	橡胶	7.2	35.4	90.7
进口	塑料、铝	16.4	512.0	496.2
合　计		112.8	2 221.3	2 177.4

表 10-4　煤的流通费用

供应地	流量/万吨	物流费用/万元	
		襄樊	武汉
山西	15.5	168.9	238.7
河南	15.5	55.8	122.4
合计	31.0	224.7	361.1

表 10-5 轿车零配件物流费用

零配件所在地	流量/万吨	物流费用/万元	
		襄樊	武汉
十堰	5.70	21.0	55.8
襄樊	12.67	30.4	82.4
沙市	1.00	43.8	48.0
黄石	0.47	4.2	1.3
武汉	0.09	0.6	0.5
宜昌	0.14	0.7	1.5
合计	20.07	100.7	189.5

按国务院关于轿车出口导向的要求,出口轿车的比例按总产量的 50% 考虑。出口轿车全部采用水运。由于研究选址物流问题着眼于物流费用(或距离)的差值,所以只考虑从总装厂到出口港之间的运输费用。轿车在国内的销售地点和数量,按各省农业总产值、城镇人口和轿车保有量进行预测,然后按总装厂到各省会城市计算运输费用。根据预测,各地区销售比例为华北地区(五省市)25%,东北地区(三省市)10%,华东地区(七省市)25%,中南地区(五省区)25%,西南地区(四省区)8%,西北地区(五省区)7%。成品轿车销售的物流费用如表 10-6 所示。

选址问题还涉及生产中的废物垃圾的输出和生活资料的输入问题。对于这些问题的处理,襄樊与武汉两地的条件相差不大,因此可以不予考虑。

二汽轿车总装厂选址物流问题的分析模型同式(10-3),即从两个候选地点中选取一个厂址,使物流总费用最低。综合物流费用如表 10-7 所示。

表 10-6 成品轿车销售的物流费用

销售方式	流量/万辆	物流费用/万元	
		襄樊	武汉
国内销售	15	3 728.3	3 768.0
水运出口	15	2 355.0	1 320.0
合计	30	6 083.3	5 088.0

表 10-7 综合物流费用

项目	物流费用/万元	
	襄樊	武汉
主要原材料	2 221.3	2 177.4
煤炭	224.7	361.1
汽车配件	100.7	189.5
轿车销售	6 083.3	5 088.0
合计	8 630.0	7 816.0
两地费用差	814.0	

由表 10-7 的计算结果可知,数学模型可以简化为

$$\min f(x) = 8\,630 X_1 + 7\,816 X_2$$

令

$$X_1 + X_2 = 1$$

最优解为

$$X_1 = 0, \quad X_2 = 1$$

式中,X_1 和 X_2 分别为襄樊(D_1)和武汉(D_2)的选址变量。

两个候选地点襄樊与武汉比较,襄樊离二汽本厂较近,汽车主机和零部件的流通费用与煤的运输费用比武汉低,但水运条件明显比武汉差,而出口轿车都要采用水运,所以武汉的综合物流费用比襄樊低。每年相差 800 多万元。因此,二汽轿车总装厂建在武汉比较适宜。

10.3.4　多设施选址问题

假设有 m 个工厂和产品,经仓库(或转运站)发售给 n 个地区(用户)。拟建立若干个仓库。候选地点有 S 个,问题是如何从 S 个候选地点中选择若干个地点修建仓库,使物流费用达到极小。

1. 数学模型

设 a_i 表示工厂 i 的供应量;b_k 表示用户 k 的需求量;C_{ij} 表示从工厂 i 到仓库 j 的单位运输成本;d_{jk} 表示从仓库 j 到用户 k 的单位运输成本;W_j 表示仓库 j 的变动费系数。在考虑变动费时,引进指数 P,满足条件 $0 < P \leqslant 1$,以便考虑规模的经济性,仓库 j 的变动费为 $W_j Z_j^P$,其中 Z_j 表示仓库 j 的产品通过量。如果不考虑规模的经济性,可令 $P = 1$。引进变量:X_{ij} 为工厂 i 到仓库 j 的运量;Y_{jk} 为仓库 j 到用户 k 的运量。

对于平衡问题的选址问题,每个仓库的总进货量等于总出库量,则有

$$Z_j = \sum_i X_{ij} = \sum_k Y_{jk}$$

这样设定后,总物流成本函数可表示为

$$f(Z) = \sum_j \left(\sum_i C_{ij} X_{ij} + \sum_k d_{jk} Y_{jk} + W_j Z_j^P \right) X_j \tag{10-4}$$

约束条件为

$$\sum_j X_{ij} = a_i, \quad i = 1, 2, \cdots, m$$

$$\sum_i Y_{jk} = b_k, \quad k = 1, 2, \cdots, n$$

$X_{ij} \geqslant 0, Y_{jk} \geqslant 0$。

2. 求解方法

上述选址问题是一个非线性规划问题,采用启发式方法来求解,可以先求出初次解,然后迭代计算,逐次逼近最优解。

第一步:求初次解。

首先求出从 A_i 到 B_k 的运输成本最低的路线,其运输成本为

$$C_{ik}^0 = \min_j (C_{ij} + d_{jk}) \tag{10-5}$$

注意式中左边下标 (i, k) 对应于某一个 j 值。引入变量 U_{ik},表示从 A_i 经某一个 D_j 到

B_k 的物流量。解以下线性规划问题：

$$\min f(u) = \sum_{ik} C_{ik}^0 U_{ik} \qquad (10\text{-}6)$$

约束条件为

$$\sum_k U_{ik} = a_i, \quad i = 1, 2, \cdots, m$$

$$\sum_j U_{ik} = b_k, \quad k = 1, 2, \cdots, n$$

所有 $U_{ik} \geqslant 0$。

第二步：求第二次解。

设经过 D_j 的所有 (i, k) 组成的集合为 $G(j)$，那么

$$Z_j = \sum_{(i,k) \in G(j)} U_{jk} \qquad (10\text{-}7)$$

以运输成本和变动费的合计最小为标准，求 A_i 到 B_k 的最省路线，即令

$$C_{ik}^1 = \min\{C_{ij} + d_{jk} + W_j Z_j^{P-1}\} \qquad (10\text{-}8)$$

式（10-8）是由物流总成本函数微分所得的每单位的总成本。解以下线性规划（运输）问题：

$$\min f(u) = \sum_{ik} C_{ik}^1 U_{ik} \qquad (10\text{-}9)$$

约束条件为

$$\sum_k U_{ik} = a_i, \quad i = 1, 2, \cdots, m$$

$$\sum_j U_{ik} = b_k, \quad k = 1, 2, \cdots, n$$

所有 $U_{ik} \geqslant 0$。

利用所求的解 U_{ik}，求出对应的 Z_j。

第三步：求最优解。

按第二步方法反复计算，把第二次解的 Z_j 值进行比较，如果相等，则终止计算，所得的解就是最优解。

3. 应用实例

某厂商在国内有两个工厂，由两个工厂的成品库向全国供给产品。全国分为 8 个销售区域（销售地），各销售区域内设置营业所销售商品。工厂到销售终端拟设置若干个配送中心实现中转分拨。现有五处配送中心（或仓库）候选地，已知工厂到各候选配送中心的运输成本如表 10-8 所示，各候选配送中心到各销售地的配送费用如表 10-9 所示，各候选配送中心内部的运作费用如表 10-10 所示（它考虑了规模经济量，即物流费用与商品通过量呈非线性关系）。问如何选择配送中心使总物流成本最低？

表 10-8　工厂到各候选配送中心的运输成本（C_{ij}）　　单位：元

候选地／工厂	D_1	D_2	D_3	D_4	D_5	供应量
A_1	5	10	20	40	45	100
A_2	25	13	7	15	17	200

表 10-9　各候选配送中心到各销售地的配送费用 d_{jk}　　单位：元

销售地 候选地	B_1	B_2	B_3	B_4	B_5	B_6	B_7	B_8
D_1	12	5	13	22	30	46	41	50
D_2	50	13	5	10	17	33	27	37
D_3	34	22	10	5	9	25	19	29
D_4	58	46	33	25	16	5	9	9
D_5	59	50	37	29	17	9	18	5
需求量	20	30	80	40	60	30	20	20

表 10-10　各候选配送中心内部的运作费用 $(W_j Z_j^P)$

候选地	D_1	D_2	D_3	D_4	D_5
费用	$150Z_1^P$	$300Z_2^P$	$250Z_3^P$	$100Z_4^P$	$100Z_5^P$

注：这里取 $P=1/2$。

采用启发式方法的求解过程如下。

(1) 初次解。对于工厂到销售地的所有组合，找出使运输成本和配送成本之和为最小的配送中心（见表 10-11），解运输问题得初次解，如表 10-12 所示。

(2) 第二次解。利用初次解，可以求出各候选地的通过量 Z_j（见表 10-13），进而求出 C_{ik}^1（见表 10-14）。由于取 $P=1/2$，所以配送中心每单位量费用（变动费）按公式 $W_j Z_j^{P-1}$ 计算。

表 10-11　最小运输成本 C_{ik}^0

工厂	销售地	B_1	B_2	B_3	B_4	B_5	B_6	B_7	B_8
A_1		(D_1)	(D_1)	(D_2)	(D_2)	(D_2)	(D_2)	(D_2)	(D_2)
		17	10	15	20	27	43	37	47
A_2		(D_1)	(D_2)	(D_3)	(D_3)	(D_3)	(D_4)	(D_4)	(D_5)
		37	26	17	12	16	20	24	22

注：括号内的 D_j 表示通过的配送中心。

表 10-12　初次解

工厂	销售地	B_1	B_2	B_3	B_4	B_5	B_6	B_7	B_8	供应量
A_1		(D_1)	(D_1)	(D_2)						100
		20	30	50						
A_2				(D_3)	(D_3)	(D_3)	(D_4)	(D_4)	(D_5)	200
				30	40	60	30	20	20	
需求量		20	30	80	40	60	30	20	20	300

表 10-13 配送中心的通过量和单位变动费用

候选地	D_1	D_2	D_3	D_4	D_5
通过量 Z_j	50	50	130	50	20
单位变动费用	$150/50^P$	$300/50^P$	$250/130^P$	$100/50^P$	$100/20^P$
	21.2	42.4	21.9	14.2	22.4

表 10-14 最小运输成本 C_{ik}^1

工厂＼销售地	B_1	B_2	B_3	B_4	B_5	B_6	B_7	B_8
A_1	(D_1)	(D_1)	(D_1)	(D_3)	(D_3)	(D_4)	(D_3)	(D_4)
	38.2	31.2	39.2	46.9	50.9	59.2	60.9	63.2
A_2	(D_1)	(D_3)	(D_3)	(D_3)	(D_3)	(D_4)	(D_4)	(D_4)
	58.2	50.9	38.9	33.9	37.9	34.2	38.2	38.2

再对工厂到销售地的所有组合,选择运输成本、配送成本与变动费用之和的最小值,对应的流动路线为最省路线,然后求解运输问题,得第二次解(见表 10-15)。

表 10-15 第二次解

工厂＼销售地	B_1	B_2	B_3	B_4	B_5	B_6	B_7	B_8	供应量
A_1	(D_1)	(D_1)	(D_1)						100
	20	30	50						
A_2			(D_3)	(D_3)	(D_3)	(D_4)	(D_4)	(D_4)	200
			30	40	60	30	20	20	
需求量	20	30	80	40	60	30	20	20	300

(3) 第三次解。利用第二次解,可以求出各候选地的通过量 Z_j(见表 10-16),进而求出 C_{ik}^2(见表 10-17),由于 D_2 和 D_5 没有通过量,为从以后讨论中除掉这两个候选地,设 D_2 和 D_5 的变动费为无穷大,如表 10-16 所示。以此为基础,对工厂到销售地之间所有组合,求总成本最小值,然后求解运输问题,得第三次解(见表 10-18)。

表 10-16 第二次的通过量和单位变动费用

候选地	D_1	D_2	D_3	D_4	D_5
通过量 Z_j	100	0	130	70	0
单位变动费用	15	∞	21.9	12	∞

表 10-17 最小运输成本 C_{ik}^2

工厂＼销售地	B_1	B_2	B_3	B_4	B_5	B_6	B_7	B_8
A_1	(D_1)	(D_1)	(D_1)	(D_1)	(D_1)	(D_4)	(D_3)	(D_4)
	32	25	33	42	50	57	60.9	61

续表

工厂＼销售地	B_1	B_2	B_3	B_4	B_5	B_6	B_7	B_8
A_2	(D_1)	(D_1)	(D_3)	(D_3)	(D_3)	(D_4)	(D_4)	(D_4)
	52	45	38.9	33.9	37.9	32	36	36

表 10-18 第三次解（最终解）

工厂＼销售地	B_1	B_2	B_3	B_4	B_5	B_6	B_7	B_8	供应量
A_1	(D_1)	(D_1)	(D_1)						100
	20	30	50						
A_2			(D_3)	(D_3)	(D_3)	(D_4)	(D_4)	(D_4)	200
			30	40	60	30	20	20	
需求量	20	30	80	40	60	30	20	20	300

由于第三次解的通过量与第二次解的通过量相同,所以第三次解便是最终解。由最终解可以看出,在五个候选地址中,选取 D_1、D_3、D_4 三处设置配送中心为宜。

10.4　物流系统仿真分析

系统仿真分为连续系统仿真和离散事件系统仿真。连续系统是系统的状态随时间连续变化的系统的仿真。多数工程系统属于连续系统,如电力系统、机电工程系统、航空发动机系统、液压系统等。离散事件系统是指系统的状态变量随时间呈离散状态变化的系统。绝大多数物流系统都属于离散事件系统。

10.4.1　离散事件系统仿真原理

1. 离散事件系统要素

离散事件系统是指状态变量随时间呈离散状态变化的系统。离散事件系统模型可描述为

$$M = \{T, U, X, Y, \Omega, \lambda\} \tag{10-10}$$

式中,T 为时间基;U 为状态变量;X 为输入变量;Y 为输出变量;Ω 为状态转移函数;λ 为状态空间。

描述一个离散事件系统需要实体、属性、事件、活动、进程五个基本要素,下面分别做简单介绍。

(1) 实体。在离散事件系统中,实体分为永久实体和临时实体两类。凡是在系统仿真期间流经系统,在仿真结束时已经离开系统的实体均称为临时实体。例如,在仓储系统中,仓储的物品从外部进入仓库,又根据用户提货的需要被出库,离开了仓库,所以仓储的物品是临时实体。凡是在系统仿真期间自始至终停留在系统中的实体均称为永久实体,例如,仓

储的货位、搬运的机器和车辆等。显然流经系统的临时实体是系统活动的外部驱动,有了这些实体源源不断地流入,系统才被激活;而永久实体则是系统活动的基础和必要条件。永久实体为临时实体提供了活动的条件,从而保持系统动态过程的持续进行。

(2)属性。实体所具有的特性称为实体的属性。这里需要强调的是,实体可能具有若干特征,但是并不是所有的特征都被称为仿真系统的实体属性,只有那些与系统仿真相关的特征才被称为属性。例如,存入仓库的物品具有大小、形状、颜色、质量等固有几何和物理特征。同时它们在作为出入库存放对象时,又具有到达间隔时间、到达批量等动态特征。显然在对库存系统进行仿真时,我们所关心的是后面所列举的特征,因此,在库存系统仿真时,后者被称为物品实体的属性。

(3)事件。在离散事件系统仿真中,事件有两类:一类是引起系统状态变化的行为。例如,仓储系统物品入库到达被称为一个事件,物品的出库离去也被称为一个事件。可以看出,这一类事件是系统所固有的,是系统状态变化的主要驱动力。另一类是所谓的程序事件。例如,在仿真过程中,为了使仿真结束,专门定义一个事件,使其终止仿真,这类事件称为程序事件。程序事件并非系统所固有的,而是根据需要设定的。

(4)活动。事件与事件之间的过程被称为活动。显然事件是系统状态转变的起因,而活动则是系统状态转移的标志。例如,仓储物品的到达是一个事件,由于这一事件的发生,仓储系统的货位可能会从"空闲"变为"非空闲"。从物品到达事件直至这一物品从该货位取出,物品都是处于在货位中存储的状态,也可以说是处于"存储"活动中。存储活动的开始或结束标志着物品的到达和离去,也标志着货位的空闲与非空闲的转变。

(5)进程。有序的事件与活动组成的过程称为进程。进程描述了其中的事件、活动的相互逻辑关系和时序关系。例如,一种物品进入仓库,经过在货位的存储,直到从仓库中被出库,物品经历了一个进程。

事件、活动、进程三个概念之间的关系如图 10-5 所示。可以看出,事件是发生在某一时刻的行为。活动和进程则是发生在某个时间段的过程。

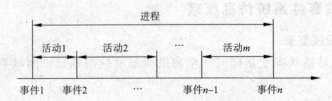

图 10-5　事件、活动与进程之间的关系

2．仿真钟

为了实现对系统的动态仿真,必须跟踪仿真过程中时间的推进,同时也必须给模型一个从某一时刻推进到下一时刻的时间推进机制,这就首先需要记录模型中的系统时间。我们把一个仿真模型中用来记录仿真当前时刻的变量称为仿真钟。仿真钟所记录的时间,和运行模型所耗费的计算机运行时间没有必然的相关关系。仿真钟代表我们所要模拟的系统的时间,而仿真运行时间和模型的规模与复杂程度以及计算机性能有关。

仿真钟是用于表示仿真时间变化的时间标识。仿真钟的推进有两种经典的方法:固定步长推进法和变步长推进法(或称为下一事件推进法)。变步长推进法应用较多,目前市面上的大多数仿真软件都采用变步长推进法。

(1)固定步长推进法。确定一个固定的时间增量,以此增量逐步推进仿真钟。每推进一个增量,就在被推进的时刻观察有无事件发生。如果没有事件发生,则继续以相同的增量推进仿真钟;如果有事件发生,则根据事件类型进入事件处理程序,对事件发生后的状态变化进行相应处理,然后再推进仿真钟。

如果恰好在推进的增量中间时刻有事件发生,一般采取简化的方法,把该事件假定为是在增量推进的时刻发生的。

(2)变步长推进法。变步长推进法即事先没有确定时钟推进步长,而是根据随机事件的发生而进行随机步长的推进,推进的步长为最后已发生事件与下一事件之间的间隔时间。图 10-6 解释了变步长推进法的含义。由于离散事件系统的状态多数是随时间离散变化的,在仿真时不需要考虑那些没有发生状态变化的时段。因此,这种变步长的推进方法,其节奏性与系统状态变化更加吻合。

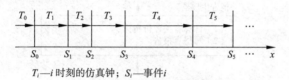

T_i—i 时刻的仿真钟;S_i—事件i

图 10-6 仿真钟的变步长推进法

3. 仿真控制流程

仿真可以用来研究千差万别的现实世界,但是不同系统的离散事件仿真模型却具有一些相同的组成部分和这些组成部分之间的逻辑组织关系。对于大多数采用变步长推进法的离散事件系统仿真模型,通常都包含以下几个组成部分。

(1)系统状态,指在某一特定时刻,用来描述系统的一组必要的状态变量。

(2)仿真钟,指用来提供当前仿真时刻的变量。

(3)事件列表,指用来列出当前或下一时刻将要发生的各种类型的事件。

(4)统计计数器,指一组用来记录系统运行的统计信息的变量。

(5)初始化程序,指在系统时间为 0 时,用来初始化仿真模型的子程序。

(6)时间推进程序,指用来推进时间的子程序。它根据事件列表确定下一时刻要发生的事件,并将系统时钟推进到要发生这一事件的时刻。

(7)事件发生程序,指用来更新系统状态的子程序。当某类型的特定事件发生后,根据该事件的类型,进行相应的系统状态更新。

(8)随机观测生成程序库,是一组用来根据概率分布产生随机观测值的子程序。

(9)报告生成器,用来计算由某种方法对系统运行绩效进行的评估结果,并在仿真结束时生成仿真报告。

(10)主程序,用来唤醒时间推进子程序来确定下一发生事件,然后将控制转向相应的事件程序,并对系统状态进行相应的更新。主程序还可能检查仿真的终止并在仿真结束时激活报告生成器。

这些组成部分之间的逻辑关系可以用仿真的控制流程来描述。图 10-7 给出了一个变步长推进法下的离散事件系统仿真的控制逻辑。

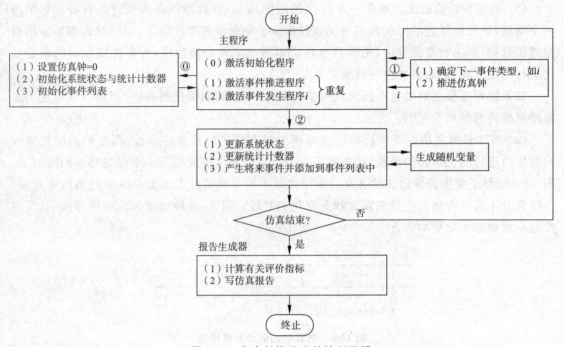

图 10-7　变步长推进法的控制逻辑

10.4.2　系统仿真步骤

离散事件系统仿真的基本步骤:确定仿真目标;进行系统调研;建立系统模型;确定仿真算法;建立仿真模型;验证与确认模型;运行仿真模型;分析仿真结果;输出仿真结果。

第一步:确定仿真目标。

对一个系统的仿真目的可以各不相同。例如,研究一个物流配送中心,可以提出各种不同的问题,如管理调度策略问题、设备配置问题、运作流程协调问题等。针对所关心的问题不同,建立的系统模型、设定的输入变量和输出变量等都各不相同。因此,在进行系统仿真时,首先要确定仿真的目标,也就是仿真要解决的问题。这是系统调研和建模的依据。

第二步:进行系统调研。

调研系统的目的是为了深入了解系统的总体流程和各种建模参数,以便建立系统模型。调研系统是了解系统运行状况和采集系统数据资料的过程。调研系统所期望获取的资料一般有以下几类。

(1) 系统结构。系统结构参数是描述系统结构的物理参数或几何参数。例如,对于一个自动化立体仓库系统的调研,首先要了解自动化立体仓库的平面布局、设备组成、存放的物品形状、尺寸等静态的参数。

(2) 系统工艺参数。系统工艺参数描述了系统运行的工艺流程以及各流程之间的相互逻辑关系,例如,自动化立体仓库每种工件入出库经过的设备、工序,在每道工序滞留的时间等。

（3）系统动态参数。系统动态参数描述了系统在运行过程中动态变化着的一些参数，例如，自动化立体仓库中堆垛机、运输机的加速度、速度，出入库物品的到达间隔时间，运输车的装卸时间等。

　　（4）系统逻辑参数。系统逻辑参数描述了系统在运行过程中各种流程和作业之间的逻辑关系，例如，自动化立体仓库系统中堆垛机三个方向运行之间的互锁关系、运输机与堆垛机之间的衔接关系、立库与分拣系统运作之间的时序关系等。系统逻辑参数还包括各种优先级的约定、排队规则的设定、各种解结规则（如出现死锁的应对措施）等。

　　（5）系统状态变量。系统状态变量是描述状态变化的变量，例如，自动化立体仓库中堆垛机的工作状态是"闲"还是"忙"、货位的状态是"空"还是"满"、物品排队的队列长度等。

　　（6）系统输入/输出变量。系统仿真的输入变量分为确定性变量和随机变量。如果是随机变量，则需要确定其分布值和特征值。输出变量是根据仿真目标设定的。仿真目标不同，输出变量也不同。

　　（7）事件表。事件表列举了系统运行过程中所发生的各种事件的类型与描述、事件发生的时间及其相关属性。

　　第三步：建立系统模型。

　　系统模型由模型和模型参数两部分组成。模型参数是对系统调研结果的整理。由于系统仿真的专业性特点，仿真建模和运行模型的工作一般由专业的仿真人员来做。但是对系统的分析常常需要仿真需求方的密切配合。为了使仿真需求方了解仿真的一般过程，以配合仿真前期的调研工作，可以将上述调研所需获取的数据和参数整理并列表，由仿真需求方进行针对性的填写，以保证资料的完整性和准确性。

　　系统模型的型式可以是多样的，有文字叙述型、流程图型、图表型、数学表达式型。离散事件系统仿真模型最常用的是建立系统的流程图模型，也被称为流程模型。流程模型中应包含临时实体到达模型、永久实体服务模型和排队规则。

　　第四步：确定仿真算法。

　　仿真算法是控制仿真钟推进的方法，是系统仿真的核心。目前，最为常用的有事件调度法、活动扫描法和进程交互法三种。

　　第五步：建立仿真模型。

　　前面建立的系统模型只是对系统的抽象化描述，是仿真者对系统深入了解的必经过程。然而这种模型仅仅能够为人脑所接受和理解，还无法在计算机上运行。为此还需建立计算机可运行的模型，即仿真模型。也有人称建立仿真模型为二次建模。

　　仿真模型是将系统模型规范化和数字化的过程。同时也需要根据计算机运行的特点增加一些必要的部件。仿真模型的主要部件有初始化模块、输入模块、仿真钟、随机数发生器、状态统计计数器、事件表、事件处理子程序和输出模块等。

　　第六步：验证与确认模型。

　　对建立的仿真模型必须进行验证，以保证通过仿真软件或仿真语言所建立的系统模型能准确地反映所描述的系统模型。模型的验证主要检验所建立的仿真模型（包括系统组成的假设、系统结构、参数及其取值、对系统的简化和抽象）是否被准确地描述成可执行的模型

（如计算机程序）。

模型的确认则是考察所建立的模型及模型的运行特征是否能够代表所要研究的实际系统。实际上，没有哪个模型能够完全地代表所研究的实际系统，总是存在这样或那样的简化或抽象。只要一个模型在研究关注的问题上能够代表实际系统，就是有效的。

第七步：运行仿真模型。

运行仿真模型时，需要确定终止仿真的时间。一般有两种终止方法：一种方法是确定一个仿真时间长度，如仿真100h。系统仿真钟推进100h后将自动终止仿真，并输出仿真结果。另一种方法是确定仿真事件的数量。以工件到达仓库为例，可以设定100批物品到达后终止仿真。选择哪种方法可依仿真系统的具体情况确定。

第八步：分析仿真结果。

关于仿真结果可以有两种角度的分析：一种分析是从系统优化的角度考虑问题，即对照仿真目标考察仿真结果是否满意，如果满意，表明系统的参数无须再做改动；另一种分析是仿真结果是否可信。也就是说，仿真结果以多大的可信度和精度能够反映我们所研究的真实系统。由于离散事件系统大多数是随机系统，输入变量带有随机性，因此每一次输入一组随机变量所得到的结果只是系统的一个随机抽样的仿真结果，不能全面反映系统的统计特性。因此，它并不是真正意义上的仿真结果。为了得到真正意义上的仿真结果，需要对随机变量的所有可能的取值都进行仿真，然后进行统计分析。显然，这是不可能的。那么究竟取多少个随机抽样进行仿真就可以信任其为系统仿真结果了呢？这是一个概率统计的问题，必须对多次的仿真结果进行统计分析才能得到答案。

常见的系统有稳态型和终止型两类，其情况有所区别。稳态型系统是指系统运行时间足够长的系统，例如，一个24h连续开业的超级市场，其仿真时间可以足够长。终止型系统是指系统运行时间是确定的，例如，一个每天仅10h开业的超级市场，其每次仿真的时间不超过10h，但需要对每天的运营进行多次仿真。对稳态型系统来说，面临的问题是选择多长的时间仿真比较恰当，而终止型系统则是如何确定恰当的仿真次数。

仿真结果分析是采用统计学方法，对仿真结果的可信度和精度进行分析，不断增加仿真次数（或仿真时间）以提高统计结果的可信度和精度，直到令人满意为止。

第九步：输出仿真结果。

仿真结果输出有实时在线输出和在仿真结束时输出两种方式。当对系统进行动态分析时，往往需要了解各种中间变量或输出变量的实时变化情况。对于这些变量可以设定在仿真钟推进的每一时刻或某一时刻输出该变量的瞬时值，即实时在线结果输出，输出的是仿真阶段性的结果。最后在仿真结束后，需要输出最终的仿真结果。目前，成熟的仿真软件一般都可以提供多种仿真结果输出形式，如表格输出、直方图、饼图、曲线图等图形以及数据文件等输出。

10.4.3　单服务台排队系统仿真应用

1. 问题描述

假设只有一个服务窗口的银行服务系统，每天8h工作制。所有到达的顾客，都在这个服务窗口前排队,等待处理银行业务。顾客的到达是随机的,每两个先后到达的顾客的到达间隔时间是不确定的。表 10-19 是顾客到达间隔时间的概率分布。该银行服务窗口为每个到达的顾客的服务时间是随机的,表 10-20 是每个顾客被服务时间的概率分布。

表 10-19　顾客到达间隔时间的概率分布

到达间隔时间/min	概率密度	累积概率	到达间隔时间/min	概率密度	累积概率
1	0.125	0.125	5	0.125	0.625
2	0.125	0.250	6	0.125	0.750
3	0.125	0.375	7	0.125	0.875
4	0.125	0.500	8	0.125	1.000

表 10-20　每个顾客被服务时间的概率分布

服务时间/min	概率密度	累积概率	服务时间/min	概率密度	累积概率
1	0.10	0.10	4	0.25	0.85
2	0.20	0.30	5	0.10	0.95
3	0.30	0.60	6	0.05	1.00

对于上述单服务台排队系统,仿真分析 30d,分析该系统中顾客的到达、等待和被服务的情况,以及银行工作人员的服务和空闲情况。

2.建立仿真模型

建立仿真模型是要把上述的排队系统中顾客不断到达、等待、被服务和离开等过程,用一系列的离散事件表示出来,并按照已知的某种概率分布,展示整个系统的动态演变过程。

在上述系统中,银行工作人员是永久实体,顾客是临时实体,队列是一个没有容量限制的缓冲站。仿真建模主要完成以下工作。

(1)根据已知的到达间隔时间的概率分布,用随机数发生器生成符合该概率分布的一系列间隔时间值,按照这种间隔,不断地产生顾客输入系统模型中。

(2)用随机数发生器生成每个顾客被服务的随机时间,使得这些时间符合已知的概率分布。

(3)采用界面或程序语言建模方式完成下列随机事件的逻辑和过程:根据概率分布随机产生的顾客到达系统,即进入排队,若银行业务员正在服务,其他顾客则等待,若银行业务员空闲,则接受服务,被服务后离开系统。

(4)定义适当的系统输出和仿真报告,运行模型并输出仿真结果。

系统仿真建模的实现可以采用仿真语言或通用语言,也可以采用仿真软件。

3.模型运行与结果输出

仿真报告会对工作人员的利用率、窗口的排队情况做出统计。为讨论该系统中顾客被服务的情况,需要对每个顾客的到达时间、等待时间和被服务时间进行连续输出。

以下是对系统进行 30 次仿真、每次 8h 仿真长度的仿真结果。表 10-21 为窗口前排队情况的 30 次仿真运行统计结果,表 10-22 为银行业务员工作情况的仿真统计结果,表 10-23 为截取了第一次取样中的前 20 个顾客的到达、等待和被服务的仿真结果。

表 10-21 窗口前排队情况的 30 次仿真运行统计结果

运行次数	总流量	平均队长	最大队长	仿真结束时的队长	运行次数	总流量	平均队长	最大队长	仿真结束时的队长
1	108	1.04	3	0	16	107	1.16	4	1
2	111	1.19	4	2	17	109	0.92	3	1
3	114	1.09	4	1	18	101	0.96	5	2
4	105	0.94	4	0	19	105	1.05	4	2
5	119	1.44	5	2	20	104	1.04	5	1
6	100	0.86	3	1	21	110	1.01	4	0
7	106	1.01	4	1	22	104	0.90	4	2
8	105	1.09	4	0	23	97	0.71	3	0
9	104	1.03	4	0	24	111	1.08	4	0
10	110	1.08	4	2	25	109	0.90	3	0
11	116	1.63	6	1	26	102	0.87	4	2
12	102	0.86	3	0	27	115	1.02	3	1
13	98	0.75	3	1	28	105	1.01	3	0
14	109	0.90	4	0	29	114	1.98	8	2
15	104	0.82	3	2	30	109	1.13	6	0

表 10-22 银行业务员工作情况的仿真统计结果

运行次数	总服务人数	每个顾客平均服务时间/min	顾客平均排队等待服务时间/min	业务员利用率	运行次数	总服务人数	每个顾客平均服务时间/min	顾客平均排队等待服务时间/min	业务员利用率
1	108	3.30	1.31	0.742	16	107	3.23	1.97	0.721
2	110	3.25	1.92	0.744	17	109	3.10	0.95	0.704
3	114	3.04	1.56	0.721	18	100	3.25	1.34	0.677
4	105	3.26	1.06	0.713	19	104	3.26	1.57	0.706
5	118	3.20	2.61	0.787	20	104	3.28	1.50	0.710
6	100	3.20	0.94	0.667	21	110	3.15	1.28	0.721
7	106	3.08	1.49	0.679	22	103	3.02	1.16	0.648
8	105	3.18	1.78	0.696	23	97	3.00	0.54	0.606
9	104	3.32	1.44	0.719	24	111	3.13	1.55	0.723
10	109	3.41	1.32	0.775	25	109	3.08	0.89	0.700
11	116	3.41	3.34	0.825	26	101	3.08	1.04	0.648
12	102	3.15	0.89	0.669	27	115	3.19	1.09	0.765
13	98	3.09	0.57	0.631	28	105	3.23	1.41	0.706
14	109	3.01	0.95	0.683	29	113	3.42	4.94	0.804
15	103	3.11	0.69	0.667	30	109	3.03	1.95	0.688

表 10-23　第一次抽样中的前 20 个顾客的到达、等待和被服务的仿真结果

顾客	到达时刻/min	与前一位顾客的间隔时间/min	被服务时间/min	纯排队等待时间/min	顾客	到达时刻/min	与前一位顾客的间隔时间/min	被服务时间/min	纯排队等待时间/min
1	2	—	3	0	11	44	2	4	7
2	5	3	2	0	12	46	2	5	0
3	12	7	3	0	13	48	2	4	11
4	17	5	3	0	14	50	2	4	13
5	20	3	3	0	15	52	2	3	14
6	27	7	3	0	16	59	7	3	9
7	31	4	2	0	17	67	8	6	5
8	33	2	2	2	18	73	6	6	2
9	41	8	4	0	19	74	1	6	2
10	42	1	4	5	20	82	8	3	0

4. 系统服务状况分析

从 30 次的仿真情况看,该系统在每天 8h 的工作时间内,平均队长不超过 2,最大队长只有 8,每个顾客的平均被服务时间小于 4min,而顾客的平均排队纯等待时间大多数抽样都小于 2min,只有个别抽样接近 5min。可见,该系统的服务状况良好,顾客基本得到及时的服务。

从业务员的工作量看,一个业务员每天大约要处理 100 多(输出结果的抽样小于 115)位顾客的银行业务,其利用率,也就是其处理业务时间与总工作时间的比为 63.1%～82.5%。

从表 10-23 中可以看到,在某种随机情况下前 20 个顾客到达系统、等待、被服务和离开系统的过程。结果显示了系统的随机性特征,通常情况下,顾客不用排队等待,而当顾客到达密集时,则发生了顾客连续等待排队的情形,例如,第 13～17 位顾客都在窗口前有较长的等待。

10.4.4　物流系统仿真软件及应用

随着物流仿真在我国物流行业中的发展,物流系统仿真技术及软件实现的重要性日益突出。物流软件的开发起源于 20 世纪 80 年代,现阶段常用的物流系统仿真软件主要来自美国,也有部分仿真软件来自欧洲。物流系统仿真软件是对商业物流进行建模、分析、可视化控制的强大工具,可以帮助企业规划和实施可靠的物流与制造解决方案,减少投资风险,降低运营成本,同时也是培训人员的有力手段。使用物流系统仿真软件的一个最大优点是,不需要实际安装设备,也不需要实际实施方案,即可验证设备的导入效果和比较各种方案的优劣。在工程建设或设备配置的计划阶段发现问题和解决问题,因此,它对降低整个物流的投资成本起到不可缺少的作用。

1. 物流系统仿真软件类别

随着计算机技术和仿真技术的发展,目前有很多物流系统仿真软件可供选择。物流系统仿真软件有不同的分类方法。

根据动画表现形式,可分为 2D 类(如 ARENA、eM-Plant、WITNESS、EXTEND)和 3D 类(如 Flexsim、AutoMod、RaLC、WITNESS)。2D 是指动画表现形式为二维平面形式,3D 是指动画表现形式为三维立体形式。大多数 3D 类仿真软件也能在 2D 形式下表现,如 Flexsim,建模可在 2D 环境下进行,在 2D 环境下的建模过程中,自动生成了 3D 模型,建立 3D 模型不需要另外花费时间。有些 2D 类仿真软件通过其他工具辅助也可表现出 3D 形式,如 EXTEND、WITNESS。

根据建模方法,可分为部件固定类(如 ARENA、WITNESS、EXTEND、AutoMod、RaLC 等)、部件开放类(如 Flexsim、eM-Plant 等)。本质上,物流系统仿真软件的建模方法大同小异,都是通过组合预先准备好的部件来建模。其中用户不能定制部件的软件为部件固定类,用户能够定制部件的软件为部件开放类。部件开放类的仿真软件更具有通用性和扩展性,由于用户定制的部件可被其他用户利用,部件库将会越来越大,从而加快建模速度。

根据仿真软件的来源,可分为普适性类和物流专业类。普适性类仿真软件是指该软件不但可以用于物流仿真,而且可以应用到其他行业,EXTEND 仿真软件既可用于政府流程、公共事业管理、认知建模和环境保护等仿真模拟,也可以用于工厂设计和布局、供应链管理、物流、生产制造、运营管理等物流行业应用。而物流专业类仿真软件则专门针对物流行业应用开发,如 Flexsim 和 AutoMod。

2. 发展趋势

随着技术的发展进步,物流系统仿真软件的性能也将得到不断地完善和提升。其发展趋势主要体现在以下几个方面。

(1) 动画功能强化趋势。随着计算机处理速度的提高,各仿真软件制造商都在不断提高模型的动画表演功能。特别是 20 世纪 90 年代后研制的仿真软件,更是将现代的图像处理技术融入仿真模型中,可直接将大众化的 3D 图形文件(如 *.3DS、*.VRML、*.DXF 和 *.STL)调到模型中,进行更直观的 3D 动画表演。

(2) 附加优化功能的趋势。供需链管理目前正朝着优化和协同两个方向发展,由此带动了供需链系统建模技术的日益完善。建模手段和模型的求解方法愈加丰富,引入了各种新的和改进的优化技术。仿真不是优化工具,它是对提出的方案进行评估的工具。但是仿真和优化相结合的情况越来越多。在仿真系统中,可以利用优化功能求出其最佳的参数或逻辑。应用于仿真软件中的优化工具有 OptQuest,许多仿真软件把 OptQuest 作为可选项,但也有个别的仿真软件(如 Flexsim)将 OptQuest 同捆于软件之中。

(3) 与其他工具(系统)的连接趋势。最新的仿真软件可与 ERP 系统、仓库管理系统、实时数据管理系统等相连接。在 ERP 系统、仓库管理系统、实时数据管理系统中设置若干个数据采集点,这些数据实时地提供给仿真系统,达到实时仿真的效果。

(4) 网络化趋势。随着物流供需链的发展,使得物理上供应链的分布越来越分散,越来越网络化,这使得仿真建模不能仅仅局限在定点,静态的方式下,需要网络化的发展,

Internet 条件下的供需链建模和仿真的研究已经迫在眉睫。

随着计算机技术的发展和新的建模方法、建模手段的产生,物流系统仿真软件也将逐渐完善,并更广泛地应用到物流系统设计、规划当中,取得更多的成果。

10.5 物流系统评价

10.5.1 物流系统评价概述

系统评价就是利用各种模型和资料,按照一定的价值标准,对各种方案进行比较分析,选择出最优方案的过程。系统评价是选优和决策的基础。物流系统评价是指通过对物流系统进行综合调查和整体描述,从总体上把握物流系统的现状,为物流系统的决策提供依据。

系统评价包括三个关键步骤:一是明确评价的目的;二是建立评价指标体系;三是选择评价方法并建立评价模型。

1. 物流系统评价的目的

对物流系统进行综合评价,是为了从总体上寻求物流系统的薄弱环节,明确物流系统的改善方向。因此,物流系统评价的目的主要有两个方面。

(1) 在明确物流系统目标的基础上,提出技术上可行、财务上有利的多种方案之后,要按照预定的评价指标体系,详细评价这些方案的优劣,从中选出一种可以付诸实施的优选方案。物流系统评价工作的好坏将决定选择物流系统决策的正确程度。

(2) 物流系统建立后,定期的评价也是必不可少的。通过对物流系统的评价,可以判断物流系统方案是否达到了预定的各项性能指标,环境的变化对系统提出了哪些新的要求,能否在满足特定条件下实现物流系统的预定目的,以及系统如何改进等。通过评价可以便于我们理解问题的结构,把握改善的方向,寻求主要的改善点。

2. 物流系统评价的原则

系统评价是一项复杂的工作,必须借助现代科学和技术发展的成果,采用科学的方法进行客观、公正的评价。评价是由人来进行的,评价方案及指标的选择也是由人来完成的,每个人的价值观在评价中起着重要的作用。因此,系统评价需要一定的合理原则,这样才具有有效性和指导性。具体来说,对物流系统的评价应坚持以下原则。

(1) 评价的客观性。评价必须客观地反映实际,使评价结果真实可靠。客观的评价才能更好地把握物流系统现状,确定改进方向。评价的目的是为了决策,因此评价的质量影响着决策的正确性。也就是说,必须保证评价的客观性,必须弄清评价资料是否全面、可靠、正确,防止评价人员的倾向性,应注意集中各方面专家的意见,并考虑评价人员组成的代表性。

(2) 方案的可比性。替代方案在保证实现系统的基本功能上要有可比性和一致性。对各种方案进行评价时,评价的前提条件、评价的内容要一致,对每一项指标都要进行比较。个别方案功能突出、内容有新意,也只能说明其相关方面,不能代替其他方面。

（3）指标的系统性。评价指标必须反映系统的目标，要包括系统目标所涉及的各个方面，而且对定性问题要有恰当的评价指标，以保证评价不出现片面性。由于物流系统目标往往是多元的、多层次的、多时序的，因此评价指标体系也可能是一个多元的、多层次的、多时序的有机整体。

（4）充分考虑物流系统中的"效益悖反"现象。物流系统运营过程中，一个典型的特点是存在"效益悖反"现象，即物流系统的不同主体和不同活动之间可能在目标、运作上存在着冲突。例如，运输和仓储两项作业在成本降低的目标上可能存在着冲突等。因此，在物流系统评价时，应明确系统评价的目标，选择适当的考核指标，来进行整体的评价。

3. 评价方法

物流系统评价分为单项评价和综合评价两大类：单项评价是对某项指标的实现程度的评价；综合评价是通过一定的算法和分析，将多个指标对方案的不同评价值结合在一起，得出综合评价值。

常用的综合评价方法有线性加权和法、层次分析法（CAHP）、模糊综合评价法、网络分析法（CANP）、灰色综合评价法、数据包络分析（CDEA）法、人工神经网络评价法等。

本节将从实用的角度，介绍线性加权和法和模糊综合评价法。

4. 物流系统评价的步骤

物流系统评价工作本身也要遵循一定的步骤。

（1）明确评价目的和内容。只有明确了评价目的和内容，才能有的放矢，更有效地达成目的。

（2）确定评价指标体系。指标体系是根据系统的目标与功能确定的，指标间的关系要明确，避免指标的重复使用或相互交叉。

（3）确定指标权重。指标权重是以定量方式反映各项指标在系统中所占的比重，权重的确定必须反映系统的目标与功能的要求。

（4）确定评价方法。确定具体的评价方法。

10.5.2　物流系统评价指标体系

1. 评价指标的选择

从系统的观点来看，系统的评价指标体系是由若干个单项评价指标组成的有机整体。它应反映出评价目的和要求，并尽量做到全面、合理、科学、实用。为此，在建立物流系统综合评价的指标体系时，应选择有代表性的物流系统特征值指标，以便从总体上反映物流系统的现状，发现存在的主要问题，明确改善方向。

由于物流系统的结构互不相同，所执行的物流服务功能也有很大的差别性，物流系统的目的也千差万别，因此，物流系统的评价对象、评价标准、考虑的指标因素、使用的方法以及评价过程都会有是多种多样、互不相同的。一般来说，物流系统评价指标应具备下面三个必要条件。

（1）可查性。任何指标都应该是相对稳定的，可以通过一定的途径、一定的方法观察得到。

（2）可比性。不同方案间的同一项指标应该是可比的，这样的指标才具有代表性。指标的可比性还包括在不同的时间、不同的范围上进行的比较。

（3）定量性。评价指标应该是可以进行量化描述的，只有定量的指标，才能进行分析评价。定量性也是为了适应建立模型进行数学处理的需要。

由于物流系统的复杂性和差别性，不同的系统有不同的评价指标。同一系统在不同的条件和评价目的下往往也有不同的评价指标。这里介绍几种常见的物流系统评价指标体系，在实际工作中，需要根据系统评价的目的，制定相应的评价指标体系。

2．物流系统的一般评价指标体系

物流系统的一般评价指标体系可以从稳定性、技术性、经济性、速度性、社会性和安全性六个方面进行考虑。

（1）稳定性指标。物流系统的稳定性是系统充分发挥其职能、完成服务项目的有效保证。对稳定性的评价可以用物流系统参与主体的稳定性和物流运营人员流动率两个指标来反映，两个指标分别反映了物流运营主体及其参与人员的稳定性。

（2）技术性指标。这是指物流系统的技术及主要性能指标，例如，物流设施设备的性能、可靠性和安全性，物流系统的服务能力等。

（3）经济性指标。物流系统的经济性主要是指系统的服务质量水平和物流成本之间的关系，包括物流运营成本、流动资金占用等。对于物流企业来说，其经济性指标还包括物流系统的利润、营业利润率、投资利税率等。

（4）速度性指标。速度对于物流系统来说是非常重要的。它的评价指标可以是资金周转率、配送及时率、服务响应时间、平均收发货时间等。

（5）社会性指标。社会性指标包括社会福利、社会节约、综合发展、生态环保等指标。环保是现代产业的一项基本要求，它的评价主要包括原材料废品回收率、产成品回收率、废弃包装物的回收率以及单位千米耗油量等。

（6）安全性指标。物流中的货物必须保证安全性，保证安全运输和安全的储存。主要的评价指标包括运输货损货差率、仓储货损货差率、安全防护措施等。

3．制造企业物流系统评价指标体系

一般来说，制造企业物流系统包括供应物流、生产物流、销售物流和回收与废弃物流四个方面。这里将制造企业物流系统按水平结构加以划分，对于每个物流子系统，都选取典型的物流生产率和物流质量指标，形成具有递阶层次结构的评价指标体系，如图 10-8 所示。需要指出的是，建立物流系统的综合评价指标体系是一个复杂的问题，不同企业也应该根据自身的具体情况选取评价指标，这里提出的只是一般意义上的体系结构。

4．物流企业物流系统评价指标体系

表 10-24 是某从事国际物流服务业务的管理型物流企业的评价指标体系，它主要基于企业承接的商业订单来开展配套的物流服务，每一个客户和每一笔订单要求的物流服务水平可能都不同。

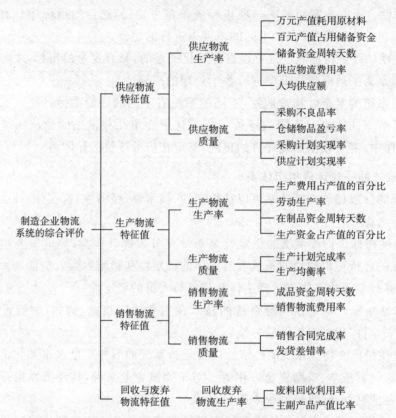

图 10-8 制造企业物流系统评价指标体系

表 10-24 某国际物流服务企业评价指标体系

指标要素层	基本指标层	服务水平要求
总体作业质量评价指标	订单履行延迟率	
	货物损耗率	
	客户对物流过程的抱怨率	
	物流过程差错率	
订单处理系统质量	订单平均处理时间	
	未及时收到和处理客户订单的比例	
	客户对订单处理的抱怨率	
客户服务系统质量	客户对退货系统的抱怨率	
	客户对订单追踪查询方面的抱怨率	
	客户对报表分析系统的抱怨率	
	客户对财务结算系统的抱怨率	

续表

指标要素层	基本指标层	服务水平要求
国际物流作业质量	国际运输货损率	
	国际运输延迟率	
	清关延迟率	
	信息提供延迟率和差错率	
国内运输作业质量	国内运输货损率	
	国内运输延迟率	
仓储和配送作业质量	库存和配送货损率	
	货物配送延迟率	
	信息提供延迟率	
	信息提供差错率	

表 10-25 是某区域性的以物流配送为主要经营业务的物流企业的系统评价指标体系。该企业的客户相对比较固定,其业务经营也相对比较平稳,对某个客户的关键绩效指标体系和服务水平一旦确定,就具有相对的稳定性。

表 10-25 某区域配送企业的评价指标体系

服务内容	服务质量指标	指 标 说 明
订单处理	订单需求满足率	客户的物流需求(包括一些额外的物流需求,如不常见路线的配送、临时配送、增值服务要求等)能够及时满足的比率
配送服务	货物及时配送率	指企业接到客户订单后,按照客户的需求在规定的时间内将货物安全准确地送达目的地的订单数比率
	货物完好送达率	按照客户的要求在规定的时间内将货物无损坏的送达客户手上的订单比率
	运输信息及时跟踪率	每一笔货物运输出去以后,企业及时向客户反馈配送信息的比率
库存管理	库存完好率	某段时间内仓库货物保存完好的比率
	库存周报表准确率	在一定时间段内,库存报告的准确次数除以总的库存报告次数
	发货准确率	仓管人员根据订单准确发货的百分数
客户服务	客户投诉率	在一定时间内,收到客户投诉次数占总计服务次数的比率
	客户投诉处理时间	一般为 2h。但如果客户重复投诉,则此权重应该加大

10.5.3 评价指标的标准化处理

在多指标评价中,由于各个评价指标的单位、量纲和数量级不同,会影响到评价的结果,甚至会造成决策的失误。为了统一标准,必须进行预处理,即对所有的评价指标进行标准化处理,把所有指标值转化为无量纲、无数量级差别的标准分,然后再进行评价和决策。

所有的评价指标从经济上来说可以分为两大类:一类是效益指标,如利润、产值、货物完好率、配送及时率等,这类指标值都是越大越好;另一类是成本指标,如物流成本、货损货差率、客户抱怨率等,这些指标值都是越小越好。

一个多指标评价决策问题往往由下面三个要素构成。

(1) 有 n 个评价指标 $f_j(1 \leqslant j \leqslant n)$。

(2) 有 m 种决策方案 $A_i(1 \leqslant i \leqslant m)$。

(3) 有一个评价决策矩阵 $\boldsymbol{A}=(x_{i,j})_{m \times n}(1 \leqslant j \leqslant n, 1 \leqslant i \leqslant m)$。其中,元素 $x_{i,j}$ 表示第 i 种方案 A_i 在第 j 个指标 f_j 上的指标值,评价决策矩阵是一个具有 m 行 n 列的矩阵。

由于评价决策矩阵中的各个指标量纲不同,给指标体系的综合评价带来了一定的难度。评价指标标准化的目标,就是要将原来的决策矩阵 $\boldsymbol{A}=(x_{i,j})_{m \times n}$,经过标准化处理后得到量纲相同的决策矩阵 $\boldsymbol{R}=(r_{i,j})_{m \times n}$。

1. 定量指标的标准化处理

定量指标的标准化处理常采用向量归一化、线性比例变换和极差变换三种处理方法。

1) 向量归一化

$$r_{ij} = \frac{x_{ij}}{\sqrt{\sum_{i=1}^{m} x_{ij}^2}} \tag{10-11}$$

这种标准化处理方法的优点表现在:

(1) $0 \leqslant r_{ij} \leqslant 1(1 \leqslant j \leqslant n, 1 \leqslant i \leqslant m)$。

(2) 对于每一个指标 f_j,矩阵 $\boldsymbol{R}$ 中列向量的模为1,因为:

$$\sum_{i=1}^{m} r_{ij}^2 = 1, \quad 1 \leqslant j \leqslant m$$

2) 线性比例变换

令 $f_j^{\wedge} = \max_{1 \leqslant i \leqslant m} x_{ij} > 0$, $f_j^{\vee} = \min_{1 \leqslant i \leqslant m} x_{ij} > 0$。

对于效益指标,定义:

$$r_{ij} = \frac{x_{ij}}{f_j^{\wedge}}$$

对于成本指标,定义:

$$r_{ij} = \frac{f_j^{\vee}}{x_{ij}}$$

这种标准化方法的优点体现在:

(1) $0 \leqslant r_{ij} \leqslant 1(1 \leqslant j \leqslant n, 1 \leqslant i \leqslant m)$。

(2) 计算方便。

(3) 保留了相对排序关系。

3) 极差变换

对于效益指标,定义:

$$r_{ij} = \frac{x_{ij} - f_j^{\vee}}{f_j^{\wedge} - f_j^{\vee}}$$

对于成本指标,定义:

$$r_{ij} = \frac{f_j^{\wedge} - x_{ij}}{f_j^{\wedge} - f_j^{\vee}}$$

这种标准化方法的优点体现:

(1) $0 \leqslant r_{ij} \leqslant 1 (1 \leqslant j \leqslant n, 1 \leqslant i \leqslant m)$。

(2) 对于每一个指标,总有一个最优值为 1 和最劣值为 0。

2. 定性模糊指标的量化处理

在物流系统的多指标评价和决策中,许多评价指标是模糊指标,只能定性地描述。例如,服务质量很好、物流设施的性能一般、可靠性高等。对于这些定性模糊指标,必须赋值使其量化。一般来说,对于模糊指标的最优值可赋值为 10,而对于模糊指标的最劣值可赋值为 0。定性模糊指标也可以分为效益指标和成本指标两类。对于定性的效益指标和成本指标,其模糊指标的量化如表 10-26 所示。

表 10-26 定性模糊指标的量化

指标状况		极低	很低	低	一般	高	很高	最优
模糊指标	效益指标	0	1	3	5	7	9	10
量化得分	成本指标	10	9	7	5	3	1	0

10.5.4 线性加权和法

1. 线性加权和法的基本原理

线性加权和法是在标准化决策评价矩阵 $\boldsymbol{R} = (r_{i,j})_{m \times n}$ 的基础上进行的,它先对 n 个标准化的指标构造以下线性加权和评价函数:

$$U(A_i) = \sum_{j=1}^{n} w_j r_{ij}, \quad i = 1, 2, \cdots, m \tag{10-12}$$

式中,$w_j \geqslant 0 (j = 1, 2, \cdots, n)$,$\sum_{j=1}^{n} w_j = 1$ 分别为 n 个指标的权重系数。然后按以下原则选择满意方案 A^*:

$$A^* = \left\{ \mid A_i \mid \max_{1 \leqslant i \leqslant m} [U(A_i)] \right\}$$

2. 线性加权和法的评价步骤

下面以筛选物流服务供应商为例,说明线性加权和法的操作步骤。

(1) 初选。首先列出可选择的物流服务供应商,并根据自身的物流需求,在这些物流服务供应商中,选出一定数量的企业作为备选方案。初选没有绝对不变的原则,可以由决策者或决策机构确定,以 $\{A_1, A, \cdots, A_m\}$ 表示 m 个备选物流企业构成的集合。

(2) 确定评价指标体系集合。在评价指标体系集合中可以包括服务总体价格、赔付率及可得性、交货周期和服务水平及信息传递等,以 $\{f_1, f_2, \cdots, f_n\}$ 表示 n 个指标属性构成的集合。

(3) 确定每个指标的权重系数——主观赋权法。这里采用的主观赋权法的基本思想是:假设有 L 个决策者给出了属性权重的偏好信息,即已经分别给出了属性权重向量为 $w_k^0 =$

$(w_{k1}^0, w_{k2}^0, \cdots, w_{kn}^0)^\tau$，其中，$\sum_{j=1}^{n} w_{kj}^0 = 1, w_{kj}^0 \geqslant 0, k = 1, 2, \cdots, L$。设 L 个决策者的重要程度

向量为 $c = (c_1, c_2, \cdots, c_L)^\tau$，其中，$\sum_{k=1}^{L} c_k = 1, c_k \geqslant 0$。通过优化方法可以得到综合权重为

$$w_j = \sum_{k=1}^{L} c_k w_{kj}^0, \quad j = 1, 2, \cdots, n$$

显然 $w_j \geqslant 0$。

（4）得到决策矩阵。以 $\boldsymbol{A} = [x_{ij}]_{m \times n}$ 表示决策矩阵，其中，x_{ij} 是物流企业 A_i 对应于属性 f_j 的一个数值结果。

（5）决策矩阵的标准化。由于进行评价的指标是各种不同量纲的指标，难以进行相互比较。因此可以将评价指标标准化。标准化方法可采用向量归一化、线性比例变换和极差变换三种处理方法，得到标准化的决策矩阵 $\boldsymbol{R} = [r_{ij}]_{m \times n}$。

（6）计算加权和，选择最优物流服务供应商。按下面的公式计算综合评价值，并从大到小排序，最后选出最优的物流服务供应商。

$$f(A_i) = \sum_{j=1}^{n} w_j r_{ij}, \quad i = 1, 2, \cdots, m$$

至此，评价和筛选完毕。决策者的目的就是从集合 A 中选出一个子集 $A^* \subset A$ 使得 $f(A_j) \geqslant f(A_i), \forall A_j \in A^*, \forall A_i \in A - A^*$。

3. 线性加权和法评价实例

下面考虑一个货主企业选择仓储服务供应商的问题。现有四家候选供应商，决策者根据自身的需要，考虑了六项评价指标，如表 10-27 所示。

表 10-27　选择仓储服务供应商问题的决策评价指标矩阵

候选供应商	决策评价指标					
	客户满意率/% f_1	资产规模/万元 f_2	货物周转率/(次/年) f_3	收费标准（占货值%）f_4	人员素质（高-低）f_5	行业经验（高-低）f_6
A_1	80	1 500	20	5.5	一般(5)	很高(9)
A_2	100	2 700	18	6.5	低(3)	一般(5)
A_3	72	2 000	21	4.5	高(7)	高(7)
A_4	88	1 800	20	5.0	一般(5)	一般(5)

首先，要将其中第 5 个指标（人员素质）和第 6 个指标（行业经验）进行定量化处理。这两个指标都是效益指标，依据模糊指标量化方法，这两个指标的量化结果数值见表 10-27。

首先利用量化指标的标准化处理方法对上述决策评价指标矩阵进行标准化处理。

（1）采用向量归一化处理方法，可以得到标准化决策评价指标矩阵如下。

$$\boldsymbol{R} = \begin{matrix} & f_1 & f_2 & f_3 & f_4 & f_5 & f_6 & \\ \left[\begin{matrix} 0.467\ 1 & 0.366\ 2 & 0.505\ 6 & 0.505\ 3 & 0.481\ 1 & 0.670\ 8 \\ 0.583\ 9 & 0.659\ 1 & 0.455\ 0 & 0.598\ 3 & 0.288\ 7 & 0.372\ 7 \\ 0.420\ 4 & 0.488\ 2 & 0.530\ 8 & 0.414\ 3 & 0.673\ 6 & 0.521\ 7 \\ 0.513\ 9 & 0.439\ 2 & 0.505\ 6 & 0.460\ 3 & 0.481\ 1 & 0.372\ 7 \end{matrix} \right] & \begin{matrix} A_1 \\ A_2 \\ A_3 \\ A_4 \end{matrix} \end{matrix}$$

（2）采用线性比例变换方法，可以得到标准化决策评价指标矩阵如下。

$$\begin{array}{cccccc} f_1 & f_2 & f_3 & f_4 & f_5 & f_6 \end{array}$$
$$\boldsymbol{R} = \begin{bmatrix} 0.800 & 0.560 & 0.950 & 0.820 & 0.720 & 1.000 \\ 1.000 & 1.000 & 0.860 & 0.690 & 0.430 & 0.560 \\ 0.720 & 0.740 & 1.000 & 1.000 & 1.000 & 0.780 \\ 0.880 & 0.670 & 0.950 & 0.900 & 0.710 & 0.560 \end{bmatrix} \begin{matrix} A_1 \\ A_2 \\ A_3 \\ A_4 \end{matrix}$$

（3）采用极差变换方法，可以得到标准化决策评价指标矩阵如下。

$$\begin{array}{cccccc} f_1 & f_2 & f_3 & f_4 & f_5 & f_6 \end{array}$$
$$\boldsymbol{R} = \begin{bmatrix} 0.286 & 0.000 & 0.670 & 0.500 & 0.500 & 1.000 \\ 1.000 & 1.000 & 0 & 0 & 0 & 0 \\ 0 & 0.420 & 1.000 & 1.000 & 1.000 & 0.500 \\ 0.571 & 0.250 & 0.670 & 0.750 & 0.500 & 0 \end{bmatrix} \begin{matrix} A_1 \\ A_2 \\ A_3 \\ A_4 \end{matrix}$$

在上述标准化决策评价指标矩阵的基础上，就可以通过建立相应的数学评价模型，进行物流系统的整体量化评价了。

这里选择按线性比例方式变换得到的标准化决策评价指标矩阵来进行方案的评价。

这里选取六个指标的重要性权重系数为：$w_1=0.2,w_2=0.1,w_3=0.1,w_4=0.1,w_5=0.2,w_6=0.3$，则可以分别计算四个候选公司的线性加权评分和：

$$U(A_1)=0.835, U(A_2)=0.709, U(A_3)=0.852, U(A_4)=0.738$$
$$\max[U(A_1),U(A_2),U(A_3),U(A_4)]=\max[0.835,0.709,0.852,0.738]=0.852$$

所以，最优方案就是选择 A_3。

10.5.5　模糊综合评价法

模糊综合评价法是一种基于模糊数学的综合评标方法。该综合评价法根据模糊数学的隶属度理论把定性评价转化为定量评价，即用模糊数学对受到多种因素制约的事物或对象做出一个总体的评价。它具有结果清晰、系统性强的特点，能较好地解决模糊的、难以量化的问题，适合各种非确定性问题的解决。

模糊综合评价法是应用模糊关系合成的特性，从多个指标对被评价事物隶属等级状况进行综合性评价的一种方法，它把被评价事物的变化区间做出划分，又对事物属于各个等级的程度做出分析，这样就使得对事物的描述更加深入和客观，故而模糊综合评价法既有别于常规的多指标评价方法，又有别于打分法。

1. 模糊综合评价数学模型

设 $U=\{u_1,u_2,\cdots,u_m\}$ 为评价因素集合，$V=\{v_1,v_2,\cdots,v_n\}$ 为评价尺度集合。评价因素和评价尺度之间的模糊关系用矩阵 $\boldsymbol{R}$ 来表示：

$$\boldsymbol{R} = \begin{bmatrix} r_{11} & r_{12} & \cdots & r_{1n} \\ r_{21} & r_{22} & \cdots & r_{2n} \\ \vdots & \vdots & \vdots & \vdots \\ r_{m1} & r_{m2} & \cdots & r_{mn} \end{bmatrix} \tag{10-13}$$

式中，$r_{ij}=\eta(u_i,v_j)(0\leqslant r_{ij}\leqslant1)$，表示因素 u_i 被评为 v_j 的隶属度；矩阵中第 i 行 $\boldsymbol{R}_i=(r_{i1},$

$r_{i2}, \cdots, r_{in})$为第 i 个评价因素 u_i 的隶属度向量。

2. 模糊综合评价法的应用案例

某单位要建一个仓储系统,五家单位提出了五套设计方案,为了排出其优先顺序,特邀九名专家应用模糊综合评价法对其进行评价。

通过讨论,确定评价因素集由四个因素组成:

$$F = \{f_1, f_2, f_3, f_4\} \tag{10-14}$$

式中,f_1 为技术先进性;f_2 为实施可行性;f_3 为经济合理性;f_4 为社会效益。

评价尺度集合为

$$E = \{e_1, e_2, e_3, e_4, e_5\} \tag{10-15}$$

式中,$e_1 = 5$,表示很好;$e_2 = 4$,表示好;$e_3 = 3$,表示较好;$e_4 = 2$,表示一般;$e_5 = 1$,表示不好。

权重为

$$W = \{0.3, 0.15, 0.25, 0.3\}$$

采用专家打分法,请每位专家对每个设计方案围绕四个评价因素进行打分,分别统计每种方案的打分情况,得到每种方案的专家评分统计表。表 10-28 为方案一的专家评分统计表。

表 10-28　方案一的专家评分统计表

评价项目	$e_1 = 5$	$e_2 = 4$	$e_3 = 3$	$e_4 = 2$	$e_5 = 1$
f_1	5	3	1	0	0
f_2	0	4	4	1	0
f_3	0	7	2	1	0
f_4	4	4	1	0	0

每个评价因素的隶属度向量:

$$R_1 = [5/9, 3/9, 1/9, 0, 0]$$
$$R_2 = [0, 4/9, 4/9, 1/9, 0]$$
$$R_3 = [0, 7/9, 2/9, 1/9, 0]$$
$$R_4 = [4/9, 4/9, 1/9, 0, 0]$$

方案一的隶属度矩阵为

$$R_{A1} = \begin{bmatrix} 0.56 & 0.33 & 0.11 & 0 & 0 \\ 0 & 0.44 & 0.44 & 0.11 & 0 \\ 0 & 0.78 & 0.22 & 0 & 0 \\ 0.44 & 0.44 & 0.11 & 0 & 0 \end{bmatrix}$$

计算其综合评定向量:

$$S_{A1} = W R_{A1} = \{0.3, 0.15, 0.25, 0.3\} \begin{bmatrix} 0.56 & 0.33 & 0.11 & 0 & 0 \\ 40 & 0.44 & 0.44 & 0.11 & 0 \\ 0 & 0.78 & 0.22 & 0 & 0 \\ 0.44 & 0.44 & 0.11 & 0 & 0 \end{bmatrix}$$

$$= \{0.3, 0.49, 0.19, 0.02, 0\}$$

方案一的优先度为

$$N_{A1} = S_{A1}E^{\mathrm{T}} = \{0.3, 0.49, 0.19, 0.02, 0\}\begin{pmatrix}5\\4\\3\\2\\1\end{pmatrix} = 4.07$$

同理也可求出其他方案的优先度,根据优先度的大小,可对所有方案进行优先排序。

小　结

系统分析的目的在于通过分析比较各种替代方案的有关技术经济指标,得出决策者形成正确判断所必需的资料和信息,以便获得最优系统方案。物流系统分析的五个基本要素为目的、替代方案、模型、费用和效益、评价基准。

物流系统模型是对物流系统的特征要素、有关信息和变化规律的一种抽象表述。物流系统模型分为抽象模型和形象模型,常用的物流系统数学模型有资源分配型、存储型、输送型、等待服务型、指派型和决策型等。

物流系统优化采用的方法包括线性规划、非线性规划、动态规划等数学规划方法、网络计划方法和启发式方法等。系统优化技术已被广泛应用于物流网络优化、物流网址的选择、物流系统调度和决策等各种场合。其中物资调运、单设施选址、多设施选址是物流系统优化中最典型的优化问题。

物流系统仿真多属于离散事件系统仿真。离散事件系统仿真的基本步骤为确定仿真目标;进行系统调研;建立系统模型;确定仿真算法;建立仿真模型;验证与确认模型;运行仿真模型;分析仿真结果;输出仿真结果。

系统评价就是利用各种模型和资料,按照一定的价值标准,对各种方案进行比较分析,选择出最优方案的过程。系统评价包括三个步骤:一是明确评价的目的;二是建立评价指标体系;三是选择评价方法并建立评价模型。常用的评价方法为线性加权和法和模糊综合评价法。

思考题

1. 什么是物流系统分析的五要素?它们之间是什么关系?
2. 系统模型分为哪几类?结合实例说明物流建模的步骤。
3. 物流系统常见的数学模型类别有哪些?
4. 物流系统优化常用的方法有哪些?物资调运问题应采用什么方法求解?
5. 单设施选址和多设施选址的数学模型与求解方法有什么异同?
6. 离散事件系统的要素包括哪些?
7. 画图说明离散事件系统仿真的控制流程。
8. 离散事件系统仿真步骤是什么?
9. 物流系统的一般评价指标有哪几个方面?
10. 物流系统常用的评价方法有哪些?

案例分析

医药分销企业物流网络优化

1. 网络概况

某医药分销企业在广东省建立其分销物流网络（见图 10-9），广州为物流中心所在地，需要从 5 个候选地中（东莞、深圳、梅州、肇庆和阳江）选择若干个作为配送中心，从 20 个需求城市选择若干转运站的建设地，使得从单一中心资源点（广州物流中心）经过各个物流网点向全省客户运送产品时，在保证服务时限的前提下，使物流网络的总成本最小。

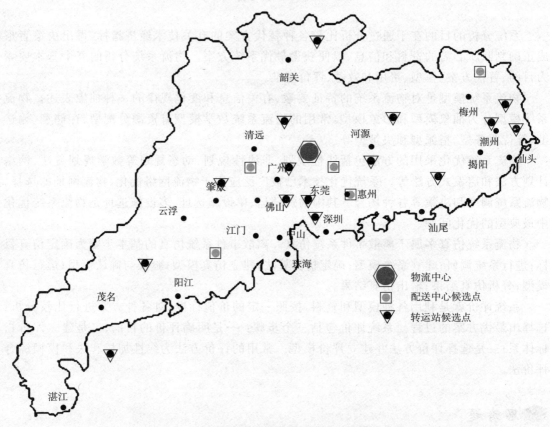

图 10-9　广东地区需求城市和配送中心候选点分布

该问题为典型的 4/R/I/T 配送网络，可采用前述的模型进行求解。

2. 基础数据分析

该物流网络设有一个物流中心（广州），需求城市共有 20 个，各需求城市的需求量及距物流中心的距离如表 10-29 所示。配送中心的可选点有 5 个，分别为东莞、深圳、梅州、肇庆和阳江，配送中心预选点及预选点到物流中心的距离如表 10-30 所示；转运站的可选点为各个需求城市，共 20 个。各配送中心到各需求城市或转运站的距离如表 10-31 所示。通过对现行物流系统的运行数据和财务成本等基础资料的分析，得到配送网络的运输和成本费用系数，如表 10-32 所示。

表 10-29　各需求城市的需求量及距物流中心的距离

代号	需求城市	年需求量 p_k/箱	距 LC 距离 S_k^c/km
C_1	潮州	240	450
C_2	东莞	5 828	72
C_3	佛山	11 416	34
C_4	河源	178	236
C_5	惠州	4 936	148
C_6	江门	3 360	63
C_7	揭阳	1 500	440
C_8	茂名	524	430
C_9	梅州	464	459
C_{10}	清远	262	80
C_{11}	汕头	3 760	458
C_{12}	汕尾	108	388
C_{13}	韶关	1 700	249
C_{14}	深圳	376 268	136
C_{15}	阳江	206	265
C_{16}	云浮	280	177
C_{17}	湛江	904	501
C_{18}	肇庆	1 272	99
C_{19}	中山	9 920	71
C_{20}	珠海	2 314	112

表 10-30　配送中心预选点及预选点到物流中心的距离

序号	预选点	距 LC 距离/km
DC_1	东莞	72
DC_2	深圳	136
DC_3	梅州	459
DC_4	肇庆	99
DC_5	阳江	265

表 10-31　各配送中心到各需求城市或转运站的距离　　　　单位:km

TC/C	DC/C	D_1 东莞	D_2 深圳	D_3 梅州	D_4 肇庆	D_5 阳江
TC_1/C_1	潮州	378	330	189	549	715
TC_2/C_2	东莞	0	102	376	171	337
TC_3/C_3	佛山	106	159	493	65	231

续表

TC/C	DC/C	D_1 东莞	D_2 深圳	D_3 梅州	D_4 肇庆	D_5 阳江
TC_4/C_4	河源	164	176	227	335	501
TC_5/C_5	惠州	76	77	300	247	413
TC_6/C_6	江门	135	199	522	162	202
TC_7/C_7	揭阳	368	329	149	539	705
TC_8/C_8	茂名	502	566	879	331	165
TC_9/C_9	梅州	387	399	0	558	724
TC_{10}/C_{10}	清远	152	216	539	179	345
TC_{11}/C_{11}	汕头	386	286	191	557	723
TC_{12}/C_{12}	汕尾	316	146	367	487	653
TC_{13}/C_{13}	韶关	361	425	748	388	554
TC_{14}/C_{14}	深圳	102	0	399	235	401
TC_{15}/C_{15}	阳江	347	401	724	364	0
TC_{16}/C_{16}	云浮	249	313	636	78	442
TC_{17}/C_{17}	湛江	573	637	960	402	236
TC_{18}/C_{18}	肇庆	171	235	558	0	364
TC_{19}/C_{19}	中山	143	207	530	170	194
TC_{20}/C_{20}	珠海	184	258	571	211	153

表 10-32 运输和成本费用系数

符号	含义	单位	数值
R^D	LC 对 DC 的服务半径	km	500
R^T	LC/DC 对 TC 的服务半径	km	250
R^C	终端配送服务半径	km	50
c_i^D	LC 到配送中心 i 的单位运费	元/箱千米	0.024
c_j^T	LC 到转运站 j 的单位运费	元/箱千米	0.055
c_{ij}^{DT}	配送中心 i 到转运站 j 的单位运费	元/箱千米	0.055
V_i^D	配送中心 i 的固定费	元	207 000
V_j^T	转运站 j 的固定费	元	38 000
w_i^D	配送中心 i 的单位物流量的费用变动系数	元/箱	810
w_j^T	转运站 j 的单位物流量的费用变动系数	元/箱	0.4

在该例中,各个 DC 和 TC 的固定成本和单位变动系数是相等的,三种运输路线(R、I、T)的单位运费也是相同的,且每个转运站只能服务于所在地城市,这些特征可使网络优化

模型得到很大简化。

3. 模型构建

1）集合

I：配送中心 i 所形成的集合 $i \in I$，$i = 1,2,3,4,5$。

J：转运站 j 所形成的集合 $j \in J$，$j = 1,2,3,\cdots,20$。

K：需求地 k 所形成的集合 $k \in K$，$k = 1,2,3,\cdots,20$。

2）(0,1)决策变量

(1) 网点选择变量。

$$Z_i^D = \begin{cases} 1, & DC_i \text{ 建设} \\ 0, & DC_i \text{ 不建设} \end{cases}, \quad i = 1,2,\cdots,5$$

$$Z_j^T = \begin{cases} 1, & TC_j \text{ 建设} \\ 0, & TC_j \text{ 不建设} \end{cases}, \quad j = 1,2,\cdots,20$$

(2) 需求地 C 的服务节点变量。

$$X_k^C = \begin{cases} 1, & C_k \text{ 由 } LC \text{ 直接配送} \\ 0, & \text{其他} \end{cases}, \quad k = 1,2,\cdots,20$$

$$X_{ik}^{DC} = \begin{cases} 1, & C_k \text{ 由 } DC_i \text{ 直接配送} \\ 0, & \text{其他} \end{cases}, \quad i = 1,2,\cdots,5; k = 1,2,\cdots,20$$

(3) TC 的父节点变量。

$$X_j^T = \begin{cases} 1, & TC_j \text{ 由 } LC \text{ 直接配送} \\ 0, & \text{其他} \end{cases}, \quad j = 1,2,\cdots,20$$

$$X_{ij}^{DT} = \begin{cases} 1, & TC_j \text{ 由 } DC_i \text{ 直接配送} \\ 0, & \text{其他} \end{cases}, \quad i = 1,2,\cdots,5; j = 1,2,\cdots,20$$

3）目标函数

根据配送网络的基础数据，结合数学模型(2)，得到该物流网络的数学模型如下。

$$\min f(X,Z) = 207\,000 \sum_i Z_i^D + 810 \sum_i (W_i^D)^{\frac{1}{2}} + 38\,000 \sum_j Z_j^T + 0.4 \sum_j W_j^T$$

$$+ 0.024 \sum_i Z_i^D Q_i^{LD} S_i^D + 0.055 \sum_i \sum_j X_{ij}^{DT} Q_{ij}^{DT} S_{ij}^{DT}$$

$$+ 0.055 \sum_j X_j^T Q_j^{LT} S_j^T \tag{10-16}$$

其中：

$$W_j^T = Z_j^T p_j, \quad \forall j \in J$$

$$W_i^D = \sum_{k=1}^{20} X_{ik}^{DC} p_k + \sum_{j=1}^{20} X_{ij}^{DT} Z_j^T p_j, \quad \forall i \in I$$

$$Q_i^{LD} = W_i^D = \sum_{k=1}^{20} X_{ik}^{DC} p_k + \sum_{j=1}^{20} X_{ij}^{DT} Z_j^T p_j, \quad \forall i \in I$$

$$Q_{ij}^{DT} = X_{ij}^{DT} W_j^T = X_{ij}^{DT} Z_j^T p_j, \quad \forall i \in I, \forall j \in J$$

$$Q_j^{LT} = X_j^T W_j^T = X_j^T Z_j^T p_j, \quad \forall j \in J$$

4) 约束条件

$$X_k^C + \sum_i X_{ik}^{DC} + Z_k^T = 1, \quad \forall k \in K \qquad (约束 1)$$

$$X_j^T + \sum_i X_{ij}^{DT} = Z_j^T, \quad \forall j \in J \qquad (约束 2)$$

$$\sum_j X_{ij}^{DT} \leqslant 20 Z_i^D, \quad \forall i \in I \qquad (约束 3)$$

$$\sum_k X_{ik}^{DC} \leqslant 20 Z_i^D, \quad \forall i \in I \qquad (约束 4)$$

$$X_k^C S_k^C \leqslant 50, \quad \forall k \in K \qquad (约束 5)$$

$$X_{ik}^{DC} S_{ik}^{DC} \leqslant 50, \quad \forall i \in I, \forall k \in K \qquad (约束 6)$$

$$X_j^T S_j^T \leqslant 250, \quad \forall j \in J \qquad (约束 7)$$

$$X_{ij}^{DT} S_{ij}^{DT} \leqslant 250, \quad \forall i \in I, \forall j \in J \qquad (约束 8)$$

$$Z_i^D S_i^D \leqslant 500, \quad \forall i \in I \qquad (约束 9)$$

5) 各参数含义

R^C：终端配送服务半径；

R^T：配送中心到转运站的整合配送服务半径；

R^D：物流中心到配送中心的补货服务半径；

p_k：需求地 k 的需求量；

S_i^D：物流中心到配送中心 i 的距离；

S_j^T：物流中心到转运站 j 的距离；

S_k^C：物流中心到需求地 k 的距离；

S_{ij}^{DT}：配送中心 i 到转运站 j 的距离；

S_{ik}^{DC}：配送中心 i 到需求地 k 的距离；

c_i^D：物流中心到配送中心 i 的单位运费；

c_j^T：物流中心到转运站 j 的单位运费；

c_{ij}^{DT}：配送中心 i 到转运站 j 的单位运费；

W_j^T：转运站 j 的通过量；

W_i^D：配送中心 i 的通过量；

Q_i^{LD}：物流中心到配送中心 i 的运量；

Q_{ij}^{DT}：配送中心 i 到转运站 j 的运量；

Q_j^{LT}：物流中心到转运站 j 的运量；

V_i^D：配送中心 i 的固定费(与配送中心物流量无关的费用)；

V_j^T：转运站 j 的固定费(与配送中心物流量无关的费用)；

w_i^D：配送中心 i 的单位物流量的费用变动系数；$C_j^D = w_j^D (W_j^T)^\theta$，一般取 $\theta = 1/2$；

w_j^T：转运站 j 的单位物流量的费用变动系数；$C_j^T = w_j^T W_j^T$。

4. 计算求解

以数学模型式(10-16)为基础,构建 Lingo 模型并求解,计算结果经整理,得到物流网点的选择结果(见表 10-33)和各配送中心的服务范围(见表 10-34),根据计算结果绘制的物流网络示意图如图 10-10 所示。

表 10-33　物流网点的选择结果

类　型	选点	城市名称	选点结果	父节点	
				代号	城市名
物流中心	LC	广州	是	—	—
配送中心	DC_1	东莞	否	—	—
	DC_2	深圳	是	LC	广州
	DC_3	梅州	是	LC	广州
	DC_4	肇庆	否	—	—
	DC_5	阳江	是	LC	广州
转运站	TC_1	潮州	是	DC_3	梅州
	TC_2	东莞	是	LC	广州
	TC_3	佛山	否	LC	广州
	TC_4	河源	是	DC_2	深圳
	TC_5	惠州	是	DC_2	深圳
	TC_6	江门	是	LC	广州
	TC_7	揭阳	是	DC_3	梅州
	TC_8	茂名	是	DC_5	阳江
	TC_9	梅州	否	DC_3	梅州
	TC_{10}	清远	是	LC	广州
	TC_{11}	汕头	是	DC_3	梅州
	TC_{12}	汕尾	是	DC_2	深圳
	TC_{13}	韶关	是	LC	广州
	TC_{14}	深圳	否	DC_2	深圳
	TC_{15}	阳江	否	DC_5	阳江
	TC_{16}	云浮	是	LC	广州
	TC_{17}	湛江	是	DC_5	阳江
	TC_{18}	肇庆	是	LC	广州
	TC_{19}	中山	是	LC	广州
	TC_{20}	珠海	是	LC	广州

注:背景色为███的表示需求地 C_k 由 LC 直接配送;背景色为███的表示转运站 TC_j 由 LC 直接配送;背景色为███的表示需求地 C_k 由 DC_i 直接配送;背景色为███的表示转运站 TC_j 由 DC_i 直接配送。

表 10-34 物流中心与配送中心的服务范围

物流中心/配送中心	服务模式	服务对象	服务城市
广州	直接配送	C_3	佛山
	整合配送	TC_2、TC_6、TC_{10}、TC_{13}、TC_{16}、TC_{18}、TC_{19}、TC_{20}	东莞、江门、清远、韶关、云浮、肇庆、中山、珠海
	补货配送	DC_2、DC_3、DC_5	深圳、梅州、阳江
深圳	直接配送	C_{14}	深圳
	整合配送	TC_4、TC_5、TC_{12}	河源、惠州、汕尾
梅州	直接配送	C_9	梅州
	整合配送	TC_1、TC_7、TC_{11}	潮州、揭阳、汕头
阳江	直接配送	C_{15}	阳江
	整合配送	TC_8、TC_{17}	茂名、湛江

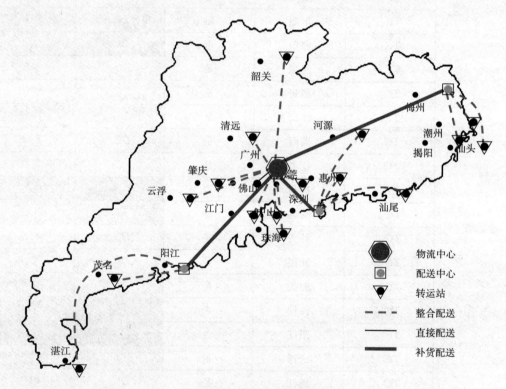

图 10-10 物流网络优化结果

案例思考

1. 本案例网络优化的目标是什么？

2. 网络总成本包括哪几部分？哪些是固定成本？哪些是变动成本？

第 11 章

现代物流发展动态

随着我国经济的快速发展和物流技术的发展,物流现代化程度越来越高,物流理论、方法和技术也得到快速发展,呈现出专业化、系统化、网络化、信息化、自动化、国际化、标准化和环保化的发展趋势。一些新的物流概念和思想也应运而生,绿色物流、精益物流、智慧物流等逐渐成为现代物流的发展方向。

本章将系统介绍现代物流的特征与发展趋势,并详细阐述绿色物流、精益物流、智慧物流的内涵、管理思路和实施策略。

学习目标

- 掌握现代物流的发展趋势;理解现代物流的特征。
- 理解绿色物流的含义;熟悉绿色物流管理的内容和方法;了解绿色物流实施策略。
- 掌握精益物流的核心思想;理解精益物流系统的特点。
- 理解智慧物流的概念和体系结构;了解智慧物流的相关技术和智慧物流系统构建方式。

11.1 现代物流的特征与发展趋势

11.1.1 现代物流的特征

根据国外物流发展情况,将现代物流的主要特征归纳为以下几个方面。

(1)反应快速化。物流服务提供者对上游、下游的物流、配送需求的反应速度越来越快,前置时间越来越短,配送间隔越来越短,物流配送速度越来越快,商品周转次数越来越多。

(2)功能集成化。现代物流着重于将物流与供应链的其他环节进行集成,包括物流渠道与商流渠道的集成、物流渠道之间的集成、物流功能的集成、物流环节与制造环节的集成等。

(3)服务系列化。现代物流强调物流服务功能的恰当定位与完善化、系列化。除传统的储存、运输、包装、流通加工等服务外,现代物流服务在外延上向上扩展至市场调查与预测、采购及订单处理,向下延伸至配送、物流咨询、物流方案的选择与规划、库存控制策略建议、货款回收与结算、教育培训等增值服务;在内涵上则提高了以上服务对决策的支持作用。

(4)作业规范化。现代物流强调功能、作业流程、作业、动作的标准化与程式化,使复杂的作业变成简单的易于推广与考核的动作。

（5）目标系统化。现代物流从系统的角度统筹规划一个公司整体的各种物流活动,处理好物流活动与商流活动及公司目标之间、物流活动与物流活动之间的关系,不求单个活动的最优化,但求整体活动的最优化。

（6）手段现代化。现代物流使用先进的技术、设备与管理为销售提供服务,生产、流通、销售规模越大、范围越广,物流技术、设备及管理越现代化。计算机技术、通信技术、机电一体化技术、语音识别技术等得到普遍应用。世界上最先进的物流系统运用了 GPS（全球定位系统）、卫星通信、射频识别装置（RF）、机器人,实现了自动化、机械化、无纸化和智能化,如20 世纪 90 年代中期,美国国防部为在前南斯拉夫地区执行维和行动的多国部队提供的军事物流后勤系统就采用了这些技术,其技术之复杂与精湛堪称世界之最。

（7）组织网络化。为了保证对产品促销提供快速、全方位的物流支持,现代物流需要有完善、健全的物流网络体系,网络上点与点之间的物流活动保持系统性、一致性,这样可以保证整个物流网络有最优的库存总水平及库存分布,运输与配送快速、机动,既能铺开,又能收拢。分散的物流单体只有形成网络,才能满足现代生产与流通的需要。

（8）经营市场化。现代物流的具体经营采用市场机制,无论是企业自己组织物流,还是委托社会化物流企业承担物流任务,都以"服务-成本"的最佳配合为总目标,谁能提供最佳的"服务-成本"组合,就找谁服务。国际上既有大量自营物流相当出色的"大而全""小而全"的例子,也有大量利用第三方物流企业提供物流服务的例子,比较而言,物流的社会化、专业化已经占到主流,即使是非社会化、非专业化的物流组织,也都实行严格的经济核算。

（9）信息电子化。由于计算机信息技术的应用,现代物流过程的可见性（visibility）明显增加,物流过程中库存积压、延期交货、送货不及时、库存与运输不可控等风险大大降低,从而可以加强供应商、物流商、批发商、零售商在组织物流过程中的协调和配合以及对物流过程的控制。

11.1.2　现代物流的发展趋势

随着全球经济一体化进程的加快,企业面临着尤为激烈的竞争环境,资源在全球范围内的流动和配置大大加强,世界各国更加重视物流发展对于本国经济发展、民生素质和军事实力的影响,物流现代化进程逐渐加快,现代物流呈现出专业化、系统化、网络化、信息化、自动化、国际化、标准化和环保化的发展趋势。

1. 专业化

社会分工导致了专业化,导致了物流专业的形成。物流专业化包括两个方面的内容:一方面,在企业中,物流管理作为企业一个专业部门独立地存在着并承担专门的职能,随着企业的发展和企业内部物流需求的增加,企业内部的物流部门可能从企业中游离出去成为社会化的专业化的物流企业;另一方面,在社会经济领域中,出现了专业化的物流企业,提供着各种不同的物流服务,并进一步演变成为服务专业化的物流企业。专业化的物流实现了货物运输的社会化分工,缩短了供应链,可以为企业降低物流成本,减少资金占用和库存,提高物流效率,在宏观上可以更优化地配置社会资源,充分地发挥社会资源的作用。

2. 系统化

物流系统化就是把物流的诸环节（或各子系统）联系起来,视为一个大系统,进行整体设计和管理,以最佳的结构、最好的配合,充分发挥其系统功能的效率,实现整个物流合理化。由于物流社会化服务本身就是社会化大生产的产物,其生产过程涉及很多部门、很多环节,所以现代物流的生产过程体现了十分明显的系统性特征。

3. 网络化

物流网络包括实体物流设施网络和经营网络两个方面。实体物流设施网络是指由物流网点和运输线路构成的物流网络,是企业实现现代物流服务的基础。经营网络是指将网络技术运用到企业运行的各个方面,它包括企业内部管理上的网络化和对外联系上的网络化。发达国家企业都有完善的企业内部网和外部网,货物运行的各种信息都会及时反馈到内部网的数据库上,网络上的管理信息系统可以对数据进行自动分析和安排调度,自动排定货物的分拣、装卸以及运送车辆、线路的选择等;企业的外部网一般都与互联网对接,用户在互联网上就可以下单、进行网上支付,并且对自己的货物随时可以进行查找跟踪。

4. 信息化

物流信息化是指运用现代信息技术对物流过程中产生的全部或部分信息进行采集、分类、传递、汇总、识别、跟踪、查询等一系列处理活动,以实现对货物流动过程的控制,从而降低成本、提高效益的管理活动。物流信息化是现代物流的灵魂,是现代物流发展的必然要求和基石。

5. 自动化

物流自动化是指货物的接收、分拣、装卸、运送、监控等环节以自动化的过程来完成。物流自动化涉及的技术非常多,如条形码技术、电子交换数据技术、数据管理技术、数据挖掘技术、多媒体技术、射频识别技术、全球卫星定位系统技术、地理信息系统技术等,通过这些自动化的技术设施,可以实现货物的自动识别、自动分拣、自动装卸、自动存取,从而提高物流作业效率。

6. 国际化

自然资源的分布和国际分工导致了国际贸易、国际投资、国际经济合作,在上述国际化过程中使物流业向全球化方向发展,企业需花费大量时间和精力从事国际物流服务,如配送中心对进口商品从代理报关业务、暂时储存、搬运和配送、必要的流通加工到送交消费者手中实现一条龙服务。甚至还接受订货、代收取资金等。现代物流国际化,要求物流的发展必须突破一个国家(或地区)地域的限制,以国际统一标准的技术、设施和服务流程,来完成货物在不同国家之间的流动。

7. 标准化

物流标准化是以物流作为一个大系统,制定系统内部设施、机械设备、专用工具等各个分系统的技术标准;制定系统内各个分领域(如包装、装卸、运输等方面)的工作标准;以系统为出发点,研究各分系统与分领域中技术标准与工作标准的配合性,统一整个物流系统的标准;研究物流系统与相关其他系统的配合性,进一步谋求物流大系统的标准统一。如果没有相适应的物流接口标准,很难想象其链接的难度和成本。对物流企业来说,标准化是提高内部管理、降低成本、提高服务质量的有效措施;对消费者而言,享受标准化的物流服务是消费者权益的体现。

8．环保化

物流环保化是建立在维护地球环境和可持续发展的基础上,改变原来经济发展与物流、消费生活与物流的单向作用关系,在抑制传统直线型的物流对环境造成危害的同时,采取与环境和谐相处的态度和全新理念,去设计和建立一个环形的、循环的物流系统,使达到传统物流末段的废旧物质能回流到正常的物流过程中来,同时又要形成一种能促进经济和消费生活健康发展的现代物流系统。现代物流环保化强调全局和长远的利益,强调全方位对环境的关注。

现代环保物流强调了全局和长远的利益,强调了全方位对环境的关注,体现了企业的绿色形象,是一种全新的物流形态。环保物流是一个多层次的概念,它既包括环保销售物流、环保生产物流,也包括环保供应物流;它既包括企业的环保物流活动,又包括社会对环保物流活动的管理、规范和控制。从环保物流活动的范围来看,它既包括各个单项的环保物流作业(如绿色运输、绿色包装、绿色流通加工等),也包括为实现资源再利用而进行的废弃物循环物流,是物流操作和管理全程的绿色化,它一般包括以下内容。

(1) 绿色的储存和装运。在整个物流过程中运用最先进的保质保鲜技术,保障存货的数量和质量,在无货损的同时消除污染。周密策划运力,合理选择运输工具和运输路线,克服迂回运输和重复运输,多快好省地完成装卸运输。

(2) 绿色的包装和再加工。包装不仅是商品的卫士,也是产品进入市场的通行证。绿色包装要醒目环保,还应符合 4R 要求,即少耗材(reduction)、可再用(reuse)、可回收(reclaim)和可再循环(recycle)。物流中的加工虽然简单,但也应遵循绿色原则,少耗费、高环保,尤其要防止加工中的货损和二次污染。

(3) 绿色的信息搜集和管理。物流不仅是商品空间的转移,也包括相关信息的搜集、整理、储存和利用。环保物流要求搜集、整理、储存的都是各种绿色信息,并及时运用到物流中,促进物流的进一步绿色化。

11.2　绿　色　物　流

11.2.1　绿色物流的内涵

20 世纪 90 年代全球兴起一股绿色浪潮,如绿色制造、绿色消费,绿色物流正是这种绿色化运动的结果。我国 2001 年版的《国家标准物流术语》对绿色物流(environmental logistics)的定义是:"在物流过程中抑制物流对环境造成危害的同时,实现对物流环境的净化,使物流资源得到充分利用。"environmental logistics 英文直译则为环境友好的物流。

绿色物流是指在物流过程中抑制物流对环境造成危害的同时,实现对物流环境的净化,使物流资源得到最充分利用,它包括物流作业环节和物流管理全过程的绿色化。从物流作业环节来看,包括绿色运输、绿色包装、绿色流通加工等。从物流管理全过程来看,主要是从环境保护和节约资源的目标出发,改进物流体系,既要考虑正向物流环节的绿色化,又要考虑供应链上的逆向物流体系的绿色化。绿色物流的最终目标是可持续性发展,实现该目标的准则是经济利益、社会利益和环境利益的统一。

绿色物流是以经济学一般原理为基础,建立在可持续发展理论、生态经济学理论、生态伦理学理论、外部成本内部化理论和物流绩效评估的基础上的物流科学发展观。同时,绿色物流也是一种能抑制物流活动对环境的污染,减少资源消耗,利用先进的物流技术规划和实施运输、仓储、装卸搬运、流通加工、包装、配送等作业流程的物流活动。

1)绿色物流的内容

(1)集约资源。这是绿色物流的本质内容,也是物流业发展的主要指导思想之一。通过整合现有资源,优化资源配置,企业可以提高资源利用率,减少资源浪费。

(2)绿色运输。运输过程中的燃油消耗和尾气排放是物流活动造成环境污染的主要原因之一。因此,要想打造绿色物流,首先要对运输线路进行合理布局与规划,通过缩短运输线路,提高车辆装载率等措施,实现节能减排的目标。另外,还要注重对运输车辆的养护,使用清洁燃料,减少能耗及尾气排放。

(3)绿色仓储。绿色仓储一方面要求仓库选址要合理,有利于节约运输成本;另一方面,仓储布局要科学,使仓库得以充分利用,实现仓储面积和空间利用的最大化,减少仓储成本。

(4)绿色包装。包装是物流活动的一个重要环节,绿色包装可以提高包装材料的回收利用率,有效控制资源消耗,避免环境污染。

(5)废弃物流。废弃物流是指在经济活动中失去原有价值的物品,根据实际需要对其进行搜集、分类、加工、包装、搬运、储存等,然后分送到专门处理场所后形成的物品流动活动。

2)绿色物流的特点

绿色物流与传统的物流相比,在理论基础、行为主体、活动范围及最终目标四个方面都有显著的特点。

(1)绿色物流的理论基础更广,包括可持续发展理论、生态经济学理论和生态伦理学理论。

(2)绿色物流的行为主体更多,不仅包括专业的物流企业,还包括产品供应链上的制造企业和分销企业,同时还包括不同级别的政府和物流行政主管部门等。

(3)绿色物流的活动范围更宽,不仅包括商品生产的绿色化,还包括物流作业环节和物流管理全过程的绿色化。

(4)绿色物流的最终目标是可持续性发展,实现该目标的准则不仅是经济利益,还包括社会利益和环境利益,并且是这些利益的统一。

11.2.2 物流对环境的影响

物流对环境的负面影响主要体现在物流活动的不合理会增加燃油或电力消耗,加重空气污染和废弃物污染,浪费资源等。

1. 运输对环境的影响

运输是物流活动中最重要、最基本的活动。运输过程中燃油消耗和油料污染及交通运输产生的大量噪声、交通事故(如油船触礁导致原油泄漏等)是物流作业造成环境污染的主要原因。不合理的货运网点及配送中心布局,会导致货物迂回运输。准时配送(JIT)虽能增强敏捷性,实现零库存,但实施JIT必然会使运输从铁路转到公路,大量使用汽车运输,以实现"门到门"服务,而汽车运输存在诸多影响环境生态的问题,首先是汽车排放的尾气中含有大量有害气体,是城市空气污染的罪魁祸首;其次是汽车的运输能耗大,单位运量(吨千米)的能耗为火车运输的 4～5 倍。

2. 储存对环境的影响

储存和运输一样,是物流活动的基本功能,它解决商品生产与消费在时间上的差异。但若储存方法不当,储存货物易腐烂变质、泄漏或挥发,尤其是化学危险品,就会对人和周围环境造成影响。

3. 装卸搬运对环境的影响

装卸搬运是随运输和储存而附带产生的物流活动,它贯穿物流的始终。但一些物流企业在装卸搬运时野蛮操作,发生货损,不仅造成资源浪费甚至废弃,而且又易造成空气、水、土壤污染。

4. 包装对环境的影响

包装具有保护商品品质、美化商品和便利销售及运输等作用。但现在一些商品的包装材料和包装方式(如市场上流行的塑料袋、玻璃瓶、铝制易拉罐等包装)会给自然界留下长久污染。例如,大量使用一次性包装(如木箱)不但消耗了有限的资源,而且废弃的包装材料还是垃圾,处理这些废弃物又要消耗大量的人力、物力、财力。

5. 流通加工对环境的影响

流通加工是流通过程中为适应用户需要进行的必要加工,以完善商品的使用价值。但不合理的流通加工,会对环境造成负面影响。如流通加工中心选址不合理,不仅会造成费用增加和有效资源浪费,还会因增加了运输量产生新的污染。

物流系统中存在的非绿色因素有很多,如物流功能环节中的非绿色因素主要体现在以下几个方面。

(1) 运输。如大量能耗、对大气的污染和噪声的污染;道路需求面积的增加;排放的废气;输送的物品对环境造成损害。

(2) 储存。如化学产品对周边会造成污染;保管不当,爆炸和泄漏。

(3) 装卸搬运。如商品损坏;废弃物造成环境污染。

(4) 包装。如过大包装、过分包装、包装废弃物问题、回收再利用。

(5) 流通加工。如流通加工中产生的边角废料、废水、废弃物、垃圾等。

(6) 物流信息。如无用的信息造成浪费等。

因此,如何消除物流中的非绿色因素,提高物流系统效率的同时保证物流的可持续发展,就成为绿色物流管理的重要课题。

11.2.3　绿色物流管理

绿色物流管理内容主要包括以下几方面。

1. 绿色供应商管理

原材料、半成品质量的好坏直接决定着最终产成品的性能,所以要实施绿色物流,还要从源头上加以控制。绿色原材料应符合以下要求:环境友好性、不加任何涂镀、废弃后能自然分解并能被自然界吸收的材料,易加工且加工中无污染或污染最小、易回收、易处理、可重用的材料,并尽量减少材料的种类,这样有利于原材料的循环使用。

由于政府对企业的环境行为的严格管制,并且供应商的成本绩效和运行状况对企业经济活动构成直接影响,因此在绿色供应物流中,有必要增加供应商选择和评价的环境指标,即要对供应商的环境绩效进行考察。例如,潜在供应商是否因为环境污染问题而被政府课以罚款?潜在供应商是否因为违反环境规章而有被关闭的危险?供应商供应的零部件是否采用绿色包装?供应商是否通过 ISO 14000 环境管理体系的认证?

2．绿色制造管理

绿色制造是一个综合考虑环境影响和资源效率的现代制造模式,其目标是使得产品从设计、制造、包装、运输、使用到报废处理的整个产品生命周期中,对环境的负面影响最小,资源效率最高,并使企业经济效益和社会效益协调优化。

绿色制造内容包括三部分:用绿色材料、绿色能源,经过绿色的生产过程(绿色设计、绿色工艺技术、绿色生产设备、绿色包装、绿色管理)生产出绿色产品。绿色制造追求两个目标:通过资源综合利用、短缺资源的代用、可再生资源的利用、二次能源的利用及节能降耗措施延缓资源的枯竭,实现持续利用;减少废料和污染物的生成及排放,提高工业产品在生产过程和消费过程中与环境的相容程度,降低整个生产活动给人类和环境带来的风险,最终实现经济效益和环境效益的最优化。

3．绿色运输管理

交通运输工具的大量能源消耗;运输过程中排放大量的有害气体,产生噪声污染;运输易燃、易爆、化学品等危险原材料或产品可能引起的爆炸、泄漏等事故,都会对环境造成很大的影响。因此构建企业绿色物流体系就显得至关重要。

(1) 合理配置配送中心,制订配送计划,提高运输效率以降低货损量和货运量。开展共同配送,减少污染。共同配送是以城市一定区域内的配送需求为对象,人为地进行有目的、集约化地配送。它是由同一行业或同一区域的中小企业协同进行配送。共同配送统一集货、统一送货,可以明显减少货流;有效地消除交错运输,缓解交通拥挤状况,可以提高市内货物运输效率,减少空载率;有利于提高配送服务水平,使企业库存水平大大降低,甚至实现"零"库存,降低物流成本。

(2) 实施联合一贯制运输。联合一贯制运输是指以件杂货为对象,以单元装载系统为媒介,有效地巧妙组合各种运输工具,从发货方到收货方始终保持单元货物状态而进行的系统化运输方式。通过这种运输方式的转换,可削减总行车量,包括转向铁路、海上和航空运输。联合一贯制运输是物流现代化的支柱之一。

(3) 评价运输者的环境绩效,有专门运输企业使用专门运输工具负责危险品的运输,并制定应急保护措施。现在政府部门对运输污染采取极为严格的管理措施,如北京对机动车制定了严格的尾气排放标准。同时政府交通部门充分发挥经济杠杆的作用,根据机动车的排污量来收取排污费。因此,企业如果没有绿色运输,将会加大经济成本和社会环境成本,影响企业经济运行和社会形象。

4．绿色储存管理

储存在物流系统中起着缓冲、调节和平衡的作用,是物流的一个中心环节。储存的主要设施是仓库。现代化的仓库是促进绿色物流运转的物资集散中心。绿色仓储要求仓库布局合理,以节约运输成本。布局过于密集,会增加运输的次数,从而增加资源消耗;布局过于松散,则会降低运输的效率,增加空载率。仓库建设前,还应当进行相应的环境影响评价,充分考虑仓库建设对所在地的环境影响。例如,易燃易爆商品仓库不应设置在居民区,有害物质仓库不应设置在重要水源地附近。采用现代储存保养技术是实现绿色储存的重要方面,如气幕隔潮、气调储存和塑料薄膜封闭等技术。

5. 绿色流通加工管理

流通加工是指在流通过程中继续对流通中的商品进行生产性加工,以使其成为更加适合消费者需求的最终产品。流通加工具有较强的生产性,也是流通部门对环境保护大有作为的领域。

绿色流通加工的途径主要分为两个方面:一方面变消费者分散加工为专业集中加工,以规模作业方式提高资源利用效率,减少环境污染;另一方面是集中处理消费品加工中产生的边角废料,以减少消费者分散加工所造成的废弃物污染。

6. 绿色装卸管理

装卸是跨越运输和物流设施进行的,发生在输送、储存、包装前后的商品取放活动。实施绿色装卸时,要求企业在装卸过程中进行正当装卸,避免商品损坏,从而避免资源浪费,以及造成废弃物污染环境。另外,绿色装卸还要求企业消除无效搬运,提高搬运的活性,合理利用现代化机械,保持物流的均衡顺畅。

7. 产品绿色设计

绿色设计要求面向产品的整个生命周期,即在概念设计阶段,就要充分考虑产品在制造、销售、使用及报废后对环境的影响,使得在产品再制造和使用过程中可拆卸、易收回,不产生毒副作用,保证产生最少的废弃物。

绿色物流建设应该起自产品设计阶段,以产品生命周期分析等技术提高产品整个生命周期环境绩效,在推动绿色物流建设上发挥先锋作用。

8. 绿色包装和标识

包装是商品营销和物流的一个重要手段,但大量的包装材料在使用一次以后就被消费者遗弃,从而造成环境问题。例如,现在我国比较严重的白色污染问题,就是不可降解的塑料包装随地遗弃引起的。绿色包装是指采用节约资源、保护环境的包装,其特点是材料最省、废弃最少且节约资源和能源;易于回收利用和再循环;包装材料可自然降解并且降解周期短;包装材料对人的身体和生态无害。绿色包装要求提供包装服务的物流企业进行绿色包装改造,包括使用环保材料、提高材质利用率、设计折叠式包装,以减少空载率、建立包装回用制度等。包装是在商品输送或储存过程中,为保证商品的价值和形态而从事的物流活动。

11.2.4 绿色物流实施策略

1. 树立绿色物流观念

观念是一种带根本性和普遍意义的世界观,是一定生产力水平、生活水平和思想素质的反映,是人们活动的指南。由于长期的低生产力,人们更多地考虑温饱等低层次问题,往往为眼前利益忽视长远利益,为个体利益忽视社会利益,企业因这种非理性需求展开掠夺式经营,忽视长远利益、生态利益及社会利益,进而导致来自大自然的警告。

2.推行绿色物流经营

物流企业要从保护环境的角度制定其绿色经营管理策略,以推动绿色物流进一步发展。

(1)选择绿色运输。通过有效利用车辆,科学合理地规划路线,降低车辆运行成本,提高配送效率。例如,合理规划网点及配送中心、优化配送路线、提高共同配送、提高往返载货率;改变运输方式,由公路运输转向铁路运输或海上运输;使用绿色工具,降低废气排放量等。

(2)提倡绿色包装。包装不仅是商品卫士,也是商品进入市场的通行证。绿色包装要醒目环保,还应符合 4R 要求。

(3)开展绿色流通加工。由分散加工转向专业集中加工,以规模作业方式提高资源利用率,减少环境污染;集中处理流通加工中产生的边角废料,减少废弃物污染等。

(4)搜集和管理绿色信息。绿色物流要求搜集、整理、储存的都是各种绿色信息,并及时运用于物流中,促进物流的进一步绿色化。

3.开发绿色物流技术

绿色物流的关键所在,不仅依赖绿色物流观念的树立、绿色物流经营的推行,更离不开绿色物流技术的应用和开发。没有先进物流技术的发展,就没有现代物流的立身之地;同样,没有先进绿色物流的发展,就没有绿色物流的立身之地。而我们的物流技术与绿色要求有较大的差距,如物流机械化、自动化、信息化及网络化,与西方发达国家的物流技术相比,有 10～20 年的差距。因此要大力开发绿色物流技术,否则,绿色物流就无从谈起。

4.制定绿色物流法规

绿色物流是当今经济可持续发展的一个重要组成部分,它对社会经济的不断发展和人类生活质量的不断提高具有重要意义。正因为如此,绿色物流的实施不仅是企业的事情,还必须从政府约束的角度,对现有的物流体制强化管理。一些发达国家的政府非常重视制定政策法规,在宏观上对绿色物流进行管理和控制。尤其是要控制物流活动的污染源,物流活动的污染源主要表现在:运输工具的废气排放污染空气,流通加工的废水排放污染水质,一次性包装的丢弃污染环境等。因此,他们制定了控制诸如污染源、限制交通量、控制交通流等相关政策和法规。国外的环保法规种类很多,有些规定相当具体、严厉,国际标准化组织制定的最新国际环境标志也已经颁布执行。

5.加强对绿色物流人才的培养

绿色物流作为新生事物,对营运筹划人员和各专业人员的素质要求较高,因此,要实现绿色物流的目标,培养和造就一批熟悉绿色理论和实务的物流人才是当务之急。

11.3　精　益　物　流

11.3.1　精益物流的历史背景

精益物流是起源于丰田汽车公司的一种物流管理思想,其核心是追求消灭包括库存在

内的一切浪费，并围绕此目标发展的一系列具体方法。它是从精益生产的理念中蜕变而来的，是精益思想在物流管理中的应用。

1. 精益生产背景

第二次世界大战结束不久，汽车工业中统治世界的生产模式是以美国福特制为代表的大量生产方式，这种生产方式以流水线形式少品种、大批量生产产品。在当时，大批量生产方式代表了先进的管理思想与方法，大量的专用设备、专业化的大批量生产是降低成本、提高生产率的主要方式。与处于绝对优势的美国汽车工业相比，日本的汽车工业则处于相对幼稚的阶段，丰田汽车公司从成立到1950年的十几年间，总产量甚至不及福特公司1950年一天的产量。汽车工业作为日本经济倍增计划的重点发展产业，日本派出了大量人员前往美国考察。丰田汽车公司在参观美国的几大汽车厂之后发现，采用大批量生产方式降低成本仍有进一步改进的余地，而且日本企业还面临需求不足与技术落后等严重困难；加上战后日本国内的资金严重不足，也难以有大量的资金投入，以保证日本国内的汽车生产达到有竞争力的规模，因此他们认为在日本进行大批量、少品种的生产方式是不可取的，而应考虑一种更能适应日本市场需求的生产组织策略。

以丰田的大野耐一等人为代表的精益生产的创始者们，在不断探索之后，终于找到了一套适合日本国情的汽车生产方式：准时制生产、全面质量管理、并行工程、充分协作的团队工作方式和集成的供应链关系管理，逐步创立了独特的多品种、小批量、高质量和低消耗的精益生产方法。1973年的石油危机，使日本的汽车工业闪亮登场。由于市场环境发生变化，大批量生产所具有的弱点日趋明显，而丰田汽车公司的业绩却开始上升，与其他汽车制造企业的距离越拉越大，精益生产方式开始为世人所瞩目。

2. 精益思想背景

在市场竞争中遭受失败的美国汽车工业，在经历了曲折的认知过程后，终于意识到致使其竞争失败的关键是美国汽车制造业的大批量生产方式输给丰田的精益生产方式。1985年，美国麻省理工学院的Daniel T. Jones教授等筹资500万美元，用了近5年的时间对90多家汽车厂进行对比分析，于1992年出版了《改造世界的机器》一书，把丰田生产方式定名为精益生产，并对其管理思想的特点与内涵进行了详细的描述。四年之后，该书的作者出版了它的续篇《精益思想》，进一步从理论的高度归纳了精益生产中所包含的新的管理思维，并将精益生产方式扩大到制造业以外的所有领域，尤其是第三产业，把精益生产方式外延到企业活动的各个方面，不再局限于生产领域，从而促使管理人员重新思考企业流程，消灭浪费，创造价值。

精益思想的核心就是以越来越少的投入——较少的人力、较少的设备、较短的时间和较小的场地创造出尽可能多的价值；同时也越来越接近用户，提供他们确实要的东西。精确地定义价值是精益思想关键性的第一步；确定每个产品（或在某些情况下确定每一产品系列）的全部价值流是精益思想的第二步；紧接着就是要使保留下来的、创造价值的各个步骤流动起来，使需要若干天才能办完的订货手续，在几小时内办完，使传统的物资生产完成时间由几个月或几周减少到几天或几分钟；随后就要及时跟上不断变化着的顾客需求，因为一旦具备了在用户真正需要的时候就能设计、安排生产和制造出用户真正需要的产品的能力，就意味着可以抛开销售，直接按用户告知的实际要求进行生产，这就是说，可以按用户需要拉动产品，而不是把用户不想要的产品硬推给用户。

精益思想的理论诞生后,物流管理学家从物流管理的角度对比进行了大量的借鉴工作,并与供应链管理的思想密切融合起来,提出了精益物流的新概念。

11.3.2　精益物流的内涵

精益物流系统是指运用多种现代管理方法和手段,以社会需求为依据,以充分发挥人的作用为根本,有效配置和合理使用企业资源,最大限度地为企业谋求经济效益的一种新型的经营管理理念。精益物流则是精益思想在物流管理中的应用。

作为一种新型的生产组织方式,精益制造的概念给物流及供应链管理提供了一种新的思维方式。精益物流的内涵包括以下几个方面。

(1) 以客户需求为中心。要从客户的立场,而不是仅从企业的立场或一个功能系统的立场,来确定什么创造价值、什么不创造价值。

(2) 对价值链中的产品设计、制造和订货等的每一个环节进行分析,找出不能提供增值的浪费所在。

(3) 根据不间断、不迂回、不倒流、不等待和不出废品的原则制定创造价值流的行动方案。

(4) 及时创造仅由顾客驱动的价值。

(5) 一旦发现有造成浪费的环节就及时消除,努力追求完美。

所以,作为 just-in-time(准时制管理)的发展,精益物流的内涵已经远远超出了 just-in-time 的概念。因此可以说,所谓精益物流,是指通过消除生产和供应过程中的非增值的浪费,以减少备货时间,提高客户满意度。

11.3.3　精益物流系统的特点

精益物流系统具有以下四方面的特点。

(1) 拉动型的物流系统。在精益物流系统中,顾客需求是驱动生产的源动力,是价值流的出发点。价值流的流动要依靠下游顾客来拉动,而不是依靠上游的推动,当顾客没有发出需求指令时,上游的任何部分不提供服务,而当顾客需求指令发出后,则快速提供服务。系统的生产是通过顾客需求拉动的。

(2) 高质量的物流系统。在精益物流系统中,电子化的信息流保证了信息流动的迅速、准确无误,还可有效减少冗余信息传递,减少作业环节,消除操作延迟,这使得物流服务准时、准确、快速,具备高质量的特性。

(3) 低成本的物流系统。精益物流系统通过合理配置基本资源,以需定产,充分合理地运用优势和实力;通过电子化的信息流,进行快速反应、准时化生产,从而消除诸如设施设备空耗、人员冗余、操作延迟和资源等浪费,保证其物流服务的低成本。

(4) 不断完善的物流系统。在精益物流系统中,全员理解并接受精益思想的精髓,领导者制定能够使系统实现"精益"效益的决策,全体员工贯彻执行,上下一心,各司其职,各尽其责,达到全面物流管理的新境界,保证整个系统持续改进,不断完善。

11.3.4　企业精益物流流程

精益物流流程是物流管理的核心流程。推行精益物流的目标是为了在准确的时间内，把准确数量、准确包装的合格的零件配送到准确的地点，保障生产高效运行。精益物流流程如图 11-1 所示。

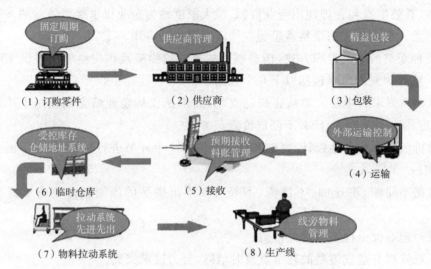

图 11-1　精益物流流程

第一步：固定周期订购。

固定周期订购就是按照预先定义好的、固定订购周期以确保零件的有效、均衡供应。

第二步：供应商管理。

日常运作过程中应建立与供应商之间开放的交流方式，跟踪并目视化供应商问题的流程，保证当订单改变或问题出现时能及时反馈；对物料供应渠道进行管理，以促使供应商能以最低成本运作。

第三步：精益包装。

精益包装就是通过对物料包装和物流器具的标准化、系列化、柔性化设计，保证物流的安全、质量、成本及效率，满足精益物流的要求。

第四步：外部运输控制。

外部运输控制应预先做好路线规划，确定装货/卸货时间，并在确保高的设备利用率（目标值 85%）前提下均衡运输；按每小时、每天、每周来制订运输计划，以均衡工作量和设备，同时尽可能追求最小化库存、最小化货物装卸搬运。

第五步：预期接收。

预期接收就是运输物料的车辆在指定的时间内到达/离开预订的物料接收窗口，目的是在准确的时间内把准确数量、质量的物料送到指定的地点，保障生产线的高效运行。

第六步：临时物料存储。

临时物料存储的方法是对生产物料存储管理的基本要求，有利于改进人机工程及安全工作环境，减小堵塞，提高效率，保证 FIFO。

第七步：物料拉动系统。

物料拉动系统是由生产人员根据物料消耗量发起需求订单，仓储物流人员根据订单对生产现场进行物料补给的精益物流控制方法。

第八步：均衡生产。

均衡生产能够通过均衡班组成员的工作量，提高产品质量，减少伤害，降低疲劳，避免制造过程中的过度生产浪费，提高装置、设备及劳动力的利用率，促进成本节约，满足客户需求。

11.4 智 慧 物 流

11.4.1 智慧物流的概念

智慧物流是一种以信息技术为支撑，在物流的运输、储存、包装、装卸搬运、流通加工、配送、信息服务等各个环节实现系统感知、全面分析、及时处理及自我调整功能，实现物流规整智慧、发现智慧、创新智慧和系统智慧的现代综合性的物流系统。

智慧物流就是利用条形码、射频识别技术、传感器、全球定位系统等先进的物联网技术，通过信息处理和网络通信技术平台，广泛应用于物流业运输、储存、配送、包装、装卸等基本活动环节，实现货物运输过程的自动化运作和高效率优化管理，提高物流行业的服务水平，降低成本，提高效率，减少自然资源和社会资源消耗。

物联网为物流业将传统物流技术与智能化系统运作管理相结合提供了一个很好的平台，进而能够更好、更快地实现智慧物流的信息化、智能化、自动化、透明化、系统化的运作模式。智慧物流在实施的过程中，强调的是物流过程数据智慧化、网络协同化和决策智慧化。

智慧物流系统应具备以下功能。

（1）感知功能。运用各种先进技术能够获取运输、储存、包装、装卸搬运、流通加工、配送、信息服务等各个环节的大量信息。实现实时数据收集，使各方能准确掌握货物、车辆和仓库等信息。初步实现感知智慧。

（2）规整功能。即感知之后把采集的信息通过网络传输到数据中心，用于数据归档，建立强大的数据库，分门别类后加入新数据，使各类数据按要求规整，实现数据的联系性、开放性及动态性，并通过对数据和流程的标准化，推进跨网络的系统整合，实现规整智慧。

（3）智能分析功能。运用智能的模拟器模型等手段分析物流问题，根据问题提出假设，并在实践过程中不断验证问题，发现新问题，做到理论与实践相结合。在运行中，系统会自行调用原有经验数据，随时发现物流作业活动中的漏洞或薄弱环节，从而实现发现智慧。

（4）优化决策功能。结合特定需要，根据不同的情况评估成本、时间、质量、服务、碳排放和其他标准，评估基于概率的风险，进行预测分析，协同制定决策，提出最合理有效的解决方案，使做出的决策更加准确、科学，从而实现创新智慧。

（5）系统支持功能。系统智慧集中表现于智慧物流并不是各个环节各自独立、毫不相关的物流系统，而是每个环节都能相互联系，互通有无，共享数据，优化资源配置的系统，从而为物流各个环节提供最强大的系统支持，使得各环节协作、协调、协同。

（6）自动修正功能。在前面各个功能的基础上，按照最有效的解决方案，系统自动遵循最快捷有效的路线运行,并在发现问题后自动修正,备用在案,方便日后查询。

(7) 及时反馈功能。物流系统是一个实时更新的系统。反馈是实现系统修正、系统完善必不可少的环节。反馈贯穿于智慧物流系统的每一个环节,为物流相关作业者了解物流运行情况,及时解决系统问题提供强大的保障。

11.4.2 智慧物流的体系结构

按照服务对象和服务范围划分,智慧物流体系可以分为企业智慧物流、行业智慧物流、国家智慧物流三个层面。

1) 企业智慧物流层面

推广信息技术在企业中的应用,集中表现在应用新的传感技术,实现智慧仓储,智慧运输,智慧装卸、搬运、包装,智慧配送、智慧供应链等各个环节。从而培育一批信息化水平高、示范带动作用强的智慧物流示范企业。

2) 行业智慧物流层面

建设主要包括智慧区域物流中心、区域智慧物流行业以及预警和协调机制三个方面。

(1) 智慧区域物流中心。首先,要建立智慧区域物流中心。关键是要搭建区域物流信息平台,这是区域物流活动的神经中枢,它连接着物流系统的各个层次、各个方面,将原本分离的商流、物流、信息流和采购、运输、仓储、代理、配送等环节紧密联系起来,形成一条完整的供应链。其次,要建设若干智慧物流园区。智慧物流园区是指加入了信息平台的先进性,供应链管理的完整性,电子商务的安全性的物流园区,基本特征是商流、信息流、资金流的快速安全运转,满足企业信息系统对相关信息的需求,通过共享信息支撑政府部门监督行业管理与市场规范化管理方面协同工作机制的建立,确保物流信息正确、及时、高效、通畅。最后,要合理运用智慧技术。实现运输合理化、仓储自动化、包装标准化、装卸机械化、加工配送一体化、信息管理网络化。

(2) 区域智慧物流行业(以快递行业为例)。在快递行业中加强先进技术的应用,重视新技术的开发与利用,采用自动报单、自动分拣、自动跟踪等系统。加强信息主干网的建设,PC 和手提电脑、无线通信和移动数据交换系统的建设等。这些投资不但使运件的实时跟踪变得轻而易举,而且大大降低了服务的成本。

(3) 预警和协调机制。深入研究,加强监测,对一些基础数据进行开拓和挖掘,做好统计数据和相关信息的收集,及时反映相关问题,建立相应的协调和预警机制。

3) 国家智慧物流层面

国家智慧物流旨在打造一体化的交通同制、规划同网、铁路同轨、乘车同卡的现代物流支持平台,以制度协调、资源互补和需求放大效应为目标,以物流一体化推动整个经济的快速增长。与此同时,着眼于实现功能互补、错位发展。着力构建运输服务网络,基本建成以国际物流网、区域物流网和城市配送网为主体的快速公路货运网络,"水陆配套、多式联运"的港口集疏运网络,"客货并举、以货为主"的航空运输网,"干支直达、通江达海"的内河货运网。同时打造若干物流节点,智慧物流网络中的物流节点对优化整个物流网络起着重要的作用,从发展来看,它不但执行一般的物流职能,而且越来越多地执行指挥调度、信息等神经中枢的职能。

11.4.3　智慧物流相关技术

各种信息技术、网络数据挖掘和商业智能技术是实现智慧系统的关键。如何对海量信息进行筛选规整,分析处理,提取其中有价值信息,实现规整智慧,发现智慧,从而为系统的智慧决策提供支持,必须依靠网络数据挖掘和商业智能技术,并在此基础上,自动生成解决方案,供决策者参考,实现技术智慧与人的智慧相结合。

1．自动识别技术

自动识别技术是以计算机、光、机、电、通信等技术的发展为基础的一种高度自动化的数据采集技术,它通过应用一定的识别装置,自动获取被识别物体的相关信息,并提供给后台处理系统,以完成相关后续处理的一种技术。它能够帮助人们快速而又准确地进行海量数据的自动采集和输入,在运输、仓储、配送等方面已得到广泛的应用。经过近 30 年的发展,自动识别技术已经发展成为由条形码识别技术、智能卡识别技术、光字符识别技术、射频识别技术、生物识别技术等组成的综合技术,并正在向集成应用的方向发展。条形码识别技术是目前使用最广泛的自动识别技术,它是利用光电扫描设备识读条码符号,从而实现信息的自动录入。条形码是由一组按特定规则排列的条、空及对应字符组成的表示一定信息的符号。码制不同,条形码符号的组成规则不同。较常使用的码制有 EAN/UPC 码、128 码、ITF-14 码、交叉 25 码、39 码、Codabar(库德巴)码等。射频识别技术(RFID)是近几年发展起来的现代自动识别技术,它是利用感应、无线电波或微波技术的读写器设备对射频标签进行非接触式识读,达到对数据自动采集的目的。它可以识别高速运动的物体,也可以同时识读多个对象,具有抗恶劣环境、保密性强等特点。生物识别技术是利用人类自身生理或行为特征进行身份认定的一种技术。生理特征包括手形、指纹、脸形、虹膜、视网膜、脉搏、耳郭等,行为特征包括签字、声音等。由于人体特征具有不可复制的特性,这一技术的安全性较传统意义上的身份验证机制有很大的提高。目前,已经发展了虹膜识别技术、视网膜识别技术、面部识别技术、签名识别技术、声音识别技术、指纹识别技术六种生物识别技术。

2．数据挖掘技术

数据仓库出现在 20 世纪 80 年代中期,它是一个面向主题的、集成的、非易失的、时变的数据集合,数据仓库的目标是把来源不同的、结构相异的数据经加工后在数据仓库中存储、提取和维护,它支持全面的、大量的复杂数据的分析处理和高层次的决策支持。数据仓库使用户拥有任意提取数据的自由,而不干扰业务数据库的正常运行。数据挖掘是从大量的、不完全的、有噪声的、模糊的及随机的实际应用数据中,挖掘出隐含的、未知的、对决策有潜在价值的知识和规则的过程。一般分为描述型数据挖掘和预测型数据挖掘两种:描述型数据挖掘包括数据总结、聚类及关联分析等;预测型数据挖掘包括分类、回归及时间序列分析等。其目的是通过对数据的统计、分析、综合、归纳和推理,揭示事件之间的相互关系,预测未来的发展趋势,为企业的决策者提供决策依据。

3．人工智能技术

人工智能就是研究探索用各种机器模拟人类智能的途径,使人类的智能得以物化与延伸的一门学科。它借鉴仿生学思想,用数学语言抽象描述知识,用以模仿生物体系和人类的智能机制,主要的方法有神经网络、进化计算和粒度计算三种。

（1）神经网络。神经网络是在生物神经网络研究的基础上模拟人类的形象直觉思维，根据生物神经元和神经网络的特点，通过简化、归纳，提炼总结出来的一类并行处理网络。神经网络的主要功能有联想记忆、分类聚类和优化计算等。虽然神经网络具有结构复杂、可解释性差、训练时间长等缺点，但由于其对噪声数据的高承受能力和低错误率的优点，以及各种网络训练算法（如网络剪枝算法和规则提取算法）的不断提出与完善，使得神经网络在数据挖掘中越来越受到广大使用者的青睐。

（2）进化计算。进化计算是模拟生物进化理论发展起来的一种通用的问题求解的方法。因为它来源于自然界的生物进化，所以它具有自然界生物所共有的极强的适应性特点，这使得它能够解决那些难以用传统方法解决的复杂问题。它采用多点并行搜索的方式，通过选择、交叉和变异等进化操作，反复迭代，在个体的适应度值的指导下，使得每代进化的结果都优于上一代，如此逐代进化，直至产生全局最优解或全局近优解。其中最具代表性的就是遗传算法，它是基于自然界的生物遗传进化机理而演化出来的一种自适应优化算法。

（3）粒度计算。早在 1990 年，我国著名学者张钹和张铃就进行了关于粒度问题的讨论，并指出"人类智能的一个公认的特点，就是人们能从极不相同的粒度（granularity）上观察和分析同一问题。人们不但能够在不同粒度的世界上进行问题的求解，而且能够很快地从一个粒度世界跳到另一个粒度世界，往返自如，毫无困难。这种处理不同粒度世界的能力，正是人类问题求解的强有力的表现"。随后，Zadeh 讨论模糊信息粒度理论时，提出人类认知的三个主要概念，即粒度（包括将全体分解为部分）、组织（包括从部分集成全体）和因果（包括因果的关联），并进一步提出了粒度计算。他认为，粒度计算是一把大伞，它覆盖了所有有关粒度的理论、方法论、技术和工具的研究。目前主要有模糊集理论、粗糙集理论和商空间理论三种。

4．GIS 技术

GIS 是打造智慧物流的关键技术与工具，使用 GIS 可以构建物流一张图，将订单信息、网点信息、送货信息、车辆信息、客户信息等数据都在一张图中进行管理，实现快速智能分单、网点合理布局、送货路线合理规划、包裹全程监控与管理。

GIS 技术可以帮助物流企业实现以下基于地图的服务。

（1）网点标注。将物流企业的网点及网点信息（如地址、电话、提送货等信息）标注到地图上，便于用户和企业管理者快速查询。

（2）片区划分。从"地理空间"的角度管理大数据，为物流业务系统提供业务区划管理基础服务，如划分物流分单责任区等，并与网点进行关联。

（3）快速分单。使用 GIS 地址匹配技术，搜索定位区划单元，将地址快速分派到区域及网点，并根据该物流区划单元的属性找到责任人，以实现"最后一公里"配送。

（4）车辆监控管理系统。从货物出库到到达客户手中全程监控，减少货物丢失；合理调度车辆，提高车辆利用率；设置各种报警装置，保证货物、司机、车辆安全，节省企业资源。

（5）物流配送路线规划辅助系统。用于辅助物流配送规划，合理规划路线，保证货物快速到达，节省企业资源，提高用户满意度。

（6）数据统计与服务。将物流企业的数据信息在地图上可视化直观显示，通过科学的业务模型、GIS 专业算法和空间挖掘分析，洞察通过其他方式无法了解的趋势和内在关系，从而为企业的各种商业行为，如制定市场营销策略、规划物流路线、合理选址分析、预测发展趋势等构建良好的基础,使商业决策系统更加智能和精准,从而帮助物流企业获取更大的市场契机。

11.4.4　智慧物流系统的构建

1. 智慧物流的实施模式

(1) 第三方物流企业运营模式。第三方智慧物流不同于传统的第三方物流系统,顾客可以在网上直接下单,然后系统将对订单进行标准化,并通过 EDI 传给第三方物流企业。第三方物流企业利用传感器、RFID 和智能设备自动处理货物信息,实现实时数据收集和高透明度。准确掌握货物、天气、车辆和仓库等信息;利用智能的模拟器模型等手段,评估成本、时间、碳排放和其他标准,将商品安全、及时、准确无误地送达客户。

(2) 物流园区模式。在智慧物流园区的建设中,要考虑信息平台的先进性,供应链管理的完整性,电子商务的安全性,以确保物流园区商流、信息流、资金流的快速安全运转。智慧物流园区要有良好的通信基础设施,共用信息平台系统,提供行业管理的信息支撑手段来提高行业管理水平。建立智慧配送中心,使用户订货适时、准确,尽可能不使用户所需的订货断档,保证订货、出货、配送信息畅通无阻。

(3) 大型制造企业模式。大型制造企业模式要求制造企业里的每个物件都能够提供关于自身或与其相关联的对象的数据,并且能够将这些数据进行通信。这样一来,每一个物件都具备数据获取、数据处理以及数据通信的能力,从而构建由大量的智慧物件组成的网络,在智慧物件网络基础上,所有物品信息均可连通,组成物联网。企业就有了感知智慧,能够及时、准确、详细地获取关于库存、生产、市场等的所有相关信息,然后通过规整智慧、发现智慧,找出其中的问题、机会和风险,再由创新智慧及时地做出正确的决策,尽快生产出满足市场需求的产品,从而实现企业的最大效益。

2. 智慧物流系统的创建步骤

(1) 建立基础数据库。建立内容全面丰富、科学准确、更新及时且能够实现共享的信息数据库是企业建立信息化建设和智能物流的基础。尤其是在数据采集挖掘、商业智能方面,更要做好功课,对数据采集、跟踪分析进行建模,为智能物流的关键应用打好基础。

(2) 推进业务流程优化。目前,企业传统物流业务流程信息传递迟缓,运行时间长,部门之间协调性差,组织缺乏柔性,制约了智能物流建设的步伐。企业尤其是物流企业需要以科学发展观为指导,坚持以客户的利益和资源的节约保护为出发点,运用现代信息技术和最新管理理论对原有业务流程进行优化和再造。企业物流业务流程优化和再造包括观念再造、工作流程优化和再造,无边界组织建设、工作流程优化(主要指对客户关系管理、办公自动化和智能监测等业务流程的优化和再造)。

(3) 重点创建信息采集跟踪系统。信息采集跟踪系统是智能物流系统的重要组成部分。物流信息采集系统主要由 RFID 射频识别系统和 Savant(传感器数据处理中心)系统组成。每当识读器扫描到一个 EPC(电子编码系统)标签所承载的物品制品的信息时,收集到的数据将传递到整个 Savant 系统,为企业产品物流跟踪系统提供数据来源,从而实现物流作业的无纸化。而物流跟踪系统则以 Savant 系统作为支撑,主要包括对象名解析服务和实体标记语言,分为产品生产物流跟踪、产品存储物流跟踪、产品运输物流跟踪、产品销售物流跟踪,以保证产品流通安全,提高物流效率。当然,创建信息采集跟踪系统,要先做好智能物流管理系统的选型工作,而其中信息采集跟踪子系统是重点考察内容。

(4) 实现车辆的智能管理。实现车辆的智能管理包括两个方面:①车辆调度。提供送货派车管理、安检记录等功能,对配备车辆实现订单的灵活装载。②车辆管理。管理员可以新增、修改、删除、查询车辆信息,并且随时掌握每辆车的位置信息,监控车队的行驶轨迹,同时可避免车辆遇劫或丢失,并可设置车辆超速告警以及进出特定区域告警;监控司机、外勤人员实时位置信息以及查看历史轨迹;划定告警区域,进出相关区域都会有告警信息,并可设置电子签到,最终实现物流全过程可视化管理。实现车辆的智能管理,还要能做到高峰期车辆分流控制,避免车辆的闲置。企业尤其是物流企业可以通过预订分流、送货分流和返程分流实行三级分流。高峰期车辆分流功能能够均衡车辆的分布,降低物流对油费、资源、自然的破坏,有效确保客户单位的满意度,对解决提高效率与降低成本之间的矛盾具有重要意义。车辆的智能管理也是智能物流系统的重要组成模式,在选型采购时要加以甄别,选好、选优。

(5) 做好智能订单管理。推广智能物流的一个重点就是要实现智能订单管理:①公司呼叫中心员工或系统管理员接到客户发(取)货请求后,录入客户地址和联系方式等客户信息,管理员就可查询、派送该公司的订单;②通过 GPS/GPSone 定位某个区域范围内的派送员,将订单任务指派给最合适的派送员,而派送员通过手机短信接受和执行任务;③系统还要能提供条形码扫描和上传签名拍照等功能,提高派送效率。

(6) 积极推广战略联盟。智能物流建设的最后成功需要企业尤其是物流企业与科研院校、研究机构、非政府组织、各相关企业、IT 公司等通过签订协议或契约而结成资源共享、优势互补、风险共担、要素水平双向或多向流动的战略联盟。战略联盟具有节省成本、积聚资源、降低风险、增强物流企业竞争力等优势,还可以弥补建设“物流企业”所需资金、技术、人才的不足。

(7) 制定危机管理应对机制。智能物流的建设不仅要加强企业常态化管理,更应努力提高危机管理水平。企业尤其是物流企业应在物联网基础上建设智能监测系统、风险评估系统、应急响应系统和危机决策系统,这样才能有效应对火灾、洪水、极端天气、地震、泥石流等自然灾害以及瘟疫、恐怖袭击等突发事件对智能物流建设的冲击,尽力避免或减少对客户单位、零售终端、消费者和各相关人员的人身与财产造成伤害及损失,实现物流企业健康有序地发展。

(8) 将更多物联网技术集成应用于智能物流。物联网建设是企业未来信息化建设的重要内容,也是智能物流系统形成的重要组成部分。目前,在物流业应用较多的感知手段主要是 RFID 和 GPS 技术,今后随着物联网技术的不断发展,激光、卫星定位、全球定位、地理信息系统、智能交通、M2M 技术等多种技术也将更多集成应用于现代物流领域,用于现代物流作业中的各种感知与操作。例如,温度的感知用于冷链物流,侵入系统的感知用于物流安全防盗,视频的感知用于各种控制环节与物流作业引导等。

小　　结

随着全球经济一体化进程的加快,企业对物流现代化越来越重视,现代物流呈现出专业化、系统化、网络化、信息化、自动化、国际化、标准化和环保化的发展趋势。主要特征为物流反应快速化、物流功能集成化、物流服务系列化、物流作业规范化、物流目标系统化、物流手段现代化、物流组织网络化、物流经营市场化和物流信息电子化。

绿色物流是指在物流过程中抑制物流对环境造成危害的同时，实现对物流环境的净化，使物流资源得到最充分的利用，它包括物流作业环节和物流管理全过程的绿色化。绿色物流的最终目标是可持续性发展，实现该目标的准则是经济利益、社会利益和环境利益的统一。

精益物流是起源于日本丰田汽车公司的一种物流管理思想，其核心是追求消灭包括库存在内的一切浪费，并围绕此目标发展的一系列具体方法。精益物流的目标是根据顾客需求，提供顾客满意的物流服务，同时追求把提供物流服务过程中的浪费和延迟降至最低限度，不断提高物流服务过程的增值效益。

智慧物流是一种以信息技术为支撑，在物流的运输、储存、包装、装卸搬运、流通加工、配送、信息服务等各个环节实现系统感知。它具有全面分析、及时处理及自我调整功能，是能够实现物流规整智慧、发现智慧、创新智慧和系统智慧的现代综合性物流系统。智慧物流是现代物流的发展方向。

思考题

1. 现代物流的发展趋势与主要特征是什么？
2. 什么是绿色物流？与传统物流相比，绿色物流有什么特点？
3. 绿色物流管理主要包括哪些方面？
4. 什么是精益物流？精益物流系统追求的目标是什么？
5. 精益物流系统有什么特点？
6. 什么叫智慧物流？智慧物流有哪些基本功能？
7. 智慧物流相关技术有哪些？并说明其在物流系统中的应用。

案例分析

看物流巨头们如何布局绿色物流

1. "早鸟"顺丰，领跑绿色

顺丰算得上是绿色物流里的"早鸟"了。之所以获评绿金企业，与其较早开始研发与创新绿色包装产品不无关系。早在 2013 年，它就组建了自主包装研发团队，2016 年升级为"顺丰科技包装实验室"。顺丰将绿色包装贯穿整个快递环节：打包环节，推行快递运输行业包装标准化，为大客户提供更环保的包装解决方案；研发环节，推广"丰·BOX"；回收环节，通过派件主动宣导客户回收、客户线上微信预约等多元化回收方式。与其他快递物流企业不同的是，顺丰建立了快递业医药物流包装标准化体系。种种举措使得顺丰全年节省纸类 2.1 万吨、塑料类 8 200t、油墨 750t。

2. "通达系"积极尝试

另外一家绿金企业圆通，目前已经与多家做绿色循环包装、固废回收的企业进行深度合作洽谈，努力构建包装循环、回收体系。

此外，通达系等快递企业也在降低成本的基础上进行绿色尝试，例如，使用带芯片的绿色环保周转袋等,还与菜鸟联合启动物流生态专属林种植计划,在甘肃省敦煌市阳关自然保护区种植"绿色物流行动"专属生态林,首期造林近 1 000 亩。

3. 阿里引领面单革新

2018 年 5 月,阿里巴巴绿色物流升级媒体沟通会在北京举行,本次活动由菜鸟牵头,汇聚了天猫、淘宝、菜鸟、闲鱼、盒马等核心业务板块的伙伴,共同探讨绿色物流发展。根据菜鸟网络总裁万霖描绘的"2020 绿色物流升级图景",两年后天猫直送全部把快递袋升级为环保袋;淘宝和闲鱼的上门取件服务,环保快递袋覆盖全国 200 个城市;零售通要实现百万小店纸箱零新增;盒马要达到物流全程"零"耗材……他表示,到 2020 年,菜鸟要让中国所有包裹用上环保面单,一年覆盖 400 亿包裹;并且要在所有菜鸟驿站小区实现快递回收箱覆盖。

4. 京东"青流"联动发展

"青流计划"是京东物流于 2017 年 6 月联合九大品牌商共同发起的一项绿色供应链联合行动,从减量包装、绿色物流技术创新和应用、节能减排等多个方面入手推动物流行业绿色化发展。其中,在包装方面,京东物流包装科研检测中心先后研发了新型两层物流标签、生物降解快递袋等新材料,使用两层物流标签每年可减少 700t 纸张使用;目前京东已经大规模使用可降解包装袋,每年淘汰近百亿个传统塑料袋,同时已投放 10 万青流循环箱。京东物流与宝洁、雀巢、联合利华等知名公司还通过"协同仓"项目、带板运输方式等,大幅提升供应链运营效率。

此外,2018 年 4 月,京东物流还宣布将物流包装科研检测中心升级为电商物流联合包装创新中心,并计划未来三年投入数亿元资金。京东物流称,今后将与宝洁、江南大学及灰度科技共同研究电商物流包装领域的创新技术。

5. 苏宁投放"共享"绿色包装

苏宁物流包装实验室负责人徐海铃表示,苏宁通过互联网转型、构建自有物流以及苏宁云仓、仓储机器人构建更柔性仓储模式,进而成立苏宁物流包装实验室,对于包装大数据、托盘循环共用、共享快递盒、冷链循环箱、零胶纸箱等一系列绿色包装产品进行研究推进,打造智慧物流下的绿色包装业态。据悉,到 2020 年,由苏宁打造的绿色包装实验室将联合合作伙伴,最低投放 20 亿个绿色包装产品。2018 年在包括南京在内的全国 13 个城市投放 20 万个共享快递盒。同时,首届"绿色共享"包装设计大赛也在 2018 年正式启动。

案例思考

各物流巨头是怎样开展绿色物流的? 它们之间有什么异同?

参 考 文 献

[1] Paul R. Murphy Jr，A. MiCllael Knemeyer. 物流学[M]. 陈荣秋，等译. 11 版. 北京：中国人民大学
    出版社，2015.

[2] 舒辉. 物流学[M]. 北京：机械工业出版社，2015.

[3] Paul Myerson. 精益供应链与物流管理[M]. 梁峥，郑诚俭，郭颖妍，李树星，译. 北京：机械工业出
    版社，2014.

[4] 戴恩勇，江泽智，阳晓湖. 物流战略与规划[M]. 北京：清华大学出版社，2014.

[5] 范丽君，郭淑红，王宁. 物流与供应链管理[M]. 2 版. 北京：清华大学出版社，2015.

[6] 李联卫. 物流管理案例及解析[M]. 北京：化学工业出版社，2015.

[7] 崔介何. 物流学概论[M]. 5 版. 北京：北京大学出版社，2015.

[8] 沙颖，钟伟. 物流学[M]. 北京：清华大学出版社，2015.

[9] 朱耀勤，孙艳艳，郭昕. 物流信息系统[M]. 北京：北京理工大学出版社，2017.

[10] 古全美，程凤菊. 物流成本管理[M]. 北京：北京理工大学出版社，2018.

[11] 小林俊一. 精益制造 009：库存管理[M]. 张舒鹏，译. 北京：东方出版社，2012.

[12] 角井亮一. 精益制造 014：物流管理[M]. 刘波，译. 北京：东方出版社，2013.

[13] 刘昌祺，王倪明，张俊霖. 物流配送中心设计及其应用[M]. 北京：机械工业出版社，2013.

[14] 程国全，王转，张向良，张庆华，张洁. 物流系统规划概论[M]. 北京：清华大学出版社，2018.

[15] 李瑞雪，大矢昌浩. 日本企业物流中心案例精选——DC/TC 的规划建设运营与改善[M]. 北京：中
    国财富出版社，2015.

[16] 《物流技术与应用》编辑部. 中外物流运作案例集[M]. 北京：中国物资出版社，2009.

[17] 戴恩勇，江泽智，阳晓湖. 物流战略与规划[M]. 北京：清华大学出版社，2014.

[18] 金跃跃，刘昌祺，杨玮. 物流仓储配送系统设计技巧 450 问[M]. 北京：化学工业出版社，2015.

[19] 王转，张庆华，鲍新中. 现代物流学[M]. 北京：电子工业出版社，2012.

[20] 王转. 物流系统工程[M]. 2 版. 北京：高等教育出版社，2010.

[21] 彭扬. 现代物流学案例与习题[M]. 北京：中国物资出版社，2010.

[22] Martin Christopher. 物流与供应链管理[M]. 何明珂，卢丽雪，张屹然，等译. 4 版. 北京：电子工业
    出版社，2012.